Cloud-Föderationen

Andreas Kohne

Cloud-Föderationen

SLA-basierte
VM-Scheduling-Verfahren

 Springer Vieweg

Andreas Kohne
Dortmund, Deutschland

Zugl.: Dissertation, Technische Universität Dortmund, 2017

ISBN 978-3-658-20972-8   ISBN 978-3-658-20973-5   (eBook)
https://doi.org/10.1007/978-3-658-20973-5

Die Deutsche Nationalbibliothek verzeichnet diese Publikation in der Deutschen National-
bibliografie; detaillierte bibliografische Daten sind im Internet über http://dnb.d-nb.de abrufbar.

Springer Vieweg
© Springer Fachmedien Wiesbaden GmbH, ein Teil von Springer Nature 2018

Gedruckt auf säurefreiem und chlorfrei gebleichtem Papier

Springer Vieweg ist ein Imprint der eingetragenen Gesellschaft
Springer Fachmedien Wiesbaden GmbH und ist Teil von Springer Nature
Die Anschrift der Gesellschaft ist: Abraham-Lincoln-Str. 46, 65189 Wiesbaden, Germany

Widmung:

Ich widme diese Arbeit meiner Frau Linda
und meiner Familie.

Danksagung

Diese Arbeit, die neben meinem Beruf bei der Firma Materna GmbH in Dortmund entstanden ist, konnte nur mit der Hilfe und unermüdlichen Unterstützung vieler entstehen. An dieser Stelle möchte ich mich bei allen, die mich über die Jahre hinweg begleitet, unterstützt und ermuntert haben ausdrücklich bedanken:

An erster Stelle möchte ich mich bei meiner Frau Linda bedanken. Sie hat mich fünf Jahre unterstützt und mir die nötige Zeit für diese Arbeit zugestanden.

Weiterhin möchte ich meiner Familie danken, die mich immer unterstützt und darin bestärkt hat, dieses Projekt zu vollenden.

Ich möchte mich bei Prof. Dr.-Ing. Olaf Spinczyk und beim Lehrstuhl 12 der Informatik an der Technischen Universität Dortmund bedanken, die durch ihre Anregungen diese Arbeit an vielen Stellen entscheidend geprägt haben.

Ebenfalls bedanke ich mich bei der Materna GmbH, die es mir ermöglicht hat, diese Arbeit zu schreiben. Ganz besonders danke ich meinen Kollegen Franz-Josef Stewing und Dr. Ingo Lück. Sie haben mir die Möglichkeit gegeben, das Thema intern weiterzuentwickeln und standen immer mit Rat und Tag zur Seite. Zusätzlich bedanke ich mich bei den ehemaligen Kollegen aus der Abteilung Academic Cooperations: Marco Pfahlberg, Marc Spor, Damian Pasternak, Julian Gaedeke und Marcel Krüger. Sie haben mit ihrer Arbeit und ihren Ideen die Arbeit maßgeblich beeinflusst. Ich bedanke mich weiterhin bei Dr. Thomas Kalinke und dem RZ-Team für die freundliche Zusammenarbeit und die Bereitstellung der Workload Traces.

Ich danke Dr. Lars Nagel von der Universität Mainz. Er hat diese Arbeit von Anfang an begleitet und sie an vielen Stellen positiv beeinflusst.

Abschließend möchte ich mich bei allen bedanken, die hier nicht namentlich erwähnt wurden, mich aber trotzdem auf die ein oder andere Weise bei dieser Arbeit unterstützt haben.

Vielen Dank!

Andreas Kohne

Inhaltsverzeichnis

Abbildungsverzeichnis

Tabellenverzeichnis

Abkürzungen

ACCORDS Advanced Capabilities for CORDS

API Application Programming Interface

ASCII American Standard Code for Information Interchange

AWS Amazon Web Services

BDA BestDangerAverage

BMBF Bundesministerium für Bildung und Forschung

BPM Business Process Management

BRITE Boston university Representative Internet Topology gEnerator

Capex Capital expenditures

CDMI Cloud Data Management Interface

CERN Conseil Européen pour la Recherche Nucléaire

CEx Cloud Exchange

CF Cheapest Fit

CIS Cloud Information Service

CLOUDS Cloud Computing and Distributed Systems

CORDS CompatibleOne Resource Description System

CPU Central Processing Unit

CR	Cheapest Reliability
CS	CloudSim
CRM	Customer Relationship Management
CSP	Cloud Service Provider
DC	Data Center
EE	Energy Efficiency
EOL	End of Life
FairF	Fair Fit
FCFS	First Come First Served
FCS	FederatedCloudSim
FF	First Fit
FFG	First Fit Greedy
GB	Gigabyte
GHz	Gigahertz
GUI	Graphical User Interface
HPGBF	Highest Potential Growth Best Fit
HPGOP	Highest Potential Growth Overprovisioning
HPGWF	Highest Potential Growth Worst Fit
IaaS	Infrastructure as a Service
IDE	Integrated Development Environment
IdM	Identity Management

IoT	Internet of Things
IP	Internet Protocol
IT	Informationstechnologie
ITSM	IT Service Management
JDK	Java Development Kit
kWh	Kilowattstunde
LB	Load Balancer
MB	Megabyte
MHz	Megahertz
MIPS	Million Instructions Per Second
MMBF	Minimize Migrations Best Fit
MML	Minimize Migrations Local
MMOP	Minimize Migrations Overprovisioning
MMWF	Minimize Migrations Worst Fit
NAS	Network Attached Storage
NIST	National Institute of Standards and Technology
NS2	Network Simulator 2
OCCI	Open Cloud Computing Interface
OLA	Operational Level Agreement
Opex	Operational expenditures
OVF	Open Virtualization Format

PaaS	Platform as a Service
PC	Personal Computer
RAM	Random Access Memory
REST	Representational State Transfer
RS	Reliance Scope
RTE	Runtime Environment
RZ	Rechenzentrum
SaaS	Software as a Service
SAN	Storage Area Network
SDHG	SlaDangerHighGlobal
SDHL	SlaDangerHighLocal
SDLG	SlaDangerLowGlobal
SDLL	SlaDangerLowLocal
SLA	Service Level Agreement
SLLG	SlaLevelLowGlobal
SLLL	SlaLevelLowLocal
SLO	Service Level Objective
SOA	Service Oriented Architecture
SSO	Single-Sign-On
SWF	Standard Workload Format
vCSP	virtueller Cloud Service Provider

UC	Underpinning Contract
UT	Uptime
VM	Virtuelle Maschine
VMM	Virtual Machine Monitor
VPN	Virtual Private Network
WSLA	Web Service Level Agreement
XML	Extensible Markup Language
XSD	XML Schema Definition

1 Einleitung

Cloud Computing hat sich in den letzten Jahren von einem Hype-Thema zu einem ernstzunehmenden Wirtschaftszweig entwickelt (vgl. [17, 67]). Das Cloud Computing bietet dabei die Möglichkeit, schnell und flexibel IT-basierte Dienste zu bestellen, zu nutzen oder wieder abzubestellen. Ein großer Vorteil gegenüber einer starren lokalen IT sind die flexiblen Abrechnungsmodelle, die eine nutzungsgenaue Bezahlung erlauben. Diese Modelle werden auch als Pay-as-you-go oder On-Demand bezeichnet. Dadurch entsteht ein großer Nutzen für den Kunden, da er sich nicht mehr um die eigentliche Diensterbringung kümmern muss und sich somit auf den eigentlichen Zweck des Dienstes konzentrieren kann. Obwohl das Cloud Computing immer größeren Zuspruch findet, wächst es in Deutschland langsamer als im internationalen Vergleich (vgl. [126]). Dies liegt an den hohen Sicherheits- und Datenschutzanforderungen und den damit einhergehenden Sicherheitsbedenken. Weiterhin muss zwischen der privaten und der beruflichen Nutzung von Cloud-Diensten unterschieden werden. Im privaten Umfeld ist die Nutzung von Cloud-Diensten vor allem durch die große Verbreitung von Smartphones und Tablets und deren Apps (meist Client-Server-Applikationen mit Cloud-Anbindung) bereits zur Normalität geworden. Durch diesen selbstverständlichen Umgang mit cloudbasierten Diensten im privaten Umfeld steigen auch die Anforderungen an die berufliche IT. Diese Entwicklung wird als Consumerization bezeichnet (vgl. [93]). Die internen IT-Dienstleister (vor allem großer Firmen und Behörden) müssen sicher immer öfter mit der Konkurrenz aus der Cloud vergleichen lassen. Somit steigt der Druck auf die IT-Abteilungen, entweder selbst eine private Cloud (engl.: private cloud) anzubieten, oder sich doch (in Teilen) der öffentlichen Cloud (engl.: public cloud) zu öffnen.

© Springer Fachmedien Wiesbaden GmbH, ein Teil von Springer Nature 2018
A. Kohne, *Cloud-Föderationen*,
https://doi.org/10.1007/978-3-658-20973-5_1

Die Nutzungszahlen von Cloud-Diensten sind in den letzten Jahren rapide gestiegen. Laut einer Studie der Firma RightScale, in der 1060 Unternehmen weltweit befragt wurden, lag die internationale Nutzung von Cloud-Diensten im Jahr 2016 bei 95% (6% reine private cloud, 71% hybrid cloud (Mischung aus private und public cloud) und 18% public cloud) unter den befragen Unternehmen (vgl. [127]). Eine Studie von KPMG gemeinsam mit der BITKOM aus dem Jahr 2015 besagt, dass 44% der deutschen Unternehmen Cloud-basierte Diensten nutzen und weitere 24% der befragten Unternehmen in der nahen Zukunft Cloud-Dienste nutzen wollen (vgl. [121]). Diese Zahlen deuten darauf hin, dass die einfache Nutzung von IT-Diensten aus der Cloud in den nächsten Jahren sicher noch weiter steigen wird.

Die Nutzung von Cloud-basierten Diensten soll so einfach wie möglich sein, wobei der eigentliche Ausführungsort und die Ausführungsumgebung für den Endkunden meist unbekannt sind. Das heißt, dass nicht in jedem Fall klar ist, wo die Daten abgelegt und wo sie bearbeitet werden. Die anbieterseitige Produktion von Cloud-Diensten ist dagegen höchst komplex. Es herrscht ein enormer Kostendruck und eine große Konkurrenz zwischen den Cloud-Diensteanbietern (engl. Cloud Service Provider (CSP)). Große CSPs wie Amazon, Microsoft, IBM und Google verteilen riesige Rechenzentren (engl. Data Center (DC)) über den gesamten Globus, um ihren Kunden einen möglichst lokalen Service mit niedrigen Latenzzeiten bieten zu können (vgl. [71]). Weiterhin kann durch die Geolokalität der DCs in Teilen sichergestellt werden, dass rechtliche Vorgaben der jeweiligen Landesregierungen eingehalten werden.

Die Verwaltung und der Betrieb solcher verteilten DC-Infrastrukturen ist sehr komplex. Cloud-Infrastrukturen lassen sich heutzutage nur noch über eine in weiten Teilen automatisierte IT bewerkstelligen. Das Ziel der CSPs ist eine möglichst vollständige Automatisierung von der Dienstbestellung über Online-Service-Portale, über die Provisionierung der benötigten IT-Infrastruktur und Applikationen, die Verwaltung der laufenden Systeme, bis hin zur Fehlerbehebung und Deprovisionierung (engl. End of Life (EOL)). Ein hohes Maß an Automatisierung garantiert auch eine gleichbleibend hohe Service-Erbringung, da alle Schritte exakt reproduzierbar sind.

Eine Basistechnologie, die eine kommerzielle Nutzung vom Cloud-Diensten erst ermöglicht hat, ist die Virtualisierung. Dabei werden über eine spezielle Software, den sogenannten Hypervisor, die durch einen physischen Server bereitgestellten Ressourcen (wie Central Processing Unit (CPU), Random Access Memory (RAM), Speicherplatz und Netzwerkanbindungen) Software-seitig partitionierbar. Dies erlaubt es, mehrere VMs (virtuelle Maschinen) parallel auf einem physischen Server auszuführen (vgl. [136]). Hierdurch steigt die lokale Ressourcenausnutzung immens, da die Kopplung von einem Dienst auf einen Server aufgehoben wird und mehrere Dienste gleichzeitig die zur Verfügung gestellten Ressourcen nutzen können. Dies erlaubt den CSPs einen flexiblen und gewinnbringenden Dienstbetrieb. Ein großer Vorteil von VMs besteht darin, dass sie im laufenden Betrieb zwischen verschiedenen Servern migriert werden können. So können automatisch lokale Lastspitzen auf einzelnen physischen Servern damit ausgeglichen werden, dass eine oder mehrere VMs auf weitere Server migriert werden können.

1.1 Cloud-Föderationen

In den letzten zwei bis drei Jahren setzte sich ein weiterer Trend durch: Cloud-Föderationen. Dabei handelt es sich um einen Zusammenschluss mehrerer CSPs mit dem Ziel, ihren jeweiligen Kunden eine größere Anzahl an Diensten anbieten und bei Ressourcenengpässen VMs in ein DC eines föderierten Partners migrieren zu können (vgl. [36]). Der Benutzer bekommt davon nichts mit. Cloud-Föderationen stecken zurzeit in der freien Wirtschaft noch in den Kinderschuhen. Dies liegt vor allem daran, dass die großen Cloud-Anbieter meist kein Interesse an Föderationen haben. Sie wollen lieber alle Dienste selbst erbringen und expandieren deswegen weiter. Cloud-Föderationen werden eher den Bereich der kleinen und mittleren CSPs revolutionieren, da diese durch einen Zusammenschluss im Grunde nur Vorteile haben: Sie kön-

nen ihre Ressourcen flexibel verwalten und mehr Dienste anbieten. Bei
Ressourcenengpässen können sie schnell und flexibel auf Ressourcen
der Partner zurückgreifen. Außerdem kann durch ein optimiertes Ressourcenmanagement die Auslastung der lokalen Ressourcen und damit
der Gewinn gesteigert werden. Ein Beispiel für den Zusammenschluss
von zwei großen CSPs ist die Ende 2016 bekanntgegebene Kooperation
von Amazon und VMware (vgl. [159]). Beide Unternehmen bieten
ihren Kunden weltweit verteilte Cloud-DCs zur Ausführung von VMs
an. Kunden beider CSPs können jetzt VMs zwischen ihren lokalen DCs
und den DCs der beiden CSPs vollautomatisch hin und her migrieren.
Dies ist die erste große wirtschaftlich betriebene Cloud-Föderation.

In Abbildung 1.1 wird ein Föderationsszenario grafisch dargestellt.
Es zeigt mehrere CSPs mit einem DC (CSP 1) oder mehreren DCs
(CSP 2) und den darin vorhandenen Servern. Weiterhin sind hier
bereits die drei Scheduling Ebenen dar gestellt (Intra-DC-Scheduler,
Inter-DC-Scheduler, Inter-CSP-Scheduler), die im weiteren Verlauf
näher vorgestellt werden. Zusätzlich ist ein Kunde (engl. Customer)
abgebildet, der eine Dienstanforderung (engl. Service Request) an
einen virtuellen CSP (vCSP) schickt. Virtuelle CSPs werden ebenfalls
später weiter erläutert (vgl. Kapitel 7.12).

1.2 Service Level Agreements

Eine wichtige Voraussetzung für eine nachvollziehbare Diensterbringung ist ein gültiger Vertrag zwischen Kunde und CSP. Dieser Vertrag
regelt die funktionalen und nicht-funktionalen Eigenschaften, die ein
CSP seinem Kunden während der Ausführung eines Dienstes zusichert.
Solch ein Vertrag wird als Service Level Agreement (SLA) bezeichnet.
Über einen SLA können zum Beispiel bestimmte Ressourcenanforderungen, Durchsatzgeschwindigkeiten, Verfügbarkeiten, Ausführungs-
länder oder Wiederherstellungszeiten geregelt werden (vgl. [166]).
Jeder dieser einzelnen Punkte wird als Service Level Objective (SLO)
bezeichnet. Zur Laufzeit eines Dienstes müssen die vereinbarten SLOs
permanent überwacht werden. Dafür ist ein feingranulares Monitoring

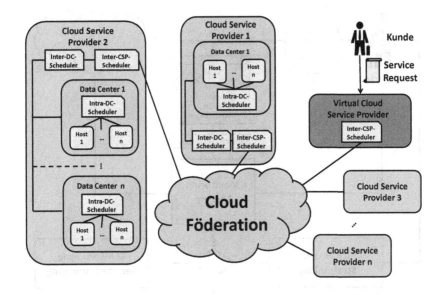

Abbildung 1.1: Beispielhafter Aufbau einer Cloud-Föderation (in Anlehnung an [92])

und Reporting notwendig. Der Kunde muss zu jeder Zeit einsehen können, ob der vereinbarte SLA noch eingehalten wird, oder ob ein oder gar mehrere SLOs gebrochen wurden. Sollte dies der Fall sein, so muss der CSP eine vorher ebenfalls im SLA definierte Strafe wegen des Vertragsbruchs an den Kunden zahlen. Diese Strafzahlung wird auch als Pönale bezeichnet. In Abbildung 1.2 wird die Zusammensetzung und der Lebenszyklus einer SLA grafisch dargestellt.

1.3 Cloud Scheduling

Die Verwaltung der VMs ist ein komplexer Prozess, der auf verschiedensten Ebenen abläuft. Vor allem die Platzierung der einzelnen VMs auf die physikalischen Server innerhalb eines gegebenen DCs stellt eine große Herausforderung dar. Hier spielen unterschiedlichste Faktoren mit. So sollen zum einen die lokalen Ressourcen optimal

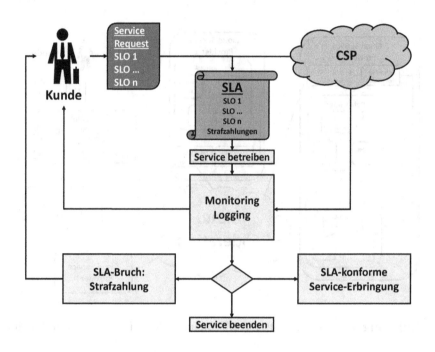

Abbildung 1.2: Grafische Darstellung des SLA-Ablaufs

ausgenutzt werden. Das bedeutet, dass die Server mit möglichst vielen VMs bestückt werden sollen, um den Gewinn zu maximieren. Zum anderen sollen die SLAs eingehalten werden, da sonst zum einen Strafzahlungen anfallen und zum anderen die Kundenzufriedenheit sinkt. Zusätzlich können noch viele weitere Ziele mit einbezogen werden: Zum Beispiel eine gleichmäßige Ressourcenauslastung, ein möglichst niedriger Energieverbrauch oder geringe Latenzen zum Kunden. Um all dies zu erreichen, müssen die VMs initial (also bei ihrer Erstellung) und zur Laufzeit möglichst optimal auf die vorhandenen Ressourcen verteilt werden. Dieser Vorgang wird als Scheduling bezeichnet. Jeder CSP kann dabei unterschiedliche Ziele innerhalb seiner DCs verfolgen und somit unterschiedliche Scheduling-Strategien einsetzen.

Im Bereich der Cloud-Föderationen verteilt sich das Scheduling auf insgesamt drei Ebenen. Auf der ersten Ebene (Intra-DC-Ebene)

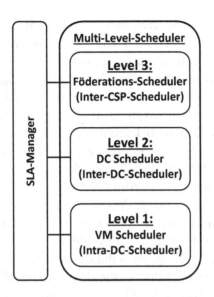

Abbildung 1.3: Der Multi-Level-Scheduler (in Anlehnung an [116])

muss anhand einer gegebenen Scheduling-Strategie festgelegt werden, welche VMs auf welchen Servern ausgeführt werden. Dabei kann es zur Laufzeit zu Ressourcenengpässen auf einzelnen Servern kommen. In diesem Fall muss der lokale Scheduler anhand seiner Strategie entscheiden, welche VM(s) auf andere Server migriert werden müssen, um wieder einen ausgeglichenen Ressourcenzustand herbeiführen zu können. Wenn der Scheduler das Problem durch eine oder mehrere lokale VM-Migrationen lösen kann, wird der Betrieb normal fortgesetzt. Kann der Scheduler das Problem nicht lokal lösen und besitzt der CSP keine weiteren DCs, so kommt es zu einem oder mehreren SLA-Brüchen. Besitzt der CSP aber noch weitere DCs, so kann auf der zweiten Scheduling-Ebene (Inter-DC-Ebene) ein DC gesucht werden, welches die zu migrierenden VMs aufnehmen kann. Auch auf dieser Ebene kann es wieder unterschiedlichste Strategien geben. In einer Cloud-Föderation kommt noch eine dritte Ebene (Inter-CSP-Ebene) hinzu, da sich verschiedene CSPs gegenseitig Ressourcen zur Verfü-

gung stellen. Können die Ressourcenprobleme in keinem der eigenen
DCs gelöst werden, oder findet eine bewusste Entscheidung gegen
eine weitere Ausführung einer bestimmten VM bei einem CSP statt,
so kann diese VM zu einem föderierten Partner migriert und dort
weiter ausgeführt werden. Der Partner übernimmt in diesem Fall die
mit dem Kunden vereinbarten SLAs und ist für deren Einhaltung
verantwortlich. Der Kunde bekommt davon nichts mit. Im Falle eines
SLA-Bruchs kommt es auch zu einer Strafzahlung vom initialen CSP
an den Kunden. Der CSP erhält zum Ausgleich wiederum eine vorher per SLA mit dem föderierten CSP vereinbarte Pönale. Der hier
vorgestellte Multi-Level-Scheduler-Ansatz mit SLA-Manager wird in
Abbildung 1.3 grafisch dargestellt. Die drei Scheduling-Ebenen sind
zusätzlich in der Abbildung 1.1 abgebildet.

Ziel eines jeden CSPs ist ein reibungsloser Ablauf innerhalb seiner
DCs. Dabei soll die Ausführung möglichst vieler VMs sichergestellt
werden, wobei die Anzahl der SLA-Brüche möglichst niedrig gehalten
werden soll, um insgesamt einen hohen Gewinn zu erzielen. Dafür sind
geeignete Scheduling-Algorithmen auf allen drei Ebenen notwendig.
Hinzu kommt noch ein intelligentes SLA-Management, dass dafür
sorgt, dass der Scheduler zur richtigen Zeit die richtigen VMs anhand
seiner Strategie migriert.

Zusätzlich gibt es neben den klassischen CSPs noch eine weitere
Partei im Bereich der Clouds, die zunehmend an Bedeutung gewinnt.
Hierbei handelt es sich um die sogenannten Cloud Broker (oder auch
vCSPs (virtuelle Cloud Service Provider)). Sie besitzen keine eigenen
DCs oder sonstiges Ressourcen, die sie ihren Kunden anbieten, sondern sie vermitteln die Service-Ausführung zwischen ihren Kunden
und unterschiedlichen CSPs. Dafür erhalten sie eine entsprechende
Provision. Die vCSPs versuchen nach gegebenen Regeln einen optimalen CSP für eine Kundenanfrage zu ermitteln. vCSPs können auch
zwischen verschiedenen CSPs vermitteln, die sich vertraglich nicht in
einer Föderation befinden.

1.4 Ziel der Arbeit

Ziel der vorliegenden Arbeit ist es, unterschiedliche VM-Scheduling-Algorithmen auf allen drei Entscheidungsebenen (Intra-DC, Inter-DC, Inter-CSP) einer Cloud-Föderation zu entwickeln und ihre Auswirkungen auf die Einhaltung von SLAs sowie den Umsatz und Gewinn der CSPs mit Hilfe eines Simulations-Frameworks zu untersuchen. Die gewonnenen Ergebnisse sollen helfen, den neuen Bereich der Cloud-Föderationen genauer zu beleuchten und bieten eine valide Grundlage für weitere Forschungen in diesem Gebiet.

1.5 Wissenschaftliche Fragestellungen

Im Folgenden werden die wichtigsten wissenschaftlichen Fragestellungen erläutert, die im Rahmen dieser Arbeit und mit Hilfe des hier vorgestellten Simulations-Frameworks FederatedCloudSim beantwortet werden sollen. Die Fragestellungen lassen sich in drei Kategorien gliedern:

1. Fragen, die sich auf jeweils eine Scheduling-Ebene (Intra-DC, Inter-DC, Inter-CSP) beziehen

2. Fragen, die sich auf alle drei Scheduling-Ebenen (Intra-DC, Inter-DC, Inter-CSP) beziehen

3. Allgemeine Fragestellungen

Bei der Untersuchung zu den Fragestellungen der ersten Kategorie soll herausgefunden werden, welche Scheduling-Algorithmen welche Auswirkungen auf den Ressourcenverbrauch (RAM, CPU), die Kosten, den Umsatz und Gewinn eines CSPs, sowie die Anzahl der SLA-Brüche erzeugen. Weiterhin soll untersucht werden, ob es bei einigen oder sogar allen Scheduling-Verfahren Probleme gibt, die sich negativ auf die Ausführung der VMs auswirken. Darauf aufbauend soll herausgefunden werden, ob etwas unternommen werden kann, um diese Probleme zu umgehen. Dies könnten zum Beispiel Anpassungen an den Schedulern oder dem SLA-Manager sein. Abschließend soll durch entsprechende Untersuchungen herausgefunden werden, welche der drei Scheduling-Ebenen den größten Einfluss auf die Kosten, den Gewinn, die Anzahl der VM-Migrationen und SLA-Brüche innerhalb eines CSPs hat. Daraus ließe sich dann ableiten, auf welcher Ebene Optimierungen der Scheduler am sinnvollsten wären.

Die Fragestellungen der Kategorie zwei lassen sich auf die drei Ebenen aufteilen. Auf der Intra-DC-Ebene soll untersucht werden, ob es sinnvoller ist viele kleine Hosts (mit wenigen RAM- und CPU-Ressourcen) zu betreiben, oder ob wenige Hosts mit vielen lokalen Ressourcen von Vorteil sind. Des Weiteren soll untersucht werden, ob die initiale Verteilung der VMs auf die zur Verfügung stehenden Hosts einen Einfluss auf das Scheduing-Endergebnis hat. Auf der Inter-DC-Ebene soll untersucht werden, welchen Einfluss die Scheduler auf die Einhaltung der SLAs und somit auf die Kosten und den Umsatz haben und ob es besser ist, ein großes DC zu betreiben, oder mehrere kleinere mit weniger lokalen Ressourcen. Auf der Inter-CSP-Ebene (der Föderationsebene) soll untersucht werden, ob die Teilnahme eines CSPs an einer Cloud-Föderation grundsätzliche Vorteile bringt und ob es günstiger ist, lokal mehr Hosts zu betreiben, anstatt VMs bei einem föderierten Partner betreiben zu lassen.

In der Kategorie drei befinden sich Fragestellungen, die sich mit dem Simulations-Framework an sich beschäftigen. Hier soll untersucht werden, wie performant das Framework arbeitet und wie sich der Ressourcenverbrauch bei komplexeren Simulationsszenarien verhält.

1.6 Forschungsbeitrag

Der Forschungsbeitrag des Autors wird im Folgenden zusammengefasst:

1. **Modell für SLA-basiertes VM-Scheduling in Cloud-Föderationen:** In dieser Arbeit wird ein abstraktes Modell für ein SLA-basiertes VM Scheduling in Cloud-Föderationen vorgestellt

(vgl. Kapitel 9). Das Modell berücksichtigt dabei zum einen die initiale Platzierung (initiales Scheduling) einer VM bei ihrer Erstellung (Provisionierung) und zum anderen die Platzierung der VM zur Laufzeit (SLA-basiertes Scheduling). Die Platzierung geschieht dabei auf drei Ebenen (Multi-Level-Scheduling). Auf der ersten Ebene kann eine VM innerhalb eines DCs auf einem bestimmten Host (Server) platziert werden (Intra-DC-Scheduling). Auf der zweiten Ebene kann eine VM in einem anderen DC des selben CSPs platziert werden (Inter-DC-Scheduling). Auf der dritten Ebene kann eine VM bei einem föderierten CSP platziert werden (Inter-CSP-Scheduling). Das Modell hilft beim Verständnis und der Untersuchung von verteilten, föderierten Cloud-Systemen und bildet somit eine wissenschaftliche Grundlage, auf der weiterführende Untersuchungen (zum Beispiel mit Hilfe von Simulationen) durchgeführt werden können. Auch für die Wirtschaft ist dieses Modell von Interesse, da kommerzielle Verwaltungs-Software für virtuelle Cloud-Infrastrukturen einen solchen Multi-Level-Scheduler noch nicht zur Verfügung stellt.

2. *Bewertung und Klassifizierung unterschiedlicher SLA-basierter Scheduling-Strategien für Cloud-Föderationen:* Im Verlauf dieser Arbeit werden unterschiedliche, SLA-basierte Scheduling-Algorithmen für Cloud-Föderationen vorgestellt, klassifiziert und evaluiert (vgl. Kapitel 10 ff.). Dabei werden Algorithmen auf allen drei Ebenen (Intra-DC-Ebene, Inter-DC-Ebene und Inter-CSP-Ebene) untersucht. Die Algorithmen werden dazu in unterschiedlichen Cloud-Szenarien mit Hilfe des Simulations-Frameworks FederatedCloudSim untersucht. Dabei werden die unterschiedlichen Auswirkungen der Algorithmen auf zentrale Metriken wie zum Beispiel die Anzahl der durchgeführten Migrationen, die Anzahl der SLA-Brüche, die Betriebskosten und den generierten Umsatz und Gewinn untersucht. Die Ergebnisse der Simulationen werden dann genutzt, um eine Klassifizierung der hier vorgestellten Algorithmen durchzuführen. Die dafür genutzten Klassen sind dabei so gewählt worden, dass anhand der vorgestellten Kriterien zukünftig weitere

Scheduling-Algorithmen eingeordnet werden können. Dies bildet zusammen eine Grundlage, auf der zukünftig weitere Forschungsarbeiten zum Thema SLA-basierte Scheduler für Cloud-Föderationen basieren können.

3. *CloudAccount - Finanzmodell für föderierte Clouds:* Mit Cloud-Account wird in dieser Arbeit ein flexibles Finanzmodell für Cloud-Föderationen vorgestellt (vgl. Kapitel 7.14). Bisherige Untersuchungen von Scheduling-Algorithmen konzentrierten sich oft auf technische Metriken zur Beurteilung der Güte einer gewählten Scheduling-Strategie. In der Wirtschaft wollen kommerzielle CSPs möglichst viel Umsatz und Gewinn erwirtschaften. Somit sind technisch optimierte Scheduling-Algorithmen zwar wichtig, aber letztendlich ist es ihre Aufgabe, den Umsatz und Gewinn des CSPs zu steigern. CloudAccount setzt genau an dieser Stelle an, abstrahiert von den technischen Metriken und kombiniert ihre Aussagen zu leichtverständlichen finanziellen Metriken, anhand derer die Güte von Scheduling-Strategien untersucht werden kann. Somit ist CloudAccount eine sinnvolle und auch für die Wirtschaft relevante Erweiterung der Bewertungskriterien für einen Cloud VM Scheduler.

4. *FederatedCloudSim: Flexibles Simulations-Framework für Cloud-Föderationen:* In dieser Arbeit wird FederatedCloudSim vorgestellt (vgl. Kapitel 7). Dabei handelt es sich um ein flexibles und erweiterbares Simulations-Framework für beliebig komplexe Cloud-Föderationen. Da die Untersuchung von Cloud-Scheduling-Algorithmen in der Realität sehr aufwändig und vor allem kostspielig ist, wird in diesem Bereich oft auf Simulationen zurückgegriffen. Für den Bereich der Cloud-Föderationen gab es bisher kein dediziertes Simulations-Framework, das eine Evaluation unterschiedlicher Scheduling-Algorithmen zugelassen hätte. Hier setzt FederatedCloudSim an. Das Framework basiert auf CloudSim, einem erweiterbaren Simulator für Cloud-Szenarien und ergänzt es um die Möglichkeit, Cloud-Föderationen inklusive Cloud Broker (vCSPs) zu untersuchen. Dazu wurde CloudSim um einen

SLA-Manager, Overprovisioning für RAM und CPU, ein feingranulares Monitoring und Logging und um die Möglichkeit, real
gemessene Workload Traces aus echten Cloud DCs einzulesen und
zu verarbeiten, erweitert. FederatedCloudSim bildet die Basis für
die im weiteren Verlauf der Arbeit vorgestellten Untersuchungen
der unterschiedlichen Scheduling-Algorithmen. Da der Bereich der
Cloud-Föderationen zur Zeit in der Wissenschaft sehr populär ist
und kein vergleichbares Framework zur Verfügung steht, wurde
FederatedCloudSim durch den Autor für den Einsatz weiterer,
internationaler Forschungsprojekte freigegeben und im Internet
veröffentlicht.

1.7 EASI CLOUDS

Die Forschungsarbeiten, die zu dieser Dissertation geführt haben, wurden im Rahmen des EASI CLOUDS (*Extendable Architecture and Service Infrastructure for Cloud-Aware Software*) Projekts begonnen und
über die Beendigung hinaus weitergeführt (vgl. [78]). Ziel des internationalen EASI CLOUDS Projekts war es, die Entwicklung und Verwaltung von sicheren, portablen und skalierbaren Cloud-Applikationen zu
vereinfachen, die mit Hilfe von SLAs verwaltet werden können. Dazu
wurde unter anderem die automatische SLA-Verhandlungen zwischen
Kunden und CSPs untersucht. Weiterhin wurde das SLA-basierte
Service-Brokering zwischen CSPs (Cloud Föderationen) untersucht
([151]). Zusätzlich wurden Echtzeit-Monitoring und Abrechnungskom-
ponenten entwickelt, die auf die speziellen Bedürfnisse von föderierten
Cloud-Umgebungen eingehen (vgl. [25, 58, 165]).

Das EASI CLOUDS Projekt wurde vom Bundesministerium für
Bildung und Forschung (BMBF) unter der Projektnummer 01IS11021
gefördert.

1.8 Beitrag Anderer

Die gesamte Konzeptionierung und Evaluierung der unter 1.6 genannten Forschungsbeiträge stammt vom Autor persönlich. Bei der
Implementierung von FederatedCloudSim und der Evaluierung der
einzelnen Scheduling-Strategien haben die Studenten Marco Pfahlberg,
Marc Spohr, Damian Pasternak und Marcel Krüger mitgewirkt. Lars
Nagel und Olaf Spinczyk standen während der gesamten Promotionszeit als Diskussionspartner zur Verfügung und haben mit ihren Ideen
und konstruktivem Feedback diese Arbeit unterstützt.

Der Beitrag dieser Personen an den Ergebnissen der vorliegenden
Arbeit und der darin zitierten Veröffentlichungen wird im Folgenden
kenntlich gemacht:

- *Modell für ein SLA-basiertes VM-Scheduling in föderierten Cloud-Umgebungen (vgl. [88]):* Das in dieser Veröffentlichung beschriebene Modell für SLA-basiertes VM-Scheduling wurde
  vom Autor eigenständig entwickelt. Olaf Spinczyk hat mit konstruktiven Anmerkungen sowohl bei der Erstellung des Modells, sowie
  bei der Erstellung und Kontrolle der Veröffentlichung mitgewirkt.

- *Model for SLA-based VM Scheduling in Federated Cloud
  Environments (vgl. [94]):* Bei dieser Veröffentlichung handelt es
  sich um eine erweiterte Journal-Version der ersten Veröffentlichung.
  Auch hier hat Olaf Spinczyk mit konstruktiven Anmerkungen bei
  der Erstellung und Kontrolle der Veröffentlichung unterstützt.

- *FederatedCloudSim: A SLA-aware Federated Cloud Simulation Framework (vgl. [95]):* Diese Veröffentlichung dokumen-
  tiert die Implementierung von FederatedCloudSim und beschreibt
  erste Simulationsergebnisse. Die Veröffentlichung wurde maßgeblich
  durch den Autor erstellt. Die Implementierung und Evaluierung
  wurde durch Marc Spohr unterstützt. Lars Nagel und Olaf Spinczyk
  haben die Planung des Simulations-Frameworks, die Implementierung und die Evaluierung begleitet und beratend unterstützt.

Ebenfalls haben Marc Spohr, Lars Nagel und Olaf Spinczyk bei der Erstellung der Veröffentlichung mitgewirkt.

- *Evaluation of SLA-based Decision Strategies for VM Scheduling in Cloud Data Centers (vgl. [92]):* In dieser Veröffentlichung werden VM-Scheduling-Algorithmen für Cloud DCs beschrieben und evaluiert. Der Autor war maßgeblich an der Planung und Durchführung der Evaluierungen sowie an der Erstellung der Veröffentlichung beteiligt. Die Implementierung und Evaluierung wurde durch Damian Pasternak unterstützt. Lars Nagel und Olaf Spinczyk standen wieder beratend zur Seite. Ebenfalls haben Damian Pasternak, Lars Nagel und Olaf Spinczyk bei der Erstellung der Veröffentlichung mitgewirkt.

- *Financial Evaluation of SLA-based VM Scheduling Strategies for Cloud Federations (vgl. [91]):* In dieser Veröffentlichung wird CloudAccount, ein Finanzmodell für Cloud-Föderationen und seine Integration in FederatedCloudSim vorgestellt. Anschließend werden unterschiedliche VM-Scheduler auf der Föderationsebene auf ihre technischen und finanziellen Auswirkungen auf eine SLA-basierte VM-Verwaltung untersucht. Das Finanzmodell wurde durch den Autor entwickelt und beschrieben. Die Implementierung hat Marcel Krüger vorgenommen. Zusätzliche Erweiterungen am Simulations-Framework wurden durch Marco Pfahlberg vorgenommen. Die Evaluation wurde durch Marcel Krüger und Lars Nagel unterstützt. Alle erwähnten Personen und Olaf Spinczyk haben bei der Erstellung der Veröffentlichung mitgewirkt.

1.9 Aufbau der Arbeit

Die vorliegende Arbeit gliedert sich in drei Abschnitte. Im ersten Abschnitt werden die Grundlagen und verwandte Arbeiten vorgestellt. Diese beziehen sich vor allem auf die Bereiche Cloud Computing, Cloud-Föderationen, Service Level Agreements und VM-Scheduling. In Abschnitt zwei wird das Simulations-Framework FederatedCloud-

Sim im Detail vorgestellt. Dabei wird zu Beginn das Basis-Framework
CloudSim vorgestellt. Danach wird FederatedCloudSim mit seinen
Funktionen und Erweiterungen detailliert vorgestellt. Im dritten Abschnitt werden unterschiedliche Scheduling-Algorithmen für föderierte
Cloud-Umgebungen auf allen drei Scheduling-Ebenen (Intra-DC, Inter-
DC und Inter-CSP) vorgestellt und ihre Ergebnisse untereinander
verglichen. Die Simulationen dienen dazu, die oben beschriebenen
wissenschaftlichen Fragestellungen zu beantworten. Dazu werden unterschiedliche Simulationsszenarien vorgestellt und die Auswirkungen
der verschiedenen Scheduler auf zentrale Metriken wie die Anzahl
der SLA-Brüche, den Umsatz und Gewinn sowie die Anzahl der
VM-Migrationen beschrieben. Danach werden werden die zentralen
Ergebnisse zusammengefasst und abschließend ein Ausblick gegeben.

Teil I

Grundlagen und verwandte Arbeiten

2 Cloud Computing

In diesem Kapitel wird zuerst die Entwicklung des Cloud Computings beschrieben. Dabei werden die Grundlagen aus dem Grid Computing kurz erläutert und dann die wichtigsten Voraussetzungen und Eigenschaften des Cloud Computings vorgestellt. Es folgt eine Definition des Begriffs Cloud. Abschließend werden die unterschiedlichen Cloud-Service-Arten und deren jeweiligen Umsetzungsmöglichkeiten vorgestellt.

2.1 Entwicklung

Bereits im Jahr 1961 sagte der Computer-Pionier John Mc Carthy, dass „Berechnungen einmal wie ein öffentliches Versorgungsunternehmen organisiert werden könnten". Er sollte Recht bekommen. Der Vorläufer des heutigen Cloud Computings kann im Grid Computing gesehen werden. Der Term Grid Computing wurde bereits in den 1990er Jahren eingeführt und sollte ausdrücken, dass es mit seiner Hilfe einfach ist, an (entfernte) Rechenleistung zu gelangen, wie ein elektrisches Gerät an eine Steckdose anzuschließen (abgeleitet vom Englischen: Power Grid = Stromnetz). Bote et al. gaben folgende Definition des Grid Computings (übersetzt aus dem Englischen, vgl. [22]):

Ein Grid kann als eine großflächig geografisch verteilte Hardware- und Software-Infrastruktur gesehen werden, die aus verschiedenartigen Netzwerk-ressourcen besteht, die von unterschiedlichen administrativen Organisationen betrieben und geteilt werden, welche gemeinsam transparente, verlässliche, überall vorhandene und konsistente Rechenleistung für eine große Menge an Anwendungen bieten. Diese Anwendungen können entweder für verteilte Berechnungen, oder

© Springer Fachmedien Wiesbaden GmbH, ein Teil von Springer Nature 2018
A. Kohne, *Cloud-Föderationen*,
https://doi.org/10.1007/978-3-658-20973-5_2

für Hochdurchsatzberechnungen, On-Demand-Berechnungen, datenintensive Berechnungen, gemeinsame Berechnungen oder Multi-Media-Berechnungen eingesetzt werden.

Das Grid Computing wurde vor allem durch Forschungseinrichtungen entwickelt und vorangetrieben, da sich zum Beispiel Forschungsgruppen auf der ganzen Welt die sehr teure Hardware zur Berechnung aufwändiger Simulationen nicht leisten konnten und andere Einrichtung mit entsprechender Hardware ihre Systeme nicht dauerhaft so hoch auslasten konnten, dass Kosten und Nutzen in einem sinnvollen Verhältnis standen. Grid Ressourcen wurden oft für großangelegte Simulationen und weitere, rechenintensive Anwendungen aus dem wissenschaftlichen Umfeld eingesetzt. Der Fokus lag hierbei auf der Ausführung von großen Batch-Jobs, also der prozeduralen Abarbeitung von rechenintensiven Programmen. Dies ist ein großer Unterschied zum modernen Cloud Computing, da es hier viel mehr um die Ausführung von geschäftskritischen Anwendungen wie Datenbanken, Applikationsservern, Webservern und so weiter geht.

Foster et al. haben Grid Computing und Cloud Computing miteinander verglichen und stellten fest, dass die Grundidee beider Modelle die gleiche ist, die sich aber vor allem in den Bereichen Architektur, Ressourcen Management, Business-, Programmier-, Anwendungs- und Sicherheitsmodell unterscheiden (vgl. [61]).

In Abbildung 2.1 werden die beiden Modelle Grid und Cloud Computing grafisch miteinander verglichen. Dabei wird erkenntlich, dass sie beide zu den verteilten Systemen (engl. distributed systems) gehören und eine gewisse Überlappung aufweisen. Doch das Grid Computing ist viel mehr mit den Supercomputern und Clustern verwandt, als mit modernen Web 2.0 Anwendungen. Das genaue Gegenteil gilt für das Cloud Computing. Das Grid Computing ist dabei viel mehr applikationsorientiert, wohingegen das Cloud Computing viel mehr Service-orientiert ist.

Viele Ideen aus dem Grid Computing wurden durch das Cloud Computing wieder aufgenommen und aus dem wissenschaftlichen in den kommerziellen Bereich übertragen.

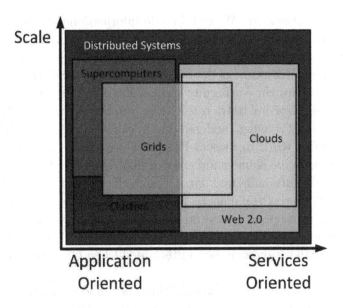

Abbildung 2.1: Vergleich: Grid Computing / Cloud Computing (Quelle: [61])

Grundlage dieser Weiterentwicklung und Öffnung waren die immer leistungsstärkeren Hardware-Systeme und neue Software-Lösungen. Eine zentrale Voraussetzung des Cloud Computings ist die Virtualisierung. Virtualisierung erlaubt eine Partitionierung der physischen Ressourcen in mehrere, voneinander komplett abgeschottete VMs. Die Software, die diese Virtualisierung erlaubt, wird Hypervisor genannt. Der Hypervisor wird auch oft als Virtual Machine Monitor (VMM) bezeichnet, da er die VMs überwacht und ausführt. Der Hypervisor wird als das eigentliche Betriebssystem eines Servers (der dann Host-System genannt wird) installiert. Er verwaltet die physischen Ressourcen des Servers wie zum Beispiel den RAM, die CPU, den Speicherplatz und den Netzwerkzugriff. Über diesen Hypervisor können jetzt virtuelle Systeme erstellt und betrieben werden, die den darin installierten Betriebssystemen und Applikationen ein komplettes physisches System (eine VM) vortäuschen. Weiterführende Informationen zu zum Thema Hypervisor befinden sich im Anhang unter Kapitel A.1.

Es gibt unterschiedliche Anbieter für solche Hypervisoren. Dies sind zum einen kommerzielle und zum anderen Anbieter, die Open-Source-Software zur Verfügung stellen. Ein CSP legt sich meist auf einen Hypervisor im Betrieb fest. Dies impliziert, dass ein Wechsel von einem CSP zu einem anderen durch technische Inkompatibilitäten sehr komplex wird. In diesem Fall wird von einem Vendor Lock-in gesprochen, da die Kunden auf einen Anbieter festgelegt sind, oder der Wechsel sehr aufwändig und damit kostspielig ist. Zur Zeit wird daran gearbeitet, diese Probleme zu lösen; doch hier gibt es noch einige technische Hürden zu überwinden. Galán et al. zeigen zum Beispiel eine Erweiterung des Open Virtualization Format (OVF), mit dessen Hilfe eine Migration zwischen unterschiedlichen CSPs möglich wäre (vgl. [65]).

Eine der wichtigsten Funktionalitäten der modernen Hypervisoren ist die sogenannte Live-Migration von VMs. Dabei können ganze VMs zur Laufzeit zwischen unterschiedlichen Host-Systemen migriert werden. Weitere Informationen zu den Live-Migrationen befinden sich im Anhang unter Kapitel A.1.

Im Folgenden wird über die Einschränkung des Vendor Lock-ins hinweggesehen und eine Migration zwischen beliebigen DCs und CSPs ermöglicht, da die Simulation unterschiedlicher Hypervisoren die Komplexität stark gesteigert hätte und der Erkenntnisgewinn sehr niedrig wäre. Dies lässt sich damit begründen, dass die Auswahl eines Migrationsziels mit einer kompatiblen Hypervisor-Plattform in der Simulation nur ein Parametervergleich gewesen wäre.

Eine weitere wichtige Voraussetzung für das Cloud Computing ist eine strikte Standardisierung der eingesetzten Hardware und Software sowie der angebotenen Services. Nur durch strikte Standards ist es möglich, Systeme und Abläufe größtmöglich zu automatisieren. Gleichzeitig können die Administratoren sich auf wenige Systeme spezialisieren und somit ein tiefes Know-how aufbauen. Ebenfalls lassen sich durch die großen Einkaufsmengen an gleichen Produkten größere Rabatte realisieren, die sich positiv auf die Endkundenpreise auswirken. Dies ist ein nicht zu verachtender Faktor, da der Preisdruck auf dem internationalen Cloud-Markt inzwischen sehr hoch ist.

Bei der Größe heutiger DCs und der schieren Anzahl von Servern und sonstigen Infrastrukturkomponenten (Netzwerk-Switche, Firewalls, SAN- und NAS-Speicher) und deren globalen Verteilung, ist ein kommerziell lohnender Betrieb nur noch durch eine (fast) vollumfängliche Automatisierung auf allen Ebenen möglich. Dies beginnt bei der Service-Bestellung und Provisionierung der benötigten Ressourcen und setzt sich fort über den laufenden Betrieb mitsamt des Monitorings (Überwachung der Systeme) und der Fehlerbehebung sowie der gesamten Verrechnung aller anfallenden Kosten.

Eine weitere Voraussetzung moderner Cloud-Umgebungen ist die automatische Verrechnung der genutzten Dienste nach Verbrauch. Hierbei wird auch von Pay-as-you-go- oder On-Demand-Verrechnung gesprochen. Bei diesen Verrechnungsmodellen fallen nur Kosten an, wenn der Dienst wirklich konsumiert wird. Trotzdem können eine initiale Einrichtungsgebühr oder ein monatlicher Grundbetrag fällig werden.

Laut der Definition des National Institute of Standards and Technology (NIST) verfügt ein Cloud Dienst über fünf Eigenschaften. Diese werden im Folgenden kurz beschrieben (vgl. [105]):

1. ***On-Demand / Self Service:*** Der Dienst kann durch Kunden unmittelbar und ohne menschliches Eingreifen vollautomatisch gebucht und genutzt werden. Die Dienstauswahl geschieht dabei über sogenannte Service-Kataloge. Darin sind alle buchbaren Dienste und ihre Konfigurationsmöglichkeiten eines CSPs (meist auch mit Preisen) aufgelistet. Der Kunde kann dann (meist über einen Browser) einen oder mehrere Dienste für einen bestimmten Zeitraum buchen.

2. ***Breitband Netzwerkzugriff:*** Der Dienst ist über ein breitbandiges Netzwerk (meist Internet) erreichbar und kann durch heterogene Endgeräte (wie zum Beispiel Personal Computer (PC), Notebook, Thin Client, Mobiltelefon und Tablet) genutzt werden.

3. **Ressourcen Pooling:** Die durch den CSP zur Verfügung gestellten Ressourcen (zum Beispiel CPU, RAM, Netzwerk und Speicher) werden in Ressourcenpools zusammengefasst. Die einzelnen Ressourcen daraus werden dynamisch und nach Bedarf an unterschiedliche Mandanten vergeben. Dabei hat der Nutzer meist keinen direkten Einfluss auf die zugewiesenen Ressourcen. Wenn überhaupt, kann auf einer hohen Abstraktionsschicht zum Beispiel ein Ausführungsland oder ein spezielles DC ausgewählt werden.

4. **Schnelle Elastizität:** Die für die Dienstausführung zur Verfügung gestellten Ressourcen können sehr schnell für den Nutzer hinzugefügt und wieder entfernt werden. Hierbei wird von atmenden Systemen gesprochen, die sich an die Ressourcenansprüche der Dienste dynamisch anpassen. Für den Nutzer wirkt es so, als ständen unendlich große Ressourcen zur Verfügung.

5. **Gemessene Dienste:** Cloud-Systeme werden permanent und automatisch überwacht. Hierbei wird von Monitoring gesprochen. Es werden für die Ausführung und Verrechnung relevante Daten erfasst und dem Nutzer (zum Teil aggregiert) zur Verfügung gestellt. Dadurch kann die korrekte Ausführung des Dienstes überwacht werden. Dies sorgt beim CSP und dem Kunden für Transparenz.

2.2 Service-Arten

Insgesamt gibt es drei unterschiedliche Service-Arten im Cloud Computing. Die drei Service-Arten bauen dabei aufeinander auf und bilden je nach Art einen immer spezielleren Service ab. Die drei Service-Arten heißen Infrastructure as a Service (IaaS), Platform as a Service (PaaS) und Software as a Service (SaaS). Insgesamt gibt es dabei neun technische Ebenen, die bei dem Betrieb eines IT-Services beachtet werden müssen. Diese Ebenen werden im Anhang unter Kapitel A.2 genauer vorgestellt.

Im Gegensatz zu einem komplett lokalen Betrieb eines IT-Dienstes, bei dem von der Basisinfrastruktur bis zur eigentlichen Applikation

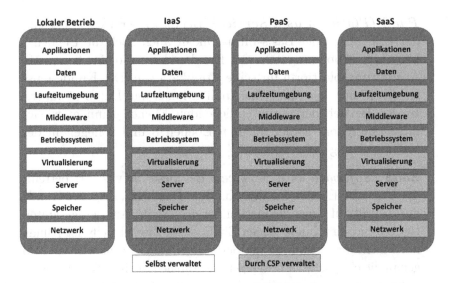

Abbildung 2.2: Grafische Darstellung der unterschiedlichen Cloud
Service-Arten (vgl. [108])

alles selbst betrieben wird, übernimmt ein CSP bei den drei Cloud
Service-Arten mehrere der Ebenen und betreibt sie für den Kunden.
Im Folgenden werden die drei Cloud Service-Arten genauer vorgestellt
(nach NIST Definition, vgl. [105]):

1. *IaaS (Infrastructure as a Service):* Bei dieser Service-Art
   betreibt der CSP die Basis-Infrastruktur für den Kunden. Diese
   umfasst die vier untersten Ebenen (Ebenen 1 bis 4 (vgl. Abbildung
   2.2). Der Kunde muss sich nicht um den Betrieb der physischen
   Komponenten und des Hypervisors kümmern und hat auch keine
   Möglichkeit, in den Betrieb einzugreifen. Auf dieser Basis kann der
   Kunde dann die darüber liegenden Dienste auf den Ebenen 5 bis 9
   selbst installieren und betreiben. Der CSP ist für mögliche Fehler
   auf diesen Ebenen nicht zuständig. Der Kunde kann wählen, ob er
   einen physischen Server nutzen möchte, oder eine VM.

2. **PaaS (Platform as a Service):** Bei dieser Service-Art betreibt der CSP neben der Basis-Infrastruktur auch noch die Ebenen 5 bis 7 (vgl. Abbildung 2.2). Der Kunde erhält also eine komplette Ausführungsplattform für seine Applikationen. Der Kunde muss sich dann nur noch um seine Applikationen und Daten kümmern. In den Betrieb der darunter liegenden Ebenen kann er wieder nicht eingreifen. Fehler auf den Ebenen 8 und 9 liegen in der Verantwortung des Kunden.

3. **SaaS (Software as a Service):** Bei dieser Service-Art betreibt der CSP alle Ebenen für den Kunden. Das heißt, dass der Kunde nur Zugriff auf einen definierten Service erhält. Auf den gesamten Betrieb hat der Kunde keinen Einfluss. Im Zweifel weiß der Kunde noch nicht mal genau, wo der Service gerade erbracht wird und wo genau die eingesetzten Daten gerade gespeichert sind. Die auf dieser Art zur Verfügung gestellten Applikationen können dann über das Internet vom Kunden genutzt werden. Zugriffe erfolgen typischer Weise über einen Browser oder über eine dedizierte Applikation, die lokal installiert wird. Da es sich um hochgradig standardisierte Services handelt, hat der Kunde nur im begrenzten Maße Einfluss auf die Konfiguration und Anpassung des Services.

In Abbildung 2.2 werden die drei Cloud Service-Arten mit den jeweils verwalteten Ebenen grafisch zusammengefasst.

2.3 Umsetzungsarten

Es gibt verschiedene Umsetzungsarten für die unterschiedlichen Cloud Service-Arten. Diese reichen von einer lokal betriebenen Cloud über Mischformen bis hin zu einer komplett extern betriebenen Cloud. Im Folgenden werden die vier grundsätzlichen Cloud-Umsetzungsarten kurz beschrieben (vgl. [105]):

1. **Private Cloud:** Bei dieser Umsetzungsart werden die gesamte Cloud-Infrastruktur und alle Services entweder lokal durch die

eigene IT betrieben (engl. On-Premise) oder extern durch einen entsprechenden Anbieter ausgeführt (engl. Off-Premise). Im zweiten Fall wird von einer Private Hosted Cloud gesprochen. Dabei wird die gesamte Cloud zwar extern betrieben, sie steht aber ausschließlich für den beauftragenden Kunden zur Verfügung. Weitere Kunden haben keinen Zugriff auf die Services und Daten.

2. *Community Cloud:* Bei dieser Umsetzungsart wird eine Cloud für eine spezielle Gruppe von Anwendern mit gleichen Anforderungen betrieben. Alle Mitglieder der jeweiligen Gruppe können am Betrieb beteiligt sein. Der Betrieb kann aber, genau wie bei der Private Hosted Cloud, auch extern vergeben werden. Zugriff auf die Services und Daten haben aber nur Mitglieder der speziellen Nutzergruppe. Ein Beispiel für eine Community Cloud ist eine Government Cloud, in der für viele Behörden eines Landes gemeinsam genutzte Dienste zentral zur Verfügung gestellt werden (vgl. [168]).

3. *Public Cloud:* Bei dieser Umsetzungsart werden die Cloud-Services öffentliche für alle Kunden zur Verfügung gestellt. Die Services können von allen genutzt werden. Die Infrastruktur und Dienste werden dabei von einem CSP in einem oder mehreren DCs (weltweit) betrieben.

4. *Hybrid Cloud:* Bei dieser Umsetzungsart handelt es sich um eine Kombination aus mindestens zwei der vorhergehenden Varianten. Die meistgenutzte Variante ist sicherlich die Kombination aus einer Private (Hosted) Cloud und einer Public Cloud. Dabei wird eine lokal betriebene Cloud in Überlastsituationen und bei weiteren Ressourcenengpässen zeitlich begrenzt durch Ressourcen aus einer öffentlichen Cloud ergänzt. Dieser Vorgang wird als Cloud Bursting bezeichnet. Zusätzlich können auch permanent lokal betriebene Services und Services aus einer öffentlichen Cloud gemischt eingesetzt werden. Hierbei ist eine entsprechende Integration der unterschiedlichen Service-Arten zu beachten.

Im weiteren Verlauf dieser Arbeit wird auf CSPs eingegangen, die Public Clouds betreiben, auf denen IaaS-Dienste angeboten werden, da sie eine große Flexibilität bieten und unterschiedlichste Dienste für ihre Kunden ausführen können. Dabei wird stets der Blickwinkel des CSPs eingenommen.

3 Service Level Agreements

SLAs werden oft im Bereich der IT-basierten Services eingesetzt, um die Dienstgüte einer Service-Leistung zu beschreiben und vertraglich festzulegen[1] (vgl. [75]). In einem SLA werden die funktionalen und nicht-funktionalen Anforderungen an einen speziellen Service beschrieben. Eine funktionale Anforderung könnte zum Beispiel die Ausführung einer VM mit einem speziellen Betriebssystem und einem Webserver in einer bestimmten Konfiguration sein. Die nicht-funktionalen Anforderungen könnten zum Beispiel die durchschnittliche Erreichbarkeit des Webservers über das Internet oder eine zugesicherte Rechenzeit auf einer CPU sein. Um diese Parameter überprüfbar zu machen, werden für jede Anforderung sogenannte Quality of Service (QoS) Level definiert, welche einzeln messbar und damit nachweisbar sind. Jeder einzelne QoS-Parameter wird innerhalb eines SLAs in ein sogenanntes Service Level Objective (SLO) eingefügt. Jedes SLO beschreibt somit einen Teilaspekt der Diensterbringung und hält die vereinbarte Dienstgüte fest. Ein SLA ist also die Summe der darin enthaltenen SLOs.

Ein Kunde kann einen oder mehrere Services bei einem Dienstleister bestellen, über die er jeweils einen SLA abschließt. Der Kunde kann dann den Service nutzen und der Anbieter muss zu jeder Zeit nachweisbar belegen, dass der entsprechende Service in der vereinbarten Dienstgüte zur Verfügung gestanden hat (vgl. [14]).

Im IT Service Management (ITSM) wird ein SLA wie folgt definiert (vgl. [154]):

---

[1]Der Text in diesem Kapitel ist in Teilen aus der Veröffentlichung „Modell für ein SLA-basiertes VM-Scheduling in föderierten Cloud-Umgebungen" des Autors übernommen und erweitert worden (vgl. [88]).

© Springer Fachmedien Wiesbaden GmbH, ein Teil von Springer Nature 2018
A. Kohne, *Cloud-Föderationen*,
https://doi.org/10.1007/978-3-658-20973-5_3

SLA: Ein SLA ist ein Vertrag zwischen einem Dienstanbieter und einem Kunden, der die konkrete Dienstbeschreibung sowie seine Ausführungskriterien beinhaltet. Weiterhin werden hier auch Strafzahlungen definiert, die der Diensterbringer an den Kunden zu zahlen hat, falls der SLA im Betrieb gebrochen wird. Der Aufbau und Lebenszyklus eines SLAs wird in Abbildung 1.2 des Kapitels 1.2 grafisch dargestellt.

Insgesamt sind im ITSM drei Vertragstypen beschrieben. Im Folgenden wird nur auf die SLAs eingegangen. Die übrigen zwei werden Vertragstypen in Kapitel A.3 des Anhangs beschrieben.

Ein SLA durchläuft stets einen sechsteiligen Lebenszyklus, der sich in drei Hauptabschnitte unterteilen lässt (vgl. [166]):

1. *Erstellung:* Im ersten Schritt wird ein passender Dienstleister gesucht. Danach wird in einem zweiten Schritt das eigentliche SLA ausgehandelt. Im dritten Schritt wird das SLA festgeschrieben und der entsprechende Dienst gestartet.

2. *Betrieb:* Der vierte Schritt begleitet den Dienst über seine gesamte aktive Phase und überwacht mit Hilfe geeigneter Monitoring-Systeme die Einhaltung des vereinbarten SLAs.

3. *Beendigung:* Im fünften Schritt wird das SLA beendet. Dies geschieht gleichzeitig mit der Beendigung des entsprechenden Dienstes. Im sechsten und letzten Schritt werden dann die Strafzahlungen berechnet und durchgesetzt.

3.1 Cloud SLAs

SLAs wurden für das Business Process Management (BPM) im Service Oriented Architecture (SOA)-Bereich entwickelt. Dort sollten einzelne Services mit ihrer jeweiligen Dienstgüte beschrieben werden (vgl. [111, 110]). Inzwischen werden sie aber verstärkt für den Bereich des Cloud Computings eingesetzt. Aktuell handelt es sich bei den SLAs meist um schriftliche Dokumente, die bisher keinem Standard folgen (vgl. [10]). Jeder CSP stellt eigene SLAs zur Verfügung, die oft nicht direkt mit denen anderer CSPs vergleichbar sind. Dies verkompliziert die Suche nach einem optimalen CSP für einen gegebenen Dienst. Ein weiterer Nachteil liegt darin, dass SLAs bisher nur einseitig den Dienst und die jeweils verfügbaren Dienstgüteklassen beschreiben. Der Kunde kann den vorgegebenen SLAs nur zustimmen oder einen anderen CSP suchen. Verhandlungen gibt es zumindest bei den großen CSPs keine.

SLAs beinhalten auch immer Pönalen. Dies sind die Strafzahlungen, die ein CSP an einen Kunden entrichten muss, wenn ein vereinbartes SLA gebrochen wird. Aktuell bieten die meisten der großen CSPs (wie Amazon, Microsoft und Google) nur Gutschriften auf eine zukünftige Diensterbringung an. Somit versuchen sie ihre Kunden langfristig an sich zu binden.

Insgesamt ist festzustellen, dass in aktuellen Cloud-Umgebungen zwar SLAs eingesetzt werden, hier aber noch sehr viel Optimierungspotential besteht.

3.2 Automatische SLA-Verarbeitung

Wichtig für den effektiven Einsatz von SLAs im Cloud Computing ist, dass sich die SLAs in maschinenlesbarer Form repräsentieren lassen. Nur dadurch können sie automatisch verarbeitet und überprüfbar gemacht werden. In den letzten Jahren haben sich dazu mehrere Extensible Markup Language (XML)-basierte Beschreibungssprachen herausgebildet. Die am meisten verbreiteten sind Web Service Level Agreement (WSLA) und WS Agreement (vgl. [5, 102]).

Ein wichtiger Anwendungsfall für die automatische SLA-Verarbeitung ist die initiale SLA-Verhandlung. Hierbei werden die einzelnen SLO-Parameter und der Preis zwischen Kunde und Anbieter ausgehandelt. Hasselmeyer et al. haben zum Beispiel ein entsprechendes Framework implementiert, welches im Bereich des Grid Computings eingesetzt wird (vgl. [74]). Auch im Bereich des Cloud Computings sind schon vergleichbare Frameworks entstanden (vgl. [167]). Die hier vorgestellten Arbeiten sind bisher noch nicht in einen industriellen Standard umgewandelt worden.

Ein weiterer Anwendungsfall, der zur Zeit zwar schon in Teilen erforscht, aber ebenfalls in der Industrie noch nicht unterstützt wird und weitere Standardisierung und Automatisierung notwendig macht, ist der Bereich der SLA-Aufteilung (engl. SLA Splitting). Bei SLAs, die mehrere Services kombinieren, kann es im Betrieb notwendig oder gewünscht sein, einen Teil-Service unter neuen SLA-Bedingungen zum Beispiel bei einem föderierten CSP ausführen zu wollen. Hierzu müssten die SLAs vollautomatisch in mehrere gültige Sub-SLAs aufgeteilt werden, die potentiell auf mehrere CSPs verteilt werden könnten. Hsu et al. haben dies bereits für SLA-basierte SOA-Systeme untersucht (vgl. [77]). In Zukunft wird es solch eine Unterstützung sicherlich nicht als direktes Angebot eines CSPs geben, da er alle Services bei sich betreiben möchte. Es wird aber CSP-übergreifende Automatisierungs- und Orchestrierungswerkzeuge geben, die solche Fälle vollautomatisch abarbeiten können.

Im Rahmen von FederatedCloudSim (FCS) werden die SLAs im weiteren Verlauf dieser Arbeit durch eine einfache Repräsentation der Anforderungen mit Hilfe von Schlüssel-Werte-Paaren (engl. key value pairs) abgebildet. Dies vereinfacht die Simulation, da keine komplexen XML-Dateien verarbeitet werden müssen und die Aussagekraft der Scheduling-Ergebnisse davon nicht beeinflusst wird. Außerdem wird für jeden Service (jede VM) genau ein SLA abgeschlossen, da im weiteren Verlauf pro VM nur ein Service ausgeführt wird. In der Realität können SLAs auch mehrere Services oder VMs abdecken.

3.3 SLAs in Forschung und Industrie

Der Einsatz von SLAs für die Bereitstellung von IT-Services ist in vielen Bereichen bereits gut erforscht. So beschreiben Ching et. al. in [39] zum Beispiel den Einsatz von SLAs im Grid Computing. Sie beschreiben ein Vorgehen, in dem sie IT-Ressourcen modellieren und über eine Beschreibungssprache Service-Garantien für die jeweilige Nutzung geben können. Die so erstellten SLAs können dann automatisch interpretiert und in Ressourcenreservierungen umgewandelt werden. Viele Forschungsergebnisse aus dem Bereich des Grid Computings können für das Cloud Computing adaptiert werden.

Patel et. al. nutzen die WSLA, um SLAs im Cloud Computing zu repräsentieren und durchzusetzen. Sie gehen in [117] aber davon aus, dass das SLA bereits abgeschlossen ist. Somit wird der Bereich des Aushandelns ausgeblendet. Sie beschreiben weiterhin eine Möglichkeit, SLAs aufzusplitten, damit in dem Fall, dass ein Service von mehreren Dienstleistern gemeinsam erbracht wird, nicht jede Partei alle Informationen aus dem Vertrag erhält.

In dem Forschungsprojekt SLA@SOI wurde die zweite der beiden meistgenutzten Beschreibungssprachen für SLAs, WS Agreement, eingesetzt, um die Dienstgüte zu beschreiben. Comuzzi et. al. haben darauf aufbauend ein eigenes SLA-Framework entwickelt, welches sich aus einem eigenen SLA-Modell, einer kompletten Management-Referenzarchitektur und einer Monitoring-Integration zusammensetzt (vgl. [47, 162]). Der Fokus der Arbeit liegt darauf, SLAs zu beschreiben, zu verhandeln, auszutauschen und durchsetzen. Hierbei wird aber nur auf die SLAs zwischen Kunden und Anbietern eingegangen. Der Aspekt einer Cloud-Föderation, in der auch CSPs untereinander SLAs abschließen können, wird nicht weiter betrachtet.

Insgesamt lässt sich feststellen, dass der Bereich der SLAs für Grid- und Cloud-Umgebungen im Allgemeinen schon gut erforscht ist. Es gibt bereits viele theoretische Modelle und erste Definitionen von automatisierbaren Standards. Diese Ergebnisse übertragen sich aber nur sehr langsam in die Industrie. Dies liegt daran, dass die großen CSPs gar keine vergleichbaren SLAs anbieten wollen, da sie ihre Preise untereinander nicht vergleichbar machen wollen. Weiterhin ist es für sie nicht von Interesse, den einfachen Austausch von Diensten zwischen unterschiedlichen CSPs voranzutreiben, da sie ihre Kunden lange an sich binden wollen.

Der Bereich der SLA-basierten VM-Scheduler für föderierte Cloud-Umgebungen ist dagegen noch nicht ausreichend erforscht. Dies liegt unter anderem auch daran, dass es bisher kein frei verfügbares Simulationswerkzeug gab, das sich für entsprechende Experimente einsetzen lies. Darum wird in dieser Arbeit mit FederatedCloudSim ein entsprechendes Simulations-Framework vorgestellt, welches hier unterstützen kann.

4 Cloud Föderationen

Cloud-Föderationen sind in den letzten Jahren in den Fokus der Cloud-Forschung geraten, da sie viele Probleme der traditionellen Clouds, wie zum Beispiel Ressourcenengpässe in Überlastsituationen, überwinden können. Diese Föderationen bestehen dabei aus mehreren Clouds, die sich wiederum in einem Netzwerk zusammenschließen, um sich gegenseitig Dienste und Ressourcen anzubieten. Die Grundidee dahinter stammt bereits aus dem Grid Computing, bei dem sich auch mehrere DCs unterschiedlicher Anbieter zusammengeschlossen haben.

Im Folgenden werden zunächst Inter-Clouds vorgestellt, sie bilden die Obermenge für Multi-Clouds und Cloud-Föderationen. Danach werden die immer wichtiger werdenden Cloud Broker beschrieben. Abschließend werden ausgesuchte Forschungsergebnisse im Bereich der Cloud-Föderationen vorgestellt und gegenüber der vorliegenden Arbeit abgegrenzt.

4.1 Inter-Clouds

Das reine Cloud Computing hat einige Herausforderungen, die vor allem bei kleinen CSPs zu Problemen führen können. So können zum Beispiel in Hochlastsituationen nicht immer alle Kundenanforderungen erfüllt werden oder es kann zu Latenzproblemen kommen, da die DCs nicht über den gesamten Globus verteilt sind. Um diese Herausforderungen zu umgehen, wurden in der Wissenschaft schon neue Konzepte entwickelt, die jetzt langsam in der Industrie Einzug halten. Die Rede ist von den sogenannten Inter-Clouds.

Inter-Clouds stellen den Zusammenschluss mehrerer CSPs zu einem großen Cloud-Netzwerk dar. So bezeichnen Keahey et al. und Petcu et

© Springer Fachmedien Wiesbaden GmbH, ein Teil von Springer Nature 2018
A. Kohne, *Cloud-Föderationen*,
https://doi.org/10.1007/978-3-658-20973-5_4

al. diese Netzwerke treffend als Sky-Computing (vgl. [84, 120]). Kelly
et al. bezeichnen die Inter-Clouds als „Cloud of Clouds" (vgl. [85]).
Eine genaue Definition der Inter-Clouds liefert das Global Inter-
Cloud Technology Forum in [60] (aus dem Englischen übersetzt):

*Inter-Cloud: Ein Cloud-Modell, dass die Gewährleistung der Ser-
vicequalität, sowie der Leistung und Verfügbarkeit von beliebigen Diensten durch On-Demand-Neuzuordnung von Ressourcen und die Übertragung von Workloads durch ein Zusammenwirken von Cloud-Systemen
verschiedener Cloud-Anbieter basierend auf der Koordination der einzelnen Verbraucheranforderungen an die Service-Qualität mit jedem
Provider-SLA und der Nutzung von Standardschnittstellen ermöglicht.*

Buyya et al. geben in [30] einen sehr guten Überblick zu den aktuellen Herausforderungen im Bereich des Cloud Computings. Sie stellen
fest, dass Cloud Computing und Inter-Clouds der fünfte Grundver-
sorger (neben Wasser, Strom, Gas und Telefon) sein werden. Dabei
schlagen sie einen marktbasierten Ansatz mit zentralen Brokern vor,
die mit Hilfe von SLAs automatisierte Verhandlungen mit den Kunden
durchführen können.

Toosi et al. geben ebenfalls einen sehr guten Überblick über Inter-
Clouds (vgl. [152]). Ihr Ansatz ist vergleichbar mit dem Grozev (s.
u.). Zusätzlich beachten sie noch folgende Themen: Security, Vertrau-
en Authentifizierung und Identity Management (IdM), Monitoring,
Prizing, Billing und Automatisierung. Weiterhin stellen sie fest, dass
nur mit Hilfe von übergreifenden Standards eine zufriedenstellende
Automatisierung sichergestellt werden kann.

Das Monitoring und die leistungsgenaue Abrechnung waren auch
zentrale Forschungspunkte des EASI CLOUDS Projekts (vgl. Kapitel
1.7). Hier wurde ein spezieller Management-Tree entwickelt, der zu
jeder Zeit alle Konfigurations- und Monitoring-Daten aller Systeme
bereitstellt und darüber eine sehr genaue Verrechnung der genutzten
Dienste auf die einzelnen Kunden zulässt (vgl. [25]).

Grozev et al. stellen in [72] eine ganzheitliche Taxonomie zum Thema Inter-Clouds vor. Laut dieser gibt es im Bereich der Inter-Clouds
zwei Sichtweisen. Zum einen die des Kunden: Der Kunde kann von
sich aus einen oder mehrere CSPs zur gleichen Zeit nutzen. Diese

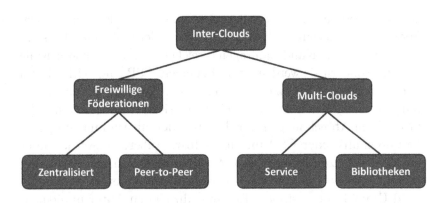

Abbildung 4.1: Abbildung der Inter-Cloud-Taxonomie nach [72]

CSPs müssen dabei nicht notwendigerweise von einander wissen oder sogar Daten austauschen. Hier wird von Multi-Clouds gesprochen. Zum anderen gibt es die Sicht der CSPs: Diese können sich freiwillig zu sogenannten Cloud Föderationen zusammenschließen. Die Aufteilung wird in Abbildung 4.1 grafisch dargestellt. Unterhalb der Multi-Clouds und der Föderationen gibt es noch eine weitere Ebene. Diese Unterscheidungen werden im Folgenden zusammengefasst:

- **Freiwillige Föderationen:** Hier schließen sich CSPs auf freiwilliger Basis zusammen, um sich im Bedarfsfall gegenseitig Ressourcen oder Dienste zur Verfügung zu stellen.

  Zentralisiert: Im ersten Fall schließen sich die CSPs zu einer zentral verwalteten Föderation zusammen. Diese besitzt dann eine zentrale Entscheidungs- und Verwaltungsinstanz (vgl. Cloud Broker, Kapitel 4.2), die über den endgültigen Ausführungsort eines angeforderten Dienstes entscheidet. Die zentrale Instanz erstellt auch die Abrechnungen und erhält zu jeder Zeit Zugriff auf die momentanen Lastdaten der teilnehmenden CSPs, um die Dienste dementsprechend verteilen zu können.

  Dezentrale Verwaltung (Peer-to-Peer): Im zweiten Fall schließen sich die CSPs (kurzfristig oder dauerhaft) eigenständig zu einer Föderation zusammen. Dies wird auch als Peer-to-Peer-Föderation bezeichnet. Hierbei verwaltet jeder CSP seine Ressourcen eigenständig. Kundenanfragen erreichen auch nicht eine zentrale Instanz, sondern sie werden direkt bei einem CSP eingereicht. Kann oder will dieser CSP einen gegebenen Dienst nicht weiter ausführen, so kann er von sich aus seine föderierten Partner um Hilfe bitten. Die Abrechnungen mit dem Kunden übernimmt in diesem Fall ebenfalls jeder CSP für sich selbst. Außerdem werden über die CSP-Grenzen hinweg keine Monitoring-Daten zur Verfügung gestellt. Solche Föderationen wurden unter anderem bereits im Grid-Umfeld mit positivem Ergebnis durch den Autor untersucht (vgl. [23]).

- *Multi-Clouds:* Es wird von einer Multi-Cloud gesprochen, wenn ein Kunde gleichzeitig mehrere CSPs zur Leistungserbringung nutzt, diese sich aber nicht im Sinne einer Föderation zusammengeschlossen haben, um sich gegenseitig Ressourcen und Dienste zur Verfügung zu stellen.

  Service: Bei dieser Variante setzt der Kunde einen zentralen Service ein (entweder lokal oder in einer Cloud betrieben), der sich um die Verteilung der Applikationen und Dienste auf die unterschiedlichen Cloud-Plattformen kümmert.

  Bibliotheken: In dieser Variante nutzt eine Applikation eine Bibliothek mit Application Programming Interface (API)-Aufrufen, die wiederum die Verteilung von weiteren Instanzen oder Appliaktionen auf unterschiedlichen Cloud-Plattformen übernimmt.

Petcu et al. stellen in [119] einen ganzheitlichen Überblick zur aktuellen Situation der Multi-Clouds zusammen. Sie kommen zu dem Schluss, dass es sich um ein großes Forschungsfeld mit viel Potential handelt. Die gleiche Aussage treffen auch Kurze et al. in [99]. Sie geben eine umfassende Beschreibung von Cloud-Föderationen und stellen dazu eine Referenzarchitektur mit passenden Fachtermen vor, die die grundsätzliche Diskussion und das weitere Forschen im Bereich der Cloud-Föderationen vereinfachen soll. Ein sehr wichtiger Aspekt, der noch tiefer zu untersuchen ist, ist der Bereich der Cloud Broker. Diese werden im nächsten Kapitel näher vorgestellt.

4.2 Cloud Broker

In den letzten Jahren hat sich das Konzept der Cloud Broker immer weiter durchgesetzt. Ein Cloud Broker übernimmt im Rahmen einer Inter-Cloud-Umgebung die Kommunikation zwischen den einzelnen CSPs oder zwischen einer zentralen Verwaltungsinstanz und den CSPs. Er stellt die Strategie zur Verteilung der eigenen VMs an andere CSPs sowie die Strategie zur Annahme oder Ablehnung von externen VMs föderierter CSPs zur Verfügung und übernimmt die Verhandlung der SLAs und Preise. Somit muss jeder Teilnehmer an einer Inter-Cloud (oder einer Cloud-Föderation) einen eigenen Cloud Broker implementieren, um an einem VM-Austausch teilnehmen zu können. Parameswaran et al. bezeichnen in [115] die Cloud Broker auch als „Unified Cloud Interface", welches die Kommunikation zwischen CSPs über einen einheitlichen Standard sicherstellt. Genau solch ein Standard konnte sich aber bisher nicht durchsetzten, da zu viele CSPs inkompatible Systeme, SLAs und Hypervisoren einsetzen. Die Hypervisor-unabhängige Cloud-Verwaltungs-Software OpenStack, welche sich im Moment stark verbreitet, bietet bereits erste Implementierungen für Cloud-Föderationen (vgl. [35]). Im Bereich der Forschung, bei der von einem konkreten Standard abstrahiert wird, ist schon sehr viel Vorarbeit geleistet worden. Im folgenden werden einige Forschungsarbeiten im Bereich der Cloud Broker näher vorgestellt.

Villegas et al. präsentieren in [157] ein dreischichtiges Cloud-Broker-Modell, bei dem IaaS-, PaaS- und SaaS-Clouds betrachtet werden. Dabei können zwischen unterschiedlichen Clouds Föderationen gebildet werden, die sich mit Hilfe von speziellen Cloud Brokern austauschen. Diese Cloud Broker befinden sich dabei in den drei Ebenen und können unabhängig voneinander kommunizieren. Zusätzlich zu der Kommunikation mit externen CSPs schlagen sie auch noch eine

Delegation innerhalb eines CSPs vor. Dies bedeutet, dass die höherwertigen Dienste wie PaaS und SaaS auf den jeweils niedrigeren Ebenen um zusätzliche Ressourcen bitten können, falls sie in eine Überlastsituation geraten. Dies ermöglicht es, ein Ressourcenproblem CSP-intern zu lösen, bevor ein externer CSP angefragt werden muss. In der vorliegenden Arbeit werden nur IaaS-Clouds betrachtet, darum entfällt im Folgenden die Delegation. Des Weiteren wird aus dem gleichen Grund auch nur ein Cloud Broker pro CSP benötigt. Dafür wird ein dreischichtiges Scheduling-Modell eingeführt, dass die Verteilung der VMs auf unterschiedlichen Ebenen unterstützt. Dies ist bei Villegas et al. nicht der Fall.

Calheiros et al. bezeichnen den Cloud Broker in [32] als Cloud Coordinator. Wie bereits beschrieben, muss auch hier wieder jeder Föderationsteilnehmer einen Cloud Coordinator implementieren, um VMs abzugeben, oder externe VMs anzunehmen. Sie stellen weiterhin ein abstraktes Modell vor, das die einzelnen Komponenten eines Cloud Coordinators beschreibt. In diesem Modell hat der Cloud Coordinator insgesamt vier Schnittstellen, mit deren Hilfe er mit der Außenwelt kommunizieren kann. Dies sind zum einen zwei Schnittstellen, um mit den Cloud Coordinators weiterer CSPs kommunizieren zu können, eine Schnittstelle zu einem zentralen Marktplatz und eine Schnittstelle zur direkten Kommunikation mit den Kunden (zum Beispiel eine Web-Seite). Sie legen bei dem Modell sehr großen Wert auf die Verhandlung zwischen dem Cloud Coordinator und dem zentralen Marktplatz. Dafür stellen sie einen ganzen Befehlssatz vor, der XML-basiert kommuniziert werden kann. Sie zeigen weiterhin erste Ergebnisse einer beispielhaften Implementierung in kleinem Maßstab. Dazu nutzen sie die Amazon EC2 Cloud (vgl. [3]) und eine lokale Cloud, die mit Hilfe von Eucalyptus (einer Open Source Cloud Management Plattform (vgl. [113])) verwaltet wird. Die Ergebnisse zeigen, dass mit Hilfe des Austausches von VMs in Überlastsituationen ein Vorteil für die einzelnen CSPs entsteht. Gegenüber der vorliegenden Arbeit unterscheidet sich der von Calheiros et al. vorgestellte Ansatz vor allem in dem zentralen Marktplatz. Es handelt sich hierbei also um eine zentral verwaltete Cloud-Föderation, wohingegen im Folgenden Peer-to-Peer-Föderationen untersucht werden. Dafür ist ihr Kommunikationsmodell für die Verhandlungen zwischen den CSPs und dem Marktplatz feingranularer als die Kommunikation in FederatedCloudSim.

Pawluk et al. beschreiben in [118] den Cloud Broker STRATOS. STRATOS ist für den Bereich der IaaS-Clouds geeignet. Der Broker übernimmt dabei zum einen die Kommunikation nach innen zu einem Cloud Manager, der mit Hilfe einer Monitoring-Komponente die aktiven Services überwacht und zusätzliche Ressourcenanforderungen an den Broker meldet, und zum anderen die Kommunikation nach außen zu weiteren CSPs. Dazu gibt es einen Translation Layer, der die abstrakten Befehle des Brokers in die speziellen API-Befehle der jeweiligen CSPs übersetzt. STRATOS wurde in Java umgesetzt und bereits in einer realen Cloud-Umgebung getestet. Dafür wurden zwei Cloud-Instanzen für einen Lastausgleich genutzt. Hierbei wurde die eine Instanz bei Amazon (vgl. [3]) gestartet und die andere Instanz bei Rackspace (vgl. [122]). Es wurden verschiedene Services mit unterschiedlichen SLAs und Optimierungsstrategien getestet. Unter anderem wurde versucht die Ausführungskosten zu minimieren und die angeforderten Services über beide CSPs gleichmäßig zu verteilen, um einen Vendor Lock-in zu verhindern. Die Versuche zeigten positive Ergebnisse. Es wurde aber auch deutlich, dass vor allem der automatische Vergleich der angebotenen Services und Kosten unterschiedlicher CSPs sehr komplex ist, da die Modelle oft nicht vergleichbar sind. Im Gegensatz zu der vorliegenden Arbeit wurde hier kein Szenario simuliert, sondern in einer echten Cloud-Umgebung getestet. Hier zeigt sich zwar, dass das Prinzip in der Realität funktioniert, aber auch, dass es sehr komplex ist, sodass sich auf einen kleinen Ausschnitt (nämlich ausschließlich das Brokering) konzentriert werden muss. Deshalb wurden nur Entscheidungsstrategien für den Broker untersucht. Die Untersuchung von unterschiedlichen Scheduling-Strategien für VMs wurde nicht durchgeführt.

Abschließend wird hier noch die Implementierung eines übergreifenden Cloud Brokers vorgestellt, der bereits einsatzfähig ist. Yangui et al. stellen in [169] CompatibleOne vor. Dabei handelt es sich

um einen Open Source Cloud Broker, der für den Einsatz in realen
Inter-Cloud-Umgebungen entwickelt wurde. CompatibleOne liefert
dazu zum einen ein Objekt-basiertes Modell zur Beschreibung von
Cloud-Ressourcen, Services und Anwendungen und zum anderen eine Ausführungsplattform, die die entsprechende Kommunikation zu
den CSPs übernimmt. Das CompatibleOne Resource Description System (CORDS) genannte Modell ist XML-basiert und lässt sich über
eine Representational State Transfer (REST)-Schnittstelle bedienen.
Diese Schnittstelle ist in der Ausführungsplattform implementiert. Diese Plattform wurde Advanced Capabilities for CORDS (ACCORDS)
genannt. ACCORDS ist ein voll funktionsfähiges Verwaltungssystem
zur Erstellung und Verwaltung von Cloud-basierten Applikationen.
Die Kommunikation mit externen CSPs wurde mit Hilfe von offenen
Cloud-Kommunikationsstandards umgesetzt. Dafür wurden vor allem
die beiden Standardschnittstellen Cloud Data Management Interface (CDMI) und Open Cloud Computing Interface (OCCI) integriert
(vgl. [53, 107, 144]). Somit können bereits viele externe Clouds, die
ebenfalls diese Schnittstellen anbieten, in eine Föderation integriert
werden. Die Software ist seit der Veröffentlichung stark weiterentwi-
ckelt worden und kann bereits eingesetzt werden.

Zusätzlich zu den hier beschriebenen Cloud Brokern gibt es noch
eine besondere Art von Cloud Brokern. Diese werden in der vorliegenden Arbeit als vCSPs bezeichnet. Sie vermitteln ausschließlich die
Ausführung einer gegebenen VM innerhalb einer Inter-Cloud, ohne
dabei selbst über eigene DCs zu verfügen (vgl. Kapitel 7.12). Ab Kapitel 10 werden VM-Scheduler für Cloud-Föderationen untersucht, bei
denen jeder CSP einen eigenen Cloud Broker für die Kommunikation
mit den föderierten CSPs implementiert. Dabei kann jeder CSP eine
eigene Strategie einsetzten. Die Integration von vCSPs ist mit Hilfe
von FCS ebenfalls möglich, wird aber in dieser Arbeit nicht weiter
betrachtet.

4.3 Inter-Cloud-Forschung

Im Bereich der Inter-Clouds existieren schon Forschungsarbeiten. Im Folgenden werden einige ausgesuchte davon kurz vorgestellt und von der vorliegenden Arbeit abgegrenzt.

Kertesz et al. konzentrieren sich in [86] auf den Überwachungsaspekt und lassen Cloud-Broker Jobs verteilen, die auf Performance-Metriken basieren. Sie nutzen dazu einen zentralen Föderationsansatz. Weiterhin werden bei einer zentralen Instanz Monitoring-Daten aller an der Föderation teilnehmenden CSPs aggregiert, um zum einen zur Laufzeit die SLAs zu überwachen und zum anderen bei einer neuen Dienstanfrage einen CSP zu finden, der die angeforderten Ressourcen zur Verfügung stellen kann. In FCS wird hingegen ein dezentraler Peer-to-Peer-Ansatz untersucht und jeder CSP verfügt über ein eigenes internes Monitoring. Zusätzlich implementiert jeder CSP in FCS seinen eigenen SLA-Manager, der die Einhaltung der SLAs in den eigenen DCs überwacht und bei einer Ressourcenüberlast eigenständig die Migration einer oder mehrerer VMs zu einem föderierten CSP veranlassen kann.

Bermbach et al. betonen in [15] die Service-Aggregation und die Interoperabilität zwischen Cloud-Anbietern und den Nutzen für die Kunden, die ein Vendor Lock-in und feste Provider-Integrationen vermeiden können. Dabei wird die Wirkung der Föderationsstrategien auf gegebene QoS-Parameter (Verfügbarkeit, Verarbeitungszeit, die Richtigkeit der Ergebnisse, Sicherheit und Kosten) untersucht. Der wichtigste Unterschied zur vorliegenden Arbeit liegt darin, dass Bermbach et al. die Auswirkungen unterschiedlicher Föderationsstrategien aus Sicht der Kunden betrachten. Im weiteren Verlauf der Arbeit werden die Auswirkungen der Strategien stets aus der Perspektive der CSPs betrachtet.

Buyya et al. haben eine andere, nutzenorientierte Sicht auf Cloud-Föderationen und konzentrieren sich auf den geografischen Aspekt (vgl. [28]). Sie präsentieren InterCloud, ein CloudSim-basiertes Simulationswerkzeug, das sie verwenden, um geografisch verteilte Cloud-Services in deren Skalierung zu untersuchen. Ihre Systembeschreibung enthält

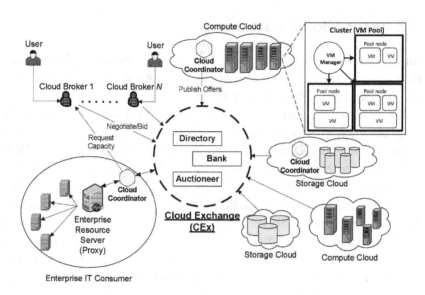

Abbildung 4.2: Das Inter-Cloud Modell nach Buyya et al. (vgl. [28])

einen zentralen Cloud Coordinator und Cloud Broker-Komponenten, die die Verteilung und Ausführung von Cloud-Services koordinieren. Sie nutzen ein Inter-Cloud-Modell, welches unterschiedliche CSPs mit unterschiedlichen Ressourcen gemeinsam mit Brokern verbindet, um Kundenanforderungen von einer zentralen Stelle aus auf die in der Inter-Cloud verfügbaren Ressourcen zu verteilen. In Abbildung 4.2 wird das Modell grafisch dargestellt. Alle Teilnehmer der Inter-Cloud müssen einen Cloud Coordinator implementieren, der die Kommunikation zu der zentralen Verwaltungsinstanz organisiert. Diese zentrale Instanz wird als Cloud Exchange (CEx) bezeichnet. Sie übernimmt das Scheduling, verwaltet zentral alle Ressourcen der teilnehmenden CSPs und übernimmt die Abrechnung. Das Framework und erste Simulationsergebnisse werden von Sotiriadis et al. in [138] genauer vorgestellt. Sie können zeigen, dass der Einsatz einer Inter-Cloud vor allem in lokalen Überlastsituationen von Vorteil ist.

Das hier vorgestellte InterCloud Projekt von Buyya et al. kommt der im weiteren Verlauf dieser Arbeit vorgestellten Forschung am nächsten. Zur Untersuchung von Inter-Cloud-Szenarien wurde ebenfalls ein auf CloudSim basierendes Simulations-Framework entwickelt (vgl. Kapitel 6.3). Mit Hilfe des Frameworks lassen sich unterschiedliche Cloud-Umgebungen definieren und untersuchen. Buyya et al. unterstützen in InterCloud ebenfalls SLAs und Cloud-Broker. Im Gegensatz zu FCS unterstützen sie aber ausschließlich einen zentralen Cloud-Föderationsansatz. Eine direkte Kommunikation (Peer-to-Peer) und das Austauschen von VMs zwischen CSPs wird nicht unterstützt. Diese Herangehensweise ist nicht wirklich realitätsnah, da CSPs in realen Umgebungen ihre Ressourcendaten, Preiskalkulationen und Monitoring-Informationen niemals einer externen Instanz zur Verfügung stellen würden. Diese Daten werden als Betriebsgeheimnis gehandelt und dürfen niemals in die Hände der Konkurrenz gelangen. Zusätzlich ist das hier eingesetzte Kostenmodell sehr einfach und berücksichtigt keine SLA-Strafzahlungen. Außerdem wird nur das sehr einfache Workload-Modell aus CloudSim eingesetzt, welches, im Gegensatz zur Simulation von realen Workload Traces keine stichhaltigen Rückschlüsse auf das Scheduling-Verhalten in der Realität zulässt. Weiterhin wird auch das Scheduling der VMs in einer sehr einfachen Variante berücksichtigt. Es ist zwar möglich unterschiedliche Scheduling-Strategien zu implementieren und zu testen, aber es wird nicht, wie in FCS, ein Scheduling auf den drei Ebenen einer Cloud-Föderation unterstützt (vgl. Kapitel 9). Zum besten Wissen des Autors wurde die Arbeit an dem InterCloud Framework nie abgeschlossen und es wurde auch nicht veröffentlicht.

Im weiteren Verlauf dieser Arbeit werden nur noch Peer-to-Peer basierte Cloud-Föderationen untersucht, da es in diesem Forschungsgebiet noch viele offene Fragen gibt. Der Begriff Peer-to-Peer wird dabei nicht weiter verwendet.

5 Cloud Scheduling

Scheduling bedeutet aus dem Englischen übersetzt Ablaufplanung. In der IT wurde dieser Begriff zuerst für den Bereich der Prozessverwaltung auf multiprogrammierbaren Betriebssystemen eingesetzt (vgl. [143]). Hierbei sorgt ein zentraler Scheduler dafür, dass jeder aktive Prozess Rechenzeit auf der CPU erhält. Inzwischen gibt es in vielen Bereichen spezielle Scheduler, die zur Verwaltung unterschiedlichster Ressourcen eingesetzt werden.

Ein Scheduler verfolgt jeweils eine spezielle Strategie, die zur Entscheidungsfindung eingesetzt wird. Diese Strategien sind sehr individuell an die jeweiligen Problemstellungen und übergeordnete Ziele angepasst. Es gibt einige allgemeine Ziele, die jeder Scheduler versucht zu erreichen. Im Folgenden werden einige davon kurz vorgestellt (vgl. [143]):

1. *Fairness:* Der Scheduler soll dafür sorgen, dass jeder Prozess einen fairen Anteil der zur Verfügung stehenden Ressourcen nutzen kann.

2. *Durchsetzen von Richtlinien:* Der Scheduler soll dafür sorgen, dass die vorgegebenen Richtlinien eingehalten werden.

3. *Balance:* Der Scheduler soll dafür sorgen, dass alle Teiles des verwalteten System gleichmäßig ausgelastet werden.

Weitere Ziele können die Optimierung des Durchsatzes, die Minimierung der Turnaround-Zeit (Zeit zwischen der Einreichung und der erfolgreichen Abarbeitung eines Jobs) oder das Einhalten von Deadlines sein.

Im weiteren Verlauf der Arbeit wird nur noch auf das VM-Scheduling eingegangen.

© Springer Fachmedien Wiesbaden GmbH, ein Teil von Springer Nature 2018
A. Kohne, *Cloud-Föderationen*,
https://doi.org/10.1007/978-3-658-20973-5_5

5.1 VM-Scheduling

Um die verfügbaren Server-Ressourcen, wie z.b. Hauptspeicher oder Prozessorzeit, auf die verschiedenen VMs aufzuteilen, besitzt jedes DC einen individuell anpassbaren Scheduler. In Cloud-DCs stehen viele Server-Systeme in einem oder mehreren Clustern zusammengefasst zur Verfügung, auf denen potentiell die VMs ausgeführt werden können[1]. Es gibt einen zentralen Scheduler in jedem DC, der zwei Hauptaufgaben besitzt:

1. *Initiale VM-Platzierung:* Wenn eine neue VM gestartet werden soll, muss der Scheduler anhand seiner jeweiligen Strategie entscheiden, auf welchem physischen Server die VM ausgeführt werden soll.

2. *VM-Migration:* Im laufenden Betrieb muss der Scheduler anhand seiner Strategie entscheiden, ob VMs mit Hilfe von Live-Migrationen zwischen verschiedenen physischen Servern verschoben werden sollen. Dies kann z.b. bei einem Lastausgleich der Fall sein.

In Cloud-Szenarien, in denen CSPs nicht nur ein DC besitzen, sondern potentiell mehrere über die Welt verteilte Lokationen, müssen die Scheduler diesen Aspekt natürlich mit einbeziehen. Hier kommen aber weitere Herausforderungen, wie z.b. der Datendurchsatz und die Verzögerung der VM-Migration, mit hinzu. Weiterhin ist es teilweise nicht möglich, laufende VMs über sehr lange Distanzen zu migrieren. Hier sind also auch technologische Limitierungen mit einzubeziehen.

In verteilten Cloud-Umgebungen, in denen VMs sogar bei einem anderen CSP betrieben werden können, werden noch komplexere Strategien nötig. Hier wird grundsätzlich zwischen zwei verschiedenen Scheduling-Varianten unterschieden: Zentrales Scheduling (Meta-Scheduler) und dezentrales Scheduling (verteilter Scheduler, engl.

---

[1]Der Text in diesem Kapitel ist in Teilen aus der Veröffentlichung „Modell für ein SLA-basiertes VM-Scheduling in föderierten Cloud-Umgebungen" des Autors übernommen und erweitert worden (vgl. [88]).

distributed scheduler). Diese beiden Varianten werden im Folgenden vorgestellt.

5.2 Zentrales Scheduling

Bei dem zentralen Scheduling-Ansatz (Meta-Scheduler) gibt es eine zentrale Entscheidungsinstanz, die alle angeschlossen CSPs verwaltet und für die Zuweisung von VMs (Services) auf die verschiedenen DCs der CSPs zuständig ist. Diese Instanz kennt alle angeschlossenen CSPs, ihre in der Föderation angebotenen Dienste, die entsprechenden SLAs und die dafür veranschlagten Kosten. Meta-Scheduler sind bereits im Umfeld des Grid Computings gut erforscht und die Ergebnisse sind in vielen Bereichen auf das Cloud Computing übertragbar. Beispielsweise schlagen Brandic et. al. in [24] einen Grid Meta Scheduler vor, der vier zentrale Aufgaben übernimmt: 1. Publish: Bereitstellen von Informationen, 2. Lookup: Suche nach potentiellen Ressourcen, 3. Match: Finden des Anbieters, der die Anforderungen bestmöglich erfüllt, und 4. Negotiate: Aushandeln von Leistungen und Kosten.

Kunden können Service-Anfragen (Service Requests) an diese zentrale Instanz schicken, in der sie einen oder mehrere Services in einer bestimmten Dienstgüte anfragen und erhalten eine Liste mit CSPs, die in der Lage wären, den Service zu erbringen. Der Kunde kann dann manuell oder automatisch anhand seiner eigenen Strategie entscheiden, welcher CSP den Service erbringen soll. Natürlich ist es auch möglich, dass die zentrale Entscheidungsinstanz den bestmöglichen Anbieter selbstständig auswählt. Dazu muss der Kunde in seiner Anfrage die Service-Kriterien entweder sehr genau spezifizieren oder Entscheidungsspielräume vorgeben.

Der Ansatz eines Meta-Schedulers ist aber für kommerzielle Clouds nicht verbreitet, da jeder CSP seine eigenen Scheduling-Strategien besitzt und aus wettbewerbstechnischen Gründen oft keine Lastdaten öffentlich macht.

5.3 Dezentrales Scheduling

Bei dem dezentralen Scheduling-Ansatz (verteiltes Scheduling) gibt
es keine zentrale Verwaltungsinstanz. Jeder CSP verwaltet die VMs
innerhalb seiner DCs selber. Trotzdem kann er über die Föderation
VMs zu kooperierenden CSPs migrieren oder sie direkt dort starten,
falls er den entsprechenden Service gar nicht selbst anbietet. Dazu
kann er über eine definierte Schnittstelle Anfragen direkt an einen
oder mehrere CSPs stellen. Er bewertet die Ergebnisse dann lokal und
trifft eine entsprechende Entscheidung. Dieser Ansatz gibt den CSPs
maximale Flexibilität, da jeder CSP entscheiden kann, mit welchen
CSPs er eine Kooperation unterhalten will. Ebenso können zwischen
unterschiedlichen CSPs unterschiedliche SLAs ausgehandelt werden,
was über einen zentralen Ansatz nur schwer abbildbar ist. Außerdem
kann hierbei jeder CSP seine eigenen Entscheidungsstrategien zur
Annahme, Weiterleitung oder Ablehnung eines Service Requests implementieren. Ein Nachteil dieser Lösung ist, dass Kunden ihre Service
Requests nicht mehr an einer zentralen Stelle einreichen können, sondern ein Vertragsverhältnis mit einem oder potentiell mehreren CSPs
eingehen müssen.

Diese Variante ist für den Bereich der föderierten Clouds sehr gut
geeignet. Das im weiteren Verlauf dieser Arbeit beschriebene Modell
basiert auf dieser verteilten Scheduling-Variante.

5.4 Multi-Level Scheduling

Das Multi-Level Scheduling ist ein Spezialfall des dezentralen Schedulings, das in Cloud-Föderationen eingesetzt wird. Da CSPs potentiell
mehrere DCs betreiben und innerhalb der Föderation auch noch
VMs mit weiteren CSPs austauschen können, wird ein dreistufiges
Scheduling benötigt.

Auf der ersten Stufe befindet sich der Intra-DC-Scheduler. Dieser sorgt dafür, dass die VMs in Abhängigkeit der gewählten Entscheidungsstrategie auf den zur Verfügung stehenden Servern verteilt
werden. Jedes DC besitzt solch einen Scheduler.

Auf der zweiten Ebene befindet sich der Inter-DC-Scheduler. Er sorgt dafür, dass die VMs je nach eingesetzter Entscheidungsstrategie auf die zur Verfügung stehenden DCs verteilt werden. Jeder CSP besitzt einen solchen Scheduler.

Auf der dritten Ebene arbeitet der Inter-CSP-Scheduler. Er sorgt anhand seiner jeweiligen Entscheidungsstrategie dafür, dass VMs, die in keinem der eigenen DCs ausgeführt werden können oder sollen, bei einem föderierten Partner-CSP ausgeführt werden. Der Aufbau eines Multi-Level Schedulers mit einem integrierten SLA-Manager wird in Abbildung 1.3 grafisch dargestellt.

In Kapitel 9 wird ein spezielles Modell für das SLA-basierte Multi-Level Scheduling in föderierten Cloud-Umgebungen vorgestellt.

5.5 Scheduling in Cloud-Umgebungen

„VM-Schedulings sind in vielen Bereichen bereits erforscht. Einen guten Überblick über aktuelle Cloud-Scheduling-Algorithmen geben Teng [145] und Tilak et. al. [150]. Dort werden verschiedene Herangehensweisen von Markt-basierten über heuristische und Echtzeit-Algorithmen bis hin zu Partikel-schwarm- und spieltheoretischen -Ansätzen beleuchtet.

VM-Scheduler entscheiden anhand von verschiedensten Strategien. Wird nur ein RZ betrachtet, so kann ein mögliches Ziel des Schedulers z.B. ein gleichmäßiger Lastausgleich aller physikalischen Server sein. Weiterhin kann der Scheduler auch versuchen, besonders Energie-effizient zu sein, in dem er die VMs auf möglichst wenigen Servern mit Hilfe von Live-Migrationen zusammenfasst. Danach können nicht benötigte Server in einen Energiesparmodus versetzt oder ganz herunterzufahren [sic!] werden (vgl. [156]). Einen guten Überblick zum Energie-effizienten VM-Scheduling liefern Sekhar et. al. in [133]. Weitere Scheduling-Ziele können u.A. Sicherheit, Kosteneffizienz, Optimierung des Daten- oder Netzwerkdurchsatzes oder SLA-Prioritäten sein." (Wörtlich zitiert aus Kohne et al., Modell für ein SLA-basiertes VM-Scheduling in föderierten Cloud-Umgebungen, Seite 3, vgl. [88]).

Cloud-Föderationen sind aktuell Inhalt vieler Forschungsprojekte. Hierbei werden die unterschiedlichsten Aspekte, wie z.b. verschiedene VM-Scheduling-Ansätze, SLA-Verhandlungs- und Management-Ansätze und verschiedenste Optimierungen, z.b. von Datendurchsatz, oder Energieverbrauch, untersucht. Die meisten der im Folgenden beschriebenen Forschungsprojekte setzen dabei auf Simulationen. Das flexibel erweiterbare Simulations-Framework CloudSim wird dabei oft als Basis eingesetzt. Calheiros et. al. beschreiben das Framework in [31] ausführlich. Nachfolgend werden einige Forschungsprojekte, die einen zentralen Scheduling-Ansatz nutzen, vorgestellt.

„Jrad et. al. untersuchen in [82] einen zentralen Cloud Broker, welcher SLA-basiert VMs unterschiedlichen CSPs zuweisen kann. Dabei kennt der Broker alle angeschlossenen CSPs, ihre angebotenen Services und die jeweiligen SLAs. Weiterhin wird in den Untersuchungen nur die Erstplatzierung der VMs in den jeweiligen CSP-RZs ausgewertet. Eine Überprüfung des gesamten SLA-Lifecycles, sprich eine Überwachung der VMs über ihre gesamte Laufzeit, ist bisher nicht vorgesehen. Um ihre Ideen zu überprüfen, setzen sie das bereits erwähnte CloudSim mit entsprechenden Anpassungen ein (vgl. [81]). Auch sie können zeigen, dass der Einsatz einer Cloud-Föderation sich positiv auf die Verteilung der VMs auswirkt.

Celesti et. al. schlagen in [36] einen Cross-Cloud Federation Manager vor. Er stellt das zentrale Bindeglied der Föderation dar und übernimmt drei Aufgaben. 1. Discover: Hierbei werden mit einem Peer-to-Peer-Ansatz mögliche Föderationspartner gesucht. 2. Match Making: Dieser Prozess sucht aus den gefundenen Kooperationspartnern den bestmöglichen anhand von vordefinierten Kriterien heraus. 3. Authentification: Das System sorgt dafür, dass der Kunde bei der entsprechenden Cloud per Single-Sign-On (SSO) authentifiziert wird, um danach VMs bestellen zu können. In diesem Vorschlag werden keine SLAs berücksichtigt und Entscheidungen nur anhand von einigen festen Kriterien vorgenommen, die statisch miteinander verglichen werden. Ebenfalls wird wieder nur die initiale Verteilung der VMs mit Hilfe einer zentralen Entscheidungsinstanz untersucht und nicht der ganze Lebenszyklus der Systeme betrachtet." (Wörtlich zitiert aus Kohne et al., Modell für ein SLA-basiertes VM-Scheduling in föderierten Cloud-Umgebungen, Seiten 6-7, vgl. [88])

Liu et al. präsentieren eine VM-Migrationsstrategie, die eine Zeitreihen-Workload-Vorhersage unter Verwendung eines Cloud-Modells implementiert (vgl. [101]). Der Scheduler wählt einen Quell-Host, eine Ziel-VM auf dem Host und einen Ziel-Host, basierend auf einer Prognose der zukünftigen Ressourcennutzung aller Hosts in einem DC. Die Autoren zeigen, dass ihre Scheduler die Anzahl der unnötigen Migrationen verringern und die gesamte Ressourcennutzung in einem DC optimieren. Dabei wird als einzige Ressource die CPU betrachtet. Für ihre Simulationen verwenden sie ebenfalls CloudSim, implementieren aber kein SLA-Management.

Beloglazov et al. untersuchen verschiedene Strategien für das energieeffiziente Scheduling von VMs (vgl. [12, 13]). Die Strategien erkennen ausgelastete Hosts und wählen entsprechende VMs aus, die auf weniger ausgelastete Hosts migriert werden. Sie simulieren Szenarien mit CloudSim und vergleichen die Strategien in Bezug auf den Energieverbrauch. In ihrer Forschung nutzen sie nur DC-Scheduling und keine SLAs.

Insgesamt lässt sich festhalten, dass bereits viele Aspekte des Cloud-Schedulings erforscht wurden. Der große Bereich der SLA-basierten föderierten Clouds, die mit Hilfe von Multi-Level-Schedulern verwaltet werden, wurde dahingegen bisher noch nicht ausführlich untersucht. Dies liegt unter anderem daran, dass es bisher kein entsprechendes Simulations-Framework gab. Im weiteren Verlauf dieser Arbeit wird deshalb mit FederatedCloudSim ein Simulations-Framework vorstellt, das hilft, den Bereich der föderierten Clouds weiter zu erschließen.

Teil II

FederatedCloudSim

6 Simulation von Cloud Systemen

Zur Untersuchung komplexer Systeme und deren Eigenschaften werden oft Simulationen eingesetzt (vgl. [16], [79] und [171]). Sie erlauben es, von der Realität zu abstrahieren und somit den Fokus auf die zu betrachtenden Aspekte zu legen. Die Komplexität der Simulation und der Grad an Realitätsnähe korrelieren dabei oft. Die in den letzten Jahren immer weiter steigende Rechenleistung in allen Bereichen (PCs bis hin zu Super-Computern) erlaubt es, immer aufwändigere Simulationen durchzuführen. Gute Beispiele sind sicherlich die Wettervorhersage oder die Berechnung von Klimaveränderungen. In beiden Bereichen wird massiv mit Simulationen gearbeitet. Für eine konkrete Simulation wird ein passender Simulator benötigt, der das gewünschte Themengebiet adäquat abbilden kann. Hierfür sind unterschiedlichste Systeme im Einsatz. Es gibt frei verfügbare Simulations-Frameworks für spezielle Einsatzgebiete, offene Simulations-Frameworks, die eine gewisse Grundfunktion mitbringen und sich an die speziellen Gegebenheiten anpassen lassen, und es gibt natürlich auch kommerzielle Systeme, die meist für einen sehr speziellen Zweck eingesetzt werden (zum Beispiel für die Untersuchung der Luftströmung im Flugzeugbau).

Um einen passenden Simulator zu einer gegebenen Fragestellung zu entwickeln, sind drei Schritte notwendig (vereinfacht nach [79]):

1. *Systemaufbau verstehen:* Im ersten Schritt muss das System mit all seinen Elementen und deren Eigenschaften, Abhängigkeiten und Aktionen, sowie den Interaktionen zwischen den einzelnen Elementen komplett erfasst werden.

2. *System modellieren:* Im zweiten Schritt müssen die relevanten Elemente des zu untersuchenden Systems mit ihren wichtigsten

© Springer Fachmedien Wiesbaden GmbH, ein Teil von Springer Nature 2018
A. Kohne, *Cloud-Föderationen*,
https://doi.org/10.1007/978-3-658-20973-5_6

Eigenschaften, Abhängigkeiten und Aktionen, sowie den Interaktionen zwischen den einzelnen Elementen in einem Modell beschrieben werden. Dabei können einzelne Elemente vereinfacht oder komplett weggelassen werden, falls sie im Rahmen der späteren Untersuchung nicht notwendig sind, oder die Untersuchung unnötig komplex gestalten. Es kann vorkommen, dass der Erkenntnisgewinn mit einer steigenden Komplexität des Modells nicht mehr signifikant wächst. Hier gilt es einen passenden Abstraktionsgrad in Abhängigkeit zu den gewünschten Ergebnissen zu finden.

3. **Simulator entwickeln:** In einem dritten Schritt kann dann ein konkreter Simulator entwickelt werden, der das zuvor definierte Modell implementiert. Hierzu ist zunächst die Art der Simulation zu wählen (s. u.). Danach muss entweder ein passender Simulator gefunden werden, in dem das Modell implementiert werden kann, oder es muss ein komplett neuer Simulator entwickelt werden, der die gewünschten Funktionalitäten abdeckt.

In Abbildung 6.1 wird der Prozess zur Erstellung eines Simulators abstrakt dargestellt. In Kapitel 9 wird das Modell für das SLA-basierte Multi-Level-Scheduling in föderierten Cloud-Umgebungen, welches als Grundlage für die späteren Simulationen dient, ausführlich beschrieben. Der im weiteren Verlauf dieser Arbeit eingesetzte Simulator mit dem Namen FederatedCloudSim wird in Kapitel 7 ausführlich beschrieben.

Die Untersuchung von unterschiedlichen Scheduling-Algorithmen im Bereich der SLA-basierten föderierten Clouds ist sehr komplex. Es werden mehrere CSPs benötigt, die untereinander VMs austauschen können. Dies ist in der Realität meist nicht möglich, da die unterschiedlichen CSPs inkompatible Hypervisoren als Basis ihrer virtualisierten Server-Umgebungen einsetzen. Somit ist eine einfach Migration zwischen zwei CSPs nicht ohne Weiteres möglich. Weiterhin ist der Einsatz von maschinell verarbeitbaren SLAs noch kein Standard und wird nur von wenigen CSPs überhaupt unterstützt. Hinzu kommt, dass es in den meisten Fällen nicht möglich ist, bei den kommerziellen CSPs eigene Algorithmen für das Scheduling einzusetzen. Somit könnten nur die vorgegebenen Algorithmen untersucht werden,

System   **Modell**   **Simulator**

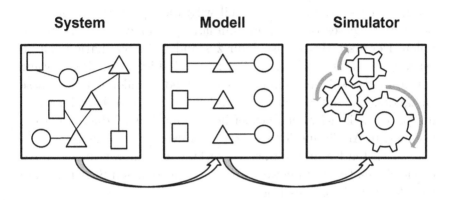

Abbildung 6.1: Abstrakter Prozess zur Erstellung eines Simulators

was wenig Spielraum für unterschiedliche Konfigurationen lässt. Außerdem entstehen durch den Einsatz von kommerziellen CSPs nicht zu verachtende Kosten für die Ausführung der unterschiedlichen VMs. Somit eignen sich Simulationen für die Untersuchung von föderierten Clouds am besten. Sie abstrahieren von den unterschiedlichen technischen Plattformen, erlauben die Integration von maschinenlesbaren SLAs, bieten die Möglichkeit unterschiedliche Scheduling-Algorithmen zu untersuchen und erzeugen keine weiteren Kosten (vgl. [129] und [172]).

In Kapitel A.5 des Anhangs werden die wichtigsten Arten von Simulationen vorgestellt. Bei dem im weiteren Verlauf dieser Arbeit eingesetzten Simulations-Framework FederatedCloudSim handelt es sich um eine dynamische Simulation, die mit Hilfe von diskreten Ereignissen abläuft und deterministisch arbeitet. Die weiteren Simulationsarten spielen nachfolgend keine Rolle mehr.

Software-gestützte Simulationen folgen alle einem allgemeinen Ablauf. Dieser wird von Law et al. in [100] beschrieben. Sie unterteilen die Simulation grob in drei Teile. Im ersten Teil werden das gesamte Simulations-Framework gestartet und seine jeweiligen Datenstrukturen initialisiert. Im zweiten Teil wird die eigentliche Simulation bearbeitet. Dieses Hauptprogramm lässt sich in zwei Unterbereiche teilen. Der erste Bereich ist dafür zuständig, die Simulationszeit zu verwalten und fortzuschreiben. Der zweite Teil ist für die Bearbeitung der zu dem jeweiligen Simulationszeitpunkt anfallenden Ereignisse zuständig. Im letzten Teil werden relevante Metriken berechnet und in Form von Log-Dateien gespeichert. Danach wird die Simulation beendet. In Abbildung 6.2 wird dieser Ablauf grafisch dargestellt.

Im nächsten Kapitel werden die wichtigsten Anforderungen an ein Cloud-Simulations-Framework zur Untersuchung von SLA-basierten Cloud-Föderationen beschrieben.

6.1 Simulationsanforderungen

Nachdem im letzten Kapitel die grundsätzlichen Eigenschaften und Möglichkeiten von Simulationen im Allgemeinen vorgestellt wurden, werden in diesem Kapitel die konkreten Anforderungen an ein Simulations-Framework beschrieben, welches in der Lage ist föderierte Cloud-Umgebungen und SLA-basierte Scheduling-Strategien abzubilden.

Um föderierte Cloud-Umgebungen mit allen wichtigen Elementen abbilden zu können, werden mindestens die folgenden Elemente innerhalb eines Simulations-Frameworks benötigt:

1. **Föderation:** Das oberste Element in der Elementhierarchie ist die Föderation. Sie subsumiert alle CSPs, die gemeinsam die Föderation bilden.

2. **CSPs:** Die CSPs stellen jeweils einen Cloud Service Provider dar. Ein CSP kann mit einem oder mehreren CSPs in einer Föderation zusammenarbeiten und VMs austauschen, in dem sie SLAs untereinander austauschen, die die entsprechende VM-Ausführung absichern. Ein CSP kann ein oder beliebig viele DCs besitzen.

3. **vCSPs:** Die virtuellen CSPs nehmen in der Föderation eine Sonderrolle ein. Sie nehmen zwar auch Service Requests von Kunden

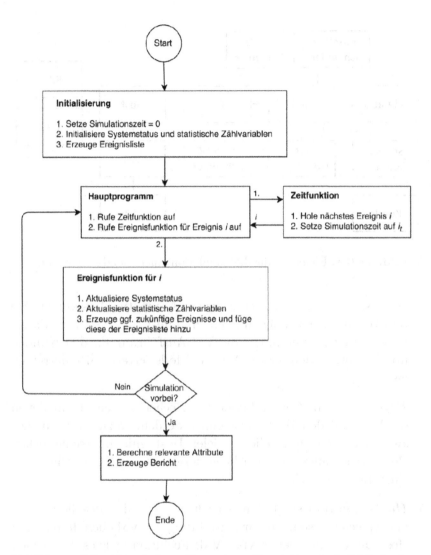

Abbildung 6.2: Ablauf einer allgemeinen Simulation (vgl. [116], in Anlehnung an [100])

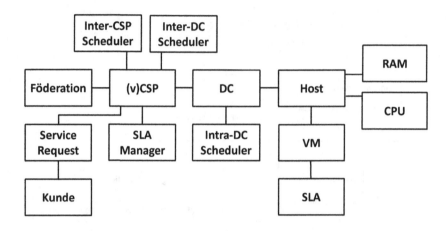

Abbildung 6.3: Elemente für die Simulation einer Cloud-Föderation

an, besitzen aber selbst keine eigenen Computing-Ressourcen. Sie besitzen deswegen auch nur einen Inter-CSP-Scheduler, da sie als ein Broker agieren, der die VM-Ausführung für den Kunden übernimmt, in dem er die VMs bei föderierten CSPs betreiben lässt.

4. **DCs:** Die Data Center bilden die Rechenzentren ab, in denen die VMs auf den Hosts ausgeführt werden. Dazu kann ein DC zwischen einem und beliebig vielen Hosts mit unterschiedlichen Ressourcenkonfigurationen beherbergen. Jedes DC verfügt über einen Intra-DC-Scheduler.

5. **Hosts:** Ein Host stellt einen einzelnen Server dar, der die Rechen- und Speicherressourcen zur Ausführung der VMs bereitstellt. Ein Host kann keine oder so viele VMs ausführen, wie es die lokalen Ressourcen erlauben.

6. **VMs:** Eine virtuelle Maschine bildet einen Service ab, der von einem Kunden über einen Service Request angefragt wurde. In der VM laufen die jeweiligen Workloads, die zur Ausführung Rechen- und Speicherressourcen benötigen.

7. **SLAs:** Die Service Level Agreements stellen die Basis der Zusammenarbeit zwischen CSPs und Kunden und unter den einzelnen CSPs in einer Föderation dar. Ein SLA definiert Ressourcenzusicherungen, Ausführungszeiten und Strafzahlungen, die bei Nichteinhaltung des SLAs zu zahlen sind.

8. **CPUs:** Die Central Processing Units stellen die Rechenressourcen in einem Host zur Verfügung, die für die Ausführung der VMs benötigt werden. Jede CPU hat dabei eine feste Rechengeschwindigkeit in GHz. Ein Host kann eine oder mehrere CPUs mit einem oder mehreren Rechenkernen (engl. Cores) besitzen.

9. **RAM:** Der Random Access Memory stellt die Hauptspeicherressourcen in einem Host zur Verfügung, die für die Ausführung der VMs benötigt werden. Der RAM ist dabei pro Host auf eine bestimmte Menge (in Gigabyte) begrenzt. Ein Host kann ein bis mehrere Gigabyte an Hauptspeicher besitzen.

10. **Intra-DC-Scheduler:** Der Intra-DC-Scheduler stellt die lokale Entscheidungsinstanz für die Platzierung von VMs innerhalb eines DCs dar. Jedes DC besitzt einen Intra-DC-Scheduler.

11. **Inter-DC-Scheduler:** Der Inter-DC-Scheduler stellt die lokale Entscheidungsinstanz für die Platzierung von VMs bei einem der DCs eines gegebenen CSPs dar. Jeder CSP hat einen Inter-DC-Scheduler.

12. **Inter-CSP-Scheduler:** Der Inter-CSP-Scheduler stellt die Entscheidungsinstanz für die Platzierung von VMs bei einem der föderierten CSPs innerhalb der Föderation dar. Jeder CSP besitzt einen Inter-CSP-Scheduler.

13. **Service Request:** Ein Service Request beschreibt die Anforderungen eines Kunden an die Ausführung einer VM bei einem CSP. Diese Anforderungen werden bei einer Zusage durch den CSP in einen SLA umgewandelt, und die entsprechende VM wird erstellt und ausgeführt. Ein Kunde kann einen oder mehrere Service Requests an einen CSP schicken.

14. **Kunde:** Ein Kunde möchte VMs bei einem CSP ausführen. Dazu stellt er einen oder mehrere Service Requests an einen CSP.

Die hier vorgestellten Elemente werden in Abbildung 6.3 noch einmal grafisch dargestellt, dabei wird auch der Zusammenhang zwischen den einzelnen Elementen verdeutlicht.

Zusätzlich zu den hier beschriebenen Elementen, die für die Simulation von Cloud-Föderationen benötigt werden, existieren noch weitere funktionale Anforderungen an ein entsprechendes Simulations-Framework.

Um die Simulationen so realitätsnah wie möglich zu gestalten, sollen reale Workload Traces als Eingabe verarbeitet werden. Ein Workload Trace stellt dabei eine dateibasierte Aufzeichnung des Ressourcenverbrauchs von real ausgeführten VMs bei einem echten CSP dar. Diese Trace-Daten werden zum einen über ein entsprechendes Archiv online zur Verfügung gestellt (vgl. [148]) und zum anderen wurden im Rahmen dieser Arbeit eigene Traces aufgezeichnet (vgl. Kapitel 8). Weiterhin soll das Simulations-Framework leicht zu erweitern und umfänglich konfigurierbar sein. Während der Simulation sollen zusätzlich ausführliche Logs erstellt und aussagekräftige Metriken berechnet werden, welche am Ende der Simulation in einem einfach verarbeitbaren Dateiformat gespeichert werden. Die hier aufgeführten Anforderungen werden in Abbildung 6.4 nochmal grafisch dargestellt. Dabei ist das eigentliche Framework als eine Black-Box abgebildet, die Eingaben entgegennimmt und verarbeitet. Nach der Simulation werden dann entsprechende Ausgabedaten erzeugt und abgespeichert.

Im folgenden Abschnitt werden einige Cloud-Simulations-Frameworks vorgestellt und auf ihre Tauglichkeit für die wichtigsten der hier vorgestellten Anforderungen hin abgeglichen.

6.2 Frameworkauswahl

Seit Grid-Computing in den Fokus der Forschung kam, wurden viele Simulations-Frameworks für diesen Bereich implementiert. Jetzt wer-

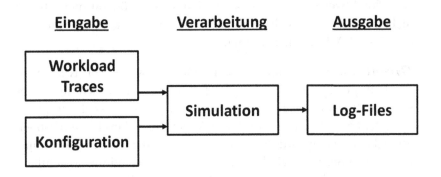

Abbildung 6.4: Eingabe und Ausgabe der Simulation

den im Bereich des Cloud Computings einige der Grid-Simulatoren entsprechend erweitert und wiederverwendet. Einige Forscher haben sich hingegen entschieden, völlig neue Simulatoren für spezielle Zwecke zu implementieren.

In diesem Abschnitt werden drei Cloud-Simulations-Frameworks vorgestellt. Einen sehr guten Überblick über bereits existierende Cloud-Simulations-Frameworks geben Sakellari et al. in [129] und Wei et al. in [172]. Im Folgenden werden existierende Simulations-Frameworks auf ihre Einsetzbarkeit für die wichtigsten der hier definierten Anforderungen im Bereich der Cloud-Föderationen hin untersucht[1].

1. *iCanCloud:* Núñez et al. haben den iCanCloud Simulator implementiert (vgl. [112]). Es basiert auf SIMCAN und wurde entwickelt, um Instanz-basierte Clouds wie zum Beispiel die Amazon-Cloud (Amazon Web Services (AWS)) zu simulieren. Der Fokus der Simulationen liegt darauf, dem Anwender einen Überblick über die Kompromisse (engl. Trade-offs) zwischen Kosten und Leistung in einem bestimmten Cloud-Szenario zu geben. Der Simulator hat ein Graphical User Interface (GUI) und kann an verschiedene Arten

---

[1]Der Text wurde aus der Veröffentlichung „FederatedCloudSim: A SLA-aware Federated Cloud Simulation Framework" (vgl. [95]) des Autors übersetzt und ergänzt.

von Cloud-Szenarien angepasst werden. Cloud-Föderationen stehen nicht im Mittelpunkt des Simulations-Frameworks. Weiterhin gibt es keine SLA-Implementierung.

2. **GreenCloud:** Das Simulations-Framework wurde von Kliazovich et al. implementiert (vgl. [87]). Es ist auf Untersuchungen der Energieeffizienz von DCs spezialisiert. Das Framework integriert einen feingranularen Netzwerk-Stack, der Paket-Level-Simulationen ermöglicht. Dabei wird der Stromverbrauch aller Hardware-Komponenten wie Server, Switches und sonstiger Verbindungen simuliert. Das Framework erweitert den ns-2-Netzwerk-Simulator und ist in C++ und OTcl geschrieben. Dieser Simulator ist insgesamt auf einzelne Cloud-DCs spezialisiert. Cloud-Föderationen lassen sich genau wie in iCanCloud nicht abbilden. Weiterhin werden ebenfalls keine SLAs berücksichtigt.

3. **CloudSim:** Das Cloud-Simulations-Framework welches zur Zeit am häufigsten verwendet wird ist CloudSim. Es basierte zuerst auf GridSim, einem ereignisgesteuerten Simulations-Framework für Grid Computing (vgl. [27]). Später wurde der GridSim-Kern gegen einen neuen, speziell an Anforderungen der Cloud-Simulation angepassten Simulationskern ersetzt. Es ist ein sehr flexibles Framework, das die Simulation von vielen verschiedenen Cloud-Szenarien ermöglicht. Es wurde im Cloud Computing and Distributed Systems (CLOUDS) Laboratory an der Universität von Melbourne entwickelt. In ihrer Veröffentlichung "CloudSim: a toolkit for modeling and simulation of cloud computing environments and evaluation of resource provisioning algorithms" erklären Calheiros et al. das Framework ausführlich und geben einen Einblick in seine Fähigkeiten (vgl. [31]). CloudSim ist in Java geschrieben und simuliert alle Komponenten einer verteilten Cloud beginnend bei unterschiedlich konfigurierten DCs, über die physischen Maschinen und die darauf ausgeführten Workloads (Cloudlets genannt), bis hin zu den VMs. Das ereignisgesteuerte Simulations-Framework ist sehr offen entwickelt und so ausgelegt, dass es von anderen

Forschern leicht erweitert werden kann. Genau wie die anderen hier vorgestellten Frameworks unterstützt CloudSim auch keine SLAs.

In dieser Arbeit sollen unterschiedliche Cloud-Szenarien untersucht werden, wobei auch Vergleiche zwischen föderierten und nicht-föderierten Clouds sowie Clouds mit und ohne Cloud-Broker möglich sein sollten. In all diesen Szenarien bilden SLAs die Grundlage für die Zusammenarbeit der einzelnen CSPs und die eigentliche Service-Ausführung. Darüber hinaus sollen unterschiedliche Multi-Level-Scheduler für die Migration der VMs in der Föderation untersucht werden. Da kein Simulations-Framework gefunden werden konnte, das alle Anforderungen erfüllt, wurde ein neues Framework implementiert. Das Framework heißt FederatedCloudSim und basiert auf dem zur Zeit meistgenutzten Cloud-Simulations-Framework CloudSim, da sich CloudSim als das flexibelste und am einfachsten erweiterbare Framework herausgestellt hat. Außerdem basiert es auf Java, einer Programmiersprache, die sehr weit verbreitet ist.

Im nächsten Abschnitt wird zunächst CloudSim beschrieben. Daraufhin werden die entsprechenden Erweiterungen für FederatedCloudSim im Detail beschrieben.

6.3 CloudSim

CloudSim ist ein umfangreiches Simulations-Framework zur Modellierung und Untersuchung von unterschiedlichsten Cloud-Szenarien.
Das Framework wird seit dem Jahr 2009 am „The Cloud Computing
and Distributed Systems (CLOUDS) Laboratory" an der Universität
von Melbourne von einem Team rund um Professor Buyya entwickelt.
CloudSim soll Cloud-Forschern auf der ganzen Welt als Basis für ihre
jeweiligen Experimente dienen. Darum ist das Framework von Anfang
an sehr offen und modular entwickelt worden (vgl. [31] und [29]). Das
Framework wurde bereits in vielen internationalen Forschungen eingesetzt. Einen guten Überblick über bereits mit CloudSim durchgeführte
Forschungen liefern Devi et al. in [48].

Im Folgenden wird ein kurzer Überblick über die Hauptfunktionen
von CloudSim gegeben (vgl. [45]). Dabei ist zu beachten, dass die hier
vorgestellten Funktionalitäten grundsätzlich in CloudSim vorgesehen
sind. Für eine konkrete Nutzung muss aber meist eine (mehr oder
weniger umfangreiche) Anpassung oder Erweiterung des Frameworks
vorgenommen werden. CloudSim bietet:

- Unterstützung für die Modellierung und die Simulation von großen
  Cloud Computing DCs

- Unterstützung für die Modellierung und die Simulation von virtualisierten Server-Hosts mit anpassbaren Regeln für die Provisionierung
  von Host-Ressourcen zu VMs

- Unterstützung für die Modellierung und die Simulation von Applika-
  tions-Containern.

- Unterstützung für die Modellierung und die Simulation von ener-
  giebewussten Rechenressourcen

- Unterstützung für die Modellierung und die Simulation von DC-
  Netzwerktopologien and Message-Passing-Applikationen

- Unterstützung für für die dynamische Integration von Simulations-
  elementen, den Stopp und das Fortsetzen der Simulation

- Unterstützung für benutzerdefinierte Regeln für die Zuordnung von
  VMs zu Hosts

Im nächsten Kapitel wir der konkrete Aufbau des CloudSim-Frameworks genauer beschrieben.

6.3.1 Aufbau

CloudSim basierte ursprünglich auf GridSim, einem ereignisgesteuerten Grid-Simulations-Framework, welches ebenfalls an der Universität von Melbourne entwickelt wurde (vgl. [27]). Dies hatte zunächst viele Vorteile, da vor allem die Verwaltung der Ereignisse und der Nachrichtenaustausch zwischen den einzelnen Simulationsentitäten nicht neu implementiert werden mussten. GridSim setzt wiederum auf SimJava auf. SimJava ist ein anwendungsagnostisches Framework zur Erstellung von spezifischen Simulatoren für beliebige Anwendungsgebiete. Das Framework bringt dazu alle Basisfunktionen und -Klassen mit, die benötigt werden, um ein ereignisgesteuertes Simulations-Framework zu erstellen (vgl. [76, 97]).

Nach einer gewissen Zeit stellte sich heraus, dass die Funktionsweisen eines Grids und einer Cloud sich grundsätzlich stärker unterscheiden, als zuerst gedacht. Somit zeigte sich, dass GridSim doch nicht die richtige Basis für CloudSim darstellte. Somit wurde der Simulationskern grundlegend neu entwickelt und entsprach fortan den spezifischen Anforderungen von Cloud-Szenarien (vgl. [31] und [29]).

CloudSim stellt für viele Elemente, die in einer Cloud-Simulation benötigt werden, bereits fertig implementierte Klassen bereit. Diese können entweder so genutzt werden, wie sie ausgeliefert werden, oder erweitert und angepasst werden. Somit lassen sich beliebige Anforderungen umsetzen. Im Folgenden werden die Basiskomponenten vorgestellt, die bereits zum CloudSim-Standard gehören:

- *Data Center:* DC sind das zentrale Element in einem Cloud-Sim-Szenario. Sie stellen die Hosts zum Ausführen der VMs bereit. Jedes DC hat einen eigenen Scheduler, der entscheidet, auf welchem

Host welche VM läuft. Ein DC kann ein bis beliebig viele Hosts beherbergen, die auch unterschiedlich konfiguriert sein können.

- **Hosts:** Ein Host stellt die für die Ausführung einer VM benötigten Ressourcen RAM und CPU bereit. Auf einem Host können keine bis viele VMs ausgeführt werden (abhängig von den zur Verfügung stehenden Ressourcen).

- **Netzwerk:** Es werden zwei Arten von Netzwerken bereitgestellt. Zum einen die Netzwerke, die innerhalb eines DCs für die Kommunikation zwischen den Hosts benötigt werden. Zum anderen die Netzwerke, die für die Kommunikation zwischen unterschiedlichen DCs benötigt werden. Um auch komplexe Netzwerke abbilden zu können, können Netzwerktopologien im Boston university Representative Internet Topology gEnerator (BRITE)-Format eingelesen und simuliert werden.

- **CPU:** Die CPU stellt die Rechenleistung zur Verfügung, die zur Ausführung der VMs und Cloudlets benötigt wird. Es werden Single- und Multi-Core-CPUs unterstützt. Ein Host kann eine oder mehrere CPUs beherbergen. Die Kapazität der CPU wird in Million Instructions Per Second (MIPS) angegeben.

- **RAM:** Der RAM ist der Arbeitsspeicher, der für die Ausführung der VMs und Cloudlets benötigt wird. Der RAM wird in MB angegeben. Ein Host kann beliebig viel RAM besitzen.

- **Festplatten:** Es werden Festplatten in den Hosts und zentraler Speicher (Storage Area Network (SAN)) unterstützt. Auf diesem Speicher liegen die VMs und deren Daten. Die Kapazität des Festplattenspeichers wird in MB angegeben.

- **VMs:** VMs stellen die Ausführungsumgebung für Cloudlets dar. VMs können erzeugt, zwischen Hosts migriert, pausiert und gestoppt werden. Innerhalb der VM wird ein Scheduling der Cloudlets abgebildet. Es sorgt im Fall von mehreren Cloudlets in einer VM dafür, dass alle Cloudlets Rechenzeit auf der CPU erhalten. Ebenso gibt es einen entsprechenden RAM-Scheduler.

- *Cloudlets:* Cloudlets stellen in CloudSim einzelne Applikationen oder Services dar, die innerhalb einer VM ausgeführt werden. Sie werden über eine Anzahl MIPS-definiert[2], die abgearbeitet werden, sobald das Cloudlet Zeit auf der CPU zugewiesen bekommt. Eine VM kann beliebig viele Cloudlets ausführen.

- *Kostenmodell:* CloudSim beinhaltet ein sehr einfaches Modell, um Kosten pro CPU-, RAM-, Netzwerk- und Festplatten-Einheit abzurechnen. Diese Abrechnung findet zwischen DCs und Nutzern statt.

- *Cloud Information Service:* Der Cloud Information Service (CIS) stellt eine zentrale Informationsstelle dar. Alle Simulationselemente müssen sich bei ihrer Erzeugung beim CIS registrieren. Zur Laufzeit sammelt der CIS alle Lastinformationen und kann nach freien Ressourcen in einem beliebigen DC befragt werden.

- *CloudCoordinator:* Diese Komponente bildet die Kommunikation zwischen den unterschiedlichen DCs ab. Dabei muss jedes DC einen CloudCoordinator implementieren. Dieser kann bei Bedarf über den CIS nach freien Ressourcen bei befreundeten DCs fragen und im Zweifel eine VM in ein anderes DC migrieren.

- *Scheduling:* Das CloudSim-Basis-Framework liefert die Möglichkeit, eigene VM-Scheduler zu implementieren, die eine Platzierung der VMs innerhalb eines DCs erlauben. Hierzu muss von einer Basis-Klasse geerbt werden und dann der jeweilige Scheduling-Algorithmus implementiert werden. CloudSim liefert einen einfachen First Come First Served (FCFS)-Scheduler mit, der eine zu

---

[2]Dem Autor ist bewusst, dass die Leistung eines Prozessors in MIPS angegeben wird, VMs und Anwendungen im Allgemeinen ihre Anforderungen aber in MI definieren. Im CloudSim Framework wird dies nicht weiter unterschieden. Darum wird im weiteren Verlauf mit dieser Definition gearbeitet.

migrierende VM auf den ersten Host migriert, der über ausreichend freie Ressourcen verfügt.

Zusätzlich liefert CloudSim bereits zwei VM-Scheduler auf Host-Ebene mit, die die Zuteilung der CPU-Ressourcen an die VMs regeln. Dies ist zum einen ein Space-Share-Scheduler, der die VM der Reihe nach exklusiv auf den CPU-Cores rechnen lässt und ein Time-Share-Scheduler, der die VMs parallel auf den zur Verfügung stehenden CPU-Cores ausführt. Im weiteren Verlauf dieser Arbeit wird ausschließlich mit dem vorhandenen Time-Share-Scheduler auf Host-Ebene gearbeitet.

- **Container:** Seit der Version 4.0 von CloudSim werden auch Applikations-Container unterstützt. Der Einsatz von Containern in modernen DCs steigt immer weiter an. Im Gegensatz zu VMs beinhalten sie kein komplettes Betriebssystem mehr, sondern nur noch wichtige System-Bibliotheken, die nicht mit anderen Containern geteilt werden können. Dadurch sind diese Container sehr leichtgewichtig und lassen sich einfacher verwalten als klassische VMs (vgl. [137]). Vor allem die Umsetzung mit der Docker-Technologie ist sehr weit verbreitet [18, 4]. Mit der Integration in CloudSim können jetzt auch Container erzeugt, VMs zugewiesen, zwischen VMs migriert und beliebig gestartet und gestoppt werden.

CloudSim lässt sich grob in drei Schichten aufteilen. Die bisher erklärten Elemente lassen sich hier eindeutig einsortieren. Die Schichten sind in Abbildung 6.5 grafisch dargestellt und werden im Folgenden vorgestellt:

1. **Simulationskern:** Die Basis des Frameworks bildet der Simulationskern. Er stellt alle wichtigen Klassen und Funktionen bereit, die benötigt werden, um eine Simulation durchführen zu können. Dazu gehören wichtige Funktionen, wie ein Zeitgeber, Ereigniswarteschlangen mit passenden Sortieralgorithmen und Mechanismen zur Erstellung, Verwaltung und Versendung von Nachrichten zwischen den einzelnen Simulationsentitäten. Weiterhin werden hier

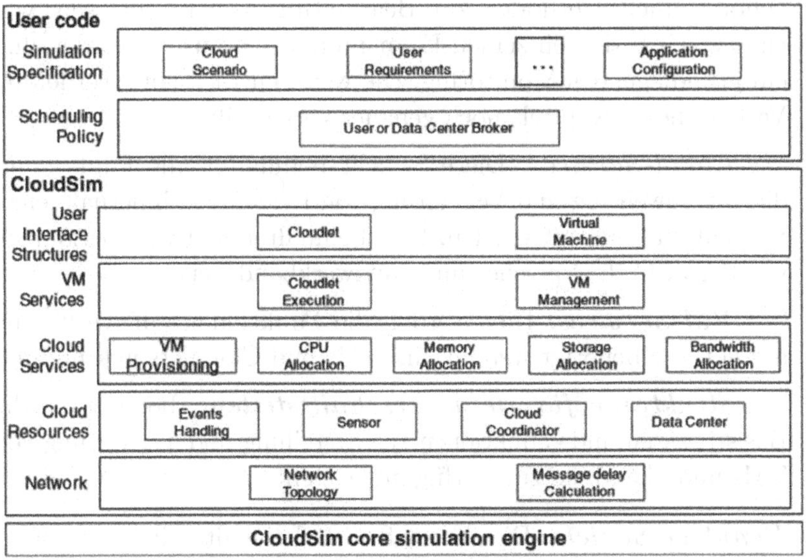

Abbildung 6.5: Schematischer Aufbau von CloudSim (vgl. [31])

die zentralen Klassen verwaltet, die den Aufbau, das Starten und Stoppen, sowie die zentrale Überwachung der Simulation erlauben.

2. *CloudSim-Schicht:* Die CloudSim-Schicht beinhaltet die eigentlichen Klassen und Funktionen, die eine Simulation von beliebigen Cloud-Szenarien ermöglichen. Dazu unterteilt sie sich nochmal in fünf weitere Schichten, die jeweils komplexe Teilaufgaben übernehmen:

Netzwerk: Diese Schicht stellt sicher, dass auch komplexe Netzwerke simuliert werden und Datenpakete gezielt zwischen VMs ausgetauscht werden können. Dazu wird das BRITE-Format zur Beschreibung von Netzwerktopologien unterstützt. Weiterhin finden hier die Berechnungen der Übertragungslatenzen statt.

Cloud-Ressourcen: In dieser Schicht werden die zentralen Elemente für den Aufbau einer Cloud zur Verfügung gestellt. Dazu gehören auch Methoden zur Bearbeitung von Ereignissen, welche zwischen den einzelnen Elementen ausgetauscht werden und ein grundlegendes Monitoring. Die weiteren Elemente werden im Verlauf dieses Kapitels noch genauer vorgestellt.

Cloud-Services: Diese Schicht beinhaltet alle Funktionen, die zur Zuweisung und Verwaltung von Ressourcen innerhalb einer Simulation benötigt werden. Dies beinhaltet zentrale Ressourcen wie RAM, CPU, Speicher und Netzwerkbandbreite.

VM-Services: Hier werden die Funktionen zur Verfügung gestellt, die benötigt werden, um VMs und Cloudlets auszuführen.

Strukturen für Benutzerschnittstellen: Hier werden die Basis-Klassen und -Funktionen zur Erstellung und Verwaltung von VMs und Cloudlets zur Verfügung gestellt.

3. *Benutzer-Schicht:* Die oberste Schicht beinhaltet diejenigen Klassen und Funktionen, die durch den Benutzer angepasst werden sollen, um individuelle Cloud-Szenarien mit unterschiedlichen Schedulern implementieren zu können. Dazu unterteilt sich diese Schicht auch nochmal in zwei weitere Schichten:

Scheduling-Regeln: In dieser Schicht werden Basisklassen zur Verfügung gestellt, die ein VM-Scheduling zwischen den einzelnen DCs erlauben. Für eine konkrete Implementierung muss von diesen Klassen geerbt und die entsprechende Scheduling-Strategie implementiert werden.

Simulationsspezifikationen: Dies Schicht stellt alle Klassen und Funktionen bereit, die benötigt werden, um Cloud-Simulationen zu beschreiben, aufzubauen und weitere Konfigurationen am Framework vorzunehmen.

Nachdem in diesem Kapitel der Aufbau von CloudSim beschrieben wurde, wird im nächsten Kapitel der Simulationsablauf beschrieben.

6.3.2 Simulationsablauf

Simulationen in CloudSim laufen immer nach dem gleichen Prinzip ab. Dies wird im Folgenden beschrieben. Grundsätzlich lässt sich der Ablauf in drei Schritte unterteilen.

1. *Konfiguration:* Um eine konkrete Simulation zu starten, muss zuerst das Framework konfiguriert werden. Dafür werden in der Java-Hauptklasse das Simulationsszenario mit allen DCs, deren Hosts mit den jeweiligen Konfigurationen, die Scheduler und optional ein Grid-Workload-Trace in Java-Code konfiguriert. Die Traces müssen dabei im SWF-Format vorliegen. Werden keine Traces genutzt, so muss auch die Anzahl der VMs, der Cloudlets und deren MIPS konfiguriert werden. Beim Start des Frameworks wird dann dieser Code-Block zuerst ausgeführt und das jeweilige Szenario mit allen Entitäten und deren Verbindungen aufgebaut. Danach wird die Simulation gestartet.

2. *Simulation:* Während die Simulation läuft, werden nacheinander die eintreffenden Ereignisse aus der Warteschlange der aktiven Ereignisse abgearbeitet. Dies sind zuerst die Ereignisse, die die VMs und deren Cloudlets erzeugen und initial einem Host zuweisen. Natürlich können auch im Verlauf der Simulation weitere VMs erzeugt werden. Während der Simulation können diese Ereignisse Überprüfungen der aktuellen Lastsituation auf allen Hosts sein, VM-Migrationen zwischen Hosts, Ressourcenanfragen zwischen zwei DCs und so weiter. Die Simulation läuft so lange, wie noch aktive VMs im System sind. Dabei gilt eine VM als aktiv, wenn sie ein ein Cloudlet ausführt, welches noch nicht seine vorher konfigurierten MIPS abgearbeitet hat. Diese MIPS werden dekrementiert, sobald die VM mit diesem Cloudlet Rechenzeit auf einer CPU zugewiesen bekommt. Sind alle Cloudlets fertig berechnet, wird ein spezielles Ereignis erzeugt, welches das Ende der Simulation darstellt. Dieses Ereignis wird ganz hinten in die Warteschlange einsortiert. Dies ist wichtig, da zuvor noch aktive Ereignisse im Framework verarbeitet werden können, die zum Beispiel zum gleichen

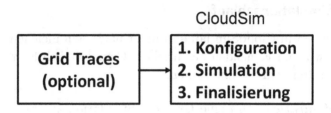

Abbildung 6.6: Ablauf einer Simulation in CloudSim

Zeitpunkt eingereicht wurden, wie das letzte Cloudlet beendet wurde. Wird das Simulationsende erreicht, erhalten alle Entitäten ein spezielles Signal, welches ihnen noch einmal die Möglichkeit gibt, finale Berechnungen durchzuführen, die zum Beispiel noch im Log ausgegeben werden können. Danach beenden sich alle Entitäten und übergeben den Programmfluss wieder an die Hauptklasse, die dann das Ende der Simulation vorbereitet. Während der gesamten Simulation werden Statusdaten über die Java-Konsole ausgegeben. Diese können genutzt werden, um nachzuvollziehen, was genau zur Simulationszeit passiert.

3. *Finalisierung:* Sind alle Ereignisse abgearbeitet, wird noch ein finales Log erstellt, in dem zum Beispiel die generierten Kosten, die Berechnungszeit der Cloudlets, die Anzahl der Migrationen und so weiter ausgegeben werden können. Dieses Log wird ebenfalls auf der Java-Konsole ausgegeben. Nachdem diese Ausgabe abgeschlossen ist, beendet sich das Framework, und die Simulation ist abgeschlossen.

In Abbildung 6.6 wird der hier vorgestellte Ablauf noch einmal grafisch dargestellt.

6.3.3 Fehlende Funktionalitäten

CloudSim wurde bereits in vielen internationalen Forschungsprojekten erfolgreich eingesetzt. Dabei wurde das Basis-Framework in vielen

Bereichen erweitert oder angepasst. Einige Erweiterungen, die für alle Forscher nutzbringend sind, wurden schon in CloudSim übernommen. In Kapitel A.6 des Anhangs wird ein Überblick über einige Erweiterungen gegeben, die auf CloudSim basieren. Die bisherigen Erweiterungen zeigen, dass das CloudSim-Framework vielfältig eingesetzt wird und sehr flexibel angepasst werden kann. Doch trotz der Erweiterungen und der grundsätzlichen Möglichkeit Cloud-Föderationen in CloudSim abzubilden fehlen noch viele Funktionalitäten, um den Bereich der Föderationen wirklich umfangreich untersuchen zu können. Darum werden in diesem Kapitel die wichtigsten fehlenden Funktionalitäten vorgestellt, die sich aus den Anforderungen an ein Simulations-Framework für unterschiedlichste Cloud-Föderationen ergeben, wie bereits in Kapitel 6.2 beschrieben.

- *Föderationen:* CloudSim bietet zwar grundsätzlich die Möglichkeit, Cloud-Föderationen abzubilden, diese verfügen aber über keine Möglichkeit einzelne CSPs zu simulieren. Ebenfalls kann ein Föderationsteilnehmer immer nur ein DC besitzen. Zusätzlich müssen im Basis-Framework alle DCs mit Hilfe des Cloud Coordinators über den zentralen CIS kommunizieren. In der Realität handelt es sich aber um dezentrale Kommunikationen zwischen den CSPs. Weiterhin besitzen CSPs meist mehrere DCs, die über die ganze Welt verteilt sind. Oft nutzen CSPs mindestens zwei DCs, allein schon aus Hochverfügbarkeitsgründen. Um komplexe Cloud-Föderationen untersuchen zu können, müssen CSPs abgebildet werden, die beliebig viele DCs besitzen, dezentral miteinander kommunizieren und VMs austauschen können.

- *Multi-Level-Scheduling:* CloudSim liefert in der Basis-Version die Möglichkeit, eigene VM-Scheduler für einzelne DCs zu implementieren. Die Migration zwischen zwei DCs ist zwar grundsätzlich möglich, aber nur mit Hilfe der zentralen CIS-Komponente und den Cloud Coordinators. In realen Cloud-Föderationen existiert eine solche zentrale Entscheidungskomponente aber nicht, da CSPs ihre Daten als Firmengeheimnis einstufen und darum nur ein dezentraler Scheduling-Ansatz praktikabel ist. Außerdem bietet CloudSim keine

Möglichkeit die Migration zwischen zwei CSPs mit mehreren DCs abzubilden, da diese Ebene gar nicht vorhanden ist (vgl. vorheriger Punkt). Somit existiert für diese Ebene (Inter-CSP-Ebene) auch kein Scheduler. Für die Simulation von komplexen Cloud-Föderationen sind aber drei Scheduling-Ebenen notwendig. Diese werden ausführlich in Kapitel 9 vorgestellt.

- **SLAs und SLA-Management:** In CloudSim können einzelne SLOs abgebildet werden, die dann zur Laufzeit mit Hilfe von speziellen Sensoren überwacht werden können, die bei einer vordefinierten Veränderung eine Aktion auslösen können. Somit lässt sich über Umwege ein SLA abbilden. CloudSim bietet aber keine direkten SLAs an, die an einen Service (VM / Cloudlet) gebunden werden können. Deshalb fehlt auch ein SLA-Management, welches die aktiven SLAs zur Laufzeit überwacht, in Gefahrensituationen ein Rescheduling anstößt und SLA-Brüche verrechnet. Dies ist aber zwingend für komplexe Cloud-Föderationen notwendig, da SLAs die Basis der Zusammenarbeit zwischen CSPs sowie CSPs und deren Kunden darstellen.

- **Flexibles Finanzmodell:** CloudSim liefert ein sehr einfaches Finanzmodell mit, welches nur die Kosten berücksichtigt, die bei der Nutzung von RAM, CPU, Netzwerk und Festplatten auflaufen. Diese werden pro genutzter Ressourceneinheit pro Minute berechnet (zum Beispiel Netzwerkdurchsatz in MB/s). In komplexen Cloud-Föderationen entstehen aber an vielen Stellen Kosten. Zum Beispiel durch das Nicht-Einhalten vereinbarter SLAs oder durch das Ausführen einer VM bei einem föderierten CSP. Gleichzeitig entstehen allein durch den Betrieb der DCs Kosten, die berücksichtigt werden müssen. Zusätzlich müssen für eine ganzheitliche Kostenbetrachtung auch die diversen Umsätze der CSPs berücksichtigt werden, um einen realen Gewinn berechnen zu können. Um hier aussagekräftige Ergebnisse zu produzieren, sollte das Finanzmodell zusätzlich einfach zu konfigurieren und möglichst flexibel sein. Dies kann CloudSim leider nicht leisten.

- **Überprovisionierung:** Eine wichtige Funktion moderner Hypervisoren ist die sogenannte Überprovisionierung (engl. Overprovisioning). Diese erlaubt es, den VMs mehr virtuelle Ressourcen zuzuweisen, als in dem physischen Host zur Verfügung stehen. Dies basiert auf der Erfahrung, dass die meisten VMs nie die initial konfigurierten Ressourcen (RAM und CPU) (dauerhaft) auslasten. Somit lassen sich effektiv mehr VMs auf einem Host ausführen. Genau diese Funktionalität nutzen die CSPs um Geld zu verdienen, da sie mehr Ressourcen verkaufen können, als sie wirklich besitzen. CloudSim kann diese Funktionalität nicht abbilden. Sie wird aber für realitätsnahe Betrachtungen der Kosten und des Gewinns der CSPs zwingend benötigt. Zusätzlich sorgt diese Funktion zur Laufzeit für eine verschärfte Ressourcensituation, da mit dem Einsatz von Überprovisionierung die VMs auf einem Host um die Ressourcen stark konkurrieren. Dies führt öfter zu lokalen Lastspitzen, die wiederum von einem DC-Scheduler behoben werden müssen.

- **Reale Cloud Workload Traces:** CloudSim erlaubt die Ausführung von Grid Workload Traces im SWF-Format. Es hat sich aber gezeigt, dass sich Grid und Cloud Workloads sehr stark voneinander unterschieden und in komplett anderen Formaten aufgezeichnet werden (vgl. Kapitel 8.1). Um realitätsnahe Simulationen durchführen zu können, müssen reale Workload Traces aus echten Cloud DCs unterstützt werden. CloudSim bietet in der Basisversion keine Funktionalität, solche Cloud Traces auszuführen.

- **Umfangreiche Logs:** Um die Simulationen aussagekräftig analysieren zu können, sind umfangreiche Logs nötig, die auch nach Beendigung des Frameworks zur Verfügung stehen. Leider bietet CloudSim nur ein minimales Logging auf der Java-Konsole. Es werden aber umfangreiche Aussagen zu den technischen Vorgängen während der Simulation (Ressourcenauslastungen, VM-Migrationen, SLA-Brüche und so weiter) benötigt. Weiterhin werden aussagekräftige Aussagen zu den finanziellen Auswirkungen der unterschiedlichen Scheduler gebraucht.

7 Das FCS-Framework

In diesem Kapitel wird das Simulations-Framework FederatedCloud-Sim (FCS) im Einzelnen vorgestellt. Ziel der Entwicklung von FCS war es, ein flexibles und erweiterbares Framework zur Simulation von unterschiedlichsten Cloud-Szenarien zu erstellen. Da für diesen Bereich noch kein frei verfügbares Simulationswerkzeug zur Verfügung stand, war es ebenfalls das Ziel, dieses Framework nach Abschluss der Entwicklung der internationalen Forschungsgemeinschaft zur Verfügung zu stellen, um die Forschungen im Bereich der föderierten Cloud-Umgebungen zu beschleunigen. Das Framework wurde bereits veröffentlicht und ist über die offizielle Homepage des CloudSim-Projekts und über die Projektseite am Informatik Lehrstuhl 12 der Technischen Universität Dortmund verfügbar ([45, 90]).

Im Folgenden wird zunächst das Konzept von FCS vorgestellt. Danach werden die einzelnen Funktionalitäten, die über den CloudSim-Standard (vgl. Kapitel 6.3) hinaus gehen, eingehend beschrieben. Weiterhin wird das Thema der Simulationseingabedaten behandelt und beschrieben, welche Daten zur Simulation in FCS eingesetzt werden und welche Metriken für die spätere Auswertung der Simulationen relevant sind. Abschließend wird die Performance des Frameworks mit unterschiedlich komplexen Simulationsszenarien untersucht und bewertet.

7.1 Konzeption

Ein Ziel dieser Arbeit war es, ein sehr flexibles Simulations-Framework zu entwickeln, mit dem sich vielfältige Cloud-Föderationsszenarien untersuchen lassen. Es sollten Experimente mit 1 bis n CSPs mit jeweils 1 bis m DCs möglich sein. Natürlich sollten auch Simulationen

© Springer Fachmedien Wiesbaden GmbH, ein Teil von Springer Nature 2018
A. Kohne, *Cloud-Föderationen*,
https://doi.org/10.1007/978-3-658-20973-5_7

einzelner DCs, oder CPSs mit mehreren DCs ohne die Integration in eine Föderation weiterhin unterstützt werden. Zusätzlich sollten auch hybride Cloud-Szenarien möglich sein, bei denen ein DC als lokales Rechenzentrum zum Beispiel eines Unternehmens dient, welches bei Bedarf Workloads in die Cloud migrieren kann. Weiterhin sollten zentrale wie auch dezentrale Scheduling-Algorithmen nutzbar sein.

Um all dies zu realisieren, wurde ein iterativer Entwicklungsansatz gewählt, der es erlaubte, die fehlenden Funktionalitäten so zu ergänzen, dass das Framework zu einem frühestmöglichen Zeitpunkt für erste Tests und Simulationen eingesetzt werden konnte. FCS wurde schrittweise von Ebene zu Ebene entwickelt. So wurden zuerst die grundlegenden Basisfunktionen hinzugefügt und Erweiterungen am Simulationsablauf implementiert. Danach wurden die weiteren Funktionen eingefügt. Der Ablauf der Implementierung wird im Folgenden kurz zusammengefasst und in Abbildung 7.1 grafisch dargestellt:

1. **Basisfunktionalitäten:** In einem ersten Schritt wurde CloudSim so erweitert, dass ein umfangreiches Monitoring und Logging zur Laufzeit möglich war. Danach konnten die SLAs und der SLA-Manager inklusive der Service Requests integriert werden. Hierfür mussten viele Basisklassen um neue Methoden, Attribute und Ereignisse erweitert werden. Zusätzlich musste die Warteschlange der Ereignisse um neue Funktionalitäten erweitert werden, die eine Bearbeitung von SLA- und Föderationsereignissen ermöglichen. Weiterhin wurden die CSPs eingeführt, die eine Verwaltung von mehreren DCs und die interne Kommunikation ermöglichten.

2. **DC-Ebene:** Im zweiten Schritt wurden das Overprovisioning und das SLA-basierte VM-Scheduling auf der DC-Ebene implementiert. Hinzu kam die Integration des neuen Workload-Parsers, der die Verarbeitung von realen Cloud-Workloads ermöglichte. Weiterhin wurde das Monitoring und Logging um Überwachungsmethoden der neuen Funktionalitäten erweitert.

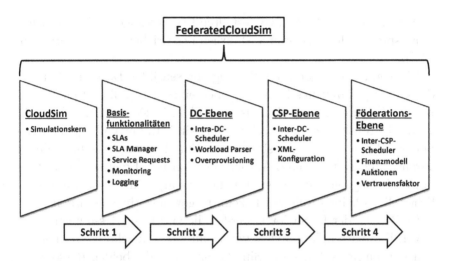

Abbildung 7.1: Schematischer Ablauf der schrittweisen Entwicklung von FCS

3. **CSP-Ebene:** Als nächstes konnte das VM-Scheduling zwischen DCs des gleichen CSPs implementiert werden. Zusätzlich wurde die Konfiguration des Frameworks per XML-Datei integriert.

4. **Föderationsebene:** In einem letzten Schritt konnte die Erstellung und Verwaltung von Cloud-Föderationen implementiert werden. Hierzu wurde das VM-Scheduling zwischen unterschiedlichen CSPs integriert und entsprechend im Monitoring und Logging berücksichtigt. Weiterhin wurde die Möglichkeit geschaffen, unterschiedliche VM-Scheduler für einen (zukünftigen) SLA-Bruch und für die allgemeine Optimierung der Lastsituation auf allen drei Ebenen zu nutzen. Zusätzlich wurde mit CloudAccount ein flexibles Finanzmodell integriert, dass die Berechnung von Kosten und Gewinnen auf allen Ebenen ermöglicht. Weiterhin wurden ein flexibles Auktionsmodell und die Berechnung eines Vertrauensfaktors integriert.

Alle im weiteren Verlauf vorgestellten Erweiterungen in FCS wurden
in entsprechenden Arbeiten ausführlich beschrieben (vgl. [64, 98, 116,
139]).

Die Verarbeitung und Speicherung von sensiblen Daten im Bereich
des Cloud Computings ist immer noch eines der größten Hemmnisse
bei der Cloud-Nutzung. Dies ist vor allem in Deutschland der Fall,
da die Datenschutzgesetze sehr streng sind. In der vorliegenden Arbeit werden alle sicherheitsbedingten Einflüsse wie Verschlüsselung,
Virenschutz, Datenschutz, Authentifikation und Benutzerverwaltung
bewusst ausgeblendet, da sie für die Aussagen im Bereich des VM-
Schedulings keinen weiteren Erkenntnisgewinn bringen würden.

Im Bereich der IaaS-Clouds werden die vier Basis-Ressourcen CPU,
RAM, Festplattenplatz und Netzwerkdurchsatz angeboten. Im Folgenden werden im Rahmen der Simulationen nur die beiden Ressourcen
CPU und RAM berücksichtigt, da sie für die Bereitstellung der VMs
und deren Management in einem DC die beiden wichtigsten Faktoren darstellen. Im Bereich der VM-Migration über längere Stecken
spielt die Größe des genutzten Speichers eine Rolle, da sich durch die
Migration von großen Datenmengen eine große Verzögerung ergibt.
Da eine Integration von Netzwerk und Festplatte bei der Simulation
des Scheduling-Prozesses aber nur zwei weitere Optimierungsfaktoren
darstellen, wird im Folgenden auf deren Simulation verzichtet, um den
Simulationsaufwand nicht weiter zu erhöhen. Die Verzögerung, die
bei einer Migration zwischen zwei DCs und zwischen zwei CSPs entsteht wird aber modelliert und kann den Anforderungen entsprechend
konfiguriert werden.

7.2 Aufbau

FCS basiert auf dem in Kapitel 6.3 beschriebenen Cloud-Simulations-
Framework CloudSim. CloudSim stellt die Grundfunktionalitäten
für die Ereignis-getriebene Simulation zur Verfügung (zum Beispiel
Ereigniswarteschlage, Zeitgeber, Ablaufsteuerung usw.). Weiterhin
liefert CloudSim die Basisklassen für die Simulation der DCs, Hosts

und VMs. Diese Klassen und deren Funktionalitäten werden durch FCS genutzt und erweitert. Das hat den großen Vorteil, dass die sehr gut getesteten Klassen übernommen werden können, ohne weitere Implementierungsaufwände zu generieren. Die Integration geschieht, indem FCS gezielt von Basis-Klassen erbt und die neuen Klassen mit weiterführenden Funktionalitäten, die für eine Cloud-Föderation benötigt werden, ergänzt werden. FCS nutzt dazu CloudSim, ohne die Basisklassen zu verändern. CloudSim wird hierfür als Package in FCS geladen. Somit wurde sichergestellt, dass zukünftige Erweiterungen der Basisklassen in CloudSim keinen Einfluss auf FCS haben und neue Funktionalitäten potentiell auch in FCS genutzt werden können. FCS legt sich also wie eine ergänzende Hülle um CloudSim. In Abbildung 7.2 wird der Aufbau von FCS schematisch dargestellt. Die abgebildeten Erweiterungen gegenüber CloudSim und deren Implementierungen werden im weiteren Verlauf im Detail beschrieben.

Das Prinzip der nichtinvasiven Erweiterung des Basis-Frameworks hat sich bereits als tragfähig herausgestellt. FCS wurde auf Basis der Version 3.0.2 von CloudSim erstellt und getestet. Gegen Ende der Implementierung wurde durch die CloudSim-Entwickler eine neue Hauptversion mit der Nummer 4.0 herausgegeben (vgl. Kapitel 6.3). Die Portierung der gesamten FCS-Erweiterungen verlief reibungslos. Um eine lauffähige Version zu erstellen, waren keine Anpassungen am FCS-Quellcode notwendig. Somit konnten die finalen Simulationen für diese Arbeit auf der neusten Version des Basis-Frameworks durchgeführt werden. Dies ist ein großer Vorteil, da viele Fehlerkorrekturen implementiert und das Framework beschleunigt wurde. Zusätzlich ist somit sichergestellt, dass auch zukünftige Erweiterungen an CloudSim integriert werden können, was vor allem für die Forschungsgemeinschaft wichtig ist, die mit FCS weiterarbeiten wird. Dies gilt natürlich nur solange, wie die Basisfunktionalitäten und der Ereignisfluss in CloudSim unangetastet bleiben.

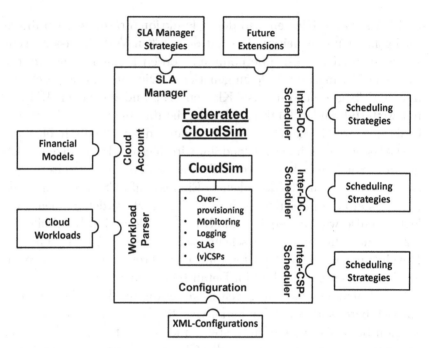

Abbildung 7.2: Schematischer Aufbau von FederatedCloudSim (vgl. [91])

7.3 Konfiguration von FederatedCloudSim

Das Basis-Framework CloudSim erlaubt keine dateibasierte Konfiguration von Simulationsszenarien. Alle Szenarien müssen mit Hilfe von Java-Code in einzelnen Klassen beschrieben werden. Um diesen Vorgang zu vereinfachen und das gesamte Framework dadurch flexibler und bedienbarer zu gestalten, wurde eine Möglichkeit geschaffen, beliebig komplexe Simulationsszenarien mit Hilfe von textbasierten Dateien zu konfigurieren. Alle Einstellungen in FCS werden dabei über zwei Konfigurationsdateien festgelegt. Bei der Implementierung wurde darauf geachtet, dass der Aufbau der Konfigurationsdateien einfach nachvollziehbar ist. Das Format wurde so gewählt, dass die Einstellungen maschinenlesbar sind. Im Folgenden werden die beiden

Konfigurationsdateien und ihre Einstellungsmöglichkeiten genauer vorgestellt.

1. **Config.xml:** In dieser XML-Konfigurationsdatei wird der Aufbau des Simulationsszenarios beschrieben. Dabei werden zuerst die später zu verwendenden DCs mit ihren jeweiligen Ressourcen beschrieben. Jedes DC erhält dabei eine eindeutige Identifikationsnummer. Danach wird beschrieben, über wie viele Hosts mit wie vielen Ressourcen (RAM und CPU) das jeweilige DC verfügt. Dabei ist es möglich, unterschiedliche Host-Konfigurationen innerhalb eines DCs einzusetzen. Abschließend wird jedem DC ein Intra-DC-Scheduler zugewiesen, der zur Laufzeit für die Migrationen der VMs innerhalb des DCs zuständig sein wird. Im nächsten Schritt werden die während der Simulation von den einzelnen CSPs angebotenen Services beschrieben. Jeder CSP kann dabei einen bis viele Services anbieten. Darauf werden die SLA-Klassen definiert, die von den CSPs zur Laufzeit den Kunden angeboten werden. Hier werden zum Beispiel die VM-Verfügbarkeitsstufen der Level Gold, Silber und Bronze in Prozent definiert. Danach werden die CSPs beschrieben. Jeder CSP erhält dabei einen eindeutigen Namen und eine eindeutige Nummer. Weiterhin werden für jeden CSP die angebotenen Services und die genutzten DCs konfiguriert. Abschließend werden jedem CSP noch ein SLA-Manager, ein Inter-DC-Scheduler ein Inter-CSP-Scheduler und die optionalen proaktiven Scheduler zugewiesen. Zuletzt werden noch die SLAs zwischen den einzelnen CSPs beschrieben, die die Basis für die spätere Föderation bilden. Dabei werden vor allem die Preise und Strafkosten für jedes SLA-Level und für jeden Service definiert. Nach der Erstellung kann die Konfigurationsdatei abschließend mit Hilfe einer passenden XML Schema Definition (XSD) validiert werden. Dies garantiert, dass die Datei zur Laufzeit fehlerfrei verarbeitet werden kann.

2. **Properties:** In dieser Datei werden wichtige Parameter definiert, die genutzt werden, um das eigentliche Framework zu konfigurieren. Hier wird definiert, welche Log-Dateien erzeugt werden sollen und wo diese abgespeichert werden. Weiterhin werden hier die Pfade

für die XML-Konfiguration und die Workload Traces übergeben. Zusätzlich wird definiert, wie lange die Simulation laufen soll und welche initiale VM-Verteilstrategie eingesetzt werden soll.

Beide Dateien werden im Vorfeld einer Simulation einmalig erstellt und mit den für die jeweilige Simulation benötigten Parametern befüllt. Die Dateien werden dann während der Initialisierungsphase vor der eigentlichen Simulation durch den FCS-Configurator verarbeitet, der dann anhand der eingestellten Daten das jeweilige Simulationsszenario erstellt (vgl. Kapitel A.10.1 des Anhangs).

7.4 Simulationsablauf

Der Simulationsablauf von FCS lässt sich insgesamt in sechs Phasen aufteilen, die bei jeder Simulation durchlaufen werden. Gegenüber dem Simulationsablauf von CloudSim sind vor allem die Phasen der Konfiguration und des Loggings stark angepasst worden. Die restlichen Phasen wurden jeweils um spezifische Funktionen erweitert. Im Folgenden werden die einzelnen Phasen schrittweise erklärt. In Abbildung 7.3 ist der Simulationsablauf von FCS grafisch dargestellt.

1. *Start:* FCS kann entweder über eine Integrated Development Environment (IDE) (zum Beispiel Eclipse) oder über die Kommandozeile des Betriebssystems aufgerufen werden. Beim Start muss die Konfigurationsdatei (Properties (vgl. Kapitel A.10.1 des Anhangs)) übergeben werden. Des Weiteren müssen die Workload Traces lokal auf dem Rechner abgelegt sein. Die Pfade zu den Traces werden in der Config.xml abgelegt. Es wird als erstes der FCS-Configurator gestartet, der im nächsten Schritt den Aufbau und die Konfiguration der Simulation übernimmt.

2. *Konfiguration:* Der FCS-Configurator beginnt im zweiten Schritt mit der Erstellung der Simulationsumgebung (vgl. Kapitel A.10.1 des Anhangs). Dazu erzeugt er zunächst alle für dieses Experiment benötigten Objekte (CSPs, DCs usw.). Welche Objekte erzeugt

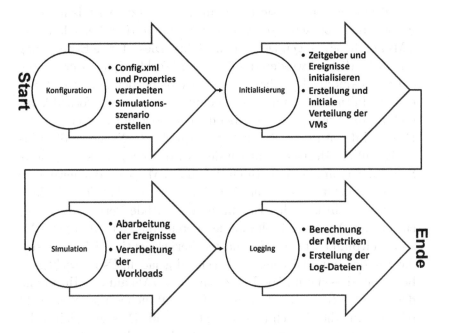

Abbildung 7.3: Schematische Darstellung des Simulationsablaufs

werden sollen, entnimmt der Configurator der Config.xml. Weiterhin werden alle weiteren Objekte, die für die Simulation benötigt werden, durch das Basis-Framework erzeugt. Danach beginnt der Configurator die einzelnen Objekte nach den Vorgaben aus der Properties- und der Config.xml-Datei zu konfigurieren. Dabei werden alle wichtigen Parameter innerhalb der Objekte gesetzt. Nachdem dieser Schritt abgeschlossen wurde, übergibt der Configurator die Ausführung an das eigentliche Framework.

3. *Initialisierung:* In der dritten Phase initialisiert CloudSim alle relevanten Objekte und Prozesse, die für den eigentlichen Simulationsablauf von Bedeutung sind. Dazu werden zum Beispiel die ersten Ereignisse, welche die Simulation starten in die Ereigniswarteschlange an die erste Stelle gesetzt. Weiterhin wird die interne

Simulationszeit initialisiert und auf „0" gesetzt. Nachdem die Initialisierung abgeschlossen wurde, wird die initiale Verteilung der
VMs auf die jeweiligen DCs durchgeführt. Dies ist eine Erweiterung
aus FCS. Hierbei werden die über den Workloadparser erzeugten
Service Requests abgearbeitet und die VMs bei den jeweiligen CSPs
erstellt. Initial werden diese VMs dann nach einer im Vorfeld konfigurierbaren Strategie auf die bei dem gegebenen CSP verfügbaren
DCs und deren Hosts verteilt (vgl. Kapitel 7.8). Nachdem die VMs
initial auf die Hosts verteilt wurden, wird der jeweils konfigurierte
Scheduler einmalig aufgerufen, um die VMs nach der jeweiligen
Strategie nochmals umzuverteilen. Im besten Fall hat der Scheduler
in diesem Schritt nichts zu tun, da die initiale Verteilung ausreichend war. An dieser Stelle werden bereits die Lastdaten der VMs
zum Zeitpunkt „1" der Simulation berücksichtigt. Diese werden
dazu in der Initialisierung entsprechend geladen. Es ist wichtig zu
beachten, dass die initiale Platzierung der VMs auf den Hosts und
der erste Scheduler-Lauf nicht im Log auftauchen und auch nicht
relevant für die Berechnung der SLAs sind. Dies geschieht alles
noch zum Simulationszeitpunkt „0". Nachdem alle Objekte korrekt
initialisiert und die VMs in der Startverteilung auf die jeweiligen
Hosts platziert wurden, wird die eigentliche Simulation gestartet.

4. *Simulation:* In der Simulationsphase werden schrittweise die Ereignisse aus der Ereigniswarteschlange abgearbeitet. Dabei werden
natürlich nicht nur die initialen Ereignisse berücksichtigt, sondern
die Simulation produziert über den gesamten Verlauf viele weitere
Ereignisse, die in die Ereigniswarteschlange einsortiert werden. Die
Ereignisse können dabei für die sofortige Abarbeitung ganz vorne
in die Warteschlange eingefügt, hinten angehängt, oder mit einer
Verzögerung von einer vorgegebenen Anzahl an Simulationsticks
nach dem aktuellen Zeitpunkt eingefügt werden. An dieser Stelle
wurden in FCS einige Erweiterungen hinzugefügt. Es wurden zum
bestehenden Ereignisfluss neue Ereignisse hinzugefügt. Dies sind
Ereignisse, die zur Verwaltung und Kommunikation innerhalb der
Föderation notwendig sind. So wurden zum Beispiel spezielle Er-

eignisse für die Verwaltung der SLAs, das Scheduling auf den drei Ebenen, das Monitoring und Logging und die Migration der VMs zwischen unterschiedlichen CSPs erstellt. Entsprechend dazu wurden neue Funktionen implementiert, die diese Ereignisse auffangen und bearbeiten können. Nachdem alle simulationsrelevanten Ereignisse abgearbeitet wurden, erreicht die Simulation das vorletzte Ereignis in der Warteschlange. Dieses Element ruft das zentrale Logging auf.

5. **Logging:** In der Logging-Phase werden die Ergebnisprotokolle erzeugt und in separate Dateien geschrieben (vgl. Kapitel 7.17). Hierzu werden die während der Simulation gesammelten und berechneten Performanceparameter aus dem Monitoring entsprechend aufbereitet, aggregiert und dann gespeichert.

6. **Ende:** In der Schlussphase der Simulation wird das letzte Element in der Ereigniswarteschlange abgearbeitet. Hierbei handelt es sich um ein Spezialereignis, welches die Simulation abbricht. Dies ist notwendig geworden, da CloudSim im Normalfall die Simulation nur beendet, wenn alle Cloudlets erfolgreich abgearbeitet wurden. In FCS ist dies aber nicht der Fall. Dies liegt daran, dass reale Workload Traces verarbeitet werden und nicht nur ein vorgegebener Wert an CPU-Zyklen erreicht werden muss, um eine VM zu beenden. Im normalen CloudSim werden nämlich Cloudlets mit einer Anzahl an CPU-Zyklen konfiguriert, die dekrementiert werden, wenn die VM auf einen Prozessor geschedult wird. Da aber in FCS die Last der jeweiligen VM zu einem gegebenen Zeitpunkt durch die Lastdaten in dem Workload Trace vorgegeben ist, musste hier eine Anpassung vorgenommen werden. Somit terminieren die VMs in FCS nicht in der durch CloudSim geforderten Weise. Die Erweiterung wird in Kapitel 7.10 genauer vorgestellt. Bei der Bearbeitung des letzten Ereignisses werden alle Simulationsprozesse beendet und alle Kommunikationskanäle geschlossen. Danach werden geordnet alle Objekte deaktiviert und abschließend die Simulation komplett beendet.

7.5 Overprovisioning

Das Overprovisioning oder die Überprovisionierung von Ressourcen war eine der wichtigsten Funktionalitäten, die dem Basis-Framework CloudSim gefehlt haben. Overprovisioning bedeutet, dass der Hypervisor gegenüber den VMs mehr physische Ressourcen präsentiert, als er eigentlich zur Verfügung hat. Dies ist sehr sinnvoll, da die meisten VMs die durch ihre Ressourcendefinitionen angeforderten Ressourcen nie komplett ausnutzen. Es hat sich sogar gezeigt, dass die meisten VMs zur Sicherheit viel zu viele Ressourcen reservieren (vgl. [134]). Das Overprovisioning sorgt dafür, dass jede VM die von ihr angeforderten Ressourcen „sieht", sie erhält jedoch auf dem physischen Host, auf welchem sie ausgeführt wird, nur die Ressourcen, die sie wirklich zur Ausführung benötigt. Somit können die tatsächlich vorhandenen Ressourcen wie RAM und CPU je nach Anforderung an die VMs verteilt werden. In Abbildung 7.4 wird das RAM-Overprovisioning anhand von fünf VMs beispielhaft dargestellt. Das Beispiel zeigt, dass mit Hilfe von Overprovisioning die RAM-Ressourcen eines ganzen Host-Servers eingespart werden können. Die so gewonnenen Ressourcen können somit zusätzlichen VMs zur Verfügung gestellt werden.

Das Overprovisioning ist eine der wichtigsten Einnahmequellen der CSPs, da sie mehr Ressourcen verkaufen können, als sie wirklich in ihren DCs zur Verfügung stellen. Natürlich müssen die Systeme dahinter so flexibel sein, dass im Zweifel schnell die angeforderten Ressourcen in einer Überlastsituation zur Verfügung gestellt werden können. Dies geschieht zum einen über ein dynamisches Rescheduling der VMs, und zum anderen können genau hier die Cloud-Föderationen ihre Stärke ausspielen. Hilft keine dieser Lösungen, so müssen weitere physische Server in den DCs verbaut werden.

CloudSim unterstützt in der Basisversion kein Overprovisioning. Diese Funktion wurde im Rahmen der Entwicklung von FCS hinzugefügt. Dazu wurden in FCS zwei neue Resource Provisioner für die Ressourcen RAM und CPU hinzugefügt. Diese Provisioner sind zur Simulationslaufzeit dafür verantwortlich, die vorhandenen Ressourcen und die VM-Anforderungen abzugleichen und zu entscheiden, ob

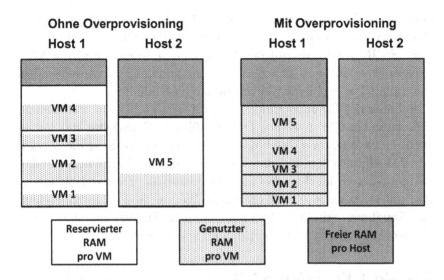

Abbildung 7.4: Beispielhafte Darstellung des RAM-Overprovisionings

eine gegebene VM auf einem gegebenen Host zu einem bestimmten Zeitpunkt unter Berücksichtigung der entsprechenden Lastsituation problemlos ausgeführt werden kann. In CloudSim werden die real vorhandenen Ressourcen der Hosts mit den Anforderungen der VMs zu einem bestimmten Zeitpunkt abgeglichen. In FCS wurden die Provisioner derart erweitert, dass in der Berechnung der verfügbaren Ressourcen ein konfigurierbarer Faktor mit verrechnet wird, welcher den Grad an Overprovisioning darstellt. So kann zum Beispiel über einen Faktor „2" ausgedrückt werden, dass virtuell doppelt so viele Ressourcen vergeben werden dürfen, als eigentlich zur Verfügung ständen. So lassen sich mehr VMs auf einem physischen Host ausführen, da die Ressourcenanfragen der VMs jetzt mit dem neuen Wert verglichen werden. Der Overprovisioning-Parameter lässt sich über die Properties-Datei definieren.

Zur Laufzeit überprüft der SLA-Manager mit Hilfe des Monitorings, ob jede VM ausreichend viele Ressourcen zur Verfügung hat und ob eine potentielle Überlastsituation besteht oder bald bestehen könnte.

Somit wird die Gefahr, dass mit Hilfe des Overprovisionings zu viele Ressourcen vergeben werden, abgefangen. Tritt ein Problem auf, so wird ein Rescheduling auf der DC-Ebene veranlasst und die VMs umverteilt. Somit wird sichergestellt, dass trotz des Overprovisionings stets alle VMs die angeforderten Ressourcen erhalten.

Je höher der Overprovisioning-Faktor eingestellt wird, desto mehr VMs kann ein CSP in seinen DCs ausführen. Gleichzeitig steigt aber auch die Gefahr, dass durch das starke Overprovisioning die Anzahl der VM-Migrationen und damit die Gefahr von SLA-Brüchen steigt. Es handelt sich hierbei also um eine klassische Trade-off-Situation. Hier gilt es, einen möglichst optimalen Wert zu finden, der zum einen die Einnahmen erhöht und zum anderen die SLA-Brüche und damit die Strafzahlungen nicht überproportional steigert.

7.6 Host-Energiemodell

Mit Hilfe eines speziellen energieeffizienten Schedulers sollen in FCS gezielt nicht ausgelastete Hosts ausgeschaltet und bei entsprechendem Ressourcenbedarf wieder eingeschaltet werden. Dazu wurde in FCS ein einfaches Energiemodell für die Hosts implementiert. Die Implementierung richtet sich dabei nach dem Energiemodell von Borgetto et al. (vgl. [20]). Durch die Implementierung wurden die Hosts um vier Zustände erweitert, die ein Ein- und Ausschalten der Hosts erlauben. Diese Zustände und ihre Übergänge werden in Abbildung 7.5 grafisch dargestellt. Im Folgenden werden sie erläutert:

1. *Starting:* Nachdem ein ausgeschalteter Host durch den Scheduler eingeschaltet wurde, wechselt er für einen konfigurierbaren Zeitraum in den Zustand „starting". In diesem Zustand verbraucht der Host bereits Energie, es können aber noch keine VMs auf ihm ausgeführt werden.

2. *Active:* Nachdem der Startvorgang abgeschlossen ist, wechselt der Host in den Zustand „active". In diesem Zustand ist der Host

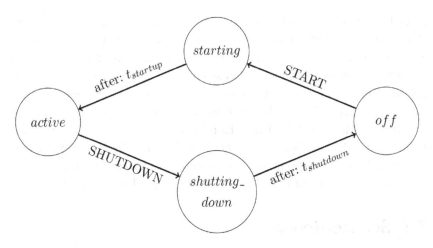

Abbildung 7.5: Grafische Darstellung des Energiemodells für Hosts (vgl. [116])

betriebsbereit und VMs können auf dem System ausgeführt werden. In diesem Zustand verbraucht der Host Energie.

3. **Shutting down:** Entscheidet der Scheduler anhand der aktuellen Ressourcenauslastung, dass ein Host heruntergefahren werden kann, um Strom zu sparen, müssen zuerst alle VMs von diesem Host wegmigriert werden. Befinden sich keine VMs mehr auf diesem Host, sendet der Scheduler den Befehl zum Herunterfahren. Der Host wechselt dann in den Zustand „shutting down". Die Dauer dieses Zustands lässt sich wieder konfigurieren. Während der Host heruntergefahren wird, verbraucht er weiterhin Strom.

4. **Off:** Ist ein Host erfolgreich heruntergefahren, befindet er sich im Zustand „off". In diesem Zustand verbraucht er keine Energie und es können keine VMs auf diesem Host ausgeführt werden.

Zur Simulationslaufzeit kann mit Hilfe des Monitorings zu jedem Zeitpunkt festgestellt werden, wie viele Hosts in einem DC eingeschaltet sind und somit Strom verbrauchen. Diese Werte können dann in einer Log-Datei ausgegeben und ausgewertet werden. Ziel der Untersuchung ist dabei nicht, möglichst genaue Aussagen über den konkreten Stromverbrauch eines DCs (zum Beispiel in Kilowattstunden (kWh)) zu tätigen, sondern lediglich aufzuzeigen, dass sich mit Hilfe eines energieeffizienten Schedulers ein gewisser Prozentsatz an Energie sparen lässt, da Hosts während der Simulation mit diesem Scheduler ausgeschaltet werden können. Diese Ergebnisse lassen sich dann mit den Werten einer Simulation ohne energieeffizienten Scheduler vergleichen und erlauben so entsprechende Aussagen zur prozentual eingesparten Energie und damit zu den dadurch gesunkenen Betriebskosten.

7.7 Service Request

Service Requests oder Dienstanfragen werden ebenfalls in der Basisversion von CloudSim nicht unterstützt. In realen IT-Umgebungen werden mit Hilfe solcher Service Requests vollautomatisch Anfragen zur Ausführung eines bestimmten Systems, einer VM oder einer Applikation an ein Automatisierungswerkzeug gestellt. In dem Request wird der angeforderte Dienst genau beschrieben. Zum Beispiel werden seine Ressourcenanforderungen, sein Name und seine Kosten genau spezifiziert. Wird ein gegebener Service Request von einem Zielsystem angenommen, so wird ein gültiger Vertrag zwischen dem Kunden und dem Leistungserbringer in Form eines SLAs erstellt.

Diese Funktionalität wurde für FCS implementiert. Ziel war es, dass Benutzer Service Requests an die CSPs stellen können. In den Service Requests werden dabei die genauen Anforderungen zur Ausführung einer VM beschrieben. Wird ein Service Request von einem CSP angenommen, so erstellt dieser einen gültigen SLA und startet die VM. Da im Rahmen von FCS reale Workload Traces verarbeitet werden, bei denen alle VMs bereits von Anfang an laufen, stellen die Benutzer ihre Service Requests direkt zu Beginn der Simulation. Sie werden mit Hilfe des Workloadparsers aus der Standard Workload Format (SWF)-Datei ausgelesen und dann entsprechend verarbeitet

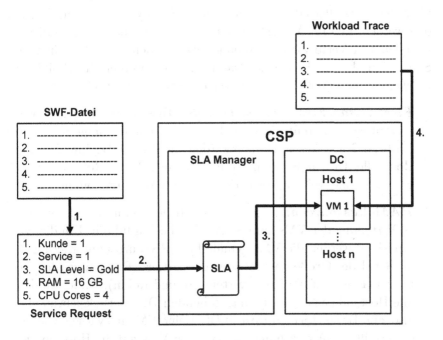

Abbildung 7.6: Schematische Darstellung des Ablaufs einer VM-Erstellung

(vgl. Kapitel A.10.4 des Anhangs). Der hier beschriebene Ablauf wird in Abbildung 7.6 grafisch verdeutlicht.

7.8 Initiale VM-Verteilung

Zu Beginn der Simulation werden alle Service Requests bei den jeweiligen CSPs eingereicht und daraus die entsprechenden VMs erzeugt. Die eigentliche Simulation ist zu diesem Zeitpunkt noch nicht gestartet. Um ein initiales Scheduling vorzunehmen, müssen sich die VMs auf den Hosts befinden. Um diese initiale Platzierung der VMs auf den Hosts in DCs vorzunehmen, sind spezielle Verteilungsalgorithmen entwickelt worden. Das Ziel der Algorithmen ist es, die VMs gleichmäßig über alle Hosts aller DCs innerhalb eines CSPs zu verteilen. Im Folgenden werden die drei Algorithmen genauer vorgestellt. Welche dieser initialen VM-Verteilstrategien eingesetzt werden soll, kann für jede Simulation über die Properties-Datei eingestellt werden. In Abbildung 7.7 werden die unterschiedlichen Verteilstrategien grafisch dargestellt.

1. **First Come First Served (FCFS):** Dies ist die einfachste Verteilstrategie. Sie teilt die VMs ihrer Ankunftsreihenfolge nach den Hosts zu. Nach diesem Prinzip werden alle VMs zu Beginn über alle Hosts aller DCs im Rundum-Verfahren (engl. Round Robin) verteilt. Es wird keine weitere Vorsortierung der VMs vorgenommen.

2. **RAM-Ressourcen:** Diese Verteilstrategie soll für eine gleichmäßige Verteilung der VMs zum Simulationsbeginn führen. Um dies zu erreichen, werden die VMs gemäß ihren Ressourcenanforderungen an RAM der Größe nach absteigend sortiert. Danach werden sie nacheinander auf die Hosts verteilt (Round Robin). Dabei werden alle Hosts aller zur Verfügung stehenden DCs berücksichtigt. Ist also zum Beispiel jedem Host in DC 1 eine VM zugewiesen worden, so verteilt der Algorithmus die nächsten VMs auf die Hosts in DC 2 und so weiter. Ist jedem Host eine VM zugewiesen worden, so beginnt der Algorithmus wieder beim ersten Host im ersten DC. Dies wird solange durchgeführt, bis alle VMs verteilt sind.

3. **SLA-Level:** Die letzte Verteilstrategie sorgt dafür, dass möglichst wenige VMs der hohen SLA-Klassen (Gold und Silber) auf den gleichen Hosts platziert werden. Dies soll sicherstellen, dass die hochklassigen und damit lukrativsten VMs ausreichend Ressourcen zur Verfügung haben. Zur Laufzeit wird versucht, die Gold-SLA-VMs nicht zu migrieren, sondern (wenn möglich) nur Bronze-SLA-VMs. Wenn es nicht anders geht, können auch die Silber-SLA-VMs migriert werden. Um dies zu erreichen, werden die initial angefragten VMs eines CSPs nach ihrer SLA-Klasse sortiert und dann wieder Host für Host verteilt (Round Robin).

Zusätzlich wurde noch eine First Fit Verteilstrategie implementiert. In den späteren Tests hat sie sich aber als unbrauchbar herausgestellt.

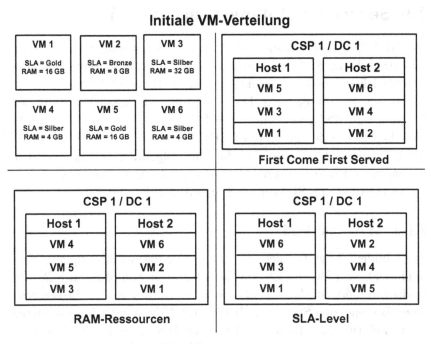

Abbildung 7.7: Beispielhafte Darstellung der initialen VM-Verteilstrategien

Dies liegt daran, dass der Algorithmus die gegebenen VMs initial so auf die Hosts verteilt, dass möglichst wenig freie Ressourcen auf den Hosts übrigbleiben. Dies kann sogar dazu führen, dass Hosts initial gar keine VMs zugewiesen bekommen, da bereits alle VMs auf Hosts platziert wurden, die in der Sortierung vor ihnen in der Host-Liste stehen. Somit ist diese Art der Verteilung sehr unausgewogen. Zur Laufzeit mussten dann vor allem am Anfang der Simulation sehr viele Migrationen durchgeführt werden, da sich die reale Last der VMs zu Beginn der Simulation erst einschwingt und es zu vielen Ressourcenengpässen auf den Hosts mit vielen VMs kam. Deswegen wird diese Strategie im weiteren Verlauf dieser Arbeit nicht weiter berücksichtigt.

7.9 Service Level Agreements (SLAs)

Der SLA-Manager ist eine der zentralen Erweiterungen in FCS, da CloudSim keine SLAs unterstützt. Ziel war es, ein flexibles System zu entwickeln, dass es erlaubt, unterschiedliche SLA-Management-Strategien zu untersuchen. Dabei sollten nicht nur SLAs zwischen Kunden und CSPs abgebildet werden können, sondern auch SLAs zwischen zwei oder mehreren CSPs. Diese Inter-CSP-SLAs stellen die Grundlage der Föderation dar. Im Folgenden werden der SLA-Manager und seine Funktionsweise genau erklärt. Zuerst wird aber die Integration von SLAs in FCS ausführlich beschrieben.

7.9.1 SLAs und FCS

SLAs bilden die vertragliche Grundlage für die Ausführung von VMs in einem Cloud-DC in FCS. Da die Integration von SLAs in FCS sehr flexibel und erweiterbar gestaltet werden sollte, wurde nicht versucht, einen bestehenden Standard für die SLA-Kommunikation und deren Austausch (wie zum Beispiel WLSA oder WS Agreement (vgl. Kapitel 3.2)) in der Simulation umzusetzen. Dies hätte die Implementierung sehr komplex gestaltet und im Rahmen der Simulation, bei der die Güte von SLA-basierten Scheduling-Algorithmen untersucht werden soll, keinen Vorteil gebracht.

Die SLAs wurden als spezielle Objekte implementiert, die mit Hilfe entsprechender Ereignisse zwischen den CSPs ausgetauscht und verwaltet werden können. Dazu wurden einfache Schlüssel-Werte-Paare (key value pairs) für die einzelnen SLOs gewählt. Dies stellt zum einen sicher, dass die Parameter leicht zu konfigurieren sind und zum anderen können die SLAs sehr schnell um weitere SLOs erweitert werden. Somit kann die hier gewählte Implementierung leicht von weiteren Forschungsgruppen auf die jeweiligen Anforderungen angepasst werden. Im Folgenden werden die Ressourcenanforderungen der VMs in den Bereichen CPU und RAM als SLOs berücksichtigt. Zusätzlich wird noch die Betriebszeit der Services, welche in den VMs ausgeführt werden, als SLO abgebildet. Die Betriebszeit wird dabei als Uptime bezeichnet.

Ein SLA beinhaltet neben den SLOs auch noch eine SLA-Klasse. In der vorliegenden Implementierung wurden dafür drei Klassen implementiert. Hierbei handelt es sich um die SLA-Klassen Bronze, Silber und Gold. Die Wahl der SLA-Klasse hat direkte Auswirkungen auf die Uptime der VM zur Laufzeit. Dies ist die Zeit, in der die VM effektiv für den Kunden erreichbar und somit produktiv einsetzbar ist. Die Parameter für die einzelnen Klassen lassen sich wieder über die Konfigurationsdateien individuell für jede Simulation setzen. Außerdem können weitere SLA-Klassen hinzugefügt werden. Somit ist auch an dieser Stelle eine maximale Flexibilität und Erweiterbarkeit gegeben.

Im weiteren Verlauf der Arbeit wird mit folgenden Uptime-Werten pro SLA-Klasse gearbeitet:

- *Uptime Gold-SLA:* 99,9 % der simulierten Laufzeit

- *Uptime Silber-SLA:* 96 % der simulierten Laufzeit

- *Uptime Bronze-SLA:* 90 % der simulierten Laufzeit

Die Uptime einer VM wird von zwei Faktoren beeinflusst:

1. *Migrationen:* Wird eine VM durch einen der drei Scheduler auf einen neuen Host migriert, entsteht dadurch eine gewisse Zeit, in der der Dienst der VM nicht verfügbar ist. Es wird zwischen den Migrationen innerhalb eines DCs, zwischen zwei DCs desselben CSPs und zwischen zwei CSPs unterschieden. Die Werte für die Migrationszeiten können wieder über die Config.xml für jedes Experiment einzeln konfiguriert werden. Die Dauer einer Migration (vor allem zwischen zwei DCs und zwischen zwei CSPs) ist vor allem von der Größe der VM und ihren virtuellen Festplatten abhängig. Diese Daten werden im weiteren Verlauf dieser Arbeit nicht mit simuliert, da sich auf die Ressourcen RAM und CPU konzentriert wird. Es wurden folgende Werte definiert:

a) Intra-DC-Migration = 5 Minuten

b) Inter-DC-Migration = 10 Minuten

c) Inter-CSP-Migration = 20 Minuten

Grundsätzlich ist es möglich, in FCS auch die Größe der Festplatte(n) sowie die Netzwerkdurchsatzgeschwindigkeit mit zu simulieren. Dies würde eine genauere Abschätzung der Migrationszeiten erlauben. Eine entsprechende Erweiterung kann in FCS integriert werden.

2. **Wartezeit:** Kann für eine VM, die durch einen der drei Scheduler migriert werden soll, kein neuer Host gefunden werden, so muss die VM zwangspausiert werden, da es intern nicht genug Ressourcen für eine Ausführung gibt und extern niemand für eine Ausführung bereit ist. In diesem Fall wird die VM für einen Simulationstick (hier fünf Minuten) pausiert. In dieser Zeit ist die VM natürlich nicht erreichbar. Somit werden fünf Minuten von der Uptime abgezogen. Beim nächsten Simulationstick wird dann wieder versucht, einen Ausführungsort für die VM zu finden. Gelingt dies, wird die VM dorthin migriert und weiter ausgeführt. Gelingt dies nicht, muss sie weiterhin pausieren, was sich wieder negativ auf die Uptime auswirkt.

Ein weiterer Parameter, der über die SLAs abgebildet wird, stellt die Kosten dar, die für die Ausführung der VM bei einem CSP entstehen. Diese Kosten sind zum einen vom gewählten Service abhängig und zum anderen von der gewählten SLA-Klasse. Ein CSP kann in FCS einen bis beliebig viele Services anbieten. In der Ausführung wird ein Service dann mit einer VM gleichgesetzt. Somit können verschiedene CSPs den gleichen Service zu anderen Konditionen anbieten. Um dies in FCS abbilden zu können, werden die Preise für die Services zentral über die Config.xml zu Beginn der Simulation gesetzt. Dabei gibt es ein Set an Basiskosten für jeden Service. Zusätzlich gibt es für jeden CSP einen Satz an Faktoren für jeden Service und jede SLA-Klasse. Diese Faktoren werden dann bei der Konfiguration der Simulationsumgebung verrechnet und in die jeweiligen Objekte eingetragen. Somit ist es möglich, dass jeder CSP individuelle Preise für seine Services anbieten kann. Auf die gleiche Weise werden auch die Kosten für die Inter-CSP-SLAs konfiguriert.

Die Kosten zwischen den Kunden und den CSPs bleiben während der Simulation im Folgenden konstant. Grundsätzlich ist die Implementierung hier aber auch wieder so flexibel gehalten, dass an dieser Stelle zu einem späteren Zeitpunkt auch eine Verhandlungsstrategie oder eine Auktion eingebaut werden kann. Die Kosten für die VM-Ausführung zwischen den CSPs können dynamisch zur Simulationslaufzeit verhandelt werden. Die Integration einer Auktionsplattform in FCS wird in Kapitel 7.15.1 vorgestellt.

Zusätzlich zu den Kosten für die VM-Ausführung ist in dem SLA auch noch die Strafzahlung für den Fall eines SLA-Bruchs aufgeführt. Ein SLA gilt dabei als gebrochen, wenn zu einem gegebenen Zeitpunkt mindestens einer der SLOs nicht mehr eingehalten wird. Dies kann zum einen die Uptime sein. Zum anderen werden die beiden Ressourcen CPU und RAM überwacht. Kann in einer Überlastsituation eine VM auf einem Host nicht mehr die Ressourcen nutzen, die sie zur Ausführung benötigt, so gilt das SLA als gerissen. Ist dies der Fall, muss der CSP am Ende der Simulation den vorher in dem SLA vereinbarten Betrag an den Benutzer auszahlen. Dieser Betrag verringert dadurch den Gewinn des CSPs. Ein SLA einer gegebenen VM kann während der Simulation auch mehrmals reißen. Im Falle der Ressourcen CPU und RAM wird dies entsprechend für jede VM bei jedem Verstoß festgehalten. Im Fall der Uptime kann es dazu kommen, dass eine VM über einen längeren Zeitraum nicht verfügbar ist. In diesem Fall muss eine Strafe für den initialen SLA-Bruch gezahlt werden. Für jeden weiteren Simulationstick, den die VM darüber hinaus nicht erreichbar ist, wird eine zusätzliche Strafe fällig, die mit der Anzahl der nicht verfügbaren Minuten multipliziert wird. Auch diese Faktoren lassen sich pro CSP über die Config.xml im Vorfeld der Simulation konfigurieren.

Insgesamt gibt es in FCS zwei verschiedene Arten von SLAs. Zur Vereinfachung werden diese beide als SLA bezeichnet. Im Folgenden werden die SLA-Typen kurz vorgestellt:

1. **SLAs zwischen Kunden und CSPs:** Diese SLAs werden zu Beginn der Simulation geschlossen und regeln die Ausführung der eingereichten VMs, deren Ressourcenanforderungen, die SLA-Klasse sowie die Kosten und die Strafgebühren bei einem SLA-Bruch. Grundsätzlich können auch zur Laufzeit neue SLAs zwischen Kunden und CSPs geschlossen werden. Da die im weiteren Verlauf dieser Arbeit untersuchen Workload Traces aber nur VMs berücksichtigen, die vom Zeitpunkt 0 der Simulation bis zu ihrem Ende laufen, wird dieser Fall nachfolgend nicht weiter berücksichtigt. Weitere Experimente, bei denen auch zur Laufzeit noch zusätzliche VMs angefragt werden, können natürlich auch in FCS durchgeführt werden.

   Die SLA-Parameter, die zur Laufzeit simuliert werden, werden zu Beginn der Simulation durch den Configurator in den jeweiligen Objekten gesetzt (vgl. Kapitel A.10.1 des Anhangs). Die Werte werden dazu aus der Config.xml ausgelesen.

2. **SLAs zwischen CSPs:** Diese SLAs bilden die Grundlage für die Föderation. Durch den Abschluss eines Inter-CSP-SLAs sichern sich die CSPs gegenseitig die Ausführung von VMs und Diensten unter den vereinbarten Konditionen zu. In dieser Arbeit wird davon ausgegangen, dass die Föderation zum Start der Simulation schon besteht. Dies bedeutet, dass die Inter-CSP-SLAs initial bereits abgeschlossen sind und nicht mehr zur Laufzeit ausgehandelt werden müssen. Dies ist aber grundsätzlich möglich und kann bei Bedarf in FCS integriert werden.

   Die Inter-CSP-SLA-Parameter, die zur Laufzeit simuliert werden, werden zu Beginn der Simulation durch den Configurator in den jeweiligen Objekten gesetzt (vgl. Kapitel A.10.1 des Anhangs). Die Werte werden dazu aus der Config.xml ausgelesen.

7.9.2 SLA-Manager

Der SLA-Manager überwacht als zentrale Instanz jedes CSPs alle aktiven SLAs. Dazu wird er bei jedem Simulationstick als letztes Ereignis aufgerufen. Um dies zu erreichen, werden zu Beginn der Simulation die entsprechenden Ereignisse in die Warteschlange einsortiert. Sie sind so konfiguriert, dass später eintreffende Ereignisse desselben Simulationsticks immer vor dem SLA-Manager-Ereignis einsortiert werden. Dies stellt sicher, dass alle vorhergehenden Aktionen, die eine Statusänderung an den einzelnen Simulationsentitäten vornehmen, vollständig verarbeitet wurden. Hierzu gehört vor allem die Aktualisierung der Ressourcenverbräuche der einzelnen VMs und die Aktualisierung des Monitorings und Loggings.

Gibt es in einem Simulationsszenario mehrere CSPs, so werden ihre SLA-Manager nacheinander aufgerufen. Da die Simulationszeit während der Ereignisverarbeitung steht, hat dies keinen Einfluss, weil alle Aktionen quasi zeitgleich ablaufen. Der SLA-Manager überwacht die Ressourcen RAM und CPU, sowie die Uptime jeder aktiven VM pro Durchgang. Dazu gleicht er den aktuellen Verbrauch der VM und die Last des Hosts, auf dem die VM aktuell ausgeführt wird, mit den SLO-Werten ab, die in der SLA vereinbart wurden. Die bei der Überprüfung auftretenden Fälle werden im Folgenden einzeln erklärt:

- **Keine Probleme:** Stellt der SLA-Manager in einem Simulationstick keine akuten SLA-Brüche oder SLA-Warnungen fest, so beendet sich der SLA-Manager dieses CSPs.

- **SLA-Warnung:** Stellt der SLA-Manager bei der Untersuchung der Auslastung der Host-Ressourcen (CPU und RAM) fest, dass eine oder beide Ressourcen zu mindestens 80% aber weniger als 90% ausgelastet sind, so wird der Host markiert. Im nächsten Simulationstick wird dieser Host dann erneut untersucht. Überschreitet die Auslastung einer Ressource immer noch den Wert von 80% wird eine Warnung ausgegeben. Diese Warnung wird an den Scheduler des betreffenden DCs geschickt, teilt ihm Statusinformationen zu den bedrohten VMs mit und schlägt gleichzeitig VMs vor, die migriert werden könnten, um die Last wieder unter die 80% Grenze zu bringen. Bei diesem Vorschlag berücksichtigt der SLA-Manager die SLA-Klasse und die Migrationshistorie, da sie Einfluss auf die Uptime der VM hat. Zum Beispiel werden keine Gold-VMs für eine Migration vorgeschlagen, da sie eine sehr hohe Uptime haben, die durch zu viele Migrationen leicht reißen kann. Weiterhin wird versucht, nur VMs zur Migration vorzuschlagen, die noch nicht so oft migriert wurden, da ihre Uptime bereits gefährdet ist. Der Scheduler kann dieser Empfehlung folgen; er kann sie aber auch überschreiben, falls seine Strategie einen anderen Migrationsplan vorzieht. Der Zeitraum in der ein Host als potentiell gefährdet eingestuft wird, lässt sich konfigurieren. So kann die Lastsituation auf einem Host auch für zwei, drei oder mehr Ticks beobachtet werden. Solange die Last unter der 90%-Grenze bleibt, wird keine Warnung ausgegeben. Sinkt die Last eines markierten Hosts innerhalb der Überwachungszeit unter die 80%-Grenze, wird der Host wieder als ungefährdet eingestuft, und die Simulation kann fortgesetzt werden. Zu einem gegebenen Simulationszeitpunkt können auch mehrere Hosts gefährdet sein. In diesem Fall wird für jeden Host eine entsprechende Warnung erstellt und an den DC-Scheduler geschickt. Kann der DC-Scheduler lokal keine Lösung finden, so wird der Scheduler auf der nächsthöheren Ebene (Inter-DC-Ebene) aufgerufen. Kann dieser das Problem ebenfalls nicht lösen, wird der Inter-CSP-Scheduler aufgerufen und versucht einen Föderationspartner zu finden, der eine oder mehrere VMs übernehmen kann.

Steigt die Auslastung einer Ressource über die 90%-Marke, so wird sofort eine Warnung erstellt. Sie beinhaltet wieder ein Set an VMs, die zur Lösung der Ressourcensituation migriert werden könnten. Hierbei werden auch wieder die SLA-Klasse und die Migrationshistorie berücksichtigt. Die Warnung wird dann wieder an den betreffenden DC-Scheduler übermittelt. Auch hier können die anderen Scheduling-Ebenen mit einbezogen werden, wenn keine lokalen Lösungen gefunden werden.

- **SLA-Bruch:** Ein SLA-Bruch kann an zwei Stellen auftreten:

1. **Ressourcenbruch:** Steigt die Ressourcenlast (RAM und / oder CPU) auf einem Host auf 100%, so können die aktiven VMs auf diesem Host nicht mehr ihre per SLA vereinbarten Ressourcen nutzen. Es kommt zu einem SLA-Bruch. Dieser wirkt sich auf alle VMs aus, die auf diesem Host ausgeführt werden. Somit sollte dieser Fall möglichst vermieden werden, da potentiell viele VMs gleichzeitig betroffen sind.

   Die hier vorgestellte Definition vereinfacht das reale Verhalten von VMs auf ausgelasteten Hosts. Dies wurde in FCS absichtlich so umgesetzt, um auch RAM- und CPU-SLOs brechen lassen zu können.

   Tritt ein solcher Fall ein, muss der entsprechende Scheduler solange VMs von dem Host migrieren, bis die Lastsituation wieder eine Ausführung der verbleibenden VMs erlaubt. Dazu versucht der Scheduler, eine oder mehrere VMs auf einen oder mehrere andere Hosts in diesem DC zu migrieren. Kann kein passender Host gefunden werden, so wird versucht, einen Host in einem anderen DC des gleichen CSPs zu finden. Scheitert auch dieser Versuch, wird versucht einen CSP aus der Föderation zu finden, der die VM übernehmen will. Kann auch hier keine Lösung gefunden werden, muss die betroffene VM (oder die betroffenen VMs) warten, bis sich entweder die Ressourcensituation in einem der DCs verbessert hat und sie dort ausgeführt werden kann, oder ein Föderationspartner die VM in einem der nächsten Simulationsticks übernehmen kann. Solange die VM nirgendwo ausgeführt werden kann, bleibt sie ausgeschaltet. Dies wirkt sich negativ auf die Uptime aus und sollte daher unbedingt vermieden werden.

   Tritt ein Ressourcenbruch einmal ein, so wird eine SLA-Strafe fällig. Diese wird entsprechend mit dem Kunden oder Föderationspartner verrechnet. Kann die Ressourcensituation aber im nächsten Tick ebenfalls nicht gelöst werden, so bleibt das SLA gerissen und eine Strafe für einen länger andauernden SLA-Bruch wird fällig. Diese Strafen lassen sich individuell konfigurieren.

2. **Uptime-Bruch:** Jede Migration einer VM sorgt dafür, dass sie für einen gewissen Zeitraum nicht verfügbar ist. Dieser Zeitraum ist umso länger, je weiter die VM migriert werden muss. Dies liegt an der Latenzzeit für die Übertragung der virtuellen Festplatten und weiterer Daten. Somit hat jede Migration einer VM einen negativen Einfluss auf deren Uptime. Diese Uptime wird in jeder VM mitgeführt. Wird eine VM migriert, wird die VM gestoppt und je nach Migrationszeitraum wieder gestartet. Die Migrationszeit wird als Downtime verzeichnet und auf die bisherige Downtime addiert. Je nach SLA-Klasse darf eine VM eine unterschiedliche Downtime besitzen. Der SLA-Manager versucht zwar zu verhindern, dass eine VM, deren Uptime durch zu viele Migrationen bereits gefährdet ist, wieder migriert wird. Dies lässt sich aber in manchen Fällen nicht vermeiden. Dann kann es sein, dass das Uptime-SLO für diese VM gerissen wird. In diesem Fall wird eine Warnung erstellt, die dafür sorgt, dass die VM zum einen mit „SLA-gerissen" markiert wird und zum anderen, dass eine entsprechende Verrechnung der Strafen mit dem Kunden oder Föderationspartner veranlasst wird. Danach wird die Simulation fortgeführt.

Nachdem alle Warnungen und SLA-Brüche abgearbeitet wurden, wird zusätzlich immer noch ein Consolidation-Call-Ereignis an alle CSPs gesendet. Dies ermöglicht es, zusätzlich noch weitere Optimierungen der Ressourcenverteilung oder sonstige Berechnungen vorzunehmen. Dieses Ereignis muss von jedem CSP verarbeitet werden. Der Einsatz eines oder mehrerer zusätzlicher Scheduler ist aber optional. An dieser Stelle werden zum Beispiel die Daten für die vertrauensbasierten Scheduler berechnet (vgl. Kapitel 7.16).

Der SLA-Manager ist so flexibel implementiert, dass zu einem späteren Zeitpunkt weitere SLOs integriert werden können. Dies können zum Beispiel weitere Performance-Werte wie Netzwerk- oder Festplattendurchsatz sein. Genauso könnten den DCs aber auch geografische

Parameter mitgegeben werden, die die Ausführung von VMs auf spezielle Länder oder Kontinente einschränken können.

Um auch gänzlich andere SLA-Manager-Strategien untersuchen zu können, wurde wieder eine abstrakte SLA-Manager-Klasse implementiert, von der alle weiteren SLA-Manager erben müssen. Sie stellt alle Basisfunktionen bereit und bietet Schnittstellen zu den Schedulern und dem Monitoring. Ebenfalls bietet sie bereits alle Funktionen, die für die Kommunikationen innerhalb des Frameworks benötigt werden. Somit können zukünftige Forschungsprojekte entweder den bereits vorhandenen SLA-Manager aus dieser Arbeit nutzen, oder komplett neue Strategien implementieren und untersuchen.

7.10 Workload-Verarbeitung

In FCS können reale Workloads simuliert werden. Dies ermöglicht realitätsnahe Ergebnisse. Um die Verarbeitung von realen Workload Traces in FCS zu ermöglichen, mussten einige Anpassungen und Erweiterungen vorgenommen werden, die im Folgenden beschrieben werden.

In CloudSim wird der Workload einer VM standardmäßig durch die Abarbeitung eines oder mehrerer Cloudlets innerhalb dieser VM simuliert (vgl. Kapitel 6.3). In dem Cloudlet wird ein vorher definierter Wert an CPU-Zyklen gesetzt, die, wenn sie komplett abgearbeitet wurden, zur Beendigung der VM führen. Die Simulation der Bearbeitung eines Cloudlets erfolgt dabei durch den Aufruf des sogenannten Utilization Models, welches für jede VM gesetzt werden muss. Das Utilization Model liefert zur Simulationslaufzeit pro Tick einen Wert zwischen 0 und 1 zurück, der die aktuelle Ressourcennutzung zu diesem Zeitpunkt in Prozent darstellt. In dem Basis-Framework gibt es nur zwei sinnvolle Utilization Models:

1. *Utilization Model Full:* Dieses Modell liefert zu jedem Zeitpunkt immer den Wert 1 zurück. Dies bedeutet, dass die angefragte Ressource (CPU oder RAM) immer maximal ausgenutzt wird.

2. **Utilization Model Random:** Dieses Modell liefert zu jedem
Zeitpunkt einen zufälligen Wert zwischen 0 und 1 zurück, der die
aktuelle Ressourcenlast beschreibt.

Beide Modelle waren nicht zielführend für die realistische Simulation
einer VM. Somit wurden zwei neue Utilization-Modelle implementiert,
die zur Laufzeit die simulierte Last für die beiden Ressourcen RAM
und CPU anhand eines vorgegebenen Workload Traces setzen. Dazu wird zur Simulationszeit bei jedem Simulationstick das jeweilige
Utilization Model für alle aktiven VMs aufgerufen und der aktuelle
Zeitpunkt übergeben. Das Utilization Model verarbeitet dann die
bereits zum Anfang der Simulation eingelesene Trace-Datei einer gegebenen VM und liefert den jeweiligen Ressourcenlastwert zu dem
Zeitpunkt zurück. Dieser wird dann in dem VM-Objekt gesetzt und
kann in der Simulation weiterverarbeitet werden.

7.11 Föderation

Das Konzept der Cloud-Föderationen wurde in FCS integriert. Das
CloudSim-Basis-Framework besitzt keine Möglichkeit, CSPs mit einem
oder mehreren DCs abzubilden und eine Kommunikation zwischen
ihnen zu ermöglichen. Darum wurde in FCS die Möglichkeit geschaffen,
CSPs zu definieren, die ein oder mehrere DCs verwalten können. In
CloudSim wird der zentrale CIS genutzt, um alle Informationen zu
verwalten und die Kommunikation zwischen den unterschiedlichen
DCs umzusetzen. Dieser wird in FCS nicht verwendet, da eine zentrale
Datenhaltung in realen Multi-Cloud- und Föderationsumgebungen
aus Daten- und Betriebsschutzgründen nicht eingesetzt wird. In FCS
werden neue Kommunikationsmöglichkeiten innerhalb eines CSPs und
zwischen den CSPs mit Hilfe zusätzlicher Ereignisse ermöglicht, die
zur Laufzeit ausgetauscht werden können.

Eine Cloud-Föderation wird in FCS mit Hilfe der CSP-SLAs definiert, welche zu Beginn der Simulation verarbeitet werden (vgl. Kapitel
7.9). CSPs, die einen CSP-SLA untereinander geschlossen haben, können zur Simulationslaufzeit VMs untereinander austauschen. Diese

Möglichkeit war in CloudSim ebenfalls nicht implementiert, genauso wenig wie SLAs und Service Requests, die nötig sind, um ein SLA-basiertes Scheduling in föderierten Cloud-Umgebung zu untersuchen. Zusätzlich wurde auf der Ebene der CSPs noch ein neuer Scheduler (Inter-CSP-Scheduler), oder Cloud-Broker, implementiert. Er sorgt zur Laufzeit anhand seiner individuellen Strategie dafür, dass die VMs zwischen den föderierten CSPs ausgetauscht werden können. In FCS wurden somit alle Konzepte integriert, die eine Untersuchung beliebig komplexer Föderationsszenarien ermöglichen.

7.12 Virtuelle Cloud Service Provider (vCSPs)

FCS unterstützt auch die Simulation von vCSPs. Dabei handelt es sich um eine spezielle Klasse von CSPs, die für ihre Kunden und deren Service Requests nach einer vorgegebenen Strategie den bestmöglichen CSP innerhalb einer gegebenen Föderation bestimmt und die VM dort zur Ausführung bringt. Das Besondere an den vCSPs ist, dass sie über keine eignen DCs, Hosts oder sonstige Ressourcen verfügen. Somit arbeiten sie rein als Vermittler zwischen ihren Kunden und den CSPs in einer Föderation.

In einer Simulation können beliebig viele vCSPs integriert werden. Es muss nur mindestens einen vollwertigen CSP mit mindestens einem DC und entsprechenden Hosts geben, da sonst keine VMs ausgeführt werden können.

Im Gegensatz zu den normalen CSPs benötigt ein vCSP nur einen Scheduler auf der dritten Ebene (Inter-CSP-Ebene), da die VMs zur Laufzeit niemals in eigenen DCs ausgeführt werden. Somit können hier spezielle Scheduler entwickelt werden, die sich rein auf die Verteilung von VMs auf externe CSPs beschränken. Eine Weitergabe der VM nach innen ist unmöglich. Bei der Verrechnung gegenüber den Kunden ist es dann zum Beispiel möglich, eine Marge auf die an den Ziel-CSP zu zahlende Gebühr für die Vermittlung aufzuschlagen. Dies wäre dann die Verdienstmöglichkeit der vCSPs.

Durch den Einsatz von einem vCSP ist es zusätzlich möglich, FCS
für die Simulation einer zentral verwalteten Inter-Cloud einzusetzen.
Dazu wird ein vCSP so konfiguriert, dass er als einziger SLAs mit
den jeweiligen CSPs besitzt. Somit können die CSPs nicht direkt
untereinander VMs austauschen, sondern müssen für eine externe
VM-Ausführung immer den vCSP als Vermittler einsetzen. Somit
verlagert sich in diesem Fall die Intelligenz des Inter-CSP-Schedulers
von den Schedulern auf der dritten Ebene der CSPs auf den zentralen
Inter-CSP-Scheduler des vCSPs. Das hier beschriebene Inter-Cloud-
Szenario hat dann eine sternförmige Struktur. In Abbildung 7.8 wird
ein Föderationsszenario dargestellt, bei dem die einzelnen CSPs nicht
direkt miteinander VMs austauschen können, sondern nur über einen
zentralen vCSP kommunizieren können, mit dem sie alle SLAs halten.

Die vCSPs wurden bereits in FCS implementiert. Im weiteren
Verlauf dieser Arbeit werden sie aber nicht weiter untersucht, da in
dieser Arbeit zunächst VM-Scheduler auf allen drei Ebenen und ihr
Zusammenspiel untersucht werden sollen.

7.13 VM-Scheduling

Die Hauptaufgabe von FCS ist die Durchführung von Simulationen
unterschiedlicher SLA-basierter Scheduling-Algorithmen für föderierte
Cloud-Umgebungen. Dafür wurde ein eigenes Multi-Level-Scheduling
entwickelt und in das Framework implementiert. Das zugrundeliegende dreistufige Scheduling-Modell wird in Kapitel 9 ausführlich
beschrieben. Im Folgenden wird die konkrete Umsetzung in FCS
beschrieben.

Um das dreistufige Scheduling für Cloud-Föderationen in FCS zu
implementieren, musste das Basis-Framework an vielen Stellen angepasst und erweitert werden. Einzig die Ebene für das VM-Scheduling
innerhalb eines DCs, das Intra-DC-Scheduling, war bereits in Cloud-
Sim vorhanden und konnte mit kleineren Anpassungen übernommen
werden. So wurde vor allem die Weitergabe einer oder mehrerer
VMs an den nächsthöheren Scheduler im Fall eines akuten Ressource-

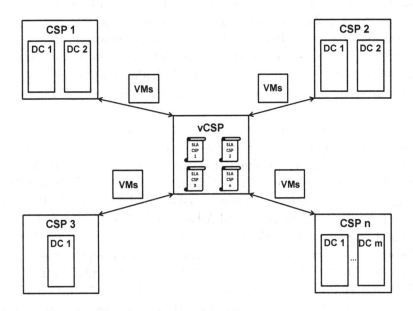

Abbildung 7.8: Grafische Darstellung eines zentralen Föderations-Schedulings mit Hilfe eines vCSPs

nengpasses hinzugefügt. Die Ebene für das VM-Scheduling zwischen unterschiedlichen DCs eines CSPs, das Inter-DC-Scheduling, musste komplett umgeschrieben werden, da CloudSim in der Basisversion keine CSPs kennt. Ebenfalls musste das Scheduling für den Austausch von VMs innerhalb einer Föderation, das Inter-CSP-Scheduling, komplett neu implementiert werden. In allen drei Fällen wurde eine neue Scheduling-Basisklasse entwickelt, die alle wichtigen Methoden und Attribute bereits integriert hat. Dies sind vor allem Methoden zur Behandlung spezieller Ereignisse, die über den SLA-Manager aufgerufen werden und den eigentlichen Scheduling-Prozess starten. Zusätzlich haben alle drei Scheduler ein Interface erhalten, welches den Zugriff auf die Performance-Daten aus dem Monitoring erlaubt. So können die Scheduler zum Beispiel die aktuelle Last der jeweiligen VMs, Hosts und DCs innerhalb der eigenen DCs abfragen, um freie Ressourcen zu finden. Ein Zugriff auf Performance-Daten eines anderen CSPs ist nicht möglich. Eine konkrete Scheduler-Implementierung, egal welcher Ebene, muss dann von dieser Basis-Klasse erben. Der eigentliche Scheduling-Algorithmus wird in den Methodenrumpf eingefügt, welcher vom SLA-Manager über ein entsprechendes Ereignis aufgerufen wird.

Da FCS unterschiedlichste Simulationsszenarien zulassen sollte, ist es möglich, auf allen Ebenen unterschiedliche Algorithmen einzusetzen. Dies ist vor allem bei der Simulation von mehreren DCs innerhalb eines CSPs wichtig. So kann jedes DC einen unterschiedlichen Scheduling-Algorithmus einsetzen. Auf der Inter-DC- und der Inter-CSP-Ebene kann pro CSP jeweils nur ein SLA-basierter Scheduler eingesetzt werden. Um auch unterschiedlich komplexe Simulationen erstellen zu können, sind Scheduler so in das Framework eingefügt worden, dass von der Simulation von nur einem DC, über die Simulation mehrerer DCs innerhalb eines CSPs bis hin zu komplexen Föderationen mit mehreren CSPs und ihren jeweiligen DCs sämtliche Kombinationen möglich sind. Dazu sind die Scheduler auf den beiden unteren Ebenen so konzipiert, dass die Intra-DC-Scheduler ganz autark arbeiten können und die Inter-DC-Scheduler auch ohne Föderationsintegration arbeiten. Dies reduziert zwar ihre Flexibilität, erlaubt es aber im Gegenzug, die Algorithmen und ihre Auswirkungen in sauber abgegrenzten Umgebungen zu untersuchen.

Jede Scheduling-Ebene ist so implementiert, dass der Algorithmus zuerst versucht, lokal eine Lösung für ein gegebenes SLA-Problem zu finden. Kann eine solche Lösung anhand der implementierten Strategie gefunden werden, so werden die für die Umsetzung benötigten VM-Migrationen durchgeführt. Kann das Problem lokal nicht gelöst werden, so wird der Scheduler auf der nächsthöheren Ebene aufgerufen. Dieser versucht dann wieder eine Lösung zu finden. Kann auf keiner der drei Ebenen eine Lösung gefunden werden, so wird die VM pausiert (was sich negativ auf ihre Uptime auswirkt) und der Scheduling-Prozess wird einen Simulationstick später wieder gestartet. Dabei wird zuerst wieder versucht, die VM in einem lokalen DC zu platzieren. Dann läuft wieder der normale Scheduling-Ablauf ab. Kann wieder keine Lösung gefunden werden, wird dies im nächsten Tick wieder probiert. Solange, bis eine Lösung gefunden wird oder die Simulation beendet wird.

Zusätzlich zu den Scheduling-Algorithmen, die bei einem akuten oder einem sich andeutenden SLA-Verstoß durch den SLA-Manager aufgerufen werden, gibt es noch eine weitere Möglichkeit Scheduling-Algorithmen in FCS einzusetzen. Diese können optional in jedem Simulationsszenario eingefügt werden. Die zweite Art von Scheduling-Algorithmen wird am Ende jedes Simulationsticks automatisch aufgerufen. Dieser Schritt wird als Consolidation Call bezeichnet. Es ist wichtig zu beachten, dass die Implementierung von Consolidation Calls optional ist. Die zweite Klasse von Schedulern, kann für Spezialaufgaben eingesetzt werden. Dazu zählen zum Beispiel ein Lastausgleich (engl. load balancing) innerhalb eines DCs oder zwischen DCs eines CSPs. Weiterhin können hier Algorithmen eingesetzt werden, die versuchen, durch das gezielte Konsolidieren von VMs auf eine möglichst geringe Anzahl Hosts den Stromverbrauch eines DCs zu senken, indem nicht benötigte Hosts ausgeschaltet werden. Solch ein Vorgehen ist theoretisch auch für komplette DCs vorstellbar, aber in der Realität allein schon aus Gründen der Hochverfügbarkeit und Redundanz nicht möglich. Die hier beschriebenen Algorithmen können auch miteinander verkettet werden, sodass die hier beispielhaft aufgeführten Algorithmen zum Lastausgleich und zum Energiesparen auch nacheinander laufen können. Hierbei ist aber zu beachten, dass die Algorithmen unterschiedliche und teilweise gegenläufige Ziele haben. Somit kann es zu unerwünschten Nebeneffekten, wie einem starken Anstieg von Migrationen und damit der potentiellen Gefährdung von Uptime-SLOs, kommen. Dies muss bei einer Verkettung entsprechend berücksichtigt werden. Im aktuellen Beispiel sollte also vermieden werden, dass der Loadbalancer gerade durch den Energiespar-Algorithmus ausgeschaltete Hosts wieder einschaltet, um die Last besser verteilen zu können.

Der Aufbau und Ablauf des in FCS implementieren Multi-Level-Schedulings wird in Abbildung 7.9 grafisch dargestellt. Der SLA-

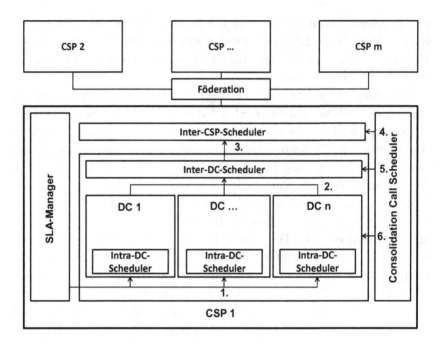

Abbildung 7.9: Grafische Darstellung des Scheduling-Ablaufs mit SLA-
Manager und Consolidation Calls

Manager beginnt bei (potentiellen) SLA-Brüchen auf der DC-Ebene
das Problem zu lösen (1. Schritt, in der Abbildung mit 1. abgekürzt).
Wenn auf der untersten Ebene keine Lösung gefunden werden kann,
wird die Anfrage an die darüber liegenden Scheduler weitergereicht
(2. und 3. Schritt, in der Abbildung mit 2. und 3. abgekürzt). Die optionalen Consolidation Calls hingegen beginnen mit der Optimierung
auf der Föderationsebene und arbeiten sich dann schrittweise nach
unten bis auf die DC-Ebene vor (Schritte 4 bis 6, in der Abbildung
mit 4., 5. und 6. abgekürzt).

7.14 CloudAccount

Cloud Computing bietet On-Demand Computing mit minimalem Wartungsaufwand. Darum untersuchen Forscher oft die Effizienz, Zuverlässigkeit und Wirtschaftlichkeit von Cloud-Infrastrukturen und -Verfahren. Um sie zu beurteilen, benötigen sie Leistungsindikatoren, die aus Messungen und Metriken abgeleitet werden. Moderne Hardware und Monitoring-Werkzeuge bieten eine Vielzahl von Sensordaten an, die zum Beispiel systemnahe Metriken wie die Anzahl der genutzten CPU-Zyklen oder die genutzten Netzwerk- und Speicherbandbreiten angeben. Zusätzlich werden allgemeinere Metriken, wie die Anzahl der VM-Migrationen oder der Energieverbrauch eines kompletten Rechenzentrums, gemessen.

Leider können solche Datensätze schnell intransparent sein und es erschweren, die wichtigsten Merkmale auszuwerten. Vor allem in der Industrie zählt in der Regel viel mehr die Auswirkung auf die finanzielle Situation.

Darum wird im Folgenden mit CloudAccount ein vielseitiges und voll konfigurierbares Finanzmodell für komplexe Cloud-Szenarien vorgestellt. Es erlaubt eine Echtzeitberechnung von Umsatz, Kosten, Gewinn und SLA-Strafen. Das Modell berücksichtigt weiterhin eine große Bandbreite an unterschiedlichen Cloud-Szenarien, beginnend bei einem einzelnen DCs über föderierte Cloud-Umgebungen bis hin zu einer beliebigen Anzahl von Cloud-Brokern (vCSPs) und CSPs. Das Modell bietet nicht nur einen kompletten Abrechnungsprozess, sondern es liefert auch finanzielle Erkenntnisse zu den tatsächlichen Kosten einer VM bis hin zu den Einnahmen eines DCs oder CSPs. Diese Daten können dann in der Entscheidungsfindung und im VM-Scheduling-Prozess verwendet werden, um Umsatz- und Gewinnerwartungen eines CSPs zu erreichen.

In Kapitel A.7 des Anhangs wird ein Überblick über aktuelle Cloud-Forschungsprojekte gegeben, die finanzielle Aspekte berücksichtigen. Im Folgenden wird das erweiterbare und voll konfigurierbare Finanzmodell Cloud-Account vorgestellt.

7.14.1 Das Finanzmodell

Das CloudAccount-Finanzmodell wurde so konzipiert, dass es für die Untersuchung einer Vielzahl von verschiedenen Cloud-Szenarien eingesetzt werden kann. Das kleinste Szenario besteht aus nur einem DC im Besitz von einem CSP. In diesem Rechenzentrum können ein oder mehrere Nutzer beliebig viele VMs mit beliebig vielen Diensten ausführen. Jede VM hat einen eindeutig zugeordneten SLA, der die vereinbarten Service Level gewährleistet. Dies können Ziele (SLOs) wie Uptime, CPU- und RAM-Reservierungen sein. Der Umsatz wird erzeugt, indem die VMs ausgeführt werden. In dem Fall einer SLA-Verletzung muss eine vordefinierte Strafe an den Kunden gezahlt werden. Die Höhe der Strafe ist auch ein Teil des SLAs. In diesem Fall entspricht der generierte Umsatz des CSPs dem Umsatz dieses DCs, welcher sich wiederum aus der Gesamtsumme der Einnahmen für die Ausführung aller VMs in diesem DC abzüglich der Strafzahlungen für die SLA-Verstöße und der Betriebskosten des DCs ergibt.

Im nächsten Szenario verfügt ein CSP über zwei oder mehr Rechenzentren, die untereinander VMs austauschen können. Dies kann sinnvoll sein, um aktive SLAs abzusichern, Energie zu sparen oder einen Lastausgleich zwischen den DCs zu gewährleisten.

Das dritte Szenario ist das einer Cloud-Föderation mit zwei oder mehr CSPs, die jeweils eine beliebige Anzahl an DCs besitzen können. In diesem Szenario haben alle CSPs, die an der Föderation teilnehmen wollen, um untereinander VMs austauschen zu können, einen SLA abgeschlossen, der die Ausführung, die Leistung, den Preis und die Strafen, die im Fall eines SLA-Bruchs gezahlt werden müssen, gewährleistet.

Das Modell erlaubt ebenfalls die Integration von Cloud Brokern (vCSPs), die die Dienste und VMs ihrer Kunden nur verwalten, ohne ein eigenes DC zu besitzen. Ein solches Cloud-Föderationsszenario wurde bereits in Abbildung 1.1 dargestellt.

Das CloudAccount-Finanzmodell verfügt über eine hierarchische Struktur, welche auf den technischen Metriken aufsetzt und diese

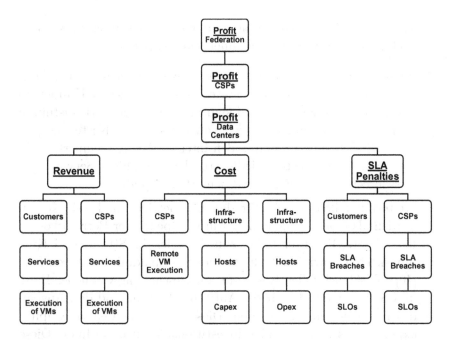

Abbildung 7.10: Das CloudAccount-Modell (vgl. [98])

nach oben hin zum Föderationsgewinn verdichtet. Die Struktur des Finanzmodells ist in Abbildung 7.10 dargestellt.

CloudAccount modelliert die drei Finanzströme eines CSPs:

1. **Umsatz:** Ein gegebener CSP kann Einnahmen über zwei Wege generieren. Erstens kann er Umsatz mit seinen eigenen Kunden generieren. Diese Kunden können verschiedene Dienste in VMs ausführen, die in einem DC des CSPs ausgeführt werden. Dafür müssen sie eine bestimmte Menge an Geld zahlen. Diese Menge ist abhängig von dem gewählten Dienst, den angeforderten Ressourcenreservierungen für ihre VMs (zum Beispiel RAM und CPU) und dem SLA-Typ (Bronze, Silber, Gold), der eine bestimmte Uptime, oder die Verfügbarkeit dieses Dienstes gewährleistet.

Die zweite Möglichkeit, über die ein CSP Einnahmen generieren kann, ist durch das Ausführen von VMs eines föderierten Partner-

CSPs. Diese Diensterbringung wird auch wieder durch SLAs abgedeckt, die die CSPs untereinander vereinbart haben.

2. **Kosten:** Ein gegebener CSP erzeugt Kosten, wenn er sich dafür entscheidet, VMs oder Dienste eines seiner eigenen Kunden in ein DC eines föderierten CSPs zu migrieren und dort ausführen zu lassen. In diesem Fall wird von Outsourcing-Kosten gesprochen. Diese Kosten werden in den Inter-CSP-SLAs definiert. Auch hier hängen die Kosten wieder von dem gewählten Service, den Ressourcenreservierungen und dem SLA-Typ ab.

   Weiterhin fallen Kosten für den DC-Betrieb an. Diese Kosten werden als Operational expenditures (Opex) oder Betriebskosten bezeichnet. Hierunter fallen zum Beispiel die Strom- und Kühlungskosten, sowie die Gehälter der Systemadministratoren (vgl. [40]). Zusätzlich fallen Kosten für die Beschaffung von neuer Hard- und Software an, die für die Aufrechterhaltung und den Ausbau des Betriebs benötigt werden. Diese Kosten werden als Capital expenditures (Capex) oder Investitionskosten bezeichnet. Diese Kosten fallen im Normalfall bei einer entsprechenden Beschaffung an. In diesem Modell werden sie aber als monatliche Kosten verrechnet, da dies eine gleichmäßige Umverteilung auf die einzelnen Abrechnungsperioden erlaubt.

3. **SLA-Strafen:** Es gibt zwei Arten von SLA-Strafen, die ein CSP zu zahlen hat. Die erste SLA-Strafe wird fällig, wenn ein bestimmter Kunden-SLA gebrochen wird. Dies kann zum Beispiel geschehen, wenn eine vereinbarte Ressourcenreservierung nicht erfüllt wird, oder die Uptime nicht eingehalten wird. Die zweite SLA-Strafe wird fällig, wenn ein gegebener SLA eines föderierten CSPs gebrochen wird. Dies kann die gleichen Gründe wie bei einem SLA-Bruch eines Kunden haben.

CloudAccount ist so ausgelegt, dass systemnahe technische Metriken in Finanzdaten überführt werden, die auf unterschiedlichen Ebenen aggregiert werden können. Die drei beschriebenen Geldströme modellieren dabei den Cash Flow jedes DCs. Das bedeutet, dass jedes DC seine eigenen Einnahmen, Kosten und SLA-Strafen verrechnen muss. Diese drei Cash Flows können dann zum Gewinn dieses DCs zusammengefasst werden:

$$DataCenterGewinn =$$
$$DataCenterUmsatz - DataCenterKosten - DataCenterStrafen$$

Der Gesamtgewinn eines gegebenen CSPs berechnet sich dann wie folgt:

$$CSPGewinn = \sum_{i=1}^{n} DataCenterGewinn_i$$

Der Gesamtgewinn der Föderation berechnet sich wie folgt:

$$Föderationsgewinn = \sum_{j=1}^{m} (CSPGewinn)_j$$

Die analogen Formeln gelten auch für die CSP- und Föderationsumsätze, Kosten und SLA-Strafen.

In Abbildung 7.11 wird der tatsächliche Accounting-Ablauf dargestellt. Ein Kunde zahlt zunächst für die VM-Ausführung. Dies erzeugt Einnahmen. Wenn ein SLA von CSP-1 gebrochen wird, muss er eine Strafe an den Kunden zahlen. Wenn die VM zu einem föderierten CSP migriert wurde, werden Kosten bei CSP-1 erzeugt und weitere Einnahmen bei CSP-2.

Wenn der SLA einer VM, die ursprünglich bei CSP-1 gestartet wurde und dann zu CSP-2 migriert wurde, gebrochen wird, dann muss CSP-2 eine Strafe an CSP-1 zahlen, die dort wiederum Einnahmen generiert. CSP-1 muss aber gleichzeitig die initial vereinbarte Strafe an den Kunden zahlen.

Zusätzlich ist es auch möglich, Kosten oder Einnahmen für eine VM zu erzeugen, da SLAs zwischen Kunden und CSPs und die SLAs zwischen CSPs unterschiedliche Kosten- oder Strafstrukturen aufweisen können. Dies kann zum Beispiel passieren, wenn bei einer VM,

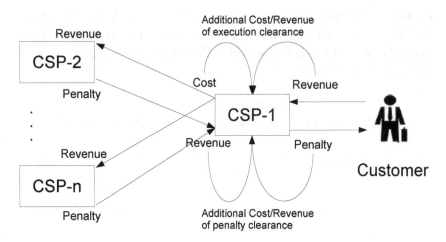

Abbildung 7.11: Der Accounting-Ablauf (vgl. [98])

die zwischen zwei CSPs migriert wurde und deren SLA gebrochen wird, CSP-2 eine höhere Strafe an CSP-1 zahlen muss, als dieser an seinen Kunden zahlen muss. In diesem Fall würde CSP-1 mehr Umsatz erzeugen, da der Saldo für ihn positiv ist.

Das gleiche kann für die Ausführungskosten geschehen. Es kann zum Beispiel für einen CSP günstiger sein, eine VM zu einen föderierten CSP auszulagern, wenn dieser die Ausführung der VM billiger anbietet.

Für die Berechnung der Kosten werden die Gebühren berechnet, die für die Auslagerung von VMs in eine Föderation anfallen, die operationalen Ausgaben (Opex), die für den Betrieb der Infrastruktur anfallen und die Investitionskosten (Capex), die für Anschaffung, Erneuerung oder Verbesserung der Infrastruktur bezahlt werden. Obwohl Investitionskosten nicht in festen Zyklen anfallen, werden sie zur internen Abrechnung als monatliche Kosten für jede Servereinheit über ihre erwartete Lebensdauer verbucht (vgl. [40]).

Das CloudAccount-Modell wurde so entwickelt, dass es einfach erweitert werden kann. Damit kann es schnell an weitere Cloud-Szenarien angepasst werden. Zum Beispiel könnten weitere Ressourcen (wie

Netzwerk- und Festplatten-Kapazität und -Durchsatz) oder weitere SLOs hinzugefügt werden. Bei Bedarf können auch neue Zahlungsströme in die Gewinnberechnung mit einbezogen werden. Das Modell wurde so konzipiert, dass keine zukünftige Erweiterung den Aggregationsprozess von den systemnahen technischen Metriken bis hin zum Föderationsergebnis stört.

Die aktuellen finanziellen Kennzahlen der einzelnen CSPs können während der Simulation von den lokalen VM-Schedulern auf jeder der drei Ebenen genutzt werden. Sie können dann anhand der Finanzdaten entscheiden, ob VMs in einem der eigenen DCs ausgeführt werden, oder ob eine gegebene VM zu einem anderen CSP migriert werden soll. Dies kann viele Gründe haben. Beispielsweise kann es sinnvoll sein, drei günstige Bronze-VMs zu einem Föderationspartner zu migrieren, um den SLA einer teuren Gold-VM abzusichern. Dies bringt einen ganz neuen Aspekt in den Entscheidungsprozess für VM-Migrationen. Natürlich werden die Abrechnungsdaten gegenüber den föderierten CSPs geheim gehalten, da kein CSP solche Daten in der realen Welt veröffentlichen würde. Nur die internen Scheduler haben Zugang zu den Daten.

Am Ende der Simulation wird eine umfassende Abrechnungsprotokolldatei (engl. Accounting-Log) erzeugt (vgl. Kapitel 7.17.3). Die konkrete Implementierung von CloudAccount in FCS wird im Anhang in Kapitel A.8 beschrieben (vgl. [98]).

7.15 Auktionsplattform

Der Cloud-Markt ist dezentral organisiert. Das bedeutet, dass alle CSPs unabhängig voneinander arbeiten. Dabei legt jeder CSP eigene Preise für die Ausführung von Services fest. Die Preise richten sich dabei, wie überall in der Wirtschaft, nach Angebot und Nachfrage. Laut Annja Zahn gibt es insgesamt vier verschiedene Arten, einen fairen Marktpreis zu finden (vgl. [170]):

1. **Auktionen und Börsen:** Hierbei werden Güter oder Dienstleistungen über ein vorher definiertes Bietsystem verkauft. Diese Variante wird im weiteren Verlauf näher beleuchtet.

2. **Bilaterale Aushandlung:** Bei der bilateralen Aushandlung verhandeln zwei Parteien untereinander über einen individuellen Preis. Dieser Preis gilt dann nur für diesen speziellen Fall und ist für weitere Marktteilnehmer nicht einsehbar.

3. **Ausschreibung und Einschreibung:** Aus- und Einschreibungen werden vor allem von öffentlichen Auftraggebern genutzt. Dabei wird ein Produkt oder eine Dienstleistung ausführlich beschrieben, und interessierte Unternehmen können ein individuelles Angebot abgeben. Nach einer entsprechenden Frist entscheidet der Auftraggeber anhand eines fest definierten Kriterienkatalogs welcher der Anbieter den Zuschlag erhält.

4. **Angebot- und Nachfrage-Fixierung:** Bei dieser Variante legt der Anbieter einen Preis fest. Kunden können dann entscheiden, ob sie diesen Preis zahlen, oder ob sie ein vergleichbares Angebot von einem Marktbegleiter in Betracht ziehen wollen.

Auktionen eignen sich gut für Cloud-Föderationen, da die CSPs unabhängig voneinander und anhand der aktuellen Ressourcenauslastung entscheiden können, wie viel ihnen die Ausführung einer zusätzlichen VM zum aktuellen Zeitpunkt wert ist. Hierbei können viele unterschiedliche finanzielle Aspekte eine Rolle spielen: Kostenoptimierung, Umsatz- oder Gewinnoptimierung. Natürlich können auch weitere Kriterien mit hineinspielen, die Auswirkungen auf die Finanzen haben. Dies könnte zum Beispiel die gleichmäßige Auslastung der verfügbaren Ressourcen sein. Diese und weitere Aspekte können dann in unterschiedlichen Scheduling-Strategien implementiert und untersucht werden. Im weiteren Verlauf der Arbeit werden unterschiedliche Auktionsvarianten untersucht. Es handelt sich dabei immer um verdeckte Auktionen. Das System ist aber so aufgebaut, dass auch weitere Auktionstypen implementiert und untersucht werden können.

Im weiteren Verlauf dieser Arbeit werden unterschiedliche Scheduling-Strategien auf der Föderationsebene untersucht. Dabei werden Scheduler mit einem fixen Preissystem und Scheduler mit einem auktions-basierten Preissystem untersucht. Dies erlaubt es, die Auswirkungen von dynamischer Preisfindung mit einem festgelegtem Preissystem zu vergleichen und zu untersuchen, wie sich diese Strategien auf Umsatz und Gewinn auswirken.

In Kapitel A.9 des Anhangs werden die Grundlagen zum Thema Auktionen und verwandte Arbeiten vorgestellt.

7.15.1 Auktionen in FederatedCloudSim

Um Föderations-Scheduler mit unterschiedlichen Auktionsmechanismen untersuchen zu können, wurde FCS um ein flexibles Auktionssystem erweitert. Die konkrete Implementierung der auktionsbasierten Scheduling-Verfahren wird in [98] beschrieben. Bei dem implementierten Auktionssystem muss jeder CSP einen eigenen Auktionsmanager implementieren. Dieser wird bei einer möglichen Migration einer VM in die Föderation aufgerufen. Er startet die eigentliche Auktion. Zuerst wird dann die Art der Auktion definiert. Dies kann im Vorfeld festgelegt, oder dynamisch entschieden werden. Die Art der Auktion legt fest, welche CSPs grundsätzlich an der Auktion teilnehmen können. Nicht jeder CSP muss alle Auktionsarten unterstützen.

Der Ablauf einer Auktion in FCS ist in vier Schritte unterteilt:

1. *Auktion starten:* Hier werden das Auktionssubsystem und die entsprechenden Datenstrukturen initialisiert.

2. *Auktionsteilnehmer bestimmen:* Hier wird eine Auktionsanfrage an alle Föderationspartner verschickt. CSPs, die an der Auktion teilnehmen wollen, antworten entsprechend positiv und werden in eine Liste übernommen. CSPs mit negativen Antworten werden in dieser Runde nicht weiter beachtet.

3. *Auktion durchführen:* In diesem Schritt findet die eigentliche Auktion statt. Jede Auktion ist in eine vorher fest definierte Anzahl

an Bietrunden aufgeteilt. In jeder Bietrunde können die teilnehmenden CSPs bieten. Ist die maximale Rundenanzahl erreicht, wird
die Auktion geschlossen.

4. **Auktion beenden:** Im letzten Schritt wird das Auktionsergebnis
bestimmt und alle Teilnehmer darüber informiert. Der Gewinner
erhält dann eine konkrete Migrationsanfrage für die auktionierte
VM.

In Abbildung 7.12 wird der Auktionsablauf nochmal grafisch dargestellt. Dabei steht A_STRATEGY (engl. auction strategy) für die
Auktionsstrategie und B_STRATEGY für die Bietstrategie (engl.
bidding strategy).

Um Auktionen in FCS zu ermöglichen, mussten neue Nachrichten
und Ereignisse für die Durchführung und Verwaltung der jeweiligen
Strategien implementiert werden. Dabei handelt es sich um spezielle
Auktionsanfragen, den Austausch von Informationen im Rahmen einer
aktiven Auktion und die Kommunikation zwischen den CSPs während
der Bietrunden. Bei einer Auktion werden nur die Ausführungskosten
der entsprechenden VM verändert. Die Strafkosten im Fall eines SLA-
Bruchs werden aus dem bestehenden SLA zwischen den jeweiligen
CSPs übernommen. Eine per Auktion migrierte VM wird über ein
spezielles Attribut als „auktioniert" gekennzeichnet. Dies erlaubt es,
mit Hilfe des Finanzmodells zwischen VMs mit normalem Preis und
auktionierten VM mit angepassten Preisen zu unterscheiden. Hierfür
musste die Implementierung der VM ebenfalls erweitert werden.

Bisher wurden unterschiedliche Auktions- und Bietstrategien implementiert. Dabei werden Auktionen immer in zwei Runden durchgeführt. In der ersten Runde gibt ein Auktionsteilnehmer den normalen
Ausführungspreis an, der in dem SLA zwischen den beiden CSPs
vereinbart wurde. In Runde zwei kann dieser Preis mit Hilfe der Bietstrategie prozentual angepasst werden. Dafür muss jeder CSP eine
eigene Bietstrategie besitzen.

Da FCS flexibel an unterschiedliche Bedürfnisse anpassbar sein soll,
wurde an dieser Stelle, wie bereits bei dem SLA-Manager und den

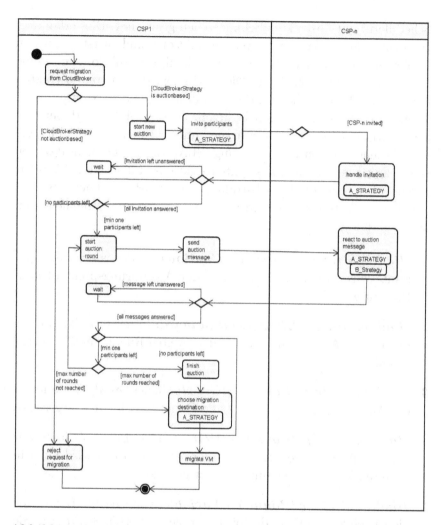

Abbildung 7.12: Modell des Ablaufs von Auktionen in FCS und ihre Integration in das Scheduling der Föderationsebene (vgl. [98])

Schedulern, mit abstrakten Schnittstellen gearbeitet. Dies erlaubt es zu einem späteren Zeitpunkt weitere Auktions- und Bietstrategien zu implementieren. Jeder CSP muss eine konkrete Auktions- und eine Bietstrategie implementieren. Diese erben wiederum von abstrakten Klassen, die bereits alle wichtigen Funktionen und Attribute für die Teilnahme an einer Auktion besitzen. Jeder CSP kann dabei eine eigene Strategie für Auktionsanfragen implementieren (z.B. abhängig von aktueller Ressourcenauslastung, SLA-Warnungen, Umsatzzielen usw.). Dazu muss von der abstrakten Auktionsstrategie geerbt werden, welche wiederum von dem abstrakten Inter-CSP-Scheduler erbt.

Folgende Bietstrategien sind bisher umgesetzt und untersucht worden (vgl. [98]):

1. *BiddingStrategy2RoundVmCautious:* In der vorsichtigen Variante wird in der zweiten Runde der Ausführungspreis um fünf Prozent gesenkt.

2. *BiddingStrategy2RoundVmStandard:* In der Standardvariante wird der Ausführungspreis in der zweiten Runde um 20 Prozent gesenkt.

3. *BiddingStrategy2RoundVmGreedy:* In der Greedy-Variante wird der Ausführungspreis beim letzten Gebot um 70 Prozent gesenkt.

4. *BiddingStrategy2RoundVmDeluxe:* In der Luxus-Variante wird der Ausführungspreis initial verdoppelt. Der Preis wird auch in späteren Verhandlungsrunden nicht gesenkt.

5. *BiddingStrategy2RoundVmVariable:* Die variable Bietstrategie ist die komplexeste der bisher implementierten Strategien. Sie richtet ihr Bietverhalten nach der durchschnittlichen prozentualen Auslastung die zum Zeitpunkt der Auktion in den DCs des jeweiligen CSPs herrscht. Es werden die im Folgenden vorgestellten Grenzen als Entscheidungsparameter für die jeweils gewählte Strategie eingesetzt:

a) Liegt die durchschnittliche aktuelle Ressourcenlast der DCs über dem konfigurierten Gefährdungswert des SLA-Managers (zum Beispiel 90% Last bei CPU und RAM), so wird die Luxus-Variante mit dem doppelten Preis gewählt. Dies sorgt dafür, dass der angebotene Preis sehr hoch ist und damit die Wahrscheinlichkeit, die Auktion zu gewinnen, sinkt. Sollte die Auktion doch gewonnen werden, generiert die VM einen sehr hohen Umsatz. Dieser Umsatz soll potentiell auftretende SLA-Brüche kompensieren.

b) Liegt der Wert zwischen dem Gefährdungswert und dem Warnwert des SLA-Managers (zum Beispiel zwischen 80 und 90% Last bei CPU und RAM), so wird die die vorsichtige Bietstrategie zur Preisfindung eingesetzt. Auch hier soll die Auktion nur mit einem hohen Umsatz für die auszuführende VM gewonnen werden. Da die Gefahr für SLA-Brüche auch in dieser Stufe recht hoch ist, muss ein erhöhter Umsatz die potentiellen Kosten (teilweise) decken können.

c) Liegt der Wert unterhalb des Warnwerts des SLA-Managers, aber oberhalb der mit Hilfe des Finanzmodells CloudAccount berechneten durchschnittlichen Mindestlast, die benötigt wird, um die Betriebskosten zu decken, so wird die Standard-Variante genutzt. Somit wird die Ausführung der VM zu leicht günstigeren Kosten angeboten. Da keine akute Ressourcenknappheit herrscht, wird versucht, die Last in den DCs zu erhöhen und gleichzeitig weiteren Umsatz zu generieren.

d) Liegt der Wert unterhalb des durchschnittlichen Lastwertes, der benötigt wird, um kostendeckend zu arbeiten, so wird die Greedy-Variante für die Preisbestimmung eingesetzt. Dies sorgt dafür, dass möglichst viele Auktionen gewonnen werden, da die Ausführung der VMs sehr günstig angeboten wird. Dies ist besser, als viele freie Ressourcen zu besitzen, die nicht produktiv genutzt werden und ausschließlich interne Kosten generieren.

7.16 Vertrauensfaktor

Zusätzlich zu dem auktionsbasierten Scheduling wurde ein vertrau-
ensbasiertes Scheduling implementiert. Die Implementierung und das
Vertrauensmodell wurden bereits in [98] ausführlich beschrieben. Ziel
des im Folgenden beschriebenen Vertrauensfaktors ist es, die Zuverlässigkeit der an einer Cloud-Föderation teilnehmenden CSPs im Bereich
der SLA-Einhaltung zu bewerten und auf dieser Basis Migrationsentscheidungen treffen zu können. Der Vertrauensfaktor kann von
jedem CSP, der an der Föderation teilnimmt, für jeden Föderationspartner berechnet werden. Der Wert wird in Prozent berechnet. Für
die eigentliche Berechnung des Vertrauensfaktors werden zwei Werte
betrachtet. Zum einen wird die Anzahl der bisherigen SLA-Brüche
pro Föderationspartner bei outgesourcten VMs verarbeitet und zum
anderen die Dauer der Downtime jeder zu einem föderierten Partner
migrierten VM. Die eigentliche Berechnung des Vertrauensfaktors
findet zur Laufzeit bei jedem Simulationsschritt statt. Die Berechnung
wird dabei automatisch durch einen entsprechenden Consolidation
Call (vgl. Kapitel 7.13) angestoßen. Dabei wird zuerst für jede zu
einem externen CSP migrierten VM jedes SLO überprüft. Konkret
sind dies:

- Zugesagte Prozessorauslastung

- Zugesagte Arbeitsspeicherversorgung

- Erreichbarkeit (Uptime) der VM

Ist bei einem der drei SLOs eine Unregelmäßigkeit aufgetreten, so
wird diese VM als nicht erfolgreich behandelt markiert. In einem zweiten Schritt wird dann die Downtime jeder zu einem externen Partner
migrierten VM summiert und in die Berechnung mit einbezogen. Die
beiden Werte werden dann miteinander kombiniert und ergeben den
aktuellen Vertrauenswert eines bestimmten CSPs gegenüber einem
konkreten Föderationspartner. Da sich das Vertrauensverhältnis zu
den Partnern über die Zeit ändern soll, werden bei der endgültigen

Berechnung des aktuellen Vertrauensfaktors auch historische Werte mit einbezogen. Die vergangenen Werte können bei der Berechnung unterschiedlich gewichtet werden. Dabei können entweder die vergangenen oder der aktuelle Wert höher gewichtet werden. Somit kann gesteuert werden, ob einem Partner, bei dem in der Vergangenheit SLAs gerissen sind, zukünftig wieder vertraut werden kann, wenn er in der Zwischenzeit keinen SLA-Bruch mehr produziert hat. Der Gewichtungsfaktor kann dabei individuell konfiguriert werden.

Um die Berechnung des Vertrauensfaktors in FCS zu implementieren, war es notwendig, dafür zu sorgen, dass die Berechnung aller Vertrauenswerte zu jedem Simulationstick aktualisiert werden. Darum wurde diese Berechnung im einen Scheduler implementiert, der am Ende jedes Simulationszeitpunktes durch den SLA-Manager über einen Consolidation-Call aufgerufen wird. So wird sichergestellt, dass stets aktuelle Daten zur Entscheidungsfindung herangezogen werden.

7.17 Monitoring und Logging

CloudSim verfügt nur über ein sehr kleines Set an Loggingdaten, die am Ende der Simulation über die Konsole ausgegeben werden. Für eine ausführliche Analyse und einen Vergleich der Auswirkungen unterschiedlicher Scheduling-Algorithmen auf das Simulationsergebnis reicht dies nicht aus. Darum wurde in FCS ein sehr umfangreiches Monitoring und Logging implementiert. Im Folgenden werden die neuen Funktionen vorgestellt.

7.17.1 Monitoring

Für eine Auswertung der Simulationsergebnisse werden persistente Daten in Form von Logs benötigt. Zur Laufzeit der Simulation werden aber auch schon an vielen Stellen Live-Daten zu verschiedensten Leistungsaspekten benötigt. Genau hierfür wurde das Monitoring in FCS eingefügt. Es verwaltet an zentraler Stelle für jeden CSP ausgewählte Lastdaten. Dazu gehören zum Beispiel die aktuelle und die durchschnittliche Last eines gegebenen DCs oder eines Hosts in

einem DC. Zusätzlich können über das Monitoring Lastdaten der VMs
abgefragt werden. All diese Daten stehen zur Laufzeit zur Verfügung
und können zum Beispiel von den Schedulern und dem SLA-Manager
genutzt werden, um entsprechende Entscheidungen zu treffen. Die
Monitoring-Komponente sichert dabei ab, dass Lastdaten nur innerhalb einer CSPs verarbeitet werden können und keine Zugriffe auf
Daten anderer CSPs durchgeführt werden. Dies ist wichtig, da in der
Realität CSPs untereinander auch keine Lastdaten austauschen. Diese
Daten gelten als Betriebsgeheimnis und sind sehr schützenswert, da
sie möglicherweise Rückschlüsse auf die Leistungsstärke der DCs und
Hosts zulassen.

Die Daten, die zur Laufzeit im Monitoring gesammelt werden,
bilden am Ende der Simulation die Grundlage für die Generierung
der Log-Dateien. Diese werden im Folgenden vorgestellt.

7.17.2 End-Log

Das End-Log beinhaltet alle technischen Metriken, die zur Simulationszeit und nach der Simulation gemessen und berechnet werden. Die
Log-Datei ist dabei grundsätzlich in drei Teile aufgeteilt.

1. *Generelle Informationen:* Im ersten Teil der End-Log-Datei
   werden allgemeine Informationen zur der speziellen Simulation ausgegeben. Dies beginnt mit dem Datum und der Uhrzeit der Simulation, sowie der Simulationsdauer. Danach werden die wichtigsten
   allgemeinen Parameter, die Uptime-Definitionen der SLA-Klassen
   und die Downtime für Migrationen (Intra-DC, Inter-DC und Inter-
   CSP) zusammengefasst. Abschließend wird noch der Name und
   der Pfad, der für diese Simulation genutzten Konfigurationsdatei,
   ausgegeben.

2. *Föderationsstatistiken:* Im zweiten Teil der End-Log-Datei werden föderationsweite Statistiken ausgegeben. Sie stellen die Summe
   der einzelnen CSP-Statistiken dar. Hier werden zuerst allgemeine
   Informationen über die Anzahl der DCs, der Hosts und der VMs

ausgegeben. Danach werden unter anderem die Anzahl der föderationsweiten Migrationen, der SLA-Warnung und -Brüche (jeweils nach SLA-Klassen sortiert) und die Anzahl der Consolidation-Calls aufgelistet. Danach werden noch die gesamt verfügbaren RAM- und CPU-Ressourcen, sowie die durchschnittliche Auslastung der Ressourcen absolut und in Prozent ausgegeben.

Mit diesen Werten können schnell erste Aussagen über die Güte der eingesetzten Scheduler getätigt werden, da an dieser Stelle bereits Abweichungen zwischen den Simulationen bewertet werden können. Für eine konkrete Analyse der Scheduling-Auswirkungen auf der CSP-Ebene, müssen dedizierte Werte pro CSP untersucht und verglichen werden. Diese werden im dritten Teil des Logs ausgegeben.

3. *CSP-Statistiken:* Im dritten Teil der End-Log-Datei werden alle wichtigen technischen Daten der einzelnen CSPs nacheinander für jeden CSP ausgegeben. Als erstes werden die Scheduling-Algorithmen der drei Ebenen aufgelistet. Danach werden die Anzahl der DCs, der Hosts, der lokal eingereichten und der von Partner-CSPs eingereichten VMs aufgelistet. Im Folgenden werden die Anzahl der Migrationen innerhalb der einzelnen DCs und zwischen den DCs aufgelistet. Zusätzlich wird die Anzahl der in die Föderation migrierten VMs ausgegeben. Es folgen die Auswertungen der SLA-Brüche. Diese werden auf die einzelnen SLA-Klassen und die einzelnen SLOs heruntergebrochen. Abschließend werden noch die gesamt verfügbaren RAM- und CPU-Ressourcen, sowie die durchschnittliche Auslastung der Ressourcen absolut und in Prozent ausgegeben.

Die wichtigsten Metriken aus dem End-Log werden in Kapitel 7.19 genauer vorgestellt. Ein beispielhaftes End-Log wird in Kapitel B.7 des Anhangs gezeigt.

7.17.3 Accounting-Log

Das Accounting-Log listet alle relevanten finanziellen Parameter einer
Simulation auf. Die Log-Datei ist in zwei Abschnitte unterteilt, die
im Folgenden näher vorgestellt werden.

1. *Föderationsergebnis:* Im ersten Teil der Log-Datei werden alle
   finanziellen Metriken auf Föderationsebene zusammengefasst. Dazu
   werden zuerst die aufsummierten Umsätze, Strafen, Kosten und
   Gewinne der gesamten Föderation ausgegeben. Im Vergleich mit
   Ergebnissen aus anderen Simulationen ist an dieser Stelle bereits
   ersichtlich, ob ein anderes Scheduling-Verfahren, oder eine andere
   Konfiguration des Frameworks Abweichungen produziert haben.
   Danach werden die einzelnen Werte noch nach Ausführung eigener
   und fremder VMs unterschieden. Als nächstes wird die Anzahl
   der ausgeführten VMs insgesamt, die Zahl der innerhalb der Föderation migrierten VMs und die Anzahl der Inter-CSP-Requests
   ausgegeben. Zusätzlich werden die Strafkosten noch nach den einzelnen SLO-Parametern aufgeschlüsselt und die weiteren Umsätze
   durch SLA-Strafeinnahmen und die Ausführung von fremden VMs
   innerhalb der gesamten Föderation aufgelistet. Die meisten Werte
   werden absolut und zusätzlich als Prozentwert (zum Beispiel des
   Gesamtumsatzes, oder der Gesamtkosten) der jeweiligen Hauptkostenart ausgegeben.

2. *CSP-Ergebnis:* Die Daten des zweiten Teils des Accounting-Logs
   beziehen sich jeweils auf einen bestimmten CSP. Die im Nachfolgenden vorgestellten Daten werden nacheinander für alle CSPs einer
   Simulation ausgegeben. Dabei sind die Daten pro CSP nochmal in
   zwei Bereiche unterteilt:

   2.1. *Konfiguration:* Im ersten Teil der CSP-spezifischen Ergeb-
        nisse wird die finanzielle Konfiguration des jeweiligen CSPs
        zusammengefasst. Dabei werden alle Faktoren der Konfigura-
        tionsparameter einzeln aufgelistet. Diese Faktoren werden zur
        Laufzeit genutzt, um die Kosten und Strafen für jegliche Ak-
        tionen innerhalb und zwischen den CSPs zu berechnen. Zu den

Faktoren gehören die Kosten für die CPU- und RAM-Nutzung, die Ausführungskosten für die unterschiedlichen SLA-Stufen, die Strafkosten für eine einmalige und die fortlaufende Downtime und die Strafkosten für die weiteren SLOs (CPU- und RAM-Reservierung).

Anhand dieser Daten lassen sich die Auswirkungen von Konfigurationsänderungen auf das Gesamtergebnis ableiten. Zusätzlich können hier Vergleiche zwischen zwei Simulationsergebnissen erstellt werden, ohne zusätzlich die einzelnen Konfigurationsdateien vergleichen zu müssen.

2.2. *Ergebnisse:* Im zweiten Teil folgt eine genaue Aufschlüsselung der einzelnen Finanzmetriken pro CSP. Hier werden wieder, wie bereits auf der Föderationsebene, zuerst die Werte für den gesamten Umsatz, die Strafen, die Kosten und der Gewinn ausgegeben. Nachfolgend werden diese Ergebnisse noch verfeinert. Dazu wird zwischen den CSP-internen Einnahmen und Kosten und den Einnahmen und Kosten zwischen den CSPs unterschieden. Es werden die Anzahlen der eigenen, der von föderierten CSPs angenommenen und an föderierte CSPs abgegebenen VMs mit den jeweiligen Kosten und Umsätzen aufgeschlüsselt und die SLA-Strafen für intern und extern ausgeführte VMs ausgegeben. Die meisten Werte werden wieder absolut und zusätzlich als Prozentwert (zum Beispiel des Gesamtumsatzes, oder der Gesamtkosten) der jeweiligen Hauptkostenart ausgegeben.

Die Daten erlauben einen tiefen Einblick in die finanziellen Auswirkungen unterschiedlicher Konfigurationen und VM-Scheduler auf allen Ebenen. Die Ergebnisse können somit leicht mit Ergebnissen aus anderen Simulationen verglichen und auf Abweichungen hin untersucht werden. Dies wiederum erlaubt Rückschlüsse auf die Güte der jeweiligen Scheduler auf allen Ebenen und deren Zusammenspiel auf Föderationsebene.

Die wichtigsten Metriken aus dem Accounting-Log werden in Kapitel 7.19 genauer vorgestellt. Ein beispielhaftes Accounting-Log wird in Kapitel B.8 des Anhangs gezeigt.

7.17.4 Migrations-Log

Das Migrations-Log wird zur Simulationslaufzeit erstellt. Es enthält pro Zeile einen Eintrag zu genau einer VM-Migration. Es werden alle Intra-DC-, Inter-DC- und Inter-CSP-Migrationen chronologisch aufgezeichnet. Dabei werden alle relevanten Migrationsparameter ausgegeben.

Anhand des Migrations-Logs lassen sich die Migrationen der VMs zwischen den Hosts eines DCs, zwischen den DCs eines CSPs und zwischen den verschiedenen CPSs in einer Föderation im Nachgang zur Simulation verfolgen. Hieraus können zum Beispiel Rückschlüsse auf häufige Migrationen ein und derselben VM, häufige Migrationen innerhalb eines bestimmten DCs oder VMs einer bestimmten SLA-Klasse gezogen werden. Ein beispielhaftes Migrations-Log mit einer Beschreibung aller relevanten Parameter wird in Kapitel B.9 des Anhangs gezeigt.

7.17.5 Gephi

Die Daten aus dem Migrations-Log helfen, die Migrationen der VMs zwischen den Hosts, DCs und CSPs zu untersuchen. Da dies mit der reinen Log-Datei sehr komplex ist, werden die Daten aus dem Migrations-Log nach Abschluss der Simulation so aufbereitet, dass sie von einem weiteren Tool, Gephi, eingelesen und verarbeitet werden können. Gephi ist eine Open-Source-Software, die eine grafische Analyse von Netzwerken und Graphen jeglicher Art erlaubt (vgl. [11, 68]). Dazu gehört auch die statische Analyse von gerichteten und ungerichteten Graphen sowie eine dynamische Untersuchung von Netzwerken über einen gegebenen Zeitraum. In Abbildung 7.13 wird die grafische Benutzerschnittstelle von Gephi gezeigt.

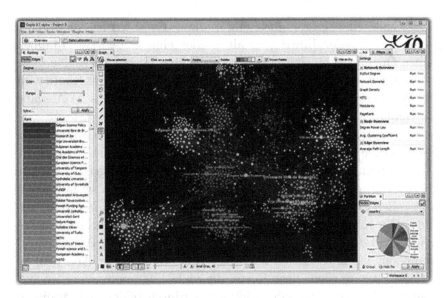

Abbildung 7.13: Abbildung der grafischen Benutzeroberfläche von Gephi (vgl. [68])

In diesem Fall werden die Daten des Migrations-Logs als gerichteter Graph interpretiert. Dabei stellt jeder Host in einem DC einen Knoten dar und jede Migration einer VM von Host A nach Host B eine gerichtete Kante zwischen zwei Knoten. Das Gewicht dieser Kante ist gleich der Summe der VM-Migrationen zwischen genau diesen beiden Hosts während der gesamten Simulationszeit. Die Gewichte werden im Nachgang der Simulation aus dem Migrations-Log berechnet. Dies geschieht in der abschließenden Logging-Phase von FCS.

Gephi benötigt zwei Dateien als Input. Dies ist zum einen die „Nodes"-Liste. Sie beinhaltet alle Knoten, in diesem Fall alle Hosts. Die „Nodes"-Liste wird in der Aufbau-Phase der Simulation erzeugt. Dies geschieht, indem für jeden erstellten Host ein Eintrag mit der jeweiligen Konfiguration geloggt wird. Jedem Knoten wird dabei eine eindeutige Nummer und ein Label zugewiesen. Das Label beinhaltet die Nummer des Hosts, die Nummer seines DCs und die Nummer seines CSPs. Damit ist jeder Host eindeutig identifizierbar. Zum anderen liest Gephi eine „Edges"-Liste ein. In dieser Datei werden alle Kanten aufgelistet. Jeder Eintrag erhält wieder eine eindeutige Nummer, einen Quell- und einen Ziel-Host (jeweils über die eindeutige Nummer identifiziert), ein Label und ein Gewicht. Das Gewicht der Kante wird in das Label übernommen. Dies erlaubt später eine grafische Ausgabe in Gephi.

Gephi stellt viele Funktionen zur Untersuchung von Graphen und Netzwerken zur Verfügung. Zur grafischen Analyse der Migrations-Logs werden zum Beispiel Hosts, die viele ein- und ausgehende Migrationen aufweisen, größer dargestellt. Weiterhin können sie mit einem speziellen Farb-Code in Abhängigkeit der Aktivität dargestellt werden. Die Kanten werden ebenfalls in Abhängigkeit ihrer Gewichte (= Anzahl der Migrationen) unterschiedlich dargestellt. Abschließend kann der gesamte Graph noch mit Hilfe von Cluster-Analysen so umgestaltet werden, dass Hosts, die viele VMs untereinander austauschen näher aneinander rücken. Hierdurch bilden sich grafische Host-Cluster, die Aufschluss über das Migrationsverhalten der VMs bei den unterschiedlichen Scheduling-Algorithmen geben.

In Abbildung 7.14 wird das in Gephi aufbereitete Ergebnis einer Simulation mit fünf CSPs und jeweils drei DCs grafisch dargestellt. Die Simulation ist absichtlich so konfiguriert, dass CSP-0 zu wenig Ressourcen in seinen DCs besitzt. Alle anderen CSPs haben ausreichend viele Ressourcen, sodass sie alle VMs auf den internen Ressourcen ausführen können. Dadurch entstehen innerhalb und zwischen den DCs von CSP-0 sehr viele Migrationen. Dies lässt sich in der Grafik sehr schön an den drei großen Clustern erkennen. Am Rand der Cluster und teilweise dazwischen werden die Hosts der weiteren CSPs abgebildet, die nach einer VM-Migration in die Föderation die VMs weiter ausführen. Anhand der Stärke der Kanten lassen sich die Anzahl der Migrationen zwischen den jeweils abgebildeten Hosts ablesen. Somit finden innerhalb der drei DCs von CSP-0 die meisten Migrationen statt. Hosts, die während der Simulation keine Migrationen aufweisen, werden der Übersicht halber ausgeblendet.

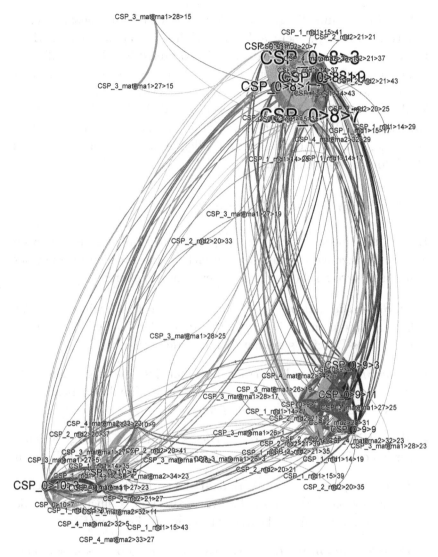

Abbildung 7.14: Grafische Auswertung der VM-Migrationen einer Simulation mit fünf CSPs mit je drei DCs in Gephi

Insgesamt kann die grafische Analyse der Simulationsergebnisse mit Hilfe von Gephi sehr aufschlussreich sein, da sich schnell Host-Cluster finden lassen und durch die Kantenstärke leicht auf hohe Migrationsanzahlen zwischen speziellen Hosts geschlossen werden kann. Damit lassen sich die Ergebnisse schneller erfassen, als rein auf der Zahlenbasis der Log-Dateien. Im weiteren Verlauf der Arbeit werden trotzdem vor allem die Metriken aus den Log-Dateien untersucht und verglichen, da vor allem die finanziellen Aspekte nicht über Gephi abgebildet werden können.

7.18 Zusätzliche Werkzeuge

Damit der Einsatz von FCS möglichst unkompliziert ist, wurden weitere Werkzeuge (engl. tools) entwickelt und mit dem Framework zusammen veröffentlicht. Zu den Werkzeugen gehören:

- *FCS-Configurator:* Der Configurator wird zu Beginn der Simulation aufgerufen. Er konfiguriert anhand der Config.xml- und der Properties-Datei das gesamte Simulationsszenario.

- *TraceShortener:* Der TraceShortener liest die originalen ESX-Work-load Traces ein und generiert die für die Simulation benötigten Traces in der richtigen Formatierung.

- *TraceWorkloadGenerator:* Dieses Werkzeug erzeugt anhand der Trace-Dateien die für die Simulation benötigten SWF-Dateien.

- *Workloadparser:* Der WorkloadParser wird vor der eigentlichen Simulation gestartet, liest die Workload Traces ein und füllt die Werte in die jeweiligen Datenstrukturen des Frameworks.

- *WorkloadFormatter:* Dieses Werkzeug erlaubt das Zusammenstellen von mehreren Workload Traces zu einem Gesamt-Trace, welcher dann in einer Simulation eingesetzt werden kann.

- *SWF-Modifier:* Der SWF-Modifier ermöglicht eine Konkatenierung unterschiedlicher SWF-Dateien unter Berücksichtigung der einheitlichen VM-Nummerierung, der SLA-Klassen und der CSP-Zuweisung.

Die einzelnen Werkzeuge werden in Kapitel A.10 des Anhangs ausführlich vorgestellt.

7.19 Relevante Metriken

Die beiden Log-Dateien (End-Log und Accounting-Log) liefern umfangreiche Daten zu jeder Simulation. Da es sehr aufwändig und nicht zielführend ist, bei jeder Simulation alle Metriken zu vergleichen, werden im Folgenden die relevanten Metriken aus dem beiden Logs genauer vorgestellt. Dies sind die Metriken, die im weiteren Verlauf der Arbeit zur Bewertung der Güte der einzelnen Scheduling-Algorithmen eingesetzt werden.

Metriken aus dem End-Log:

- *Anzahl aller Migrationen:* Diese Metrik stellt die Summe aller Migrationen zur Simulationszeit innerhalb der kompletten Föderation dar. Die Summe setzt sich aus der Summe aller Intra-DC-Migrationen, aller Inter-DC-Migrationen und aller Inter-CSP-Migrationen von allen CSPs zusammen. Ein Vergleich dieser Metrik zwischen unterschiedlichen Simulationsergebnissen gibt Aufschluss über eine föderationsweite Verbesserung oder Verschlechterung der CSP-Zusammenarbeit.

- *Anzahl der Migrationen in der Föderation (Inter-CSP):* Diese Metrik summiert alle Inter-CSP-Migrationen. Ein Vergleich dieser Metrik zwischen unterschiedlichen Simulationsergebnissen gibt Aufschluss über eine föderationsweite Verbesserung oder Verschlechterung der CSP-Zusammenarbeit.

- *Anzahl der Migrationen innerhalb eines CSPs (Inter-DC):* Diese Metrik summiert alle Intra-CSP-Migrationen. Ein Vergleich dieser Metrik zwischen unterschiedlichen Simulationsergebnissen gibt Aufschluss über die Qualität der Intra-CSP-Scheduler (Intra-DC- und Inter-DC-Scheduler). Weiterhin lassen sich ebenfalls Rückschlüsse auf DCs mit zu geringen Ressourcen ziehen, da eine zu geringe Anzahl an lokalen Ressourcen zu einem hohen Migrationsvolumen zwischen den einzelnen DCs führt.

- **Anzahl der Migrationen innerhalb eines DCs (Intra-DC):** Diese Metrik summiert alle Intra-DC-Migrationen. Ein Vergleich dieser Metrik zwischen unterschiedlichen Simulationsergebnissen gibt Aufschluss über die Qualität der Intra-DC-Scheduler. Weiterhin lassen sich hier ebenfalls wieder Rückschlüsse auf DCs mit zu geringen Ressourcen ziehen, da eine zu geringe Anzahl an lokalen Ressourcen in den DCs zu einem hohen Migrationsvolumen innerhalb der einzelnen DCs führt.

- **Anzahl der SLA-Brüche (RAM, CPU, Uptime):** Diese Metrik stellt die Summe aller SLA-Brüche dar, die während der Simulation in allen DCs aller CSPs aufgetreten sind. Die Anzahl der Brüche wird dabei nochmals nach SLA-Klassen (Bronze, Silber, Gold) unterteilt. Dies lässt Vergleiche der Qualität der föderationsweiten Scheduler auf allen Ebenen zu. Um die Qualität einzelner Scheduler zu untersuchen, müssen die Werte auf CSP- oder DC-Ebene untersucht werden, oder Simulationen mit nur einem CSP durchgeführt werden. Im weiteren Verlauf dieser Arbeit werden bei diesen Untersuchungen die SLOs RAM- und CPU-Reservierung sowie die Uptime der VM untersucht. Weitere SLOs können zukünftig ergänzt werden.

Es ist wichtig zu beachten, dass alle oben vorgestellten Werte zum einen als Summe über alle CSPs in der Föderation und zum anderen für jeden CSP und alle seine DCs im Einzelnen geloggt werden. Die Gesamtsumme hat den Vorteil, dass die Ergebnisse eines Szenarios nach der Simulation schnell mit den Werten eines anderen Szenarios verglichen werden können. Abweichungen, die zum Beispiel in der Anzahl der Migrationen auftreten, können so schnell analysiert werden. Woher genau die Abweichungen stammen, kann dann anhand der konkreten Daten der einzelnen CSP-Auswertungen herausgefunden werden. Ebenso lassen sich in den konkreten Daten der einzelnen CSPs Auswertungen über die Migrationen zwischen den eigenen DCs durchführen und vergleichen, wie viele VMs an welchen CSP abgegeben und von welchem CSP wie viele VMs angenommen wurden. Zusätzlich lässt sich auch auswerten, bei wie vielen eigenen und bei wie vielen externen VMs die SLAs gerissen sind.

Metriken aus dem Accounting-Log:

- **Umsatz:** Die CSPs können auf unterschiedliche Arten Umsätze erzeugen (vgl. Kapitel 7.14). Diese Umsätze werden im Einzelnen für jeden CSP berechnet und ausgegeben. Weiterhin werden sie auf CSP-Ebene summiert und ergeben den Gesamtumsatz. Die Summe dieser Einzelumsätze ergibt dann den Föderationsumsatz. Der Vergleich dieser Metrik mit den Ergebnissen aus anderen Simulationsdurchläufen lässt Rückschlüsse auf die Föderationsaktivitäten der einzelnen CSPs zu, da durch die Migration von VMs und die Verrechnung von SLA-Strafen zwischen CSPs zusätzliche Umsätze erwirtschaftet werden.

- **Gewinn:** Diese Metrik ist eine der zentralen Metriken, denn der effektiv erzielte Gewinn ist die wichtigste Kennzahl für einen kommerziellen CSP. Der Gewinn auf Föderationsebene ist gleich der Summe der einzelnen CSP-Gewinne. Diese Metrik lässt im Vergleich mit anderen Simulationsergebnissen Rückschlüsse auf die Zusammenarbeit der CSPs innerhalb der Föderation und die Güte der VM-Ausführung innerhalb der einzelnen CSPs zu, da steigende Gewinne auf weniger gebrochene SLAs und damit auf eine gute Ressourcenauslastung schließen lassen.

- **Outsourcing-Kosten:** Diese Metrik summiert alle Kosten, die durch die VM-Ausführung bei einem Föderationspartner entstehen. Mit Hilfe dieser Metrik können vor allem bei einem Einsatz von Scheduling-Algorithmen, die einen Auktionsansatz auf der Inter-CSP-Ebene implementieren, Aussagen über die Güte der Verhandlungen getätigt werden. Zusätzlich lassen sich die Ergebnisse von

auktionsbasierten und nicht auktionsbasierten Schedulern vergleichen, um somit Aussagen über die jeweiligen Vor- und Nachteile
tätigen zu können.

- **Strafen:** Strafen stellen eine weitere Kostenart dar. Sie werden
  bei einem SLA-Bruch fällig. Die Metrik summiert alle Strafbeträge,
  die durch den Bruch von SLAs zur Simulationszeit auflaufen. Dabei wird zwischen den Strafzahlungen an einen Kunden und den
  Strafzahlungen an einen Föderationspartner unterschieden. Im Log
  werden die durch SLA-Brüche anfallenden Kosten auf die einzelnen
  SLA-Klassen (Bronze, Silber und Gold) und einzelnen SLOs (CPU,
  RAM und Uptime) heruntergebrochen. Dies erlaubt feingranula-
  re Aussagen über die Güte der eingesetzten Scheduler auf allen
  Ebenen.

- **Betriebskosten:** Die Betriebskosten fallen bei jedem CSP durch
  den Betrieb der DCs, der Hosts und die Ausführung der VMs
  an. Diese Metrik fasst alle Kosten für die betriebsnotwendigen
  Personal- und Sachkosten zusammen. Darunter fallen zum Beispiel
  auch die Kosten für die Hardware, Strom- und Kühlkosten. Mit
  Hilfe dieser Metrik lassen sich Aussagen über die Vor- oder Nachteile
  der Teilnahme eines CSPs an einer Föderation tätigen, da sich die
  Kosten für den Betrieb zusätzlicher Hardware und die dadurch
  steigenden Sach- und Personalkosten mit den Kosten für die VM-
  Ausführung bei Föderationspartnern vergleichen lassen.

- **Marge:** Die Marge ist definiert als der prozentuale Anteil des Ge-
  samtgewinns am Umsatz. Je höher die Marge bei gleichbleibendem
  Umsatz ist, desto kosteneffektiver wurde gearbeitet, da nur durch
  eine Senkung der Betriebs- oder Strafkosten der Gewinn erhöht
  werden kann. Die Marge als Metrik zur Bewertung der Scheduler hat
  den Vorteil, dass durch sie die Scheduling-Leistung unterschiedlicher
  Strategien auch über unterschiedliche Workload Traces verglichen
  werden können. Dies liegt daran, dass nicht der konkrete Umsatz
  oder der Gewinn, sondern der prozentuale Anteil verglichen wird.

- **Summe der internen VMs:** Die Summe der internen VMs ist gleich der bei einem CSP durch Kunden eingereichten Service Requests. Dies sind die VMs, die zuerst auf jeden Fall in einem DC des CSPs ausgeführt werden. Diese VMs generieren im Normalfall den größten Umsatz.

- **Summe der abgegebenen VMs:** Diese Metrik gibt föderationsweit an, wie viele VMs zwischen den unterschiedlichen CSPs migriert wurden. Diese Metrik ist auch für jeden einzelnen CSP verfügbar und lässt Rückschlüsse auf die lokale Ressourcenauslastung der jeweiligen DCs zu. Zusätzlich lassen sich über diese Metrik Aussagen über erhöhte Kosten erklären.

- **Summe der angenommenen VMs:** Diese Metrik summiert die von einem externen CSP angenommenen VMs. Diese VMs erzeugen eine zusätzliche Ressourcenlast, da sie auf lokalen Ressourcen laufen müssen. Sie generieren aber auch gleichzeitig zusätzlichen Umsatz.

Genau wie bei dem End-Log werden auch im Accounting-Log zuerst alle Daten als Summe über alle CSPs ausgegeben. Zusätzlich werden die einzelnen Metriken wieder auf jeden einzelnen CSP heruntergebrochen. Dies erleichtert die Analyse der Ergebnisse auf CSP- und DC-Ebene und erlaubt dedizierte Vergleiche der finanziellen Auswirkungen der unterschiedlichen Scheduling-Algorithmen.

Die Log-Dateien und die entsprechenden Funktionen in FCS, die diese Logs erstellen, sind grundsätzlich so aufgebaut, dass sie zukünftig leicht um weitere Parameter oder sogar zusätzliche Log-Dateien ergänzt werden können. Dies ist wichtig, da in weiteren Forschungsprojekten möglicherweise zusätzliche VM-Scheduler, SLA-Manager oder Finanzstrategien untersucht werden sollen, die zusätzliche Metriken oder gänzlich neue Logs benötigen.

7.20 Performance-Analyse des Frameworks

In diesem Kapitel werden die Ergebnisse der Performance-Analyse des FCS-Frameworks ausführlich vorgestellt. Es soll gezeigt werden, dass das Framework performant arbeitet und auch bei komplexen Simulationsszenarien entsprechend skaliert. Dazu werden zuerst einige Faktoren der Implementierung beschrieben, die positive Auswirkungen auf die Performance haben. Danach werden die untersuchten Simulationsszenarien beschrieben. Abschließend werden die wichtigsten Parameter der Untersuchung vorgestellt und die einzelnen Ergebnisse der Simulationen verglichen.

Während der Implementierung von FCS wurde von Anfang an darauf geachtet, dass Framework performant zu gestalten. Dazu wurde versucht, so weit es geht, die Basisklassen des Frameworks CloudSim zu nutzen und diese mit Hilfe von Vererbung zu erweitern. Die neu hinzugefügten Funktionalitäten wurden so entwickelt, dass sie sich nahtlos in das Basissystem integrieren und keine übermäßige Anzahl an Ereignissen generiert wird. Hierzu wurden während der gesamten Implementierungszeit Optimierungen am Quellcode vorgenommen. Da durch das Schreiben von Textdateien und die hierdurch erzeugten Festplattenzugriffe zur Laufzeit die Ausführungszeit stark steigt, wurden die meisten Logs so konzipiert, dass sie erst nach Abschluss der eigentlichen Simulation in die jeweiligen Dateien geschrieben werden. Die Optimierung, die den größten Performance-Schub brachte, ist das initiale Einlesen aller, während der Simulation genutzten, Workload Traces in entsprechende Datenstrukturen im Hauptspeicher. Hierdurch wurden permanente, zeilenweise Zugriffe auf teilweise tausende Textdateien durch Array-Zugriffe im Hauptspeicher ersetzt. Die hier vorgestellten und weitere Code-Optimierungen haben insgesamt für eine performante Ausführung des Simulations-Frameworks gesorgt.

Im Folgenden werden die unterschiedlichen Simulationsszenarien kurz beschrieben, die anschließend genutzt werden, um die Performance des FCS-Frameworks zu untersuchen. Die Szenarien sind unabhängig voneinander und in ihrer Komplexität aufsteigend sortiert. Die im Folgenden eingesetzten Scheduling-Algorithmen werden später noch ausführlich beschrieben. Ihre konkrete Auswirkung auf VMs, SLAs, Kosten und Gewinn werden hier vernachlässigt, da sie nur zu Analysezwecken des Frameworks an sich dienen.

Simulationsszenarien:

1. **Ein CSP mit einem DC:** Im ersten Szenario wird ein CSP mit einem DC simuliert. In dem DC befinden sich 45 Hosts, die jeweils über 48 CPU Cores und 64 GB RAM verfügen. Als Scheduling-Strategie wird der Intra-DC-Scheduler MMBF eingesetzt. In dem DC wird der Bitbrains Trace FastStorage mit 1.250 VMs simuliert.

2. **Ein CSP mit drei DCs:** Im zweiten Szenario wird ein CSP mit drei DCs simuliert. In allen DCs befinden sich je zwölf Hosts, die jeweils über 48 CPU Cores und 64 GB RAM verfügen. Als Scheduling-Strategie wird in beiden DCs der Intra-DC-Scheduler MMBF eingesetzt. Auf der zweiten Scheduling-Ebene wird der Inter-DC-Scheduler SDHG-BDF eingesetzt. In den DCs wird der Bitbrains Trace FastStorage mit 1.250 VMs simuliert.

3. **Fünf CSPs in einer Föderation:** Im dritten Szenario werden fünf CSPs simuliert. Dabei verfügt CSP-1 über drei DCs (je mit zehn Hosts und jeweils 48 CPU Cores und 64 GB RAM). Als Intra-DC-Scheduler wird MMBF eingesetzt, als Inter-DC-Scheduler SDHG-BDA und als Inter-CSP-Scheduler RelianceScope. CSP-1 führt den Bitbrains Workload Trace FastStorage mit 1.250 VMs aus. CSP-2 verfügt über drei DCs (mit insgesamt 25 Hosts und jeweils 48 CPU Cores und 128 GB RAM). Als Intra-DC-Scheduler wird MMWF eingesetzt, als Inter-DC-Scheduler MML-WF und als Inter-CSP-Scheduler FairFit. CSP-2 führt den Bitbrains Workload Trace RnD Monat 1 mit 500 VMs aus. CSP-3 ist identisch zu CSP 2 konfiguriert. Er führt den Bitbrains Trace RnD Monat 2 mit 500 VMs aus. CSP-4 verfügt über drei DCs (mit insgesamt 45 Hosts und jeweils 48 CPU Cores und 128 GB RAM). Als Intra-DC-Scheduler

Tabelle 7.1: Tabellarische Darstellung der Ergebnisse der FCS-
Performance-Analyse (logarithmische Skala)

FCS Performance	Lauf-zeit	Ereignisse	Migra-tionen	max. CPU	max. RAM	avg. CPU	avg. RAM
Szenario 1	6:20 Min	184.792	166	42%	43%	26%	40%
Szenario 2	2:19 Min.	93.012	2.799	39%	44%	26%	43%
Szenario 3	4:32 Min.	276.338	10.215	46%	47%	27%	46%

wird MMWF eingesetzt, als Inter-DC-Scheduler SDLL-WF und als
Inter-CSP-Scheduler FairFit. CSP-3 führt den Materna Workload
Trace Monat 1 mit 520 VMs aus. CSP-5 ist identisch zu CSP-4
konfiguriert. Er führt den Trace Materna Monat 2 mit 527 VMs
aus.

Die im folgenden beschriebenen Simulationsergebnisse wurden mit
Hilfe eines lokalen Rechners erzeugt. In dem Gerät waren eine Quad-
Core (Core i7) CPU von Intel® (2670QM mit Hyper-Threading) mit
einem Takt von 2,2 GHz und 8 GB RAM verbaut. Zur Simulationszeit
wurden keine weiteren Programme ausgeführt. Im Folgenden wird die
erzeugte Systemlast, die Anzahl der verarbeiteten Ereignisse, die Zahl
der Migrationen und die für die jeweiligen Simulationen benötigte Zeit
ausgewertet. Die Ergebnisse werden in Tabelle 7.1 zusammengefasst.
Es zeigt sich, dass die Systemlast mit einer maximalen CPU-
Auslastung von ca. 46% und einer maximalen RAM-Auslastung von
ca. 47% selbst bei komplexen Simulationen sehr moderat ist. Die
Systemlast steigt bei komplexeren Simulationen auch nur geringfügig
gegenüber simpleren Konfigurationen. Auch die Anzahl der verarbeiteten Ereignisse steigt nicht überproportional. Die Ausführungszeit
des Frameworks richtet sich ausschließlich nach der Komplexität der
simulierten Szenarien und liegt zwischen zwei und sechs Minuten. Dabei lässt sich festhalten, dass die Komplexität der Simulation bei einer
höheren Anzahl von CSPs steigt. Dies erklärt sich durch die erhöhte
Anzahl der Ereignisse die während der Simulation bearbeitet werden
müssen. Zusätzlich steigt die Komplexität der Simulationen mit der
Anzahl der aktiv eingesetzten Scheduling-Ebenen pro CSP, da pro

Migration potentiell drei Entscheidungsebenen durchlaufen werden müssen. Die Anzahl der Migrationen hat auch einen direkten Einfluss auf die Anzahl der Ereignisse und der Laufzeit. Je mehr Migrationen verarbeitet werden müssen, desto mehr Ereignisse müssen verarbeitet werden und desto länger dauert eine Simulation. Hierdurch erklärt sich auch der Unterschied in der Laufzeit der ersten beiden Szenarien. Es war zu erwarten, dass die Ausführungszeit durchgängig mit der Komplexität steigt. Hier zeigt sich aber, dass das Scheduling-Problem aus dem ersten Szenario im zweiten Szenario von seiner Komplexität gedrittelt wurde, da die VMs per Round Robin auf alle Hosts der drei DCs verteilt wurden und bei der Host-Auswahl pro DC nur zwölf anstatt 45 Hosts zur Verfügung standen. Dies senkt die Komplexität des Schedulings und wirkt sich somit direkt auf die Laufzeit aus. Es zeigt sich also, dass ein gegebenes Scheduling-Problem bei einer gleichbleibenden Anzahl an VMs und Hosts weniger komplex in der Berechnung ist, wenn die Hosts über mindestens zwei DCs verteilt sind, da dadurch das eigentliche Problem in mehrere Teilprobleme aufgebrochen wird, welche einfacher zu lösen sind. Die Ergebnisse werden in Abbildung 7.15 nochmal grafisch zusammengefasst. Dabei werden die durchschnittliche Anzahl an verbrauchtem RAM und CPU nicht ausgewiesen, sondern die Maximalwerte gezeigt.

Insgesamt lässt sich festhalten, dass das Simulations-Framework FCS sehr komplexe Simulationsszenarien in einer angemessenen Zeit erfolgreich bearbeitet und der Ressourcenverbrauch proportional mit der Komplexität der Simulationen steigt. Übermäßige Ressourcenverbräuche wurden dazu bereits in der Implementierungsphase erkannt und durch entsprechende Anpassungen am System vermieden. Somit lässt sich FCS für jegliche Arten von Cloud-Föderationssimulationen erfolgreich einsetzen.

In diesem Kapitel wurde FederatedCloudSim ausführlich mit all seinen Funktionen und Konfigurationsmöglichkeiten vorgestellt und gezeigt, dass das Simulations-Framework auch bei komplexen Simulationsszenarien performant arbeitet. Im weiteren Verlauf dieser Arbeit wird das Framework eingesetzt, um mit Hilfe von Simulationen unter-

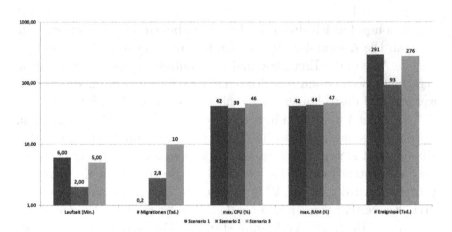

Abbildung 7.15: Grafische Darstellung der Ergebnisse der FCS-
Performance-Analyse (logarithmische Skala)

schiedlichste SLA-basierte VM-Scheduling-Algorithmen für föderierte
Cloud-Umgebungen zu untersuchen.

8 Auswahl von Eingabedaten

Die Untersuchung von neuen Scheduling-Algorithmen in realen DCs ist sehr komplex und potentiell teuer. Darum werden neue Scheduler oft zuerst mit Hilfe von Simulationen getestet und optimiert. In diesen Simulationen sollen die Scheduler möglichst realitätsnahe Aufgaben lösen. Dies bedeutet, dass die Eingabedaten für eine Simulation ein reales Szenario im besten Fall komplett widerspiegeln. Dazu werden Daten benötigt, die zum Beispiel das Nutzerverhalten auf einem gegebenen System wiedergeben, oder die Veränderungen der Lastsituation eines gegebenen Systems über einen festen Zeitraum darstellen. Solche Daten werden als Workload Trace bezeichnet, da sie eine Aufzeichnung des Verhaltens eines gegebenen Systems über einen festen Zeitraum darstellen. Workload Traces sind meist textbasierte Log-Daten, die zum Beispiel den Ressourcenverbrauch einer speziellen Applikation auf einem Server über einen festen Zeitraum auflisten.

Grundsätzlich gibt es drei Arten von Workload Traces. Diese werden im Folgenden vorgestellt:

1. *Reale Workload Traces:* Diese Traces werden in realen Systemen und meist unter Produktivbedingungen erstellt. Es gibt für viele Systeme reale Workload Traces. Aus Datenschutzgründen oder weil es sich bei solchen Lastdaten um Firmengeheimnisse handelt, werden jedoch wichtige Daten anonymisiert oder absichtlich gelöscht werden (vgl. [125]). Oft werden auch Referenzgrößen verschwiegen und Daten normalisiert. Dies erlaubt zwar allgemeine Aussagen im Rahmen einer Simulation, konkrete Ergebnisse können aber erst in einem realen System produziert werden. Im Bereich des Cloud Computings stehen fast keine realen Traces zur Verfügung. Google hat im Jahre 2011 erstmalig Trace-Daten aus einem der

© Springer Fachmedien Wiesbaden GmbH, ein Teil von Springer Nature 2018
A. Kohne, *Cloud-Föderationen*,
https://doi.org/10.1007/978-3-658-20973-5_8

DCs veröffentlicht (vgl. [70]). Es finden sich aber keine Angaben
über genutzte Ressourcen (zum Beispiel Hosts-Konfigurationen).
Die Werte sind normalisiert und es gibt keine Angaben zu den ausgeführten Applikationen. Trotzdem können auch solche Daten sehr
aufschlussreich sein. Moreno et al. und Reiss et al. haben die Daten
genauer untersucht (vgl. [109, 124]). Frei verfügbare Trace-Daten
von größeren Cloud-DCs haben nach aktuellem Wissensstand nur
zwei Unternehmen weltweit veröffentlicht. Zum einen handelt es
sich um zwei Traces der Firma Solvinity (ehemals Bitbrains) aus
den Niederlanden und zum anderen um einen Trace der Firma Materna GmbH aus Deutschland. Die Trace-Daten der Firma Materna
wurden im Rahmen dieser Arbeit erhoben und mit Genehmigung
der Firma für wissenschaftliche Zwecke freigegeben. Diese beiden
Traces werden in Kapitel 8.2 im Detail vorgestellt.

2. **Synthetische Workload Traces:** Diese Traces werden künstlich
   mit Hilfe von speziellen Software-Werkzeugen (sogenannten Lastgeneratoren) erstellt. Die Programme versuchen dabei mit Hilfe eines
   mathematischen Modells, das reale Lastverhalten des gewünschten Zielsystems so genau wie möglich nachzubilden. Diese meist
   probabilistischen Modelle können dabei zum einen frei entwickelt,
   oder anhand der Beobachtung von realen Systemen erlernt werden.
   Calzarossa et al. geben in [33] einem umfassenden Überblick über
   die unterschiedlichen Möglichkeiten realistische Workload-Modelle
   zu erstellen. Der Vorteil dieser Traces liegt darin, dass beliebig
   viele, beliebig große Datenmengen erstellt werden können. Oft werden synthetische Workload Traces für Stress- und Lasttests von
   Hard- und Software-Systemen eingesetzt. Sie werden aber auch
   oft im Rahmen von Simulationen verwendet. Für den Bereich des
   Cloud Computings gibt es sehr spezielle Lastgeneratoren für einzelne Anwendungen, VMs oder ganze Hypervisor-Farmen. Bahga
   et al. stellen zum Beispiel in [8] ein Modell zur Erzeugung von
   synthetischen Workloads für Cloud Anwendungen vor.

3. **Hybride Workload Traces:** Bei diesen Traces handelt es sich um
   die Mischung von realen und synthetischen Workload Traces. Dies

kann zum Beispiel dann sinnvoll sein, wenn ein größeres System simuliert werden soll als real gemessen wurde. Es ist zum Beispiel möglich, einen ganzen Trace oder Teile daraus zu duplizieren oder einen realen Trace um synthetische Elemente zu erweitern. Dies ist oft nicht ohne Nebeneffekte möglich, da die Rohdaten künstlich verfälscht werden. Ernemann et al. zeigen zum Beispiel in [54], wie reale Workload Traces im Bereich des Grid Computings erfolgreich mit Hilfe von Duplikationen und zusätzlichen synthetischen Werten sinnvoll erweitert werden können.

Es gibt Workload Traces für die unterschiedlichsten Systeme. Diese Traces können sich dabei vom Inhalt, den aufgezeichneten Details und der jeweiligen Länge stark voneinander unterscheiden. Bei der Arbeit mit solchen Traces muss deshalb genau darauf geachtet werden, ob die gegebene Datenbasis für die geplanten Untersuchungen relevant ist. Möglicherweise müssen die Daten erst noch speziell aufbereitet oder umformatiert werden. In manchen Fällen können Trace-Daten für unterschiedliche Untersuchungen genutzt werden. In einigen Fällen werden aber sehr spezielle Daten benötigt. Häufig existieren für solche Untersuchungen gar keine Daten. In diesen Fällen kann ausschließlich mit synthetischen Traces gearbeitet werden.

Der Bereich der Grid-Systeme ist bereits seit Jahren sehr gut erforscht. Es existieren viele gut dokumentierte Workload Traces. Diese Traces wurden vor allem in der frühen Cloud-Forschung eingesetzt. Inzwischen hat sich aber herausgestellt, dass Grid- und Cloud-Workloads ein gänzlich anderes Lastverhalten aufweisen. Im folgenden Kapitel wird daher zunächst der Unterschied zwischen Grid und Cloud Workload Traces beschrieben. Danach werden die im weiteren Verlauf der Arbeit eingesetzten realen Cloud Workload Traces genauer vorgestellt.

8.1 Grid und Cloud Workloads

Das Grid Computing kann als Vorläufer des Cloud Computings verstanden werden. Darum liegt die Vermutung nahe, dass auch die

Workloads, also die Jobs, die in den jeweiligen Systemen ablaufen, ähnliche Charakteristika aufweisen. Um dies zu widerlegen, werden im Folgenden die Workloads aus Grids und Clouds und deren Traces miteinander verglichen.

Wie in Kapitel 2.1 beschrieben, wurden Grids meist für wissenschaftliche Zwecke eingesetzt. Deshalb besteht ein Großteil der ausgeführten Workloads aus Simulationen, großen (Batch-basierten) Berechnungen, grafischen Analysen oder der Analyse von sonstigen wissenschaftlichen Rohdaten. Ein Beispiel ist die verteilte, parallele Auswertung der im Rahmen von aufwändigen Experimenten am Conseil Européen pour la Recherche Nucléaire (CERN) Labor gewonnen Rohdaten durch ein großes Rechen-Grid (vgl. [132]). In der Cloud werden dahingegen meist geschäftskritische Applikationen ausgeführt. Dabei handelt es sich oft um Web-basierte Anwendungen, Datenbanken, oder sonstige Webservices. Grid Workloads werden meist über ein zentrales Verteilsystem eingereicht und dann auf einem der an dem Grid teilnehmenden DCs ausgeführt. Diese Jobs laufen meist auf großen Supercomputern, Großrechnern oder parallelen Rechen-Clustern. Die Grid Workloads haben dabei immer eine endliche Laufzeit, da es sich um Anwendungen handelt, die, nachdem sie ihre Ergebnisse berechnet haben, terminieren. Cloud-Anwendungen dahingegen laufen meist über einen unbestimmten Zeitraum und müssen rund um die Uhr verfügbar sein. Die Cloud-Services werden dabei in VMs oder als Container auf virtualisierten Host-Systemen ausgeführt. Auch das Lastverhalten unterscheidet sich grundsätzlich. Grid-Jobs nutzen (solange sie nicht durch einen preemptiven Scheduler unterbrochen werden) alle zur Verfügung gestellten Ressourcen (meist sogar maximal) aus. Dies sorgt für eine schnelle Abarbeitung der Workloads. Dahingegen teilen sich Cloud Workloads meist die zur Verfügung stehenden Ressourcen. Cloud Workloads weisen auch in der eigentlichen Ressourcennutzung ganz unterschiedliche Lastprofile auf. Hier sind oft täglich, wöchentlich oder saisonal wiederkehrende Lastspitzen zu beobachten. Zusätzlich unterscheiden sich die unterschiedlichen Workloads massiv voneinander. So weisen Datenbanken ein komplett anderes Lastprofil auf als ein Webserver.

Di et al. haben in [49] die Unterschiede zwischen Cloud und Grid Traces wissenschaftlich untersucht. Dazu haben sie den Google Trace (vgl. [70]) mit verschiedenen Grid Traces verglichen. Sie stellten fest, dass in der Cloud oft viel kürzere Jobs / Tasks ausgeführt werden. Zusätzlich dazu gibt es vor allem langlaufende Tasks. Dabei handelt es sich um Web Services, die Kunden permanent angeboten werden. Cloud Workloads haben dabei oft weniger Lastanspruch als Grid-Jobs. Die CPU-Last in der Cloud liegt oft nahe dem Maximum. Die RAM-Last lag mit ca. 80% auch nahe des Maximums. Trotzdem wurde bei dem Google Trace sichergestellt, dass die SLAs eingehalten werden und alle Jobs ausreichend Ressourcen erhielten. Laut Di et al. spielt dieser Faktor bei Grid Workloads oft nur eine untergeordnete Rolle, da die sichere und vollständige Ausführung eines Jobs meist höhere Priorität hat, als die Ausführungsgeschwindigkeit. Insgesamt wurde festgestellt, dass Cloud Workloads meist eine sehr hohe, permanente RAM-Last und eine eher sprunghafte CPU-Last aufweisen. Dahingegen lasten Grid Workloads die Ressourcen meist sehr gleichmäßig über einen längeren Zeitraum aus.

So unterschiedlich die eigentlichen Workloads aus dem Grid- und Cloud-Umfeld sind, so unterschiedlich sind auch die für wissenschaftliche Zwecke aufgezeichneten Workload Traces der beiden Systeme. Im Grid-Umfeld hat sich seit vielen Jahren sogar ein festes Format zur Veröffentlichung von Trace-Daten durchgesetzt. Dabei handelt es sich um das Standard Workload Format (SWF) (vgl. [149]). Feitelson gibt in [56] einen umfassenden Überblick zum Thema Grid Workload Modelling und zum SWF. Die wichtigsten Eigenschaften eines SWF-konformen Traces werden im Folgenden kurz dargestellt:

1. Die Dateien sind portabel und einfach zu verarbeiten.

2. Jeder Workload wird in einer einzigen ASCII-Datei gespeichert.

3. Jeder Job wird durch eine einzelne Zeile in der Datei dargestellt.

4. Die Zeilen enthalten eine vordefinierte Anzahl von Feldern, die meist ganze Zahlen enthalten. Die Felder durch Leerzeichen getrennt.

Zwei bekannte Archive, in denen Grid Workload Traces zur Verfügung gestellt werden, sind das Grid Workload Archive der TU Delft
(vgl. [148]) und das Parallel Workload Archive der Hebrew University of Jerusalem (vgl. [114]). Beide Archive beinhalten umfangreiche
Grid Traces, die bereits in vielen Simulationen und Untersuchungen
eingesetzt wurden.

Cloud Workload Traces haben dahingegen bisher noch kein ein-
heitliches Format. Dies liegt vor allem daran, dass bisher nur sehr
wenig Traces überhaupt veröffentlicht wurden. Der Grund dafür liegt
darin, dass solche Daten für die großen CSPs wie Microsoft, Google
oder Amazon sehr sensitive Betriebsgeheimnisse darstellen (vgl. [125]).
Bei den bisher veröffentlichten Cloud Traces handelt es sich meist um
reine Log-Dateien der Hypervisor-Farmen, auf denen die Workloads
ausgeführt wurden. Diese Traces können sehr stark voneinander abweichen, da jeder Hypervisor-Hersteller ein eigenes Log-Format einsetzt.
Dies erschwert die wissenschaftlichen Untersuchungen in diesem Bereich. Ein weiterer großer Unterschied liegt darin, dass es bei Grid
Workloads, wegen ihrer sehr gleichmäßigen Ressourcenauslastung, ausreicht, nach erfolgreicher Ausführung eines Jobs, aufzuzeichnen, wie
viele Ressourcen initial angefordert, wie viele wirklich genutzt wurden
und wie lange der Job bis zur Beendigung gebraucht hat. Darum
besteht ein Grid Trace auch immer nur aus einer Datei mit einen
Eintrag pro ausgeführten Job. Im Cloud-Umfeld müssen die VMs
permanent überwacht werden. Darum bestehen die Traces aus vielen
Einzeldateien (für jede VM eine Log-Datei), wobei in jeder Datei die
Ressourcenlast einer gegebenen VM periodisch (zum Beispiel alle fünf
Minuten) abgespeichert wird.

Zur Verdeutlichung der Unterschiede werden in Kapitel B.4 des
Anhangs jeweils ein Ausschnitt aus einem Grid Trace und einem Cloud
Trace gezeigt. Dabei werden die einzelnen Felder und ihre Bedeutung
ausführlich beschrieben. Der direkte Vergleich zeigt, dass die Traces
vollkommen unterschiedlich aufgebaut sind und nicht miteinander
verglichen werden können.

Da mit Hilfe von FCS möglichst realitätsnahe Cloud-Föderationen simuliert werden sollten, ist der Einsatz von realen Cloud Traces notwendig. FCS basiert, wie beschrieben, auf CloudSim, welches wiederum ursprünglich von GridSim abstammt. Deswegen unterstützt CloudSim in der Basisversion Grid Traces im SWF-Format. Zu Beginn der Arbeit an FCS wurden deswegen auch Grid Traces für die Simulationen eingesetzt. Da die Ergebnisse aber nicht das reale Verhalten von Cloud Workloads widerspiegelten, wurde FCS entsprechend erweitert, um Cloud Traces verarbeiten zu können (vgl. Kapitel 7.10). Im Folgenden werden zwei Cloud Workload Traces vorgestellt, die im Live-Betrieb zweier CSPs mitgeschnitten wurden und im weiteren Verlauf der Arbeit als Simulationseingabe dienen.

8.2 Reale Cloud Workload Traces

Nachdem die grundlegenden Arten von Workload Traces und die Unterschiede zwischen Grid und Cloud Traces erklärt wurden, werden in den folgenden beiden Kapiteln die im weiteren Verlauf der Arbeit genutzten Cloud Workload Traces der Firmen Bitbrains und Materna vorgestellt.

8.2.1 Bitbrains Datensatz

Die Bitbrains Workload Traces wurden im Jahr 2015 durch Forscher der TU Delft im Grid Workload Archive veröffentlicht (vgl. [146]). Bei den Traces handelt es sich um die Standard-Log-Ausgaben der ESX-Server-Farm[1], auf der die entsprechenden VMs ausgeführt wurden. Dabei wird im Fünfminutentakt die durchschnittliche Ressourcenlast (der letzten fünf Minuten) aller relevanten Ressourcen (RAM, CPU, Festplatten- und Netzwerkzugriffe) für jede VM in einer eigenen Datei gespeichert. Insgesamt wurden Daten von 1750 VMs zur Verfügung gestellt. Diese Daten teilen sich in zwei Traces auf:

---

[1]Der ESX Server ist ein Hypervisor-Produkt der Firma VMware und derzeit im Enterprise-Bereich das marktführende Produkt für Server-Virtualisierung (vgl. [160]).

1. **FastStorage:** Der erste Trace („FastStorage") besteht aus 1250
   VMs, die über einen Monat beobachtet wurden. Die konkreten
   Workloads wurden nicht näher beschrieben. Es handelt sich aber
   um geschäftskritische Anwendungs-Server. Viele Der VMs führen
   Applikationen aus dem Finanzumfeld aus.

2. **RnD:** Der zweite Trace („RnD") besteht aus drei Sub-Traces, die
   die Lastsituation von jeweils 500 VMs über je einen Monat wiedergeben. Bei den Workloads in diesem Trace handelt es sich überwiegend
   um VMs mit Verwaltungsmaschinen. Dies können Backup-Server,
   Anti-Viren-Software, Load Balancer oder Application-Firewalls
   sein.

Das DC, in dem der Trace aufgezeichnet wurde, wird nicht näher
beschrieben. Es ist also nicht bekannt, auf wie vielen physischen
Servern mit wie vielen Ressourcen die VMs ausgeführt wurden. Es
ist auch durchaus möglich, dass die VMs in mehreren DCs betrieben
wurden.

Shen et al. haben die hier vorgestellten Workload Traces bereits
ausführlich mit Hilfe von statistischen Verfahren untersucht (vgl.
[134]). Ihre wichtigsten Erkenntnisse sind:

- Mehr als 60% der VMs nutzen aktiv weniger als 4 CPU-Cores und
  8 GB RAM. Es gibt eine starke positive Korrelation zwischen der
  angeforderten CPU-Core-Anzahl und dem RAM.

- Die echte Nutzung der eingeforderten Ressourcen ist mit durchschnittlich unter 10% sehr niedrig. Die Korrelation zwischen angeforderten und genutzten Ressourcen ist ebenfalls sehr gering.

- Die maximale Ressourcenlast kann um Faktor 10 bis 10.000 höher
  sein als die durchschnittliche Last (abhängig von der Ressource).

- CPU- und RAM-Last sind über einen kurzen Zeitraum oft vorhersagbar. Festplatten- und Netzwerklast folgen sich wiederholenden,
  täglichen Mustern.

8.2.2 Materna Datensatz

Die Materna Workload Traces wurden im Jahr 2016 ebenfalls im Grid Workload Archive der TU Delft veröffentlicht (vgl. [147]). Bei den Traces handelt es sich, genau wie bei den Bitbrains Traces, um ESX-Log-Dateien. Es wurden Daten über einen Zeitraum von drei Monaten erhoben. Diese wurden monatsweise abgespeichert. Im ersten Monat wurden 520 VMs getracet. Im zweiten Monat 527 und im dritten Monat 547 VMs. Die konkreten Workloads wurden aus Datenschutzgründen ebenfalls nicht veröffentlicht. Es ist aber bekannt, dass es sich auch in diesem Fall wieder um geschäftskritische Applikationen, Webservices und Datenbanken großer, internationaler Unternehmen handelt.

Im Gegensatz zu dem Bitbrains Trace wurden bei diesem Datensatz zusätzliche Informationen über die physische Infrastruktur veröffentlicht. Für die Ausführung der VMs standen insgesamt 49 Host-Server mit 69 CPUs (454 Cores) und 6780 GB RAM zur Verfügung.

Die hier vorgestellten Workload Traces wurden auf ihre Ressourcenkonfigurationen und Lastsituationen untersucht. Dabei wurden wichtige Rahmendaten, wie die zur Verfügung gestellten RAM- und CPU-Ressourcen, sowie die minimalen, durchschnittlichen und maximalen Lastwerte ermittelt. Die konkreten Ergebnisse werden im Detail in Kapitel B.5 des Anhangs vorgestellt.

Die Trace-Informationen werden im Folgenden genutzt, um daraus die Ressourcenkonfigurationen der einzelnen Simulationsszenarien abzuleiten. Dabei sind vor allem die Durchschnitts- und Maximalwerte von Bedeutung. Sie geben einen groben Richtwert, wie viele Ressourcen in einem DC konfiguriert werden müssen, um die VMs aus einem gegebenen Workload Trace ausführen zu können. Eine wichtige Erkenntnis aus der Analyse der gewonnenen Informationen über die einzelnen Traces ist, dass im Durchschnitt nur ein Bruchteil der durch die VMs reservierten Ressourcen wirklich genutzt werden. Selbst unter Maximallast werden die Ressourcen (über alle untersuchten Traces gesehen) höchstens zu 16% beim RAM und zu 32% bei der CPU ausgelastet. Dies ist ein wichtiger Indikator dafür, dass während der späteren Simulationen nicht die gesamte Menge an im Vorfeld reservierten Ressourcen konfiguriert werden muss. Weiterhin kann daraus abgeleitet werden, dass der Einsatz von Ressourcen-Overprovisioning sinnvoll ist (vgl. Kapitel 7.5). Durch eine Reduktion der Ressourcen kann später Einfluss auf die Anzahl der Migrationen und die Anzahl der SLA-Brüche genommen werden. Es ist wichtig, ausgewogene Konfigurationen zu finden, die auf der einen Seite nicht ohne Ressourcenengpässe simuliert werden können und auf der anderen Seite nicht zu übermäßig vielen SLA-Brüchen führen. Die im weiteren Verlauf der Arbeit genutzten Konfigurationen werden im Rahmen der jeweiligen Evaluationen ab Kapitel 10 ausführlich beschrieben.

Teil III

Scheduling-Strategien

9 Modell

Das Scheduling von VMs in föderierten Cloud-Umgebungen ist ein komplexer Prozess. Dies erklärt sich damit, dass in einer Cloud-Föderation mehrere CSPs mit jeweils einem oder potentiell mehreren DCs existieren und jeder CSP zu jedem Zeitpunkt sicherstellen will, dass alle aktiven VMs die per SLA zugesicherten Ressourcen auch wirklich nutzen können. Da es sich bei föderierten Cloud-Umgebungen um verteilte Systeme handelt, die kein Wissen über den internen Zustand der jeweiligen Föderationspartner austauschen, muss jeder CSP seine eigenen Strategien implementieren. Es ergeben sich drei Ebenen, auf denen ein VM-Scheduling durchgeführt werden muss (vgl. [94]).

1. **Intra-DC-Scheduling:** Auf der ersten Ebene muss der Scheduler anhand seiner jeweils implementierten Strategie entscheiden, auf welchem der zur Verfügung stehenden Hosts in einem DC eine gegebene VM ausgeführt werden soll. Hierbei kann er seine Entscheidung von unterschiedlichsten Kriterien abhängig machen. Dies kann eine bestimmte Lastgrenze pro Host sein, eine möglichst gleichmäßige Lastverteilung im DC, ein möglichst niedriger Energieverbrauch im DC, oder die Einhaltung möglichst vieler SLAs.

2. **Inter-DC-Scheduling:** Auf der zweiten Ebene muss der Scheduler anhand seiner jeweils implementierten Strategie entscheiden, in welchem der zur Verfügung stehenden DCs des selben CSPs eine gegebene VM ausgeführt werden soll. Auch hierbei kann seine Entscheidung von unterschiedlichsten Kriterien abhängig gemacht werden.

© Springer Fachmedien Wiesbaden GmbH, ein Teil von Springer Nature 2018
A. Kohne, *Cloud-Föderationen*,
https://doi.org/10.1007/978-3-658-20973-5_9

3. *Inter-CSP-Scheduling:* Auf der dritten Ebene muss der Scheduler anhand seiner jeweils implementierten Strategie entscheiden, bei welchem der zur Verfügung stehenden föderierten CSPs eine gegebene VM ausgeführt werden soll. Die strategiebedingte Entscheidung kann zum Beispiel von einer möglichst fairen Behandlung der föderierten Partner abhängig gemacht werden, auf den Erfahrungen in der Zusammenarbeit mit einem bestimmten CSP beruhen, oder rein nach finanziellen Kriterien gefällt werden.

Nach Beloglazov et al. gibt es im Rahmen des VM-Schedulings vier grundsätzliche Fragestellungen, die bei jeder Scheduling-Aktion geklärt werden müssen (vgl. [13]):

1. Welche Hosts sind überlastet?

2. Welche Hosts sind unterlastet?

3. Welche VMs müssen von einem Host migriert werden?

4. Welche Hosts können zusätzliche VMs aufnehmen?

Die erste Frage wird periodisch durch den SLA-Manager beantwortet. Er überprüft die aktuelle Lastsituation aller Hosts und ruft bei potentiellen Überlastungen den jeweiligen Scheduler auf, um das Ressourcenproblem zu lösen. Die zweite Frage ist etwa bei der Optimierung des Energieverbrauchs relevant, da von unterlasteten Hosts die letzten VMs wegmigriert werden können, um sie danach herunterzufahren. Diese Frage wird also zum Beispiel durch die proaktiven Scheduler beantwortet (vgl. Kapitel 9.3). Der Fall der unterlasteten Hosts spielt im weiteren Verlauf dieser Arbeit nur eine untergeordnete Rolle. Die dritte und vierte Frage wird jeweils durch die konkreten VM-Scheduler beantwortet. Dabei wird von einer VM-Auswahl und einer Ziel-Auswahl gesprochen. Diese beiden Fragen werden nacheinander in zwei Schritten pro Scheduling-Aktion beantwortet:

1. *VM-Auswahl:* Im ersten Schritt werden durch den Scheduler auf der jeweiligen Ebene eine oder mehrere zu migrierende VMs anhand der jeweils implementierten Strategie ausgewählt.

2. **Ziel-Auswahl:** Im zweiten Schritt wird anhand der jeweils implementierten Strategie ein Ziel gesucht, zu dem die VM(s) migriert werden soll / sollen. Hierbei handelt es sich auf der Intra-DC-Ebene um einen Ziel-Host, bei der Inter-DC-Ebene um ein Ziel-DC mit entsprechendem Ziel-Host und bei der Inter-CSP-Ebene um einen Ziel-CSP (dieser kümmerst sich dann intern um die Platzierung der neuen VM).

In den folgenden beiden Kapiteln werden die beiden Scheduling-Arten, die im realen CSP-Betrieb eine Rolle spielen und ihre jeweiligen Abläufe genauer vorgestellt. Dabei handelt es sich um das initiale und das SLA-basierte-Scheduling von VMs.

9.1 Das initiale Scheduling

Das initiale Scheduling wird immer dann durchgeführt, wenn die Ausführung einer neuen VM bei einem CSP entweder durch einen Kunden oder durch einen föderierten CSP angefragt wird. Im Folgenden wird der Ablauf genau vorgestellt (vgl. [88]). In Abbildung 9.1 wird der Ablauf des initialen Schedulings grafisch dargestellt.

Der Prozess wird in dem Moment gestartet, in dem ein Kunde oder ein föderierter CSP die Ausführung einer VM bei einem CSP anfragt. Dies geschieht, in dem ein entsprechender Service Request an den CSP geschickt wird. Im ersten Schritt wird dann zunächst geprüft, ob der angefragte Service überhaupt im eigenen DC (in Abbildung 9.1 als Rechenzentrum (RZ) bezeichnet) angeboten wird. Ist dies der Fall, wird anhand der Scheduling-Strategie auf der ersten Ebene (Intra-DC-Ebene) überprüft, ob die VM in diesem DC gestartet werden kann. Dies geschieht, indem durch den Scheduler geprüft wird, ob die in dem Service Request angeforderten Ressourcen lokal zur Verfügung gestellt werden können. Ist auch dies der Fall, wird ein entsprechender SLA geschlossen und die VM wird in diesem DC erzeugt. Die VM wird dann anhand der gewählten Scheduling-Strategie auf einem Host platziert und zur Ausführung gebracht. Danach befindet sie sich im normalen Betrieb und wird über das zentrale Monitoring überwacht.

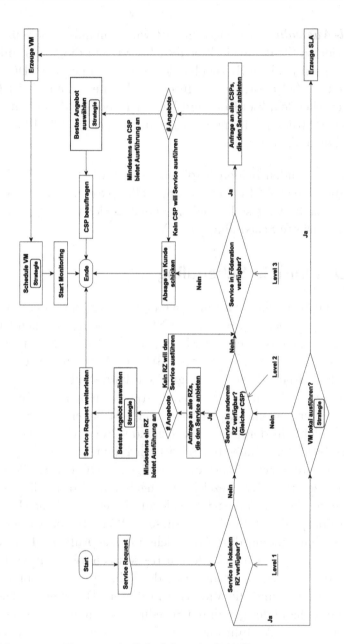

Abbildung 9.1: Das initiale Scheduling (vgl. [88])

Kann der angeforderte Service nicht selbst erbracht werden, oder hat das lokale DC nicht genug freie Ressourcen zur Ausführung zur Verfügung, wird die Anfrage eine Ebene höher gereicht. Dort wird durch den Inter-DC-Scheduler geprüft, ob ein anderes DC des gleichen CSPs diese VM ausführen kann. Dazu werden alle weiteren DCs angefragt. Antwortet mindestens ein DC positiv, so wird dann anhand der eingesetzten Strategie entschieden, zu welchem DC der Service Request weitergeleitet werden kann. Bei nur einer positiven Antwort ist die Entscheidung natürlich trivial.

Antwortet kein eigenes DC des CSPs auf die Anfrage positiv, so wird der Service Request wieder eine Ebene höher, auf die Inter-CSP-Ebene (Föderations-Ebene) gereicht. Dort wird zuerst geprüft, ob der Service von einem weiteren Mitglied der Föderation angeboten wird. Ist dies nicht der Fall, so erhält der Kunde eine Absage, da zu diesem Zeitpunkt kein CSP in der Föderation den Service ausführen kann. Antwortet aber mindestens ein föderierter CSP positiv, so wird anhand der implementierten Strategie entschieden, zu welchem CSP die Anfrage weitergeleitet wird. Bei nur einer positiven Antwort ist auch hier die Entscheidung wieder trivial.

Ist dieser Prozess komplett durchlaufen, so wurde entweder der Service Request lokal angenommen und die VM entsprechend erzeugt und gestartet, oder die Anfrage wurde an ein weiteres DC des gleichen CSPs oder an einen föderierten CSP weitergeleitet. Dort läuft der Prozess dann erneut ab.

9.2 Das SLA-basierte Scheduling

Das SLA-basierte Scheduling wird im Gegensatz zum initialen Scheduling periodisch aufgerufen. Es überprüft zur Laufzeit, ob alle SLAs und die darin vereinbarten SLOs eingehalten werden. Im Folgenden wird dieser Ablauf genau vorgestellt (vgl. [88]). In Abbildung 9.2 wird der Ablauf des SLA-basierten Schedulings grafisch dargestellt.

Der SLA-Manager prüft periodisch alle aktiven SLAs. Dies geschieht, indem nacheinander alle SLAs und die darin vereinbarten SLOs mit

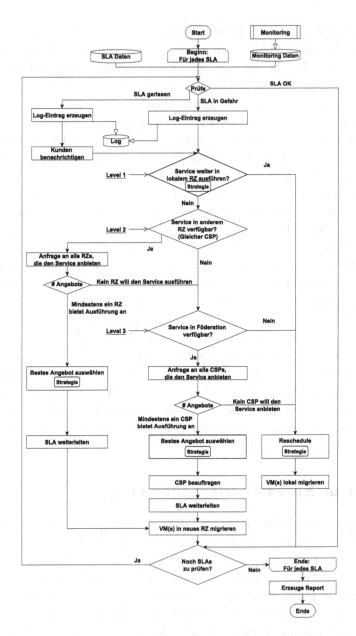

Abbildung 9.2: Das SLA-basierte Scheduling (vgl. [88])

den aktuellen Lastwerten aus dem zentralen Monitoring verglichen werden. Sind alle SLOs eingehalten, so ist keine weitere Aktion nötig und es kann der nächste SLA geprüft werden. Besteht die Gefahr, dass mindestens ein SLO reißen könnte, oder bereits gerissen ist, so wird eine entsprechende Warnung erzeugt und abgespeichert. Ist ein SLA gerissen, so wird der Kunde benachrichtigt.

Ist ein SLA gefährdet oder bereits gerissen, so muss schnellstmöglich versucht werden, die VM wieder mit den vereinbarten Ressourcen zu versorgen. Dazu wird vom SLA-Manager der lokale Scheduler auf der DC-Ebene aufgerufen und die entsprechende VM gemeldet. Der lokale Scheduler entscheidet dann im ersten Schritt anhand seiner jeweils implementierten Strategie, ob eine Ausführung im selben DC überhaupt noch möglich oder sinnvoll ist. Ist dies der Fall, so wird anhand der jeweiligen Strategie entschieden, auf welchen neuen Ziel-Host die gefährdete VM migriert werden soll und dann eine Migration durchgeführt. Ist dies nicht möglich oder gewünscht, so wird eine Anfrage an die nächsthöhere Ebene, die Inter-DC-Ebene gestellt.

Auf der zweiten Ebene wird dann versucht ein anderes DC des gleichen CSPs zu finden, das in der Lage ist, die VM auszuführen. Gibt mindestens ein DC eine positive Antwort, so entscheidet der Scheduler anhand seiner jeweiligen Strategie, in welches DC die VM migriert werden soll und veranlasst die Migration. Bei nur einer positiven Antwort ist die Entscheidung wieder trivial. Erhält der Scheduler keine positive Antwort, so wird die Anfrage auf die nächsthöhere Ebene weitergereicht.

Auf der Inter-CSP-Ebene werden jetzt alle föderierten CSPs angefragt, die diesen Service erbringen können. Antwortet kein CSP mit einer positiven Aussage, so kann die VM zum jetzigen Zeitpunkt nirgendwo hin migriert werden. Dies bedeutet, dass der SLA weiterhin gerissen bleibt und die Prozedur im nächsten Schritt für diese VM erneut durchlaufen werden muss. Antwortet mindestens ein föderierter CSP positiv, so wird anhand der implementierten Entscheidungsstrategie der beste CSP ausgewählt und ein neuer SLA zwischen den beiden CSPs über die Ausführung der VM geschlossen. Anschließend wird die VM zum neuen CSP migriert und dort zur Ausführung gebracht.

Sind so alle aktiven SLAs geprüft und alle gefährdeten SLAs behandelt, wird ein Report erzeugt und der Prozess beendet. Der Prozess beginnt periodisch aufs Neue, da die Einhaltung der SLAs während der gesamten Ausführungszeit permanent überwacht werden muss. Nachdem hier die beiden grundlegenden Scheduling-Arten im Modell vorgestellt wurden, wird im Folgenden eine Taxonomie für SLA-basierte Scheduler eingeführt, mit Hilfe derer die im weiteren Verlauf der Arbeit untersuchten Scheduler eindeutig klassifiziert werden können.

9.3 Taxonomie

Casavant et al. haben in [34] eine grundlegende Taxonomie für verteilte Scheduler in Mehrzweckrechensystemen vorgestellt. Dieses Modell ist dabei absichtlich so abstrakt gehalten, dass es sich auf weitere verteilte Scheduler anwenden lässt. Das damalige Ziel war es, verteilte Prozess-Scheduler eindeutig klassifizieren zu können. Dong et al. haben dieses Modell bereits erfolgreich auf den Grid-Scheduling-Bereich übertragen (vgl. [50]). Bevor diese Taxonomie auf den Bereich der Cloud-Scheduler angepasst wird, werden die Scheduler zuerst allgemein klassifiziert. Dafür wird eine Taxonomie von Grozev et al. genutzt, die in [72] vorgestellt wurde. Grozev et al. untersuchen unterschiedliche Inter-Cloud-Architekturen und ihre jeweiligen Scheduling-Strategien. Sie sortieren die Scheduler dabei anhand unterschiedlicher Kriterien. Für den in dieser Arbeit relevanten Bereich der VM-Scheduler lassen sich folgende Klassen nutzen:

1. **Direkt verwaltet:** In direkt verwalteten Cloud-Systemen gibt es keinen übergeordneten Scheduler. Alle Kunden sind für die Ausführung ihrer VMs selbst verantwortlich. Zur Verwaltung können dann zwar wieder IT-Systeme eingesetzt werden, diese arbeiten aber auf Kundenseite und verwalten die jeweiligen VMs auf fremden Cloud-Hosts der CSPs. Dieses Modell ist bei großen CSPs im Grunde genommen fast nicht anzutreffen, da CSPs die Verwaltungshoheit über ihre Systeme nicht an Kunden übertragen. Bei sogenannten

Private Hosted Clouds ist dies aber möglich. Hierbei stellt ein CSP einem Kunden eine komplett abgekapselte IT-Infrastruktur zur Verfügung, die der Kunde dann fernverwalten kann. Für diese Arbeit spielt dieser Fall keine Rolle, da die hier untersuchten CSPs ihre DCs komplett selbst verwalten.

2. **Extern verwaltet:** Diese Art von Systemen werden durch Scheduler der jeweiligen CSPs verwaltet. Der eigentliche Verwaltungsprozess ist dabei für die Kunden nicht einseh- oder veränderbar. Die Systeme werden wiederum in zwei Untergruppen geteilt:

   2.1. **Trigger-Action:** In diesen Systemen gibt es feste Mechanismen, die so programmiert sind, dass sie bei speziellen Ereignissen (so genannten Triggern) reagieren und eine im Vorfeld festgelegte Aktion durchführen. Diese Trigger-Ereignisse und die jeweiligen Reaktionen sind dabei fest definiert. Sie können zur Laufzeit nicht dynamisch auf Systemveränderungen reagieren. Solche Systeme werden oft für automatische Skalierungsaktivitäten eingesetzt. Dabei können zum Beispiel bei einer gewissen Systemlast weitere Systeme automatisch gestartet werden.

   2.2. **SLA-basiert:** In dieser Art von Systemen werden die Anforderungen der Kunden mit Hilfe von SLAs abgebildet. Tritt ein entsprechender SLA in Kraft, kümmert sich der CSP um die Ausführung der jeweiligen VMs und verantwortet die korrekte Einhaltung der in den SLAs vereinbarten Bedingungen. Die Kunden können keinen Einfluss auf die eigentliche Ausführung der VMs zur Laufzeit nehmen. Diese Art von Schedulern werden in dieser Arbeit untersucht. Darum wird im weiteren Verlauf dieses Kapitels nur noch von SLA-basierten Schedulern gesprochen.

Im Folgenden wird eine Taxonomie für SLA-basierte Scheduler in föderierten Cloud-Umgebungen vorgestellt. Das hierarchische Modell nutzt dafür die Taxonomie nach Casavant et al. (vgl. [34]). Die Cloud-

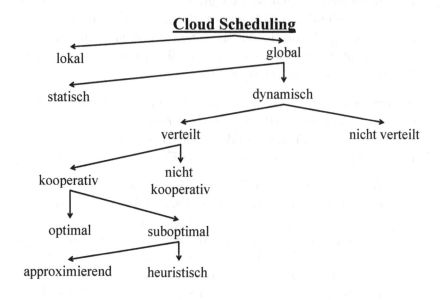

Abbildung 9.3: Taxonomie der Cloud-Scheduler (in Anlehnung an [34])

Scheduling-Taxonomie wird in Abbildung 9.3 grafisch dargestellt. Im Folgenden werden die einzelnen Kriterien ausführlich vorgestellt.

1. **Eigenschaften von Cloud Schedulern:**

   1.1. **Lokal vs. global:** Auf der obersten Ebene wird zwischen lokalen und globalen Schedulern unterschieden. Lokale Scheduler kümmern sich dabei um die korrekte Zuweisung der Ressourcen eines Hosts zu den VMs, die auf diesem Host ausgeführt werden. Dies übernimmt normalerweise der lokale Hypervisor (vgl. Kapitel 2.1). Globale Scheduler entscheiden auf welchem System (zum Beispiel Host, DC oder CSP) eine gegebene VM ausgeführt werden soll. Wie genau diese VMs dann auf den nach der jeweiligen Strategie ausgewählten Systemen ausgeführt werden, liegt nicht in der Verantwortung

des globalen Schedulers. Die in dieser Arbeit untersuchten
Scheduler fallen alle in die globale Klasse.

1.2. **Statisch vs. dynamisch:** Auf der nächsten Ebene wird zwischen statischen und dynamischen Schedulern unterschieden.
Statische Scheduler spielen im Bereich des Cloud Computings
keine Rolle, da hierbei angenommen wird, dass vor dem Start
des Systems alle Informationen über die auszuführenden Systeme vorliegen und der Scheduler deshalb vor der eigentlichen
Ausführung eine (möglichst) optimale Verteilung der VMs vornehmen kann, die dann zur Laufzeit auch nicht mehr verändert
wird. Dynamische Scheduler dahingegen können zur Laufzeit
auf spezielle Ereignisse reagieren und die Verteilung der VMs
zu verändern. Somit fallen alle in dieser Arbeit untersuchten
Scheduler in diese Klasse.

1.3. **Verteilt vs. nicht verteilt:** Die dritte Ebene der Taxonomie unterscheidet zwischen verteilten und nicht verteilten
Schedulern. Bei den nicht verteilten Schedulern handelt es sich
um einen zentralen Scheduling-Ansatz, der für die Verwaltung
von realen föderierten Clouds auf der Föderationsebene nicht
denkbar ist, da er voraussetzt, dass alle CSPs einer zentralen
Scheduling-Instanz zu jeder Zeit alle relevanten Informationen zur Verfügung stellen. Dahingegen fallen die dynamischen
Scheduler, welche die Verteilung der VMs innerhalb eines
gegebenen DCs verantworten genau in diese Klasse, da sie
eigenständig die Verteilung aller VMs innerhalb eines gegebenen DCs berechnen können. Gleiches gilt für die Scheduler
auf der zweiten Ebene, nur dass sie die Verteilung über die
DC-Grenzen eines CSPs hinweg verantworten. Somit liegen
alle in dieser Arbeit vorgestellten Intra-DC-Scheduler und
Inter-DC-Scheduler in dieser Klasse.

Bei dem verteilten Ansatz kann jeder CSP seine eigenen
Scheduling-Strategien implementieren, ohne Informationen
mit anderen CSPs teilen zu müssen. Jeder Scheduler in dieser
Klasse ist dafür aber nur für einen Ausschnitt der Cloud-

Föderation zuständig (innerhalb eines CSPs). Die Summe der Scheduling-Entscheidungen aller Scheduler zusammen ergibt dann die Verteilung der VMs in einer Föderation zu einem gegebenen Zeitpunkt. Somit fallen die Inter-CSP-Scheduler in die Klasse der verteilten Scheduler.

1.4. **Kooperativ vs. nicht kooperativ:** Die verteilten Scheduler lassen sich auf der nächsten Ebene nochmal in kooperative und nicht kooperative Scheduler unterteilen. Im kooperierenden Fall arbeiten Scheduler zusammen und verfolgen ein gemeinsames Ziel. Hierunter fallen die im Folgenden vorgestellten Inter-DC-Scheduler, da sie gemeinsam mit den Intra-DC-Schedulern die Ausführung der VMs innerhalb eines CSPs optimieren. Die nicht kooperierenden Scheduler sorgen dafür, dass jeder CSP innerhalb einer Föderation autonome Entscheidungen treffen kann. Dies erlaubt auf der einen Seite den Austausch von VMs zwischen unterschiedlichen CSPs, ermöglicht aber innerhalb eines CSPs über die Ausführung der jeweiligen VMs unabhängig von anderen CSPs entscheiden zu können. Genau dies leisten die in dieser Arbeit untersuchten Inter-CSP-Scheduler. Sie erlauben zum einen eine Zusammenarbeit der CSPs auf Föderationsebene, kapseln aber die CSP-internen Scheduler (Intra-DC- und Inter-DC-Scheulder) von der Föderation ab.

1.5. **Optimal vs. suboptimal:** Die kooperierenden Scheduler lassen sich weiterhin noch in optimale und suboptimale Scheduler unterteilen. Ein optimaler Scheduler benötigt zur Berechnung der VM-Verteilung vor der Ausführung alle relevanten Lastdaten aller VMs und Hosts innerhalb eines gegebenen CSPs über die gesamte Laufzeit. Nur so kann eine optimale Platzierung berechnet werden. Dies ist zum einen aufgrund des dynamischen Lastverhaltens der VMs und zu anderen aufgrund der NP-Vollständigkeit des Problems nicht realistisch. Darum wird versucht, Scheduler zu entwickeln, die eine suboptimale VM-Verteilung anhand der zu einem gegebenen Zeitpunkt verfügbaren Daten berechnen.

1.6. ***Approximierend vs. heuristisch:*** Die Klasse der subopti-
malen Scheduler lässt sich weiterhin in approximierende und
heuristische Scheduler unterteilen. Approximierenede Scheduler nutzen eine ähnliche Herangehensweise wie die optimalen
Scheduler, aber sie geben sich mit einer „guten" Lösung zu-
frieden. Um solch ein Ergebnis berechnen zu können sind
sehr viele Eingabedaten nötig. Weiterhin muss im Vorfeld
definiert werden, ab wann eine Lösung als „gut" bezeichnet
werden kann, damit die Berechnung auch nach einer endlichen
Zeit terminiert. Diese Herangehensweise ist im Bereich der
Cloud Scheduler nicht anzutreffen, da die Generierung der
Entscheidungen für den Live-Betrieb viel zu aufwändig wäre
und meist eine schnelle Lösung für ein aktuelles Ressourcenproblem wünschenswerter ist, als eine langsame, die vielleicht
besser gewesen wäre. Darum nutzen alle in dieser Arbeit vorgestellten Scheduler einen heuristischen Ansatz. Heuristische
Scheduler berechnen eine VM-Verteilung auf Basis der zu einem gegeben Zeitpunkt verfügbaren Informationen. Zusätzlich
können feste Regeln umgesetzt werden, die im ersten Schritt
mit einem approximierenden Scheduler nicht unbedingt zu
einer Veränderung des Systems geführt hätten. Beispielsweise
können zwei VMs, die gleichzeitig viel RAM-Last erzeugen,
vorsichtshalber auf unterschiedlichen Hosts platziert werden,
damit die übrigen VMs ausreichende Ressourcen erhalten. Allgemein betrachtet ist dies sicherlich ein guter Ansatz, der in
vielen Fällen zu einer guten Ressourcensituation führt. Ob
dies aber zu diesem Zeitpunkt eine „gute" Lösung war, kann
nicht gesagt werden.

Die in dieser Arbeit vorgestellten Inter-DC-Scheduler fallen
in die Klasse der heuristischen Scheduler. Sie arbeiten verteilt und kooperieren mit den Intra-DC-Schedulern, da sie
gemeinsame Ziele innerhalb eines CSPs verfolgen. Die vorgestellten Algorithmen arbeiten dabei mit unterschiedlichen

heuristischen Strategien. Weiterhin arbeiten alle vorgestellten Intra-DC- und Inter-CSP-Sche-duler ebenfalls heuristisch.

2. **Weitere Eigenschaften von Cloud Schedulern:** Neben den bereits vorgestellten Eigenschaften von Cloud Schedulern, gibt es innerhalb der Taxonomie noch weitere Eigenschaften, die nicht in Abbildung 9.3 dargestellt wurden, da sie nicht auf alle Scheduler zutreffen. Im Folgenden werden diese Eigenschaften erläutert (vgl. [34]):

   2.1. **Adaptiv vs. nicht adaptiv:** Adaptive Scheduler können sich zur Laufzeit anhand der zur Verfügung stehenden Parameter und deren Änderungen über die Zeit, oder durch eine Vorhersage von zukünftigen Systemzuständen an die jeweiligen Situationen anpassen und jeweils andere Entscheidungen treffen. Dabei können die Parameter und deren Einfluss auf eine Entscheidung ebenfalls zur Laufzeit beeinflusst werden. Ein Beispiel für Scheduler, die in diese Klasse fallen, sind die Scheduler, die den Vertrauenswert nutzen (vgl. Kapitel 7.16). Sie bewerten zu jedem Zeitpunkt das Vertrauen, das sie den föderierten CPSs entgegenbringen. Dafür nutzen sie eine Funktion, die eine unterschiedlich starke Gewichtung der aktuellen und vergangenen Daten verwendet. Weiterhin nutzen die auktionsbasierten Scheduler mit der variablen Bietstrategie einen adaptiven Ansatz, der sich nach der aktuellen Ressourcenauslastung und dem aktuellen Umsatz eines CSPs richtet.

   Nicht adaptive Scheduler verarbeiten stets die gleichen Eingaben auf die gleiche Art und Weise. Sie passen ihre Parameter zur Berechnung einer Migration also nicht an. Somit fallen alle anderen Scheduler, die in dieser Arbeit untersucht werden, in diese Klasse.

   2.2. **Lastausgleich:** Eine weitere Eigenschaft, die Cloud Scheduler haben können, ist die des Lastausgleichs. Dabei wird auf unterschiedlichen Ebenen dafür gesorgt, dass alle Ressourcen gleichmäßig ausgelastet sind. Auf den Intra- und Inter-DC-Ebenen wird genau solch ein Scheduler vorgestellt.

2.3. **Auktionen:** Eine weitere Besonderheit stellen die auktions-basierten Scheduler dar. Sie sorgen anhand von dynamischen Auktionen für die Verteilung von VMs zwischen den föderier-ten CSPs (vgl. Kapitel 7.15.1). Somit fallen alle Auktions-Scheduler dieser Arbeit in diese Klasse.

2.4. **Einmalzuweisung vs. dynamische Neuzuweisung:** Ab-schließend wird noch zwischen einer Einmalzuweisung und einer dynamischen Neuzuweisung unterschieden. Scheduler, die eine Einmalzuweisung vornehmen, entscheiden für jede VM initial einmal, auf welchem Host sie platziert werden und ändern diese Entscheidung danach nicht mehr. Dieser Ansatz macht vor allem bei SLA-basierten Schedulern keinen Sinn, da eine dynamische Neuverteilung der VMs im Problemfall das Ziel ist. Somit fallen alle in dieser Arbeit vorgestellten Schedu-ler in die Klasse der dynamischen Neuzuweisung. Sie können und sollen zur Laufzeit in die Verteilung der VMs eingreifen, und diese nach ihren jeweiligen Strategien anpassen.

Zusätzlich zu den hier beschriebenen weiteren Eigenschaften, können die Scheduler noch in zwei zusätzliche Klassen eingeteilt werden:

1. **Proaktive Scheduler:** Die proaktiven Scheduler werden peri-odisch (zum Beispiel alle fünf Minuten) aufgerufen und überprüfen anhand der jeweils implementierten Strategie, ob eine Optimie-rungsmaßnahme in dem jeweiligen DC vorzunehmen ist. Die Ziele solcher Strategien können zum Beispiel ein Host-übergreifender Lastausgleich, die Minimierung des Energieverbrauchs oder die Reduktion der Ausführungskosten sein. Die proaktiven Scheduler können optional zusätzlich zu den reaktiven Schedulern eingesetzt werden, um neben der Reduktion von SLA-Brüchen weitere Ziele (zum Beispiel eine möglichst gleichmäßige Host-Auslastung oder eine Reduktion der Betriebskosten) zu erreichen. Der im weiteren

Verlauf dieser Arbeit vorgestellte Load Balancing Scheduler und der energieeffiziente Scheduler fallen in diese Klasse.

2. **Reaktive Scheduler:** Die reaktiven Scheduler werden durch ein externes Ereignis (in diesem Fall den SLA-Manager) aufgerufen. Hier ist dies der Fall, wenn eine oder mehrere SLAs konkret in Gefahr sind (vgl. Kapitel 7.9.2). Dies kann daran liegen, dass eine VM nicht genügend Ressourcen zur Verfügung hat, oder wenn die Uptime der VM gefährdet ist. Der Scheduler versucht dann anhand seiner jeweiligen Strategie das Problem zu beheben, indem er eine oder mehrere VMs so migriert, dass wieder alle SLAs eingehalten werden. In dieser Arbeit werden die reaktiven Scheduler immer durch den SLA-Manager aufgerufen, wenn ein oder mehrere SLAs in Gefahr sind. In diese Klasse fallen die meisten der hier vorgestellten Scheduler.

Nachdem eine Taxonomie für SLA-basierte VM-Scheduler in föderierten Cloud-Umgebungen vorgestellt wurde, werden im Folgenden weitere Kriterien vorgestellt, nach denen die Scheduler charakterisiert werden können. Dazu wird das Modell der Zielfunktionen für Scheduler nach Dong et al. genutzt (vgl. [50]). Das Modell der Zielfunktionen wird in Abbildung 9.4 grafisch dargestellt. Nachfolgend werden die einzelnen Kriterien vorgestellt:

1. **Applikationszentriert:** Die applikationszentrierten Scheduler versuchen zur Laufzeit dafür zu sorgen, dass alle Applikationen (in diesem Fall VMs) möglichst optimal ausgeführt werden. Dafür wird versucht, im Vorfeld festgelegte Kriterien zu optimieren. Zwei dieser Kriterien werden im Folgenden vorgestellt.

   1.1. **Ausführungsdauer:** Die Optimierung der Ausführungsdauer ist für die meisten Cloud-VMs nicht von Bedeutung, da die VMs permanent laufen. Wichtiger wird dies im Bereich der Cloud-Jobs, die nur zeitlich begrenzt laufen und möglichst schnell Ergebnisse liefern sollen. Da in dieser Arbeit nur langlaufende VMs untersucht werden, spielt dieses Kriterium hier keine weitere Rolle.

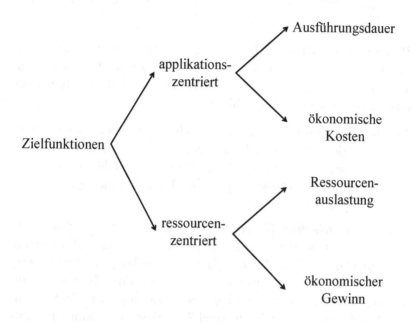

Abbildung 9.4: Systematik der Scheduling-Zielfunktion (in Anlehnung an [50])

1.2. *Ökonomische Kosten:* Die Reduktion der ökonomischen Kosten, also der Kosten für die Ausführung der VMs, spielt eine wichtige Rolle in Cloud-Föderationen. Jeder CSP versucht seine internen und externen Kosten möglichst niedrig zu halten, um zum einen seinen Kunden marktfähige Preise anbieten zu können und zum anderen, um seinen Gewinn zu steigern. Vor allem die Einhaltung von SLAs spielt hier eine große Rolle, da jeder CSP versucht, die Strafzahlungen für gerissene SLAs möglichst niedrig zu halten. Dies wird oft mit einer Reduktion der VM-Migrationen erreicht. Weiterhin wird mit Hilfe der Föderations-Scheduler versucht, die Kosten für das Ausführen einer VM bei einem föderierten Partner zu senken. In diese

Klasse fallen die meisten der in dieser Arbeit vorgestellten Scheduler.

2. **Ressourcenzentriert:** Die ressourcenzentrierten Scheduler stellen eine möglichst optimale Auslastung der zur Verfügung stehenden Ressourcen in den Mittelpunkt. Dabei wird zwischen zwei verschiedenen Zielen unterschieden:

   2.1. **Ressourcenauslastung:** Scheduler in dieser Klasse versuchen, die vorhandenen Ressourcen möglichst optimal zu nutzen. Dazu wird versucht, die Ressourcen gleichmäßig auszulasten. Der in dieser Arbeit vorgestellte Load Balancing Scheduler fällt genau in diese Klasse.

   2.2. **Ökonomischer Gewinn:** Der ökonomische Gewinn kann gesteigert werden, wenn mit möglichst wenigen Ressourcen möglichst viele VMs ausgeführt werden können. Darum setzten CSPs das Overprovisioning ein, um ihren Kunden mehr Ressourcen anbieten zu können als sie physisch wirklich zur Verfügung haben (vgl. Kapitel 7.5). Weiterhin kann zur Laufzeit versucht werden, nicht genutzte Hosts auszuschalten, um weniger Energie zu verbrauchen. Dies senkt die Betriebskosten und führt somit zu einem höheren Gewinn. Somit fällt der Energiespar-Scheduler in diese Klasse.

In diesem Kapitel wurde eine Taxonomie vorgestellt, die eine eindeutige Klassifizierung der in dieser Arbeit vorgestellten SLA-basierten Scheduling-Algorithmen für Cloud-Föderationen zulässt. Weiterhin wurden zusätzliche Ziele für eine feinere Klassifizierung der Scheduler vorgestellt. Im weiteren Verlauf dieser Arbeit werden unterschiedliche Strategien für alle drei Scheduling-Ebenen vorgestellt und eingehend untersucht (vgl. Kapitel 10 ff.). Abschließend werden die Scheduler anhand der hier vorgestellten Taxonomie klassifiziert.

10 DC-Scheduling

Im Kapitel 9 wurde beschrieben, dass das VM-Scheduling in DCs ein zweistufiges Verfahren ist. Im ersten Schritt werden eine oder mehrere Ziel-VMs für die Migration anhand von vorgegebenen Kriterien ausgewählt. Im zweiten Schritt wird ein neuer Ziel-Host, auf den die VMs migriert werden sollen bestimmt. Im Folgenden werden für beide Schritte unterschiedliche Strategien vorgestellt. Für die VM-Auswahl werden insgesamt drei Strategien untersucht:

1. First Fit (FF)

2. Minimize Migrations (MM)

3. Highest Potential Growth (HPG)

Die Auswahl des Ziel-Hosts ist verwandt mit dem Bin Packing Problem (vgl. [66]). Beim Bin Packing geht es darum, unterschiedlich große Objekte auf eine gegebene Anzahl von Behältnissen so zu verteilen, dass die jeweiligen Behältnisse bestmöglich gefüllt werden und gleichzeitig so wenige Behältnisse wie möglich genutzt werden. Für die Lösung dieses Problems gibt es unterschiedliche Strategien (vgl. [80]). Die im weiteren Verlauf der Arbeit eingesetzten Strategien sind:

1. First Fit (FF)

2. Best Fit (BF)

3. Worst Fit (WF)

Zusätzlich zu diesen Strategien wird im Folgenden noch eine weitere Strategie untersucht, die über die klassischen Bin Packing Lösungen

© Springer Fachmedien Wiesbaden GmbH, ein Teil von Springer Nature 2018
A. Kohne, *Cloud-Föderationen*,
https://doi.org/10.1007/978-3-658-20973-5_10

hinausgeht und das Overprovisioning der Hosts mit einbezieht (OP-Strategie).

Die konkrete Implementierung der Scheduler wird in [116] detailliert beschrieben. Die genaue Funktionsweise der jeweiligen Verfahren wird im Folgenden im Einzelnen erläutert. Dabei werden alle relevanten Kombinationen der VM-Auswahl mit den jeweiligen Verfahren zur Host-Auswahl untersucht. Zusätzlich werden noch zwei weitere Scheduler untersucht, die anhand von alternativen Kriterien die VM- und die Host-Auswahl vornehmen.

10.1 Simulationsszenarien

Im Folgenden werden die unterschiedlichen Simulationsszenarien beschrieben, die untersucht werden. Dabei wird zunächst ein Basisszenario mit einem CSP und einem DC beschrieben, welches die Referenzwerte für die folgenden Untersuchungen liefert.

In dem Basisszenario wird der FastStorage Workload Trace von Bitbrains mit insgesamt 1250 VMs simuliert (vgl. Kapitel 8.2.1). Um die Ressourcenkonfiguration dieses Basisszenarios zu ermitteln, wurden mehrere Simulationen durchgeführt, bei denen ein CSP mit nur einem DC den gesamten Workload Trace ausführen musste. Bei den Simulationen wurden jeweils die Anzahl und Größe der zur Verfügung stehenden Ressourcen (Hosts, RAM und CPU) variiert. In den Auswertungen zeigten sich zwei Grenzen. An der unteren Grenze der Ressourcenkonfiguration wurden so wenige Ressourcen zur Verfügung gestellt, dass eine SLA-konforme Ausführung der VMs nicht mehr sichergestellt war und die Anzahl der SLA-Brüche drastisch anstieg. Die obere Grenze ergibt sich dadurch, dass bei dem Betrieb von zu vielen Ressourcen, die internen Kosten den gesamten Umsatz übersteigen und somit ein Verlust generiert wird. Die gewählte Konfiguration liegt in der Mitte der beiden Grenzen. Das simulierte DC besitzt dazu initial 36 Hosts mit jeweils 64 GB RAM und 48 CPU Cores, die jeweils

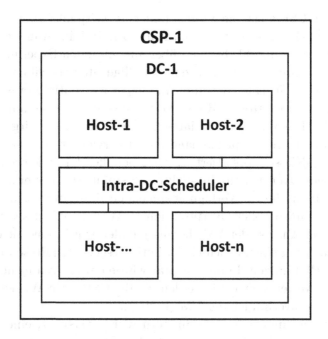

Abbildung 10.1: Grafische Darstellung des Simulationsszenarios der Intra-DC-Ebene

mit 2,9 GHz getaktet sind. Somit stehen in der Summe 2.240 GB RAM und 1.680 Cores zur Verfügung. Diese Ressourcenkonfiguration garantiert bei einer erfolgreichen Scheduling-Strategie einen guten Gewinn. Auf der anderen Seite sind die Ressourcen bewusst knapper als benötigt konfiguriert worden, sodass es zur Laufzeit zu Ressourcenengpässen kommen muss, da ansonsten eine Untersuchung der Scheduling-Algorithmen unmöglich wäre. Reale CSPs würden mehr Ressourcen zur Verfügung stellen, um SLA-Verstöße zu vermeiden. In Abbildung 10.1 wird das Simulationsszenario der Intra-DC-Ebene mit einem CSP und einem DC grafisch dargestellt.

Bei der Generierung der SWF-Datei werden zufällig die SLA-Klassen auf die VMs verteilt. Dabei werden 50% Bronze VMs, 30% Silber VMs und 20% Gold VMs erstellt. Die Reihenfolge, in der die VMs initial bei dem CSP angefragt werden (alle zum Zeitpunkt 0), wird mit Hilfe des WorkloadFormatters (vgl. Kapitel A.10.5 im Anhang) einmalig randomisiert und bleibt dann über alle folgenden Experimente gleich. Dies garantiert zum einen eine zufällige Startverteilung und sorgt gleichzeitig für eine konstante Ausgangsbasis. Initial werden die VMs mit Hilfe eines Round Robin Verfahrens gleichmäßig auf alle Hosts verteilt. Die VMs werden dabei in keiner Weise nach irgendwelchen Kriterien (zum Beispiel anhand ihrer reservierten Ressourcen oder ihrer SLA-Klasse) vorsortiert. Es wird bei allen folgenden Simulationen mit dem Overprovisioning-Faktor 12 simuliert. Dies erlaubt es den Schedulern, die zur Verfügung stehenden Ressourcen sehr gut auszulasten. Ein so hoher Overprovisioning-Wert ist nur deshalb möglich, da in der Analyse der VMs herausgefunden wurde, dass sie die meiste Zeit über nur einen Bruchteil der initial reservierten Ressourcen (RAM und CPU) nutzen. In der Realität würde dahingegen nicht mit solch hohen Werten gearbeitet werden, da die CSPs kein Wissen über den Ressourcenverbrauch der VMs besitzen.

Bei den finanziellen Parametern wurde versucht, eine möglichst realitätsnahe Konfiguration zu finden. Die eingesetzten Kosten für den Betrieb und die Hardware- und Software-Beschaffung sind dazu nach Vorgaben von Matros et al. gewählt worden (vgl. [104]). Weiterhin wurde die finanzielle Konfiguration so gewählt, dass sie (soweit wie möglich) an die momentanen Kostenstrukturen der Amazon Web Services heranreichen (vgl. [2]). Die konkrete Beschreibung der Finanzkonfiguration befindet sich in Kapitel B.1 des Anhangs.

Als Intra-DC-Scheduler wird im ersten Schritt die einfachste Variante gewählt: FirstFit (vgl. Kapitel 10.2.1). Danach werden nacheinander die weiteren Scheduler auf der ersten Ebene im gleichen Szenario simuliert und ihre Ergebnisse zusammengefasst.

Im Folgenden werden die im weiteren Verlauf dieses Kapitels untersuchten Metriken aufgelistet:

- **Technische Metriken:**

  – Anzahl der VM-Migrationen

- Anzahl der SLA-Brüche (RAM, CPU, Uptime)

• *Finanzielle Metriken:*

- Umsatz

- Betriebskosten

- SLA-Strafen

- Gewinn

- (Gewinn-) Marge

Nachdem alle reaktiven und proaktiven Intra-DC-Scheduler in dem hier vorgestellten Szenario untersucht wurden, werden weitere Untersuchungen durchgeführt, bei denen unterschiedliche Strategien für die initiale VM-Verteilung verglichen werden (vgl. Kapitel 7.8). Dafür wird nur noch der beste der bis dahin in dieser Arbeit untersuchten Scheduler eingesetzt, da ansonsten die Anzahl der durchgeführten Simulationen sehr groß wäre.

Nachfolgend wird in verschiedenen Simulationsszenarien untersucht, ob es zum einen wirtschaftlich günstiger und zum anderen sicherer im Sinne der SLAs ist, viele Hosts mit wenigen lokalen Ressourcen zu betreiben, oder ob der Einsatz von wenigen großen Hosts mit vielen lokalen Ressourcen sinnvoll für den CSP ist. Danach wird in dem Simulationsszenario mit der besten Ressourcenverteilung untersucht, wie sich unterschiedlich lange Verzögerungen für die SLA-Warnungen auf das System auswirken.

In der Realität besitzt ein CSP sicherlich mehrere Kunden. Weiterhin kann ein Kunde auch Dienste bei mehreren CSPs betreiben lassen. Im Folgenden wird diese Situation vereinfacht. Dabei wird jedem CSP genau ein Kunde zugeordnet, der alle Service-Anfragen für diesen CSP einreicht. Diese Vereinfachung ist möglich, da die Simulation weiterer Benutzer keine Auswirkungen auf das Scheduling der VMs zur Simulationslaufzeit hätte. Weiterhin bietet ein CSP sicherlich mehrere Services an, die durch die Kunden gebucht werden können. Im Folgenden werden CSPs untersucht, die einen IaaS-Dienst anbieten. Somit hat der Betreiber der Cloud keinen Einblick in die VMs oder

Einfluss auf deren Ressourcenverbrauch. Weiterhin ist es in der Realität möglich, auf einer VM mehrere Dienste parallel auszuführen. Da
für die Untersuchung der Scheduling-Prozesse aber nur die absoluten
Ressourcenverbräuche von Interesse sind, wird im Folgenden davon
ausgegangen, dass eine VM einen Dienst darstellt.

10.2 Reaktive Scheduler

Zuerst werden im Folgenden die reaktiven Scheduler untersucht. Diese Scheduler werden durch den SLA-Manager aufgerufen, wenn es
entweder bereits zu einem SLA-Bruch gekommen ist, oder ein Host
sich in einer aktuellen Überlastsituation befindet, die potentiell zu
SLA-Brüchen führen könnte (vgl. Kapitel 7.9.2).

10.2.1 FirstFit

Der FirstFit-Scheduling-Algorithmus ist der einfachste der hier vorgestellten. Er erhält als Eingabe die Liste der gefährdeten VMs vom
SLA-Manager. Diese Liste kann eine oder mehrere VMs beinhalten.
Es wird an dieser Stelle keine intelligente VM-Auswahl eingesetzt,
sondern alle VMs werden migriert. Der Ziel-Host wird dabei wie folgt
ausgewählt: Jeder DC verwaltet eine Liste mit allen aktiven Hosts.
Diese Host-Liste wird während der Initialisierung der Simulation gefüllt. Dabei wird der Reihe nach jeder neu erstellte Host der Liste
hinzugefügt. Die Reihenfolge der Hosts in dieser Liste bleibt während
der Simulation unverändert.

Der FirstFit-Scheduler durchsucht bei jedem Aufruf für jede überge-
bene VM die Liste der verfügbaren Hosts in der gegebenen Reihenfolge.
Die Suche beginnt dabei immer beim ersten Host in der Liste. Er prüft
dann für jeden Host, ob für die gegebene VM noch ausreichend freie
Ressourcen (CPU und RAM) auf dem Host zur Verfügung stehen,
ohne die konfigurierte Lastgrenze (in diesem Fall 80% der lokalen Ressourcen) zu überschreiten. Wenn der Host genügend freie Ressourcen
zur Verfügung stellen kann, wird die VM auf diesen Host migriert. Ist
dies nicht der Fall, wird der nächste Host in der Liste überprüft. Bei

der Überprüfung wird der Host, auf dem die gefährdeten VMs gerade ausgeführt werden, ausgeschlossen. Wenn auf diese Weise alle gefährdeten VMs auf neue Hosts migriert werden konnten, beendet sich der Scheduler und die Simulation kann fortgesetzt werden. Falls mindestens eine VM nicht erfolgreich auf einem neuen Host platziert wird, versucht der Scheduler diese VMs an den nächsthöheren Scheduler, den Inter-DC-Scheduler, zu übergeben. Wenn das Problem auf einer höheren Ebene (inklusive Föderation) gelöst werden kann, beendet sich der Scheduler. Ist dies nicht der Fall, wird die VM in einer speziellen Liste gespeichert und für einen Simulationstick pausiert, was sich negativ auf die Uptime auswirkt. Im nächsten Simulationsschritt wird erneut versucht, diese VM auf einem neuen Host zu platzieren.

Der FirstFit-Scheduler wird ein sehr unausgewogenes Ergebnis liefern, da er stets die ersten Hosts in der Host-Liste zuerst prüft und somit die Last zur Simulationszeit potentiell stärker auf die ersten Hosts verteilt wird. Da dieses Verhalten auch bei einer intelligenteren VM-Auswahl genauso auftritt, wird diese Host-Auswahl nicht weiter untersucht.

Der FirstFit-Scheduler dient im Folgenden als untere Schranke für die Ergebnisse der anderen Scheduler. Der Scheduler sollte nicht in realen Umgebungen eingesetzt werden, da er viel zu schlechte Ergebnisse liefert.

10.2.2 HPGWF

Der Highest Potential Growth Worst Fit (HPGWF)-Scheduler ermittelt im ersten Schritt den Host, auf dem die gefährdeten VMs aktuell ausgeführt werden. Danach wird für jede auf diesem Host aktive VM die Differenz zwischen der aktuellen Ressourcenauslastung (RAM und CPU) und der durch den SLA reservierten Ressourcen berechnet. Dies ist der Wert, um den die Ressourcenlast einer gegebenen VM zukünftig steigen könnte. Die VMs werden dann nach dieser Differenz absteigend sortiert. Der Scheduler wählt danach die VM mit der größten Differenz (dem größten potentiellen Wachstum) aus, markiert sie zur Migration und subtrahiert den aktuellen Ressourcenverbrauch dieser VM vom gesamten Ressourcenverbrauch aller VMs zu diesem Zeitpunkt auf diesem Host. Wird hierdurch die definierte Ressourcenlastgrenze wieder unterschritten, kann diese VM migriert werden. Ansonsten wird die sortierte Liste der VMs weiter durchlaufen und nach dem selben Prinzip weitere VMs zur Migration vorgemerkt, bis die Ressourcenlastgrenze wieder unterschritten wird.

Die so ausgewählten VMs werden dann mit Hilfe der WF-Strategie auf einen neuen Ziel-Host migriert. Bei dieser Host-Auswahlstrategie werden im ersten Schritt alle Hosts in dem gegebenen DC nach ihrer aktuellen Ressourcenlast (RAM und CPU) aufsteigend sortiert. Der erste Host in der Liste ist somit der, der aktuell am wenigsten ausgelastet ist und der letzte Host in der Liste ist aktuell am stärksten ausgelastet. Im nächsten Schritt werden sequenziell alle durch die VM-Auswahl markierten VMs migriert. Dazu wird für jede VM die Liste der Hosts durchlaufen und überprüft, ob der Host inklusive der zusätzlichen Last durch die neue VM unter der Ressourcenlastgrenze arbeitet. Ist dies der Fall, wird die VM dorthin migriert. Der so gefundene Host stellt automatisch die beste Wahl dar, da die Host-Liste bereits vorsortiert ist. Vor der endgültigen Migration wird noch überprüft, ob der neue Host ungleich dem alten Host ist. Nach diesem Prinzip werden nacheinander alle VMs auf neue Hosts migriert. Kann für eine oder mehrere VM kein neuer Host in dem DC gefunden werden, werden die nicht migrierten VMs an den nächsthöheren Scheduler (Inter-DC-Ebene) weitergeleitet. Kann dieser (oder der Föderations-Scheduler) das aktuelle Problem lösen, wird die Simulation fortgesetzt. Andernfalls werden alle VMs, die nicht erfolgreich migriert werden konnten für einen Simulationstick pausiert. Dies wirkt sich negativ auf die Uptime der VMs aus. Im nächsten Simulationsschritt wird dann anhand der beschriebenen Strategie erneut versucht, die VMs auf neuen Hosts zu platzieren.

10.2.3 HPGOP

Der Highest Potential Growth Overprovisioning (HPGOP)-Scheduler arbeitet bei der VM-Auswahl identisch zum HPGWF-Scheduler. Bei der Host-Auswahl wird dahingegen die OP-Strategie eingesetzt. Bei dieser Strategie sollen die zu migrierenden VMs auf den Host platziert werden, der den niedrigsten Overprovisioning-Faktor besitzt. Dieser Faktor wird berechnet, in dem die Summe der durch die SLAs den VMs zugesicherten Ressourcen (RAM und CPU) durch die physisch verfügbaren Ressourcen in einem Host geteilt werden. Je größer dieser Faktor für einen gegebenen Host ist, desto größer ist die Wahrscheinlichkeit, dass die VMs zukünftig mehr Ressourcen benötigen, als auf dem Host zur Verfügung stehen. Darum versucht diese Strategie diesem Effekt entgegenzuwirken. Die Strategie berechnet für jeden Host in dem gegebenen DC den aktuellen Overprovisioning-Faktor und sortiert die Hosts aufsteigend. Danach wird für jede zu migrierende VM der Reihe nach überprüft, ob die gegebene VM auf dem Host ausgeführt werden kann, ohne dass der Ressourcengrenzwert überschritten wird. Der erste Host, der dieses Kriterium erfüllt, ist der beste Host im Sinne der OP-Strategie, da die Host-Liste bereits sortiert ist. Vor der Migration wird noch überprüft, ob der Ziel-Host ungleich dem Host ist, auf dem die VM gerade ausgeführt wird. Kann auf diese Weise ein neuer Ziel-Host ermittelt werden, wird die VM entsprechend migriert. Kann lokal in dem gegebenen DC kein neuer Host gefunden werden, wird wieder versucht, das Problem auf den höheren Ebenen zu lösen. Falls dies nicht möglich ist, muss die VM wieder pausiert werden.

10.2.4 HPGBF

Der Highest Potential Growth Best Fit (HPGBF)-Scheduler arbeitet ebenfalls bei der VM-Auswahl mit der bereits beschriebenen HPG-Strategie. Bei der Host-Auswahl wird in diesem Fall die BF-Strategie eingesetzt. Diese Strategie arbeitet analog zu der WF-Strategie, nur werden die Hosts der Reihenfolge ihrer Auslastung (RAM und CPU)

absteigend sortiert. Somit ist der erste Host derjenige, der am meisten
ausgelastet ist und der letzte Host in der Liste besitzt die meisten
freien Ressourcen. Ziel ist es, die zu migrierende VM auf dem Host
zu platzieren, der am höchsten ausgelastet ist, aber noch ausreichend
Ressourcen für die neue VM besitzt. Dafür wird wieder für jede
zu migrierende VM die Liste der Hosts der Reihe nach durchlaufen
und derjenige Host als Ziel-Host ausgewählt, bei dem die jetzige
Ressourcenauslastung inklusive der Ressourcenanforderungen der zu
migrierenden VM unterhalb der Ressourcengrenzwerte bleibt. Dies ist
dann der beste Host im Sinne der BF-Strategie, da die Liste bereits
vorsortiert ist.

10.2.5 MMBF

Der Minimize Migrations Best Fit (MMBF)-Scheduler hat das Ziel,
die Anzahl der Migrationen, die benötigt werden, um eine potentielle
SLA-Gefährdung aufzulösen, zu minimieren (vgl. [12]). Dazu reduziert
der Scheduler die Anzahl der VMs die von einem überlasteten Host
migriert werden müssen. Um dies zu erreichen, wird die MM-Strategie
für die VM-Auswahl eingesetzt. Bei dieser Strategie wird zuerst die
aktuelle Lastsituation des Hosts ermittelt, auf dem die gefährdeten
VMs ausgeführt werden. Danach wird die Differenz zwischen der aktuellen Last und der konfigurierten Lastgrenze (in diesem Fall 80%
für CPU und RAM) berechnet. Nachfolgend werden alle VMs, die
zu diesem Zeitpunkt auf dem Host ausgeführt werden, nach ihrem
Ressourcenverbrauch aufsteigend sortiert. Der Scheduler sucht jetzt
diejenige VM, deren aktueller Lastverbrauch minimal größer als die
Differenz aus der Überlast und der Lastgrenze ist. Kann eine solche
VM gefunden werden, wird sie mit Hilfe der bereits beschriebenen
BF-Strategie migriert. Danach kann der Host wieder allen VMs ausreichend Ressourcen zur Verfügung stellen, ohne seine Lastgrenze zu
überschreiten. Kann keine VM gefunden werden, die dieses Kriterium
erfüllt, so wird die VM mit dem aktuell höchsten Ressourcenverbrauch
zur Migration vorgemerkt. Dieser Schritt wird so oft wiederholt, bis
die vorgegebene Ressourcenlastgrenze minimal unterschritten wird.

Abschließend werden alle vorgemerkten VMs der Reihe nach mit Hilfe der BF-Strategie auf neue Hosts migriert.

10.2.6 MMOP

Der Minimize Migrations Overprovisioning (MMOP)-Scheduler arbeitet analog zu dem im vorherigen Kapitel beschriebenen MMBF-Scheduler. Für die VM-Auswahl wird wieder die MM-Strategie eingesetzt. Für die Host-Auswahl wird in diesem Fall aber die bereits beschriebene OP-Strategie eingesetzt. Ziel des Schedulers ist es, die Anzahl der zu migrierenden VMs zu minimieren und die ausgewählten VMs auf den Host zu migrieren, der aktuell den geringsten Overprovisioning-Wert besitzt.

10.2.7 MMWF

Der Minimize Migrations Worst Fit (MMWF)-Scheduler nutzt ebenfalls die MM-Strategie zur VM-Auswahl. Für die Host-Auswahl nutzt er die WF-Strategie. Ziel des Schedulers ist es, die Anzahl der zu migrierenden VMs zu minimieren und diese VMs auf dem Host zu platzieren, der aktuell die meisten freien Ressourcen besitzt.

10.2.8 Evaluation der Intra-DC-Scheduler

Die Untersuchung der unterschiedlichen Intra-DC-Scheduler hat gezeigt, dass diese höchst unterschiedliche und teilweise gravierende Auswirkungen auf wichtige Metriken, wie die Anzahl der VM-Migrationen, SLA-Brüche und die finanziellen Parameter haben. Die Ergebnisse aller untersuchten Intra-DC-Scheduler ohne Berücksichtigung weiterer Optimierungen werden in Tabelle 10.1 zusammengefasst.

Es zeigt sich, dass der FirstFit-Scheduler mit 445.732 Migrationen massiv viele VMs verschiebt. Durchschnittlich wird also jede VM ca. 357 mal bewegt. Weiterhin können 43 CPU-, 4.688 RAM- und 116.387 Uptime-SLA-Brüche nicht verhindert werden. Dies schlägt sich in

Tabelle 10.1: Zusammenfassung der DC-Scheduling-Ergebnisse ohne weitere Verbesserungen (Der Umsatz beläuft sich bei allen Untersuchungen auf 150.411,14)

Scheduler	Migra-tionen	Brüche			Strafen	Kosten	Gewinn	Marge (in %)
		CPU	RAM	UT				
FF	445.732	43	4.688	116.387	1.180.705,73	75.600	-1.105.894,58	-735,2
HPGBF	19.480	1.044	736	126	174.191,48	75.600	-99.380,34	-66,1
HPGOP	3.928	40	303	0	27.225,00	75.600	47.586,14	31,6
HPGWF	2.936	17	162	0	14.062,50	75.600	60.748,64	40,4
MMBF	1.419	4	220	45	19.531,73	75.600	55.279,41	36,8
MMOP	784	1	170	8	13.670,57	75.600	61.140,57	40,6
MMWF	584	1	137	0	10.387,50	75.600	64.423,64	42,8

sehr hohen Strafkosten von 1.180.706[1] nieder, die den Umsatz von 150.411 um fast das Achtfache überschreiten. Nach weiterem Abzug der Betriebskosten von 75.600[2] ergibt sich ein negatives Gesamtergebnis von -1.105.895,00. Die Gewinnmarge liegt bei ca. -735,2%. Somit ist der Einsatz dieser Scheduling-Strategie höchst unrentabel. Ziel des CSPs sollte eine deutlich zweistellig positive Gewinnmarge sein. Diese Werte waren aber erwartet, da der Scheduler keinerlei Strategie zur Vermeidung von unnötigen Migrationen oder sonstige Optimierungen einsetzt.

Die weiteren Scheduler erreichen durchweg bessere Ergebnisse. Im weiteren Verlauf werden die untersuchten Scheduler nach dem erwirtschafteten Gewinn und der dadurch erzielten Marge beurteilt. Dies ist eine realistische Herangehensweise, da auch innerhalb einer Föderation jeder CSP zuerst seinen Gewinn optimieren will. Das zweite Bewertungskriterium sind die SLA-Brüche. Die Uptime-SLOs sind dabei am höchsten zu bewerten, da VMs, deren Services nicht erreichbar sind, den größten Schaden für Kunden darstellen. Sollten zwei Scheduler gleiche oder ähnliche Gewinne erzielen, so ist derjenige zu bevorzugen, der weniger SLA-Brüche aufweist, da auch die Kundenzufriedenheit

---

[1]In dieser Arbeit wird mit keiner konkreten Währung gearbeitet.

[2]Die Betriebskosten verändern sich bei allen anderen Experimenten auf der Intra-DC-Ebene nicht, da die Anzahl der Hosts und deren Ressourcenkonfiguration identisch bleiben.

sehr wichtig ist. Dieser Faktor wird aber in dieser Arbeit nicht durch eine eigene Metrik abgebildet.

Der HPGBF-Scheduler, welcher sich als der schlechteste unter den hier untersuchten Schedulern herausgestellt hat, reduziert die Anzahl der VM-Migrationen um ca. 96% gegenüber dem FirstFit-Scheduler. Gleichzeitig können auch die RAM- und Uptime-Brüche drastisch reduziert werden. Dies ist zum einen mit der besseren Verteilung der VMs über die Hosts zu erklären und zum anderen durch die stark verminderte Anzahl an Migrationen, die sich negativ auf die Uptime auswirken. Da die BF-Strategie die VMs immer auf die Hosts migriert, auf denen nur noch sehr wenig freie Ressourcen zur Verfügung stehen, reißen extrem viele CPU-SLOs. Dies führt insgesamt zwar zu einem besseren Ergebnis, als der FirstFit-Scheduler, aber durch die vielen CPU-Brüche steigen die Strafkosten mit 174.191,00 so stark an, dass auch dieser Algorithmus nicht praxistauglich ist. Insgesamt erzielt er ein Ergebnis von -99.380,34 und eine Marge von -66,1%. Dies ist zwar schon viel besser als das Ergebnis des FirstFit-Schedulers, aber immer noch negativ.

Insgesamt stellt sich MMWF als beste der hier untersuchten Strategien für den Intra-DC-Scheduler heraus. Der MMWF-Scheduler liefert bei allen ausgewerteten Metriken ein sehr gutes Ergebnis. Er reduziert die Anzahl der Migrationen um 99,9% gegenüber dem FirstFit-Scheduler (untere Schranke) und um 97,0% gegenüber dem HPGBF-Scheduler, der das schlechteste Ergebnis der optimierenden Scheduler liefert. Auch die Anzahl der SLA-Brüche kann drastisch reduziert werden. So treten zum Beispiel überhaupt keine Uptime-Verstöße mehr auf. Dies sorgt dafür, dass die Strafkosten drastisch reduziert werden. Gegenüber dem FF- und dem HPGBF-Scheduler können die Strafen um ca. 99,1% respektive 94,0% reduziert werden. Dies führt zu einem deutlich positiven Gewinn von 64.423,64 und einer Marge von ca. 42,8%.

Die Ergebnisse der übrigen Scheduler werden hier nicht im Einzelnen analysiert und können Tabelle 10.1 entnommen werden.

Insgesamt zeigt sich, dass die MM-Strategie zur VM-Auswahl in zwei von drei Varianten SLA-schonender und kostengünstiger arbeitet, als die HPG-Strategien. Dies liegt vor allem daran, dass die HPG-Strategie die aktuelle Last der VMs nur indirekt als Migrationskriterium nutzt. Die Strategie bevorzugt VMs, die in der Zukunft potentiell mehr Ressourcen nutzen könnten. Somit werden hier vor allem VMs migriert, bei denen die Ressourcen nicht optimal auf den eigentlichen Workload in der VM angepasst und somit zu viele Ressourcen konfiguriert wurden. Hierdurch ergibt sich zur Laufzeit stets eine große potentielle zukünftige Ressourcenlast, welche aber oft gar nicht oder nur selten eintritt. Dadurch werden oft VMs mit einem sehr geringen aktuellen Ressourcenverbrauch migriert, was dazu führt, dass oft eine größere Anzahl VMs von einem Host entfernt werden müssen, um den aktuellen Ressourcenengpass aufzulösen. Die VMs, die auf dem gegebenen Host für die hohe Ressourcenlast sorgen, werden also meist gar nicht beachtet. Dies führt insgesamt zu einer unausgewogenen Ressourcensituation auf den Hosts und erklärt die Schwächen bei den technischen und finanziellen Metriken.

Dahingegen berücksichtigen die MM-Strategien zur VM-Auswahl die aktuelle Ressourcenlast der einzelnen VMs. Somit wird zum einen die Anzahl der Migrationen drastisch gesenkt und zum anderen erhalten die stark ausgelasteten VMs auf den neu zugeteilten Hosts sofort ausreichend viele Ressourcen, um den Ressourcenengpass aufzulösen. Dies führt durchweg zu guten Ergebnissen bei den technischen sowie bei den finanziellen Metriken.

Auch bei den Host-Auswahlstrategien zeigt sich ein eindeutiges Bild. Die BF-Strategie liefert in zwei von drei Fällen die schlechtesten Ergebnisse. Dies liegt darin begründet, dass die zu migrierenden VMs immer auf den Host gezogen werden, auf den sie ressourcentechnisch so gerade noch passen. Steigt die Ressourcenlast in einem der nächsten Simulationsschritte auf dem Host weiter an, müssen sofort wieder VMs migriert werden. Somit steigt die Anzahl der Migrationen stark an, was sich sofort negativ auf die Uptime-SLOs[3] auswirkt. Zusätzlich werden durch die BF-Strategie oft RAM- und CPU-Brüche produziert, da die bereits stark genutzten Ressourcen bei jeder Migration weiter belastet und somit an ihre Lastgrenze gebracht werden. Dies führt zu einer übermäßig hohen Ressourcenlast vor allem der ersten Hosts (im Sinne der verwalteten Host-Liste) in dem DC, während die Hosts am Ende der Liste zu viele freie Ressourcen aufweisen, die ungenutzt bleiben. Insgesamt führt dieses Verhalten zu einen unausgewogenen Ressourcenlast, vielen SLA-Brüchen und schlussendlich zu einem schlechteren finanziellen Ergebnis.

Die OP-Strategie zur VM-Auswahl zeigt bei allen Simulationen stark verbesserte Werte gegenüber der BF-Strategie. Dies liegt daran, dass im Gegensatz zur BF-Strategie nicht der am stärksten ausgelastete Host zu weiteren Ausführung der zu migrierenden VM ausgewählt wird, sondern der, auf dem der aktuelle Overprovisioning-Wert am geringsten ist. Dies ist der Host, auf dem zum einen ausreichend viele Ressourcen zur Verfügung stehen und zum anderen das Verhältnis der belegten Ressourcen zu den potentiell anforderbaren Ressourcen am kleinsten ist. Hierdurch ist die Wahrscheinlichkeit, dass in naher Zukunft eine große Ressourcenlast entsteht am geringsten. Dies reduziert die Anzahl der notwendigen Migrationen gegenüber der BF-Strategie ca. um den Faktor 2 bis 5 (MMBF vs. MMOP und HPGBF vs. HPGOP respektive). Die Anzahl der Uptime-Verstöße kann auch signifikant gesenkt werden. Dies führt insgesamt zu stark reduzierten Strafkosten und somit zu einem höheren Gewinn.

Die WF-Strategie zur Auswahl der zu migrierenden VMs zeigt in allen Versuchsreihen das beste Ergebnis. Dies liegt darin begründet, dass die aktuelle Ressourcenlast der zu migrierenden VM und des zu wählenden Ziel-Hosts berücksichtigt wird. Es wird immer der Host gewählt, der die meisten freien Ressourcen besitzt und auch bei Ausführung der neuen VM noch unter seiner Lastgrenze liegt. Somit sorgt die WF-Strategie dafür, dass die zusätzliche Last, die durch

---

[3]Aus Platzgründen wird Uptime in den nachfolgenden Ergebnistabellen immer mit UT abgekürzt.

Tabelle 10.2: Zusammenfassung der DC-Scheduling-Ergebnisse mit SLA-basierter initialer VM-Verteilung (Der Umsatz beläuft sich bei allen Untersuchungen auf 150.411,14)

Scheduler	Migrationen	Brüche			Strafen	Kosten	Gewinn	Marge (in %)
		CPU	RAM	UT				
FF	533.161	48	5.639	173.951	1.631.725,46	75.600	-1.556.914,31	-1.035,1
HPGBF	18.627	915	707	115	157.263,38	75.600	-82.452,23	-54,8
HPGOP	3.641	59	266	0	26.587,50	75.600	48.223,64	32,1
HPGWF	2.952	0	163	0	12.225,00	75.600	62.586,14	41,6
MMBF	1.485	1	221	61	19.950,29	75.600	54.860,85	36,5
MMOP	845	2	170	9	13.790,57	75.600	61.020,57	40,6
MMWF	541	1	124	0	9.412,50	75.600	65.398,64	43,5

die migrierten VMs auf den neuen Hosts verteilt werden muss, sehr gleichmäßig über alle Hosts mit ausreichend freien Ressourcen verteilt wird. Dies senkt die Anzahl der Migrationen, was sich sehr positiv auf die Anzahl der Uptime-Verstöße auswirkt. In beiden Fällen (HPGWF und MMWF) können die Uptime-Brüche komplett vermieden werden. Zudem werden die vorhandenen Ressourcen gleichmäßiger ausgenutzt, was zu weniger RAM- und CPU-Brüchen führt. Diese beiden Optimierungen führen zu stark reduzierten Strafzahlungen und erhöhen damit den Gewinn der CSPs.

Nachdem im ersten Schritt die VMs initial ohne weitere Vorsortierung auf die zur Verfügung stehenden Hosts verteilt wurden, werden im Folgenden zwei zusätzliche initiale Verteilstrategien im Hinblick auf ihre Auswirkungen auf die Migrationen, den Gewinn und die Marge des CSPs untersucht.

10.3 Initiale VM-Verteilung

Die im Folgenden untersuchten Ergebnisse wurden mit der gleichen Simulationskonfiguration erzeugt, die bereits im vorherigen Kapitel eingesetzt wurde. Es wurde lediglich die Strategie zur initialen VM-Verteilung verändert. Die Funktionsweise der beiden Verteilstrategien wurde bereits in Kapitel 7.8 vorgestellt.

In der ersten Simulationsreihe wird die SLA-basierte Verteilstrategie untersucht. Die Ergebnisse werden in Tabelle 10.2 zusammengefasst. Es zeigt sich, dass die Verteilstrategie bei vielen untersuchten Metriken eine leicht positive Auswirkung zeigt. Die Anzahl der Migrationen kann bei drei von den sieben Schedulern leicht gesenkt werden. Zum Beispiel kann die Anzahl der Migrationen für den HPGBF-Scheduler um ca. 4% gesenkt werden. Die Migrationen können auch beim MMWF-Scheduler von 584 auf 541 reduziert werden. Insgesamt reduzieren sich bei vier der sieben untersuchten Schedulern die Strafkosten. Weiterhin erwirtschaften ebenfalls vier der sieben Scheduler einen höheren Gewinn. Dadurch werden die Margen der meisten Scheduler verbessert. Selbst die Marge des besten Schedulers (MMWF) kann noch um ca. 2% gesteigert werden.

In der zweiten Simulationsreihe wird die RAM-Ressourcen-basierte Verteilstrategie eingesetzt. Es zeigt sich, dass diese Variante bessere Ergebnisse liefert als die SLA-basierte Strategie. So kann die Anzahl der Migrationen gegenüber der nichtoptimierenden Strategie bei allen Schedulern verbessert werden. Zum Beispiel wird die Anzahl der Migrationen beim FirstFit-Scheduler um fast die Hälfte reduziert. Selbst beim MMWF-Scheduler kann die Anzahl nochmal um 7% gesenkt werden. Dies sorgt in Kombination mit der initial gleichmäßigen Ressourcenverteilung der VMs über alle Hosts zu reduzierten SLA-Brüchen. So können vor allem die Uptime-SLOs teils stark optimiert werden. Beim HPGBF-Scheduler werden die Uptime-Brüche zum Beispiel um 92% reduziert. Die Strafzahlungen können durch die intelligente VM-Verteilung bei allen Scheduling-Strategien bis auf der HPGWF-Strategie optimiert werden (zum Beispiel: MMWF -9%, MMOP -19%, und HPGOP -21%). Insgesamt kann der Gewinn bei allen Schedulern (außer dem HPGWF-Scheduler) gesteigert werden. Selbst der MMWF-Scheduler kann die Gewinnmarge nochmals um 2% (0,7 Prozentpunkte) auf 43,5% steigern. Dies ist bei dem bereits guten Ergebnis eine bemerkenswerte Steigerung, da die Umsetzung einer intelligenten VM-Verteilstrategie für einen CSP keinen großen Aufwand darstellt.

Tabelle 10.3: Zusammenfassung der DC-Scheduling-Ergebnisse mit RAM-Ressourcen-basierter initialer VM-Verteilung (Der Umsatz beläuft sich bei allen Untersuchungen auf 150.411,14)

Scheduler	Migra-tionen	Brüche			Strafen	Kosten	Gewinn	Marge (in %)
		CPU	RAM	UT				
FF	237.467	31	2.844	39.354	529.344,06	75.600	-454.532,92	-302,2
HPGBF	18.722	974	725	10	164.212,01	75.600	-89.400,87	-59,4
HPGOP	3.655	3	282	0	21.487,50	75.600	53.323,64	35,5
HPGWF	2.914	24	161	0	14.775,00	75.600	60.036,14	39,9
MMBF	1.233	1	217	20	17.472,59	75.600	57.338,55	38,1
MMOP	668	0	141	4	10.979,03	75.600	63.832,11	42,4
MMWF	504	1	123	0	9.337,50	75.600	65.473,64	43,5

Es lässt sich festhalten, dass eine intelligente initiale VM-Verteilstrategie durchaus einen positiven Einfluss auf die spätere Ausführung der VMs hat. Es zeigt sich, dass eine gleichmäßige Verteilung der VMs anhand ihrer angeforderten Ressourcen (in diesem Fall RAM) gegenüber einer Verteilung der VMs anhand ihrer jeweiligen SLA-Klasse zu bevorzugen ist. Dies liegt darin begründet, dass eine gleichmäßige Auslastung der Systeme zur Laufzeit zu weniger Migrationen und Ressourcenbrüchen führt, was sich im Endeffekt positiv auf die Uptime, die Strafzahlungen und somit den Gewinn auswirkt. Die reine Optimierung nach der SLA-Klasse beachtet nämlich nicht die reservierten Ressourcen der VMs. Zwar bietet die SLA-basierte Strategie bereits einige Verbesserungen gegenüber der nicht-optimierenden Variante, aber die Berücksichtigung der RAM-Ressourcen zeigte bessere Ergebnisse.

Die hier gezeigten Ergebnisse und der Rückschluss auf eine effizientere Ausführung der VMs zur Laufzeit müssen in Hinblick auf einen realen CSP eingeschränkt werden. Dies liegt daran, dass bei einem realen CSP die VMs nicht alle zu einem Zeitpunkt in das System gelangen, sondern über die Zeit permanent neue VMs gestartet oder gestoppt werden. Trotzdem zeigen die Ergebnisse, dass eine intelligente Host-Auswahl zum Zeitpunkt der Erstellung einer VM sehr wichtig ist und einen großen Einfluss auf die spätere Ausführung hat. Ein realer

CSP kann die hier vorgestellten Ergebnisse nutzen und einen entsprechenden Scheduler implementieren, der die hier gezeigten Ergebnisse nutzt und bei jeder neugestarteten VM entscheidet, auf welchem Host sie initial am besten platziert werden soll. Die hier vorgestellten Kriterien lassen sich dazu über das DC-interne Monitoring zur Laufzeit ermitteln. Somit lässt sich auch bei einer realen Ausführung eine bessere Platzierung der VMs erreichen.

Die im weiteren Verlauf dieser Arbeit durchgeführten Simulationen nutzen ab jetzt immer die RAM-Ressourcen-basierte Strategie zur initialen VM-Verteilung, da sie sich als die beste der hier untersuchten herausgestellt hat. Im weiteren Verlauf dieser Arbeit werden zu Vergleichszwecken nur noch die Ergebnisse des MMWF-Schedulers genutzt, da er sich als bester der hier untersuchen Scheduler herausgestellt hat.

10.4 Proaktive Scheduler

Nachfolgend werden zwei proaktive Scheduling-Strategien für die Intra-DC-Ebene vorgestellt. Diese Strategien arbeiten dabei nicht eigenständig, sondern sie werden mit den reaktiven Schedulern kombiniert (vgl. Kapitel 7.13). Im Gegensatz zu den reaktiven Schedulern werden sie regelmäßig aufgerufen. Die Häufigkeit dieser Aufrufe kann entsprechend konfiguriert werden. Dies ist wichtig, da zu häufige Aufrufe der proaktiven Scheduler Unruhe durch häufige Migrationen in das System bringen. Dies wirkt sich negativ auf die Uptime der VMs und somit auf die SLAs aus. Es muss also untersucht werden, ob es Konfigurationen gibt, in der die zusätzlichen positiven Eigenschaften der proaktiven Scheduler sich nicht negativ auf das Gesamtergebnis auswirken. Im Folgenden werden dazu ein energieeffizienter und ein lastausgleichender VM-Scheduler untersucht.

10.4.1 Energieeffizientes VM-Scheduling

Der Energy Efficiency (EE) Scheduler nutzt das in Kapitel 7.6 vorgestellte Energiemodell und ist an die Forschung von Beloglazov et al.

angelehnt (vgl. [13]). Ziel dieses Schedulers ist es, die Energiekosten des CSPs zu senken. Dies soll erreicht werden, indem gerade nicht aktiv genutzte Hosts ausgeschaltet werden. Um dies zu erreichen, sucht der Scheduler in vorgegebenen Intervallen denjenigen Host, der in dem DC die niedrigste Ressourcenauslastung hat (hier wird zwischen RAM und CPU unterschieden). In einem zweiten Schritt wird versucht, die auf diesem Host ausgeführten VMs per Migration auf die übrigen Hosts zu verteilen. Ist dies möglich, ohne dass einer der Hosts dabei seine Ressourcengrenzwerte überschreitet, werden alle VMs von dem Host heruntergenommen und umverteilt. Der Scheduler fährt den Host daraufhin herunter. Können nicht alle VMs innerhalb des DCs umverteilt werden, beendet sich der Scheduler, da eine weitere Reduktion der Energiekosten aktuell in diesem DC nicht möglich ist. Der Scheduler versucht an dieser Stelle nicht, die VMs an die nächsthöhere Scheduling Ebene (Inter-DC-Scheduler) weiterzugeben, da es sich um eine rein lokale Optimierung handelt. Wenn zu einem Zeitpunkt mindestens ein Host seine Ressourcengrenzen überschreitet und kein interner Host die VM aufnehmen kann, wird zuerst geprüft, ob es noch ausgeschaltete Hosts gibt. Ist das der Fall, wird ein zusätzlicher Host eingeschaltet. Dieser steht dann zwei Simulationsticks später zur Verfügung. Dies liegt daran, dass laut des Energiemodells ein Host einen Simulatiostick Zeit benötigt, um vollständig funktionsbereit zu sein. Im nächsten Schritt können wieder VMs auf den soeben gestarteten Host migriert werden. Ist ein Host ausgeschaltet, benötigt er in dieser Zeit keinen Strom und muss auch nicht gekühlt werden. Da im Finanzmodell CloudAccount die Gesamtkosten für einen Host die anteiligen Administrations-, Anschaffungs- und Ersatzkosten zusammengefasst werden, generiert ein ausgeschalteter Host im Folgenden nur 1/3 der Kosten (nur Fixkosten für Anschaffung, Erhalt und Ersatz) pro Simulationstick.

Zur Vorbereitung der Untersuchung des EE-Schedulers wurden unterschiedliche Versuchsreihen durchgeführt. Dabei wurden in einem ersten Schritt Simulationen durchgeführt, bei dem die CPUs und der RAM durch den Scheduler auf ihre Auslastung untersucht wurden. Es zeigte sich, dass eine Optimierung über den RAM-Faktor bessere

Ergebnisse lieferte. Dabei konnte festgestellt werden, dass es sich lohnt, den zu einem gegebenen Zeitpunkt am wenigsten ausgelasteten Host nur dann auszuschalten, wenn seine RAM-Last unter 30% liegt. Andernfalls ist die zu verteilende zusätzliche Last oft zu groß, um problemlos auf die übrigen Hosts verteilt zu werden. Dies würde entweder sofort zu RAM-Brüchen oder zu weiteren Migrationen im nächsten Simulationstick führen.

In einem zweiten Schritt muss eine optimale Wartezeit zwischen den einzelnen Aufrufen des proaktiven Schedulers gefunden werden. Dazu wird im Folgenden eine Simulationsreihe beschrieben, bei der unterschiedliche Wartezeiten untersucht werden. Die Ergebnisse werden in Tabelle 10.4 zusammengefasst. In der ersten Simulation wird der EE-Scheduler in jedem Simulationstick (also alle fünf simulierten Minuten) aufgerufen. Dies führt zu einem drastischen Anstieg der Migrationen, da der EE-Scheduler permanent versucht, Hosts auszuschalten. Selbst der MMWF-Scheduler muss noch 17.250 Migrationen durchführen und produziert 4.259 CPU-, 5.782 RAM- und 4.621 Uptime-Brüche. Dies führt zu 950.341,96 Strafkosten und einem Verlust von insgesamt -841.342,79 bei einer Marge von -559,4%. Eine Wartezeit von 96 Ticks (acht Stunden) liefert bereits sehr viel bessere Werte. Die Anzahl der zusätzlichen Migrationen kann im Vergleich zu einer Ausführung in jedem Tick drastisch gesenkt werden. Dies reduziert auch die Anzahl an anfallenden SLA-Strafen und im Endeffekt kann eine positive Marge von 15,9% erwirtschaftet werden. Ziel ist es, die Marge gegenüber einer Ausführung ohne den EE-Scheduler noch zu steigern. Somit muss die Marge über 43,5% steigen. Ab einer Wartezeit von 192 Ticks (16 Stunden) kann dieses Ziel erreicht werden. Durch eine weitere Reduktion der Migrationen und eine vollständige Vermeidung von Uptime-Brüchen können die Strafkosten weiter gesenkt werden. Durch die Einsparungen, die durch das Ausschalten der Hosts erzielt wurden, kann die Marge auf 43,8% gesteigert werden. Durch eine Wartezeit von 240 Ticks (20 Stunden) kann dieses Ergebnis nochmal deutlich verbessert werden. Die Anzahl der Migrationen halbiert sich fast und es werden keine CPU- und Uptime-Brüche produziert. Dies senkt die SLA-Strafkosten weiter. Mit Hilfe der Kostenoptimierung durch

Tabelle 10.4: Zusammenfassung der Simulationsergebnisse des MMWF-Schedulers in Kombination mit dem proaktiven EE-Scheduler (Bei allen Simulationen wurde ein Umsatz von 150.411,14 erwirtschaftet)

Frequenz (in in Ticks)	Migra- tionen	EnergyEffciency - 30% RAM			Strafen	Kosten	Gewinn	Marge (in %)
		Brüche						
		CPU	RAM	UT				
1T	17.250	4.259	5.782	4.621	950.341,96	41.411,97	-841.342,79	-559,4
96T	4.085	302	352	281	63.230,57	63.190,27	23.990,29	15,9
144T	2.701	6	264	0	20.475,00	66.944,79	62.991,34	41,9
192T	2.527	2	227	0	17.250,00	67.309,72	65.851,41	43,8
240T	1.379	0	139	0	10.425,00	71.464,58	68.521,55	45,6
284T	1.768	0	177	0	13.275,00	69.512,50	67.623,63	45,0

den EE-Scheduler kann die Marge auf 45,6% gesteigert werden. Eine weitere Erhöhung der Wartezeit liefert keine Verbesserung mehr und die zusätzlichen Migrationen steigen wieder an. Zusätzlich wurden auch wieder mehr RAM-Brüche produziert, was im Endeffekt die Marge wieder fallen lässt.

In Abbildung 10.2 wird die Veränderung der Anzahl der eingeschalteten Hosts über den simulierten Zeitraum eines Monats dargestellt. Die Abbildung zeigt dazu das Ergebnis der Simulationen des FastStorage Workload Traces, der auf 36 Hosts ausgeführt wurde. Als Intra-DC-Scheduler wird der MMWF-Scheduler mit dem proaktiven EE-Scheduler eingesetzt. Es werden die Daten der Simulationen mit einem und 240 Ticks Wartezeit zwischen den einzelnen Aufrufen des EE-Schedulers dargestellt.

Es lässt sich erkennen, dass der EE-Scheduler in regelmäßigen Abständen arbeitet und die Anzahl der aktiven Hosts nach unten anpasst. In den Bereichen, in denen die Anzahl der eingeschalteten Hosts sprunghaft nach oben schnellt, steigt die insgesamte Last innerhalb des DCs schnell an. Darum schaltet der SLA-Manager auch außerhalb des normalen EE-Scheduling-Rhythmuses schnell hintereinander weitere Hosts an, um mehr freie Ressourcen zur Verfügung zu stellen. Am Ende des Monats reichen für die Ausführung der gesamten VMs noch 30 Hosts bei 240 Ticks Wartezeit und sogar nur noch zehn Hosts bei

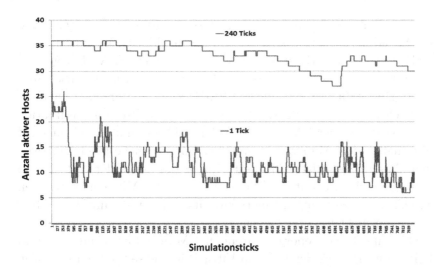

Abbildung 10.2: Grafische Darstellung der Veränderung der aktiven Host-Anzahl durch den proaktiven EE-Scheduler über einen Monat (Workload Trace: Bitbrains, Fast Storage, 1.250 VMs)

einem Aufruf des Schedulers in jedem Tick. Bei einem Tick Wartezeit können die VMs auf minimal sechs Hosts ausgeführt werden, was einer Reduktion von 30 Hosts entspricht. Dies erklärt die durch die Reduktion der Strom- und Kühlungskosten erzielten Kosteneinsparungen. Durch die somit stark verknappten Ressourcen erklären sich die vielen zusätzlichen Migrationen und Ressourcenbrüche. Im Mittel werden für die Ausführung der VMs zwölf Hosts benötigt. Während der Simulation wird der EE-Scheduler bei einem Aufruf in jedem Tick insgesamt 463 gestartet. Der SLA-Manager greift an insgesamt 436 Zeitpunkten ein, um die Anzahl der Hosts aus Ressourcenmangel wieder zu erhöhen. Bei einer Wartezeit von 240 Ticks wird der EE-Scheduler insgesamt 31 mal aktiv und der SLA-Manager schaltet 25 mal zusätzliche Hosts an. Minimal kann der Workload auf 27 Hosts ausgeführt werden und im Durchschnitt werden 33 Hosts benötigt.

Insgesamt lässt sich festhalten, dass der Einsatz des proaktiven
EE-Schedulers einen positiven Einfluss auf die Betriebskosten eines
CSPs haben kann. Dazu muss aber zum einen ein SLA-Manager eingesetzt werden, der die Hosts bei Bedarf schnell wieder einschalten
kann. Dies reduziert zusätzliche SLA-Brüche. Zum anderen muss ein
VM-Scheduler eingesetzt werden, der die aktuelle Ressourcensituation
der VMs bei seiner VM- und Host-Auswahl mit einbezieht, da sonst
übermäßig viele Migrationen und Ressourcenbrüche produziert werden. Abschließend ist auch die Frequenz des Scheduler-Aufrufs von
entscheidender Bedeutung. Hier muss ein gutes Mittelmaß zwischen
zu vielen und zu wenigen Eingriffen gefunden werden, um das System
insgesamt nicht unnötig zu belasten.

Der Einsatz von energiesparenden VM-Schedulern hat sich zum
Beispiel im Bereich der Desktop-Virtualisierung seit Jahren in großen
DCs durchgesetzt. Dies liegt vor allem daran, dass die Nutzung der
Desktops sehr vorhersagbar ist. Die Nutzung folgt dabei meistens der
festen Büroarbeitszeit. Die Scheduler beginnen dann in den Abend-
stunden, die nicht mehr aktiven VMs und danach die Hosts der Reihe
nach herunterzufahren. In den frühen Morgenstunden werden zuerst
die Hosts und dann nach und nach die Desktop-VMs wieder hochge-
fahren. So können die Betriebskosten gezielt gesenkt werden.

Da das Lastprofil von vielen Cloud-VMs (zumindest am Anfang)
den CSPs nicht bekannt ist, werden in realen Cloud-DCs aus Vorsicht
oft keine energiesparenden Scheduler eingesetzt. Falls das doch der
Fall sein sollte, sind diese sehr konservativ konfiguriert, um SLA-
Brüche zu vermeiden. Dies liegt vor allem an der Beschaffenheit
von Cloud Workloads, die oft ein stark schwankendes Lastverhalten
aufweisen, welches nicht immer saisonal schwankt und auch sonst oft
keine definierte Periode aufweist.

Nachdem in diesem Kapitel der proaktive EE-Scheduler untersucht
wurde, wird im nächsten Abschnitt ein proaktiver Scheduler für einen
Lastausgleich vorgestellt.

10.4.2 Lastausgleichendes VM-Scheduling

Der lastausgleichende Load Balancing (LB) Scheduler wird genau wie der energieeffiziente EE-Scheduler regelmäßig aufgerufen und versucht alle Hosts eines CSPs ungefähr gleichmäßig auszulasten. Dazu ermittelt der Scheduler in konfigurierbaren Abständen die durchschnittliche Ressourcenlast (RAM oder CPU) aller Hosts in allen DCs des jeweiligen CSPs. Im nächsten Schritt wird für jeden Host überprüft, ob sich seine jeweilige Ressourcenlast in einem konfigurierbaren Korridor (zum Beispiel $\lambda = +/-10\%$) über- oder unterhalb des CSP-weiten Durchschnitts befindet. Ist dies der Fall, müssen keine Anpassungen vorgenommen werden und der nächste Host kann überprüft werden. Falls ein Host den Lastkorridor aber nach oben überschreitet, sucht der Scheduler diejenige VM auf dem Host, die, wenn sie von dem Host migriert werden würde, ungefähr so viele Ressourcen freigibt, dass der Host wieder in den definierten Lastkorridor fällt. Eine auf diese Art gefundene VM wird dann auf einen Host migriert, der den aktuellen Lastkorridor unterschreitet und zuzüglich der neuen VM den Korridor auch nicht verlässt. Kann auf diese Art kein passender Host in einem DC des CSPs gefunden werden, beendet sich der Scheduler.

In vorbereitenden Versuchsreihen wurde zuerst untersucht, ob der Load Balancer auf Basis der CPU oder des RAMs bessere Ergebnisse liefert. Hier zeigte sich, dass die CPU-Last als Entscheidungsgrundlage für den Scheduler bessere Ergebnisse lieferte. Weiterhin musste ein geeigneter λ-Wert für den Lastkorridor gefunden werden. Hier zeigte sich, dass ein Korridor von $\lambda = +/-20\%$ ein ausgewogenes Ergebnis liefert.

Im Folgenden wird nach einer optimalen Aufrufperiode für den proaktiven LB-Scheduler gesucht. Die Ergebnisse der Simulationen werden in Tabelle 10.5 zusammengefasst.

In einer ersten Simulation wird der LB-Scheduler jeden Simulationstick (also alle fünf Minuten) aufgerufen. Es zeigt sich, dass die Anzahl der Migrationen verglichen mit einer Ausführung ohne den LB-Scheduler fast verdreifacht wird. Auch die Anzahl der RAM-Brüche erhöht sich von 123 auf 152 und es gibt durch die vielen Migrationen

Tabelle 10.5: Zusammenfassung der Simulationsergebnisse des MMWF-Schedulers in Kombination mit dem proaktiven LB-Scheduler (Bei allen Simulationen wurde ein Umsatz von 150.411,14 erwirtschaftet)

Frequenz (in in Ticks)	Migra- tionen	Load Balancer - $\lambda = +/-20\%$ CPU			Strafen	Kosten	Gewinn	Marge (in %)
		CPU	**RAM**	**UT**				
1T	1.385	0	152	3	11.609,51	75.600	63.201,63	42,0
48T	590	0	122	0	9.150,00	75.600	65.661,14	43,7
96T	514	0	120	0	9.000,00	75.600	65.811,14	43,8
144T	547	1	129	0	9.787,50	75.600	65.023,64	43,2
192T	507	0	122	0	9.150,00	75.600	65.661,14	43,7
240T	523	1	129	0	9.787,50	75.600	65.023,64	43,2

sogar drei Uptime-Brüche, die es ohne den LB-Scheduler gar nicht gab. Dafür kann ein CPU-Bruch vermieden werden. Dies gleicht die durch die anderen zusätzlichen Strafen generierten Strafkosten aber nicht aus, sodass die Marge gegenüber einer Ausführung ohne den LB-Scheduler leicht um 1,5 Prozentpunkte fällt. Eine Ausführung alle 48 Ticks (vier Stunden) zeigt schon bessere Ergebnisse. Die Anzahl der zusätzlichen Migrationen kann gegenüber der Ausführung jeden Tick um 57% gesenkt werden. Weiterhin kann die Anzahl der RAM-Brüche um 20 Brüche gesenkt werden. Dies wirkt sich positiv auf die Strafkosten aus und lässt die Marge insgesamt sogar um 0,2 Prozentpunkte gegenüber der Ausführung ohne den LB-Scheduler ansteigen. Eine weitere Reduktion der Aufruffrequenz des proaktiven Schedulers auf 96 Ticks (acht Stunden) kann die Anzahl der zusätzlichen Migrationen nochmals um 76 Migrationen senken und zwei weitere RAM-Brüche können vermieden werden. Somit kann die Marge nochmals leicht auf 43,8% gesteigert werden. Dies stellt eine insgesamte Verbesserung der Marge um 0,3 Prozentpunkte gegenüber der Ausführung ohne den LB-Scheduler dar. Eine weitere Reduktion der Aufruffrequenz bringt keine Verbesserungen mehr mit sich. Die zusätzlichen Migrationen führen dann wieder zu mehr Ressourcenbrüchen.

Abschließend lässt sich festhalten, dass der Einsatz eines Load Balancers das Ergebnis eines CSPs ebenfalls positiv beeinflussen kann. Es muss aber wieder anhand des jeweiligen Workloads festgestellt werden, wie eine optimale Konfiguration auszusehen hat. Genau wie bei dem proaktiven EE-Scheduler hat sich gezeigt, dass die Aufruffrequenz sehr niedrig eingestellt werden sollte, um das gesamte System nicht mit zu vielen zusätzlichen Migrationen zu belasten. In den hier vorgestellten Simulationen wurde nur ein CSP mit einem DC untersucht. Der Load Balancer arbeitet aber auch mit mehreren DCs eines CSPs. Hier wird erwartet, dass der Einsatz eines LB-Schedulers noch bessere Ergebnisse erzielen kann. Entsprechende Untersuchungen werden ab Kapitel 11.10 durchgeführt.

10.4.3 Kombination der proaktiven Scheduler

Nachdem in den letzten Kapiteln die beiden proaktiven Scheduler EE und LB einzeln vorgestellt und ihre Auswirkungen auf die Scheduling-Ergebnisse untersucht wurden, werden die beiden proaktiven Scheduler in diesem Kapitel miteinander kombiniert. Das heißt, sie werden beide zusätzlich zu dem reaktiven Scheduler regelmäßig ausgeführt. Dazu werden die Konfigurationsergebnisse der letzten beiden Kapitel genutzt und die besten Einstellungen übernommen. Hierfür wird der reaktive Scheduler MMWF mit dem EE-Scheduler und dem LB-Scheduler verkettet. Der EE-Scheduler wird dabei exakt wie in Kapitel 10.4.1 konfiguriert (240 Ticks, 30% RAM). Der LB-Scheduler arbeitet weiterhin mit der CPU als Entscheidungskriterium und einem λ-Wert von +/-20%. In der im Folgenden beschriebenen Simulationsreihe wird untersucht, ob sich die guten Ergebnisse des MMWF-Schedulers in Kombination mit dem proaktiven EE-Scheduler noch weiter verbessern lassen. Dafür wurden unterschiedliche Aufruffrequenzen des LB-Schedulers untersucht. Die Ergebnisse werden in Tabelle 10.6 zusammengefasst.

Die Ergebnisse zeigen, dass keine der untersuchten Kombinationen eine Verbesserung gegenüber der Ausführung des MMWF-Schedulers mit dem EE-Scheduler aufweisen kann. Zwar kann in der besten

Tabelle 10.6: Zusammenfassung der Simulationsergebnisse des MMWF-
Schedulers in Kombination mit den proaktiven EE- und
LB-Schedulern (Bei allen Simulationen wurde ein Umsatz
von 150.411,14 erwirtschaftet)

Frequenz (in in Ticks)	Migra-tionen	Brüche			Strafen	Kosten	Gewinn	Marge (in %)
		CPU	RAM	UT				
EE-240T - LB-48T	1.221	1	145	0	10.987,50	74.299,99	65.123,64	43,3
EE-240T - LB-96T	1.405	0	149	0	11.175,00	71.793,74	67.442,39	44,8
EE-240T - LB-192T	1.368	0	154	0	11.550,00	72.216,31	66.644,82	44,3

Kombination mit einer LB-Aufruffrequenz von 96 Ticks (acht Stunden)
der beste Wert für die Ausführung des MMWF-Schedulers mit dem
LB-Scheduler verbessert werden, aber dies erklärt sich nur durch die
Kosteneinsparungen des EE-Schedulers. Insgesamt werden, bis auf
den Fall der Frequenz von 48 Ticks, mehr Migrationen erzeugt und
die Anzahl der RAM-Brüche steigt in allen Fällen an. Ebenfalls fällt
auf, dass der EE-Scheduler in Kombination mit dem LB-Scheduler
weniger Hosts ausschaltet und dadurch geringere Einsparungen erzielt
werden. Dies führt insgesamt zu niedrigeren Gewinnen und somit zu
einer niedrigeren Marge. Eine Kombination der beiden proaktiven
Scheduler lohnt sich bei diesem Trace also nicht.

Im Folgenden wird auf Basis der hier gezeigten Ergebnisse die Kombination des MMWF-Schedulers mit dem proaktiven EE-Scheduler
als beste der hier betrachteten Ergebnisse angesehen. Dies bedeutet,
dass bei den weiteren Simulationen mit dieser Scheduler-Kombination
auf der Intra-DC-Ebene gearbeitet wird.

Nachdem in den vorhergehenden Kapiteln unterschiedliche reaktive
und proaktive Scheduler für die Intra-DC-Ebene vorgestellt und ihre
Ergebnisse ausgewertet wurden, wird im nächsten Kapitel untersucht,
ob sich eine Anpassung der Warnzeiten des SLA-Managers positiv auf
die VM-Ausführung auswirkt.

Tabelle 10.7: Zusammenfassung der Ergebnisse zur Ermittlung der Auswirkungen unterschiedlicher SLA-Warnzeiten auf die Simulationsergebnisse

Verzögerung	Migra- tionen	Brüche			Strafen	Kosten	Gewinn	Marge (in %)
		CPU	RAM	UT				
2 Ticks	1.444	2	170	0	12.975,00	70.871,52	66.564,61	44,3
3 Ticks	1.312	1	182	0	13.762,50	70.927,60	65.721,03	43,7
4 Ticks	1.176	3	168	0	12.937,50	70.511,80	66.961,83	44,5
5 Ticks	1.168	2	173	0	13.200,00	70.966,49	66.244,64	44,0
6 Ticks	1.019	5	164	0	12.862,50	71.477,25	66.071,38	44,0

10.5 SLA-Warnzeitverzögerung

Die SLA-Warnzeit ist die Zeitspanne (in Simulationsticks gemessen), die der SLA-Manager mit dem Aufruf des Intra-DC-Schedulers wartet, nachdem ein Host die vorher konfigurierte untere Ressourcenlastgrenze (RAM oder CPU) überschreitet (zum Beispiel 80%) aber noch unterhalb der oberen Lastgrenze (zum Beispiel 90%) bleibt (vgl. Kapitel 7.9.2). In der Standardkonfiguration, die in allen bisherigen Simulationen eingesetzt wurde, beträgt die Warnzeit einen Tick. Im weiteren Verlauf des Kapitels werden zusätzlich noch Warnzeiten von zwei bis sechs Ticks simuliert. Es soll untersucht werden, ob eine längere Warnzeit zu weniger Migrationen und dadurch zu einem ruhigeren System führt, da der Scheduler nicht vorschnell aufgerufen wird.

Um die Auswirkungen der verlängerten SLA-Warnzeit auf das Simulationsergebnis zu untersuchen, werden fünf Simulationen durchgeführt, bei denen wieder der Bitbrains Trace FastStorage simuliert wird. Als Intra-DC-Scheduler wird der MMWF-Scheduler mit dem proaktiven EE-Scheduler eingesetzt. Die sonstigen Konfigurationen werden gegenüber denen aus den letzten Kapiteln nicht verändert. Die Ergebnisse der Simulationen werden in Tabelle 10.7 zusammengefasst.

Die Ergebnisse zeigen, dass die Anzahl der Migrationen durch längere SLA-Warnzeiten gesenkt werden kann. Im Vergleich zwischen der Simulation mit zwei Ticks Warnzeit und sechs Ticks Warnzeit kann die Anzahl der Migrationen um ca. 29% gesenkt werden. Diese

Reduktion zeigt aber keine Auswirkung auf die Uptime-SLOs, da es in allen Fällen keine Uptime-Brüche gibt. Dahingegen steigen bei allen Simulationen mit Warnzeiten größer einem Tick die Anzahl der CPU-Brüche und der RAM-Brüche. Dies führt in allen Fällen zu steigenden SLA-Strafkosten, die den Gewinn schmälern und insgesamt die Marge um ca. ein bis zwei Prozentpunkte senken. Bei einer SLA-Warnzeit von vier Ticks wurde in dieser Versuchsreihe die höchste Marge erzielt. Sie liegt nur 0,1 Prozentpunkte unterhalb der Marge bei einer Ausführung mit einer Warnzeitverzögerung von einem Tick. Durch die höhere Warnzeitverzögerung wird das System zwar etwas beruhigt, was zu weniger Migrationen führt, aber es kann an einigen kritischen Stellen nicht schnell genug auf drohende SLA-Brüche reagiert werden, was sich in den gestiegenen CPU- und RAM-Brüchen zeigt.

Es zeigt sich, dass eine Erhöhung der SLA-Warnzeiten zwar das erwartete Ergebnis der reduzierten VM-Migrationsanzahl liefert, die so eingesparten Migrationen aber wichtig sind, um die SLAs abzusichern. Dies lässt sich durch die Beschaffenheit der Cloud-Workloads erklären. Im Gegensatz zu Grid-Workloads, welche meist eine sehr konstante und vorhersagbare Ressourcenlast produzieren, sind Cloud Workloads meist unvorhersagbar und haben oft abrupte Lastspitzen (vgl. Kapitel 8.1). Es kommt also des öfteren vor, dass VMs kurzzeitig eine starke Steigerung der Ressourcenlast aufweisen. Die Simulationen haben gezeigt, dass ein Workload, der eine Überlast erzeugt, meist kurzfristig weiter steigende Lastwerte aufzeigen wird. Reagiert der SLA-Manager darauf nicht kurzfristig mit einem Rescheduling, reißen die CPU- und RAM-SLOs auf dem betroffenen Host und die Strafkosten steigen an. Somit sollte die SLA-Warnzeit eines CSPs möglichst niedrig eingestellt werden, um unnötige SLA-Brüche auf Kosten weniger eingesparter Migrationen zu vermeiden. Hat ein CSP bereits Erfahrungswerte in Bezug auf die Ressourcennutzung der ausgeführten Workloads und kann er von einer relativ gleichmäßigen Ressourcenlast ausgehen, so kann der SLA-Warnwert schrittweise erhöht werden, um das System weiter zu beruhigen.

10.6 Kleine vs. große Hosts

Mit Hilfe der im Folgenden beschriebenen Simulationen soll geklärt werden, wie sich unterschiedliche Host-Konfigurationen auf die Simulationsergebnisse auswirken. Dazu wird eine Untersuchungsreihe durchgeführt, bei der der Bitbrains FastStorage Trace in DCs ausgeführt wird, deren Hosts in Summe zwar die gleiche Anzahl an Ressourcen zur Verfügung stellen, diese Ressourcen aber auf eine unterschiedliche Anzahl an Hosts verteilt wurde. So wird zunächst die Anzahl der zur Ausführung der VMs benötigten Hosts von 36 auf 18 halbiert. Diese Hosts erhalten dafür die doppelte Anzahl an RAM- und CPU-Ressourcen. Danach wird die Anzahl der Hosts verdoppelt und die jeweilige Ressourcenanzahl halbiert (72 Hosts). In einem letzten Experiment wird die Kostenkonfiguration gegenüber der Konfiguration mit den 72 Hosts beibehalten und die Anzahl der Hosts auf 105 erhöht. Hierdurch soll untersucht werden, ob bei einer gleichbleibenden Host-Konfiguration und einer reinen Erhöhung der Host-Anzahl die Anzahl der SLA-Brüche reduziert werden kann.

Wie bereits erläutert, setzten sich die Betriebskosten der Hosts zum einen aus den Anschaffungs- und Erhaltungskosten, die als Fixkosten angenommen werden, und den Kosten für Strom, Kühlung und Administration zusammen. Steigt oder sinkt die Ressourcenkonfiguration eines Hosts, so müssen natürlich auch die Kostenfaktoren angepasst werden, da Hosts mit mehr RAM- und CPU-Ressourcen teurer in der Anschaffung sind als mit weniger Ressourcen. Dazu wird angenommen, dass 1/3 der Kosten fix sind und 2/3 variabel. Werden die Ressourcen eines Hosts verdoppelt, so verdoppelt sich der entsprechende Anteil der fixen Kosten. Ebenso verringern sich die fixen Kosten bei einer Halbierung der Ressourcen. Dieser Definition folgend, werden die jeweiligen Kostenkonfigurationen in den Simulationen angepasst. Simuliert wird jeweils der Bitbrains FastStorage Trace mit 1.250 VMs. Als Intra-DC-Scheduler wird der MMWF-Scheduler mit der EE-Erweiterungen eingesetzt. Als initiale Verteilung wird die RAM-Ressourcen-basierte Strategie eingesetzt. Die Ergebnisse der Simulationsreihe werden in Tabelle 10.8 zusammengefasst.

Tabelle 10.8: Zusammenfassung der Simulationsergebnisse mit unterschiedlichen Host-Konfigurationen (Bitbrains FastStorage
Trace, MMWF-Scheduler incl. EE-Scheduler, in allen Simulationen wurde ein Umsatz von 150.411,14 erzielt)

Anzahl Hosts (Kosten p. Host)	Migra-tionen	Brüche			Strafen	Kosten	Gewinn	Marge (in %)
		CPU	RAM	UT				
18 (3.750)	1.285	0	56	0	4.200,00	56.300,34	89.910,79	59,8
30 (2.250)	1.379	0	139	0	10.425,00	71.464,58	68.521,55	45,6
72 (1.125)	2.575	59	900	0	74.137,50	250.720,77	-174.447,13	-116,0
105 (1.125)	1.061	32	448	0	37.200,00	365.289,35	-252.078,21	-167,6

Die Ergebnisse der Simulationen zeigen, dass eine Erhöhung der
Ressourcen pro Host bei einer gleichzeitigen Reduktion der Host-
Anzahl bessere Ergebnisse liefert, als eine Reduktion der Ressourcen
und eine Erhöhung der Host-Anzahl. Im Vergleich zu der Ausführung
mit 36 Hosts kann die Anzahl der Migrationen im Fall der 18 Hosts
um 7% gesenkt werden. Auch die Anzahl der CPU-Brüche wird um
fast zwei Drittel gesenkt. In beiden Fällen werden keine CPU- und
Uptime-Verstöße generiert. Dies führt insgesamt zu um 60% niedrigeren Strafzahlungen. Hierdurch steigt der Gewinn und die bereits
sehr gute Marge kann von 45,6% nochmals um 14,2 Prozentpunkte
auf 59,8% gesteigert werden.

Dahingegen zeigen die beiden Simulationen mit der erhöhten Anzahl
an Hosts durchweg schlechtere Ergebnisse. Im Fall der Ressourcenhal-
bierung und doppelten Host-Anzahl steigt die Anzahl der Migration
um ca. 87% gegenüber der Startkonfiguration mit 36 Hosts an. Zusätzlich erhöht sich die Anzahl aller SLO-Verstöße (CPU + 59 und
RAM + 761). Weiterhin zeigt sich, dass die Kosten pro Host zwar
reduziert werden können, aber durch die konstanten Betriebskosten
und die Verdopplung der benötigten Server, die Preisersparnis nicht
zum Tragen kommt. Somit übersteigen die Kosten und Strafen sogar
den Umsatz. Dies lässt die Marge im Endeffekt auf -116% sinken.
Somit stellt diese Konfiguration keine valide Option dar.

Im letzten Experiment soll durch eine weitere Erhöhung der Host-Anzahl auf 105 Hosts bei gleichbleibender Finanzkonfiguration versucht werden, die Anzahl der Migrationen und SLA-Brüche zu reduzieren. Wie vermutet, wird die Anzahl der Migrationen um 59% gegenüber der Ausführung auf 72 Hosts gesenkt. Zusätzlich sinken die RAM-Brüche um 182. Gleichzeitig steigen aber die CPU-Verstöße drastisch auf 1.465 an und es kommt zu massiven Uptime-Brüchen. Dadurch können die Strafzahlungen im Vergleich zu der Konfiguration mit 72 Hosts fast halbiert werden. Durch die erhöhte Anzahl der Hosts stiegen die Betriebskosten aber so stark an, dass sich der Gewinn insgesamt um weitere 45% auf -252.078,21 verschlechtert. Dies führt zu einer negativen Marge von -167,6% und ist somit ebenfalls nicht akzeptabel.

Insgesamt lässt sich festhalten, dass durch eine Erhöhung der lokalen Ressourcen in einem Host die VMs mehr Platz zu „atmen" haben. Das bedeutet, dass sich bei einer steigenden VM-Anzahl pro Host die Anzahl an VMs mit einer hohen Last und VMs mit einer niedrigen Last im Schnitt öfter ausgleichen und somit weniger Ressourcen-SLOs gerissen werden. Die steigende Flexibilität des Schedulers, die durch eine Erhöhung der Host-Anzahl erreicht wird, wird durch die erhöhten Kosten, die durch die größere Menge an Hosts erzeugt wird, überlagert. Somit sollte jeder CSP versuchen seine Hosts mit möglichst vielen Ressourcen zu bestücken, dafür aber weniger Hosts einsetzen.

Nachdem die technischen und finanziellen Metriken für die Versuchsreihe ausgewertet wurden, wird im Folgenden noch auf einen weiteren Faktor eingegangen, der einen großen Einfluss auf die Kosten und die Ausführungssicherheit der VMs hat. Dazu werden in Tabelle 10.9 die durchschnittlichen Ausführungsverhältnisse der VMs zu den jeweils zur Verfügung stehenden Hosts aufgelistet. Hierbei wird von dem sogenannten Konsolidierungsfaktor gesprochen. Er gibt an, wie viele VMs im laufenden Betrieb im Durchschnitt auf einem Host ausgeführt werden. Dieser Wert war vor allem in der Zeit wichtig, in der physische Server nach und nach durch VMs ersetzt wurden. Hier war es wichtig zu wissen, wie viele alte Server durch einen neuen

Tabelle 10.9: Zusammenfassung der durchschnittlichen Anzahl der VMs
pro Host für die unterschiedlichen Experimente (Bitbrains
Fast Storage Trace mit 1.250 VMs)

Anzahl Hosts	VMs pro Host
18	69
36	35
72	17
105	12

VM-Host-Server im Schnitt ersetzt werden konnten. Die Werte zeigen,
dass in der Konfiguration mit 18 Hosts im Schnitt 69 VMs pro Host
ausgeführt werden (Konsolidierungsfaktor 1:69). Dahingegen werden
bei der Konfiguration mit 105 Hosts nur noch zwölf VMs pro Host
ausgeführt (Konsolodierungsfaktor 1:12).

Die Anzahl der auf einem Host ausgeführten VMs lässt sich in der
Simulation leicht anpassen. In der Realität ist dieser Faktor aber durch
die Ressourcen in den jeweils eingesetzten Servern begrenzt. Zudem
sind Server im oberen Leistungsspektrum mit überdurchschnittlich
vielen Ressourcen (RAM und CPU) auch überdurchschnittlich teuer. Somit handelt es sich hier um eine Trade-Off-Situation, bei der
zwischen einem hohen Konsolidierungsfaktor und den dadurch entstehenden Kosten abgewogen werden muss. Zusätzlich kommt noch ein
weiterer Punkt hinzu, der in dieser Arbeit nicht weiter behandelt wird.
Kommt es bei einem Host zu einem Ausfall, so steigt die Anzahl der
VMs, die schnellstmöglich wieder auf den übrigen Hosts neugestartet
werden müssen, um die Ausfallzeit zu minimieren. Aus diesem Grund
kontrollieren CSPs das Verhältnis Anzahl VMs zu Hosts stets und
bestellen gegebenenfalls eher Hardware nach, oder migrieren VMs in
andere DCs oder zu föderierten Partnern, als einen Ausfall zu vieler
VMs zu riskieren.

Da die Anzahl von durchschnittlich 69 VMs pro Host sehr hoch ist
und ein zu großes Ausfallrisiko darstellt, wird bei den Versuchen in
den nächsten Kapiteln die Konfiguration mit den 36 Hosts für den
Bitbrains FastStorage Trace eingesetzt. Dies hat auch den Vorteil,

dass die Anzahl der Hosts hoch genug ist, um sie für die Versuche auf
der Inter-DC-Ebene auf zwei oder drei DCs zu verteilen.

10.7 Kreuzvalidierung

Nachdem in den voranstehenden Kapiteln unterschiedliche reaktive
und proaktive Scheduler auf der Intra-DC-Ebene ausführlich vorgestellt und auf ihre Auswirkungen in Hinblick auf die technischen und
finanziellen Metriken untersucht und die Ergebnisse mit weiteren Optimierungsmaßnahmen verbessert wurden, sollen die Ergebnisse im
Folgenden durch eine Kreuzvalidierung mit zwei weiteren Workload
Traces bestätigt werden. Dazu werden die bisher vorgestellten Scheduler mit dem proaktiven Scheduler EE verkettet. Als initiale VM-
Verteilstrategie wird die RAM-Ressourcen-Variante gewählt und die
SLA-Warnzeit wird auf einen Tick gestellt. Als zusätzliche Traces
werden nacheinander der Bitbrains RnD Trace (Monat 1) mit 500
VMs und der Materna Trace (Monat 1) mit 520 VMs ausgeführt. Die
jeweiligen DC-Konfigurationen wurden wieder nach der bereits oben
beschriebenen Methode erarbeitet.

Für die Simulation des RnD Traces werden 25 Hosts eingesetzt,
die jeweils mit 56 GB RAM und 40 CPU-Cores mit je 2,9 GHz
ausgestattet sind. Für den Materna Trace werden 18 Hosts mit 36 GB
RAM und 12 CPU-Cores mit je 2,9 GHz eingesetzt. Die finanziellen
Konfigurationen der beiden Simulationsreihen werden im Anhang in
Kapitel B.1.1 aufgeführt.

In Tabelle 10.10 werden die Ergebnisse der unterschiedlichen Scheduler für den RnD Trace zusammengefasst und in Tabelle 10.11 die
Ergebnisse des Materna Traces. Es zeigt sich, dass die Scheduler grundsätzlich ein sehr ähnliches Verhalten verglichen mit dem Bitrbrains
FastStorage Trace zeigen. Das ist als positiv zu werten, da dies die
bisherigen Ergebnisse bekräftigt.

Bei der Simulation des RnD Traces stellt sich der FF-Scheduler wieder als der mit Abstand schlechteste Scheduler hinaus. Er produziert
übermäßig viele VM-Migrationen und dadurch eine unrealistisch große

Tabelle 10.10: Zusammenfassung der Ergebnisse der Intra-DC-Scheduler inklusive EE-Erweiterung und initialer VM-Verteilung nach RAM-Ressourcen für den Bitbrains RnD Trace (Monat 1) mit 500 VMs (In jeder Simulation wurden 60.806,34 Umsatz erzielt)

Scheduler	Migra-tionen	Brüche			Strafen	Kosten	Gewinn	Marge (in %)
		CPU	RAM	UT				
FF	28.326	12	370	3.350	87.792,85	31.537,03	-58.523,54	-96,2
HPGBF	5.355	401	212	60	90.558,46	30.381,79	-60.133,91	-98,9
HPGOP	2.372	114	101	33	30.942,97	31.093,17	-1.229,80	-2,0
HPGWF	3.705	49	141	0	24.760,00	30.781,68	5.264,65	8,7
MMBF	1.111	6	69	40	10.516,92	31.350,98	18.938,43	31,1
MMOP	825	2	34	7	4.934,46	32.066,84	23.805,03	39,1
MMWF	890	2	34	0	4.400,00	31.736,97	24.669,36	40,6
MMWF + LB	871	3	26	0	3.600,00	32.326,96	24.879,37	41,0

Menge an Uptime-Brüchen. Zusätzlich kommen noch CPU- und RAM-Brüche hinzu. Dies führt insgesamt zu einem sehr schlechten Ergebnis und einer Marge von -96,2%. Genau wie beim Fast Storage Trace liefern die Scheduler mit der HPG-VM-Auswahlstrategie sehr schlechte Ergebnisse. Wie beim Fast Storage Trace, zeigen die MM-Scheduler alle ein sehr positives Ergebnis. Hier arbeitet wieder der Scheduler mit der BF-Strategie zur Host-Auswahl schlechter als der Scheduler mit der OP-Strategie. Dies liegt wiederum in der Einbeziehung der aktuellen Leistung der VMs und Hosts in die Scheduling-Entscheidungen. Der MMWF-Scheduler liefert erneut das beste Ergebnis. Dies resultiert in einer geringen Anzahl an CPU- und RAM-Brüchen und der kompletten Vermeidung von teuren Uptime-Brüchen. Gleichzeitig können wegen des besseren VM-Managements die Betriebskosten durch den proaktiven EE-Scheduler weiter gesenkt werden. Dies führt insgesamt zu niedrigeren Strafen und Betriebskosten, was den Gewinn steigen lässt. Insgesamt kann eine Marge von 40,6% erwirtschaftet werden. Dies ist vergleichbar mit der Marge des MMWF-Scheduler im Fall des FastStorage Traces.

Im Folgenden wird versucht das Ergebnis des besten Schedulers durch den Einsatz des Load Balancers zu optimieren. Das Simulations-

Tabelle 10.11: Zusammenfassung der Ergebnisse der Intra-DC-Scheduler inklusive EE-Erweiterung und initialer VM-Verteilung nach RAM-Ressourcen für den Materna Trace (Monat 1) mit 520 VMs (In jeder Simulation wurden 50.043,26 Umsatz erzielt)

Scheduler	Migra-tionen	Brüche			Strafen	Kosten	Gewinn	Marge (in %)
		CPU	RAM	UT				
FF	561.995	16	12.968	310.081	4.450.889,79	15.322,91	-4.416.169,44	-8.824,7
HPGBF	14.433	179	376	653	122.544,55	16.599,56	-89.100,85	-178,0
HPGOP	3.974	123	141	0	57.720,00	17.628,73	-25.305,47	-50,6
HPGWF	1.756	1	72	0	14.640,00	18.085,93	17.317,32	34,6
MMBF	2.378	1	122	216	29.876,72	17.303,12	2.863,41	5,7
MMOP	1.119	2	72	53	16.739,38	18.109,37	15.194,50	30,4
MMWF	397	1	45	0	9.240,00	18.461,11	22.342,14	44,6
MMWF + LB	3.278	2	122	0	24.880,00	17.859,89	7.303,36	14,6

ergebnis wird in der letzten Zeile von Tabelle 10.10 gezeigt. In diesem Fall wird der MMWF-Scheduler mit dem EE- und dem LB-Scheduler verkettet. Die Kombination der beiden reaktiven Scheduler führt in diesem Fall zu einer leichten Verbesserung der Ergebnisse. So kann die Anzahl der Migrationen leicht um 19 Migrationen gesenkt werden. Auch die Anzahl der RAM-Brüche kann um acht Brüche gesenkt werden. Dabei wird ein CPU-Bruch mehr produziert. Insgesamt sinken durch den zusätzlichen Einsatz des LB-Schedulers die Strafkosten und erzeugen so einen höheren Gewinn, obwohl der EE-Scheduler nicht ganz so viele Ersparnisse durch Host-Abschaltungen erzielen kann, wie ohne den LB-Scheduler. Insgesamt kann die Marge nochmals um 0,4 Prozentpunkte auf 41% gesteigert werden.

Die Simulationen des Materna Traces zeigen ebenfalls ein eindeutiges Ergebnis. Der FF-Scheduler, welcher neben vielen RAM- und CPU-Brüchen mit 310.081 Uptime-Brüchen außerordentlich viele SLA-Verstöße produziert, generiert ein stark negatives Ergebnis von -4.416.169,44 bei einer Marge von -8.824,7%. Unter den Schedulern mit der HPG-VM-Auswahlstrategie stellt sich der HPGWF-Scheduler mit einer guten Marge von 34,6% als bester heraus. Er arbeitet damit aus finanzieller Sicht sogar etwas besser als der MMOP-Scheduler, welcher mit 53 Uptime-Verstößen gegenüber keinen Verstößen bei der HPG-Variante eine niedrigere Kundenzufriedenheit erzeugt, da Services der Kunden zur Laufzeit nicht erreichbar sind. Somit liefert in diesem Fall der HPGWF-Scheduler das beste Ergebnis. Insgesamt hat sich auch hier wieder der MMWF-Scheduler als bester herausgestellt. Ihm gelingt es wieder keine Uptime-Verstöße zu produzieren und auch die übrigen SLOs bestmöglich aufrecht zu erhalten. Er kann in dieser Konfiguration mit 44,6% Marge ebenfalls die bisherigen Ergebnisse bestätigen.

Auch beim Materna Trace wird der beste Scheduler (MMWF) wieder in Kombination mit beiden proaktiven Schedulern untersucht. Das Simulationsergebnis wird in der letzten Zeile von Tabelle 10.11 gezeigt. In diesem Fall verschlechtert sich das Ergebnis jedoch drastisch. Es werden fast zehnmal mehr Migrationen produziert und die Anzahl der RAM-Brüche steigt um 171% gegenüber der Ausführung ohne den LB-Scheduler. Hierdurch steigen die Strafkosten stark an und der Gewinn wird drastisch reduziert. Insgesamt wird eine Marge von 14,6% erwirtschaftet. In diesem Fall lohnt sich der Einsatz des LB-Schedulers nicht.

Es lässt sich festhalten, dass die Ergebnisse der Scheduler, die initial mit Hilfe des größten Traces (FastStorage) erarbeitet wurden, mit den weiteren Traces grundsätzlich validiert werden konnten. Ein exakt gleiches Ergebnis konnte auf Grund der komplett anderen Traces und DC-Konfigurationen auch nicht erwartet werden. Die grundsätzliche Güte und Ergebnisreihenfolge der Scheduler konnte aber bei allen Versuchen bestätigt werden. Dies liefert insgesamt eine starke Indikation für die Korrektheit der Ergebnisse.

Es konnte gezeigt werden, dass die reaktive MM-Strategie zur Auswahl der zu migrierenden VMs im Fall einer SLA-Bedrohung oder eines akuten SLA-Bruchs die beste Wahl darstellt. Weiterhin konnte gezeigt werden, dass die WF-Strategie zur Auswahl eines neuen Ziel-Hosts innerhalb eines DCs die besten Ergebnisse lieferte. Das bereits gute Ergebnis des MMWF-Schedulers konnte durch die Verkettung mit dem reaktiven EE-Scheduler nochmals verbessert werden. Somit wird genau diese Scheduler-Kombination in allen hierauf aufbauenden Simulationen für die Intra-DC-Ebene eingesetzt.

Tabelle 10.12: Tabellarische Klassifizierung der vorgestellten Intra-DC-Scheduler anhand der Taxonomie

Taxonomie	verteilt	nicht verteilt	kooperativ	nicht kooperativ	adaptiv	nicht adaptiv	Lastausgleich	Auktionen	proaktiv	reaktiv	applikationszentriert	ressourcenzentriert
Intra-DC-Ebene												
FirstFit	•		•		•					•	•	
HPGBF	•		•		•					•	•	
HPGOP	•		•		•					•	•	
HOPGWF	•		•		•					•	•	
MMBF	•		•		•					•	•	
MMOP	•		•		•					•	•	
MMWF	•		•		•					•	•	
EnergyEfficiency	•		•		•				•			•
Load Balancing	•		•		•		•		•			•

10.8 Einordnung in die Taxonomie

Nachdem in den vorangegangenen Kapiteln die einzelnen Scheduler auf der Intra-DC-Ebene vorgestellt und untersucht wurden, werden sie im Folgenden anhand der in Kapitel 9.3 vorgestellten Taxonomie klassifiziert. Die Klassifizierung wird in Tabelle 10.12 dargestellt. Dabei werden nur die Eigenschaften aufgezeigt, bei denen sich die Scheduler unterscheiden. Alle hier vorgestellten Scheduler besitzen dabei die folgenden Eigenschaften: global, dynamisch, suboptimal, heuristisch und dynamische Neuzuweisung.

10.9 Zusammenfassung

Die verschiedenen Untersuchungen der unterschiedlichen Scheduling-Strategien auf der Intra-DC-Ebene haben gezeigt, dass neben dem reinen Scheduling-Algorithmus auch weitere Parameter die Ausführungsgüte der VMs und somit den Gewinn eines CSPs beeinflussen. Grundsätzlich konnten diejenigen Scheduler ein besseres Ergebnis erzielen, die bei der VM- und bei der Host-Auswahl die aktuelle Ressourcenlastsituation in ihre Entscheidungen mit einbeziehen. Weiterhin zeigte sich, dass eine Reduktion der VM-Migrationen meist zu einem besseren Ergebnis geführt hat.

Bereits die initiale Verteilung der VMs auf die Hosts hat einen großen Einfluss auf die spätere Ausführung. So konnte gezeigt werden, dass die Verteilung der VMs nach ihrer RAM-Reservierung die Anzahl der im weiteren Verlauf der Simulation benötigten Migrationen senken konnte. Zusätzlich konnte die Anzahl der Ressourcenbrüche gesenkt und somit der Gewinn gesteigert werden, da weniger SLA-Strafen gezahlt werden mussten.

Weiterhin konnte das Ergebnis der reaktiven Scheduler durch die Hinzunahme von zusätzlichen proaktiven Schedulern beeinflusst werden. Die reaktiven Scheduler konnten aber nicht in allen Fällen die Ergebnisse verbessern. Hier kommt es darauf an, dass der reaktive Scheduler bereits gute Ergebnisse liefert, da ansonsten durch die zusätzlichen Migrationen (zum Beispiel durch den EE-Scheduler) das Ergebnis verschlechtert wird. Durch eine optimale Kombination von reaktiven und proaktiven Schedulern konnten die Betriebs- und SLA-Strafkosten gesenkt werden, was zu einem höheren Gewinn und einer höheren Marge geführt hat.

Es konnte zusätzlich gezeigt werden, dass eine Verlängerung der SLA-Warnzeit einen negativen Einfluss auf die Ressourcen-SLOs (RAM und CPU) hat, da nicht schnell genug auf die Cloud-Workload-spezifischen Lastschwankungen reagiert werden konnte. Das beste Ergebnis wurde erzielt, wenn der SLA-Manager auf stark ansteigende Ressourcenverbräuche zeitnah mit einem Reschedule reagiert.

Auch die Größe der eingesetzten Hosts hat einen Einfluss auf die VM-Ausführung. Die Ergebnisse der Simulationen haben gezeigt, dass Hosts mit mehr RAM- und CPU-Ressourcen die Lastschwankungen der einzelnen VMs lokal besser abfangen können. Dies führt zu weniger Eingriffen durch den SLA-Manager und somit zu weniger Migrationen. Auch die Anzahl der Ressourcenbrüche konnte bei größeren Hosts gesenkt werden. Da aber gleichzeitig die Kosten für größere Hosts mit mehr Ressourcen steigen, muss ein Kompromiss zwischen den eingesetzten Ressourcen und den SLA-Brüchen (und den jeweiligen Strafzahlungen) gefunden werden. Diese Aussagen gelten aber nur für Simulationen mit einem DC. Stehen mehr DCs oder sogar weitere CSPs in der Föderation zur Verfügung, wird eine weitere Reduktion der SLA-Brüche erwartet, da ein lokaler Ressourcenengpass in einem anderen DC abgefangen werden kann.

Insgesamt hat sich in den hier durchgeführten Simulationen die Kombination des reaktiven MMWF-Schedulers mit dem proaktiven Scheduler EE als beste Strategie herausgestellt. Dies konnte anhand von drei unterschiedlichen Workloads gezeigt werden. Der Vergleich der Auswirkungen des besten (MMWF) und der beiden schlechtesten Scheduler (FF und HPGBF) auf die technischen Metriken wird in Abbildung 10.3 gezeigt. Die Auswirkungen auf die finanziellen Metriken werden in Abbildung 10.4 dargestellt. Dabei werden die Ergebnisse der beiden schlechtesten Scheduler ohne weitere Optimierungen mit den Ergebnissen des besten Schedulers nach Anwendung aller Optimierungsmaßnahmen verglichen. Es lässt sich eindeutig erkennen, dass der MMWF-Scheduler in allen gemessenen Werten für eine teilweise drastische Verbesserung der Simulationsergebnisse sorgt.

Trotz aller Bemühungen, realitätsnahe Daten zu erzeugen, sind die Ergebnisse nicht als allgemeingültig anzusehen. In dieser Arbeit wurden nur einige der möglichen Scheduler untersucht und mangels weiterer Cloud Workload Traces konnten ihre Auswirkungen auf die technischen und finanziellen Metriken eines CSPs nur in begrenztem Maße validiert werden. Trotzdem konnte gezeigt werden, dass ein CSP durch die Wahl eines guten VM-Schedulers und einer optimal an

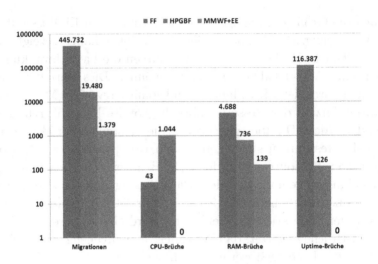

Abbildung 10.3: Vergleich der technischen Metriken: FF- und HPGBF-
Scheduler (ohne Optimierungen), MMWF-Scheduler
(inklusive initialer VM-Verteilung nach RAM-Ressourcen und EE-Scheduler), Bitbrains FastStorage Trace
mit 1.250 VMs, ein DC und 36 Hosts (Logarithmische
Skala)

die VMs angepassten DC-Konfiguration seinen Gewinn stark steigern
kann.

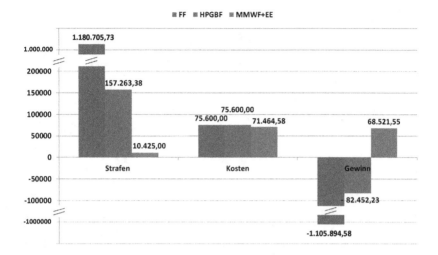

Abbildung 10.4: Vergleich der finanziellen Metriken: FF- und HPGBF-
Scheduler (ohne Optimierungen), MMWF-Scheduler
(inklusive initialer VM-Verteilung nach RAM-Ressourcen und EE-Scheduler), Bitbrains FastStorage Trace
mit 1.250 VMs, ein DC und 36 Hosts

11 CSP-Scheduling

Die Inter-DC-Scheduler haben das Ziel, bei der Überlast eines DCs ein passendes DC innerhalb eines gegebenen CSPs zu finden und gefährdete VMs zwischen den DCs zu migrieren. Dabei sollen die Scheduler, genau wie die der ersten Ebene, dafür sorgen, dass möglichst wenige SLAs gebrochen werden und somit die Kosten für eventuelle Strafen möglichst niedrig gehalten werden. Können sie den Ressourcenengpass in keinen der CSP-eigenen DCs lösen, so übergeben sie die gefährdeten VMs an den Föderations-Scheduler. Die in diesem Kapitel vorgestellten Scheduler können dabei nicht separat untersucht werden. Sie benötigen immer mindestens zwei DCs mit den dazugehörigen Intra-DC-Scheduler.

Die Scheduler auf der zweiten Ebene arbeiten wieder in zwei Schritten. Im ersten Schritt werden eine oder mehrere VMs zur Migration ausgewählt und im zweiten Schritt werden für die zu migrierenden VMs ein neues DC des gleichen CSPs gesucht. Bei der VM-Auswahl gibt es zwei grundlegende Auswahlstrategien, wie zu migrierende VMs gesucht werden:

1. *Lokal (L):* Bei der lokalen VM-Auswahl (Strategie: local) wird ausschließlich auf dem durch einen Ressourcenengpass überbelasteten Host nach einer oder mehreren VMs gesucht, die in ein anderes DC migriert werden sollen.

2. *Global (G):* Bei der globalen VM-Auswahl (Strategie: global) kann der Inter-DC-Scheduler sein Wissen über die Last aller Hosts und VMs nutzen und die Vorauswahl des Intra-DC-Schedulers ignorieren, um statt einer VM von dem direkt gefährdeten Host auszuwählen, möglicherweise eine oder mehrere VMs von anderen Hosts des selben DCs auszuwählen. Dies erzeugt zwar potentiell

© Springer Fachmedien Wiesbaden GmbH, ein Teil von Springer Nature 2018
A. Kohne, *Cloud-Föderationen*,
https://doi.org/10.1007/978-3-658-20973-5_11

eine höhere Anzahl an Migrationen, könnte sich aber positiv auf
die SLAs auswirken.

Zusätzlich zu der lokalen oder globalen Ausrichtung der VM-Auswahl
werden weitere Kriterien evaluiert, anhand deren die zu migrierenden
VMs ausgewählt werden können:

1. *Höchster Ressourcenverbrauch (Minimize Migrations
   (MM)):* Bei dieser Strategie werden alle potentiell migrierbaren
   VMs nach ihrem aktuellen Ressourcenverbrauch absteigend in
   einer Liste sortiert. Danach wird diese Liste beginnend mit der VM
   mit dem höchsten Ressourcenverbrauch durchlaufen und so viele
   VMs zur Migration ausgewählt, bis der gefährdete Host wieder
   ausreichend Ressourcen zur Verfügung hat und unterhalb seiner
   Lastgrenze arbeitet. Diese VM-Auswahl arbeitet in Anlehnung an
   die MM-Strategie auf der ersten Ebene. Ziel der Auswahl ist es,
   die Anzahl der zu migrierenden VMs möglichst niedrig zu halten.

2. *Höchste SLA-Gefährdung (SlaDangerHigh(SDH)):* Bei
   dieser Strategie werden zunächst alle in Frage kommenden VMs
   nach ihrer aktuellen SLA-Gefährdungsstufe sortiert. Diese Gefährdungsstufe ist definiert als der Prozentsatz der SLA-Gefährdung,
   den die gegebene VM bereits gegenüber der in der SLA garantier-
   ten Service-Qualität im Bereich der Uptime erreicht hat. Die VMs
   werden danach anhand ihrer aktuellen Gefährdung absteigend in
   eine Liste sortiert. Es werden jetzt, beginnend mit der am höchsten gefährdeten VM, solange der Sortierung folgend VMs für die
   Migration ausgewählt, bis wieder ausreichend Ressourcen in dem
   gegebenen DC zur Verfügung stehen. Bei der Auswahl werden alle
   VMs ausgeschlossen, deren SLA-Gefährdung bereits bei 90% oder
   höher liegt, da diese VMs durch ihre starke Gefährdung nicht mehr
   migriert werden sollten. Ziel der Strategie ist es, gefährdete VMs
   aus einem stark ausgelasteten DC in ein weniger ausgelastetes DC
   zu migrieren, damit die SLAs nicht reißen.

3. *Niedrigste SLA-Gefährdung (SlaDangerLow (SDL)):* Diese Strategie arbeitet analog zu der SlaDangerHigh-Strategie, aber

die VMs werden ihrer Gefährdungsstufe nach aufwärts sortiert. Es werden dann der Sortierung folgend so lange VMs zur Migration ausgewählt, bis wieder ausreichend Ressourcen zur Verfügung stehen. Ziel der Strategie ist es, möglichst diejenigen VMs zu migrieren, die noch nicht oder nur sehr gering gefährdet sind. Dies ist sinnvoll, da diese VMs von der Migration nicht noch zusätzlich gefährdet werden und die stark gefährdeten VMs möglichst nicht migriert werden. Dies soll die Anzahl der SLA-Brüche reduzieren.

Nachdem die im weiteren Verlauf der Arbeit genutzten VM-Auswahlstrategien vorgestellt wurden, werden im Folgenden die eingesetzten DC-Auswahlstrategien für die Inter-DC-Ebene vorgestellt. Dabei wird die BestFit (BF) Strategie nicht weiter untersucht, da sich durch die Untersuchungen auf der ersten Ebene gezeigt hat, dass dieser Ansatz zu einer erhöhten Anzahl an SLA-Brüchen führt und somit nicht zielführend ist.

1. **FirstFit (FF):** Die FirstFit-Strategie arbeitet analog zu der bereits bei den Intra-DC-Schedulern vorgestellten Variante. Der Scheduler
sucht das erste DC aus der Liste aller DCs innerhalb des jeweiligen CSPs, welches aktuell ausreichend freie Ressourcen zur Verfügung hat, um die zu migrierende VM zusätzlich auszuführen. Dabei wird sichergestellt, dass ein DC ausgewählt wird, dass ungleich dem DC mit dem Ressourcenproblem ist. Falls kein passendes DC mit freien Ressourcen gefunden werden kann, werden die zu migrierenden VMs an den Föderations-Scheduler weitergereicht. Kann dieser das Problem lösen, werden die VMs migriert und der Scheduler beendet sich. Ansonsten werden die VMs wieder für einen Simulationstick pausiert.

2. **WorstFit (WF):** Die WorstFit-Strategie arbeitet ebenfalls analog zu der Intra-DC-Variante. Genau wie bei der gerade vorgestellten FirstFit-Strategie ist der Prozess aber auch wieder zweigeteilt. Erst wird das DC mit den meisten freien Ressourcen ausgewählt. Danach wird innerhalb des so ausgewählten DCs der Host mit den

meisten freien Ressourcen gesucht, der die VM ausführen kann, ohne die konfigurierte Ressourcengrenze zu überschreiten. Falls kein passendes DC mit freien Ressourcen gefunden werden kann, werden die zu migrierenden VMs an den Föderations-Scheduler weitergereicht. Dies kann entweder das Problem lösen, oder die VM wird pausiert.

3. *BestDangerAverage (BDA):* Die BestDangerAverage-Strategie hat das Ziel, denjenigen Host in einem der CSP-eigenen DCs zu finden, dessen VMs insgesamt am wenigsten gefährdet sind. Um dies zu erreichen, berechnet der Scheduler im ersten Schritt für jede VM die prozentuale Gefährdung im Sinne der Uptime-SLOs, summiert diese Werte für jeden Host auf und bildet den Durchschnitt. Im zweiten Schritt werden die Hosts nach ihrer durchschnittlichen SLA-Gefährdung aufsteigend sortiert. Der Scheduler durchläuft dann diese Liste in aufsteigender Reihenfolge und sucht den Host mit der niedrigsten Gefährdung aus, der noch ausreichend freie Ressourcen für die Ausführung der VM hat und dabei unter der konfigurierten Ressourcenlastgrenze bleibt.

Die im weiteren Verlauf dieses Kapitels vorgestellten Scheduler nutzen jeweils eine Kombination der hier vorgestellten VM- und DC-Auswahlstrategien. Wurde mit Hilfe der DC-Auswahlstrategie ein passendes DC gefunden, welches die zu migrierende VM bestmöglich ausführen kann, so übergibt der Inter-DC-Scheduler die jeweilige VM an den Intra-DC-Scheduler des Ziel-DCs. Dieser platziert die VM dann anhand seiner jeweiligen Strategie auf einem neuen Host. Die konkreten Implementierungen der untersuchten Scheduler werden in [98] und [116] ausführlich vorgestellt.

11.1 Simulationsszenarien

Der Betrieb nur eines DCs ist sehr gefährlich, da Strom-, Kühlungs- oder sonstige Ausfälle sowie Naturkatastrophen dafür sorgen können, dass das ganze DC und somit alle VMs ausfallen. Moderne CSPs müssen sogar, wenn sie entsprechende Zertifizierungen (z.B. vom TÜV) erhalten wollen, ihre Server über mindestens zwei DCs verteilen. Hierbei wird auch von Georedundanz gesprochen. Durch den Betrieb in mindestens zwei DCs, welche weiter voneinander entfernt liegen, können somit viele Gefahren vermieden werden und im Zweifel die Ausführung der VMs aus einem ausgefallenen DC übernommen werden. Die meisten CSPs verteilen ihre DCs überall auf der Welt, um zusätzlich zu der Sicherheit, die Antwortlatenzen zu den jeweiligen Kunden niedrig zu halten und ihre Strom- und Kühlungskosten niedrig zu halten (vgl. [9, 52, 131]). Zusätzlich können es auch landesspezifische Regularien, Gesetze und weitere Compliance-Regeln der Kunden nötig werden lassen, DCs in speziellen Ländern (zum Beispiel in Deutschland zum Thema Datenschutz) zu betreiben. Diese Parameter werden in den folgenden Untersuchungen nicht weiter berücksichtigt, da sich in dieser Arbeit zunächst auf die Grundlagen im Bereich der föderierten Clouds konzentriert werden soll. Auch die Verteilung der DCs über mehrere Länder wird aus dem gleichen Grund nicht weiter berücksichtigt. Die Migrationszeit zwischen zwei DCs oder zwei CSPs wird aber mit einer konfigurierbaren Dauer simuliert. Diese Dauer ist für alle DC- und CSP-Migrationen normiert und nicht von Ländergrenzen oder Entfernungen abhängig.

Da die Anzahl der VMs in den einzelnen Traces nicht sehr hoch ist (maximal 1.250 im FastStorage Trace), können hier nur Untersuchungen mit maximal drei DCs durchgeführt werden. Ansonsten wäre die Anzahl der Hosts pro DC zu gering. Grundsätzlich gilt für die Inter-DC-Scheduler: Je mehr Ziel-DCs zur Verfügung stehen, desto mehr Auswahl haben die Scheduler. Somit kann aus einer möglichst großen Menge an DCs dasjenige als Migrationsziel ausgewählt werden, das die zu migrierenden VMs bestmöglich ausführen kann. Dadurch steigt auch die Wahrscheinlichkeit, dass aktuelle Ressourcenproblem innerhalb des CSPs zu lösen.

Im Folgenden wird zunächst wieder der Bitbrains FastStorage Trace als Eingabe untersucht. Zuerst wird die Ausführung in zwei DCs des selben CSPs simulativ bewertet. Dazu werden die Ergebnisse aus dem vorherigen Kapitel genutzt und die für die Ausführung des Traces eingesetzten Hosts auf zwei DCs verteilt. Somit besitzt jedes der beiden DCs 18 Hosts. Jeder Host verfügt wieder über 48 CPU-Cores mit je 2,9 GHz und 64 GB RAM. Als Intra-DC-Scheduler nutzt jedes DC den MMWF-Scheduler, da er die besten Ergebnisse auf Ebene 1 gezeigt hat. Zusätzlich zum MMWF-Scheduler wird in jedem DC der proaktive EE-Scheduler zur Kostenoptimierung eingesetzt. Als initiale VM-Verteilung wird die RAM-basierte Ressourcenstrategie gewählt und die SLA-Warnzeitverzögerung wird auf einen Tick gesetzt. Die Finanzkonfiguration ist identisch zu der auf Ebene 1. In Abbildung 11.1 wird das Simulationsszenario der Inter-DC-Ebene mit einem CSP und drei DCs grafisch dargestellt.

Zur Bewertung der einzelnen Scheduler werden wieder die gleichen Metriken herangezogen, die bereits zur Bewertung der Intra-DC-Scheduler genutzt werden. Zusätzlich wird noch die Anzahl der Migrationen zwischen den DCs bewertet. Weiterhin wurde die durchschnittliche Ressourcenlast (RAM und CPU) der einzelnen DCs als weitere Metriken mit bewertet. Sie wird aber nicht bei allen Ergebnissen mit ausgewiesen.

Im Folgenden werden zunächst die untersuchten Scheduler mit Ihren Zielen im Einzelnen vorgestellt.

11.2 FirstFit

Der FirstFit-Scheduler arbeitet ausschließlich nach der bereits oben beschriebenen Strategie.

11.3 MML

Im Folgenden werden zwei Scheduler vorgestellt, die mit der Minimize Migrations Local (MML)-Strategie VMs für eine Migration auswählen.

Der erste MML-Scheduler nutzt für die DC-Auswahl die BestDangerAverage (BDA)-Strategie. Ziel des Schedulers ist es, die Anzahl der

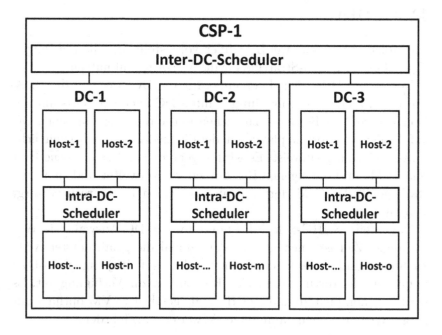

Abbildung 11.1: Grafische Darstellung des Simulationsszenarios der Inter-DC-Ebene mit einem CSP und drei DCs

Migrationen zu reduzieren und die gefährdeten VMs in das DC mit denjenigen Hosts zu migrieren, die die niedrigste durchschnittliche Gefährdung besitzen. Dies soll zusätzlich die Anzahl der SLA-Verstöße reduzieren.

Der zweite MML-Scheduler nutzt für die DC-Auswahl die WF-Strategie.

Für den MM-Scheduler wurde keine globale Variante (MMG) implementiert, da sie gegen die zugrundeliegende MM-Strategie arbeitet, die ausschließlich auf dem gefährdeten Host nach zu migriereden VMs sucht.

11.4 SDHG

Nachfolgend werden zwei Scheduler vorgestellt, die die SlaDanger-HighGlobal (SDHG)-Strategie für die VM-Auswahl nutzen.

Der erste SDHG-Scheduler nutzt für die DC-Auswahl die BDA-Strategie. Ziel ist es global im gesamten DC nach den VMs mit der höchsten SLA-Gefährdung zu suchen und diese in einem neuen DC auf demjenigen Host zu platzieren, der die niedrigste durchschnittliche SLA-Gefährdung aufweist. Es wird angenommen, dass der neue Host seine VMs und die eigenen Ressourcen gut verwaltet und somit die stark gefährdete VM dort mit ausreichenden Ressourcen versorgt werden kann.

Der zweite SDHG-Scheduler nutzt für die DC-Auswahl die WF-Strategie. Ziel ist auch hier wieder, global die gefährdetsten VMs zu finden und diese in einem neuen DC auf denjenigen Host zu migrieren, der die meisten freien Ressourcen zur Verfügung hat. Es wird angenommen, dass dieser Host die gefährdete VM optimal mit Ressourcen versorgen kann, ohne sie weiter zu gefährden.

11.5 SDHL

Als nächstes werden Scheduler vorgestellt, die die SlaDangerHighLocal (SDHL)-Strategie zur VM-Auswahl nutzen.

Der erste SDHL-Scheduler nutzt die BDA-Strategie zur DC-Auswahl. Dieser Scheduler wählt lokal die VMs mit der höchsten SLA-Gefährdung von dem überlasteten Host und übergibt sie an das DC mit demjenigen Host, der aktuell die niedrigste SLA-Gefährdung aufweist. Ziel des Schedulers ist es, die gefährdete VM in ein DC zu migrieren, das seine VMs aktuell optimal im Sinne der SLA-Erfüllung ausführt.

Der zweite SDHL-Scheduler nutzt die WF-Strategie zur DC-Auswahl. Es wird also die VM mit der höchsten SLA-Gefährdung von dem lokalen Host ausgewählt und in das DC mit dem am wenigsten ausgelasteten Host migriert. Ziel ist es, den lokalen Host zu entlasten und die gefährdeten VMs auf Hosts auszuführen, die ausreichend freie Ressourcen zur Verfügung haben.

11.6 SDLG

Im nächsten Schritt werden die beiden Scheduling-Varianten vorgestellt, die für die VM-Auswahl die SlaDangerLowGlobal (SDLG)-Strategie nutzen.

Der erste SDLG-Scheduler nutzt dabei die BDA-Strategie zur DC-Auswahl. Der Scheduler wählt die VMs mit der geringsten SLA-Gefährdung innerhalb des DCs aus und migriert diese in dasjenige DC, welches die geringste durchschnittliche Host-Gefährdung aufweist. Dies sorgt dafür, dass im Ausgangs-DC wieder ausreichend freie Ressourcen zur Ausführung der gefährdeten VMs frei werden und nur VMs migriert werden, denen die Migrations-Downtime nicht gefährlich werden kann.

Der zweite SDLG-Scheduler nutzt zur DC-Auswahl die WF-Strategie. Ziel ist es auch hier, durch die Migration von ungefährdeten VMs ausreichen freie Ressourcen in dem gefährdeten DC zu erhalten, um die gefährdeten VMs mit ausreichend Ressourcen versorgen zu können. Gleichzeitig werden die migrierten VMs auf Hosts platziert, die auch zukünftig ausreichend freie Ressourcen zur Verfügung haben sollten.

11.7 SDLL

Als nächstes werden zwei Scheduling-Varianten untersucht, die für die VM-Auswahl die SlaDangerLowLocal (SDLL)-Strategie nutzen.

Der erste SDLL-Scheduler nutzt zur DC-Auswahl die BDA-Strategie. Es werden also lokal auf dem gefährdeten Host diejenigen VMs zur Migration ausgewählt, die die niedrigste SLA-Gefährdung aufweisen. Diese VMs werden dann in dem DC platziert, das die niedrigste durchschnittliche SLA-Gefährdung besitzt. Ziel ist es, auf dem gefährdeten Host ausreichend freie Ressourcen zu erhalten, um die gefährdeten VMs wieder SLA-konform ausführen zu können. Dafür werden VMs von dem Host entfernt, die eine sehr niedrige Gefährdung aufweisen und in einem DC mit sehr niedriger SLA-Gefährdung platziert.

Der zweite SDLL-Scheduler nutzt für die DC-Auswahl die WF-Strategie. Es werden wieder die VMs mit der niedrigsten SLA-Gefährdung auf dem überlasteten Host ausgewählt und in das DC mit dem Host mit den meisten freien Ressourcen migriert.

11.8 SLLG

Im Folgenden werden Scheduler vorgestellt, die für die VM-Auswahl die SlaLevelLowGlobal (SLLG)-Strategie nutzen.

Der erste SLLG-Scheduler nutzt für die DC-Auswahl die BDA-Strategie. Ziel ist es, global in dem gefährdeten DC nach VMs mit niedrigem SLA-Level (z.b. Bronze) zu suchen und diese in einem neuen DC auszuführen, welches eine möglichst niedrige durchschnittliche SLA-Gefährdung aufweist. Dadurch sollen in dem Ausgangs-DC freie Ressourcen geschaffen werden, die es ermöglichen, die gefährdeten VMs wieder optimal auszuführen. Dabei sollen nur wenig gefährdete VMs in ein neues DC migriert werden, da durch die Migration die Downtime der VMs weiter verschlechtert wird.

Der zweite SLLG-Scheduler nutzt für die DC-Auswahl die WF-Strategie. Ziel ist es wieder, global VMs mit niedirgem SLA-Level im Ausgangs-DC zu finden und diese in ein anderes DC zu migrieren, das möglichst viele freie Ressourcen zur Verfügung stellen kann.

11.9 SLLL

Abschließend werden zwei Scheduler vorgestellt, die für die VM-Auswahl die SlaLevelLowLocal (SLLL)-Strategie nutzen.

Der erste SLLL-Scheduler nutzt für die DC-Auswahl die BDA-Strategie. Ziel des Schedulers ist es, lokal auf dem gefährdeten Host nach VMs zu suchen, die ein möglichst niedriges SLA-Level besitzen, um diese auf einen Host mit einer möglichst niedrigen durchschnittlichen SLA-Gefährdung in einem anderen DC zu migrieren.

Der zweite SLLL-Scheduler nutzt für die DC-Auswahl die WF-Strategie. Der Scheduler sucht auf dem gefährdeten Host nach VMs mit einem möglichst niedrigen SLA-Level, um diese dann auf einen Host mit möglichst vielen freien Ressourcen in einem anderen DC zu

Tabelle 11.1: Zusammenfassung der Ergebnisse der Inter-DC-Scheduler für zwei DCs inklusive EE-Erweiterung und initialer VM-Verteilung nach RAM-Ressourcen für den Bitbrains Trace FastStorage mit 1.250 VMs (Alle Scheduler erzeugen einen Umsatz von je 150.411,14)

Scheduler	Migr. DC	Migr. CSP	Brüche			Strafen	Kosten	Gewinn	Marge (in %)
			CPU	RAM	UT				
FF	2.047	9	4	195	0	15.075,00	69.285,41	66.050,72	43,9
MML-BDA	2.261	20	3	185	0	14.212,50	69.187,32	67.011,31	44,6
MML-WF	2.182	41	1	206	0	15.562,50	68.431,25	66.417,38	44,2
SDHG-BDA	2.220	35	3	216	0	16.537,50	69.469,61	64.404,02	42,8
SDHG-WF	2.129	32	0	187	0	14.025,00	68.273,26	68.112,87	45,3
SDHL-BDA	2.351	112	1	258	0	19.462,50	69.465,79	61.482,84	40,9
SDHL-WF	2.321	48	2	160	0	12.225,00	68.809,02	69.377,11	46,1
SDLG-BDA	3.631	432	2	215	0	16.350,00	68.880,38	65.180,75	43,3
SDLG-WF	2.577	163	5	222	0	17.212,50	68.269,79	64.928,84	43,2
SDLL-BDA	2.334	132	1	174	0	13.162,50	69.150,69	68.097,94	45,3
SDLL-WF	2.476	93	4	195	0	15.075,00	68.363,02	66.973,11	44,5
SLLG-BDA	2.476	104	1	227	0	17.137,50	68.232,29	65.041,34	43,2
SLLG-WF	2.332	43	4	186	0	14.400,00	68.751,38	67.259,75	44,7
SLLL-BDA	2.467	49	0	212	0	15.900,00	67.941,49	66.569,64	44,3
SLLL-WF	2.245	104	1	183	0	13.837,50	68.801,38	67.772,25	45,1
SDHL-WF-LB	2.426	96	2	193	0	14.700,00	69.095,83	66.615,30	44,3

migrieren. Somit sollen die bereits stark gefährdeten VMs ausreichend freie Ressourcen erhalten und die weniger gefährdeten VMs werden auf einem Host platziert, der auch zukünftig ausreichende Ressourcen zur Verfügung stellen sollte.

11.10 Untersuchung mit zwei DCs

In einer ersten Versuchsreihe werden die Inter-DC-Scheduler auf der zweiten Ebene der Reihe nach getestet. Die Ergebnisse der Simulationen werden in Tabelle 11.1 zusammengefasst.

Es zeigt sich, dass alle Inter-DC-Algorithmen grundsätzlich ein gutes Ergebnis aufweisen. Die Ergebnisse liegen alle sehr nah beieinander. Dies lässt sich am besten an der erzielten Marge erkennen. Bei einer Ausführung des FastStorage Traces in einem DC (vgl. Ergebnisse der Intra-DC-Ebene in Kapitel 10) konnte mit Hilfe des

MMWF-Schedulers eine Marge von 45,6% erzielt werden. Die Margenergebnisse der Inter-DC-Scheduler schwanken zwischen 40,9% beim SDHL-BDA-Scheduler und 46,1% beim SDHL-WF-Scheduler. Somit liefert die SDHL-Strategie mit der BDA-Host-Auswahl das schlechteste und mit der WF-Strategie das beste Ergebnis auf dieser Ebene. Die Ergebnisse zeigen kein eindeutiges Ergebnis bzgl. einer bestimmten DC-Auswahlstrategie. Die WF-Strategie liegt im direkten Vergleich zur BDA-Strategie in ca. 57% der Fälle vorne. Hier lässt sich wieder erkennen, dass die Einbeziehung der aktuellen Ressourcenlast in die Scheduling-Entscheidung von Vorteil ist. Trotzdem liefert auch die Bewertung der durchschnittlichen SLA-Gefährdung gute Ergebnisse.

Insgesamt arbeitet der SDHL-WF-Scheduler auf der Intra-DC-Ebene am besten. Er liefert die höchste Marge und konnte die Marge gegenüber der Trace-Ausführung in nur einem DC sogar noch leicht um 0,5 Prozentpunkte auf 45,6% steigern. Obwohl durch den Einsatz des SDHL-WF-Schedulers, im Vergleich zur Simulation mit nur einem DC, die Anzahl der Migrationen innerhalb der DCs auf 2.321 angestiegen ist (+68% gegenüber 1.379 Migrationen) und auch die Anzahl der CPU-Brüche von 0 auf 2 und die der RAM-Brüche von 139 auf 160 gestiegen ist, konnte ein höherer Gewinn erzielt werden. Dies liegt darin begründet, dass durch die Verteilung der Hosts auf zwei DCs mit Hilfe des EE-Schedulers mehr Hosts zwischenzeitlich ausgeschaltet werden konnten. Die Kosteneinsparungen daraus überwiegen die zusätzlichen SLA-Strafkosten.

Es lässt sich beobachten, dass die Anzahl der Migrationen innerhalb der DCs in allen Simulationen stark gegenüber der Ausführung in nur einem DC angestiegen ist. Maximal steigt die Anzahl auf 3.631 Migrationen bei der Untersuchung des SDLG-BDA-Schedulers. Dies liegt zum einen daran, dass in jedem DC weniger Ressourcen und vor allem weniger Ziel-Hosts für den Intra-DC-Scheduler zur Verfügung stehen, als bei einer Ausführung in einem DC. Somit sinkt die Anzahl der Auswahlmöglichkeiten und der Scheduler muss öfter migrieren, da ein gegebener Ressourcenengpass lokal nicht optimal gelöst werden kann. Zum anderen sorgen die Scheduler mit der globalen VM-

Auswahlstrategie oft für mehr Migrationen, da sie alle VMs auf allen Hosts in einem gefährdeten DC untersuchen und die Entscheidung des SLA-Managers überschreiben.

Bei der Untersuchung der Anzahl der Migrationen zwischen den DCs zeigt sich, dass der FF-Scheduler mit nur neun Migrationen das beste Ergebnis zeigt. Dies liegt darin begründet, dass der FF-Scheduler die hochgereichten VMs in das erste DC migriert, welches ausreichend freie Ressourcen zur Verfügung hat. Da in diesem Versuch nur ein weiteres DC zur Verfügung steht, wirkt sich dies nicht negativ gegenüber den anderen Schedulern aus. Zusätzlich optimiert der Scheduler die VM-Auswahl nicht weiter. Dieser Prozess sorgt bei den anderen Schedulern zu teilweise drastisch mehr Inter-DC-Migrationen (Maximal 432 Migrationen beim SDLG-BDA-Scheduler). Auf der anderen Seite zeigt sich, dass fast alle Scheduler, die die VM-Auswahl anhand ihrer jeweiligen Strategie optimieren, zum einen die SLA-Strafkosten reduzieren können und zum anderen durch eine gleichmäßigere Auslastung der Ressourcen eine höhere Einsparung durch den EE-Scheduler erzielen.

Zusätzlich zeigt sich in einem direkten Vergleich der sechs Scheduler-Paare, die jeweils in der globalen (G) und in der lokalen (L) Variante untersucht wurden, dass die lokale Variante, welche ausschließlich auf dem gefährdeten Host nach migrierbaren VMs sucht, in fünf von sechs Simulationen besser abschnitt. Dies zeigt, dass es sich lohnt, einen gegebenen Ressourcenengpass sofort lokal zu behandeln. Eine weitere Einbeziehung der übrigen Hosts in dem DC sorgt für zusätzliche Migrationen und SLA-Strafen. Dies führt im Endeffekt zu schlechteren Margen.

Abschließend lässt sich festhalten, dass alle untersuchten Scheduler die Uptime-SLOs aller VMs einhalten können und es zu keinen entsprechenden SLA-Brüchen kommt. Dies belegt nochmal die Güte des MMWF-Scheduler auf der Intra-DC-Ebene, der auch in Kombination mit den Inter-DC-Sche-dulern und den zusätzlichen Migrationen sehr gute Ergebnisse liefert.

Nachdem alle Ergebnisse ausgewertet sind, wird noch versucht, das Ergebnis des SDHL-WF-Schedulers zu verbessern, indem zusätzlich der Load Balancer eingesetzt wird. Das Ergebnis wird ebenfalls in Tabelle 11.1 dargestellt (letzte Zeile). Es zeigt sich, dass der zusätzliche proaktive Scheduler das Ergebnis nicht weiter verbessern kann. Im Gegenteil: Auch durch die zusätzlichen Migrationen (vor allem +48 Inter-DC-Migrationen) können 33 zusätzliche RAM-Brüche nicht verhindert werden. Die hierdurch steigenden Strafkosten lassen die Marge um 1,8 Prozentpunkte auf 44,3% fallen. Somit ist das Ergebnis sogar schlechter als die nächstbesten Scheduler.

Auch ohne den LB-Scheduler sorgen alle untersuchten Scheduler für eine gleichmäßige Lastverteilung über die beiden DCs. Die Hosts weisen im Durchschnitt ca. 30% RAM-Last und 24% CPU-Last auf. Dies ist ein guter Wert, da die freien Ressourcen dynamisch für lokale Lastspitzen genutzt werden können. Der Grund für die gute Lastverteilung ist in der initialen VM-Verteilung zu sehen, die alle VMs nach ihrer RAM-Reservierung gleichmäßig über alle Hosts der DCs verteilt.

Ein zusätzlicher Einsatz des Load Balancers lohnt sich also in diesem Fall nicht. Dieses Ergebnis lässt sich aber sicherlich nicht verallgemeinern und bezieht sich nur auf die hier vorgestellte Versuchsreihe. Der zusätzliche Einsatz eines Load Balancers muss jeweils im realen Betrieb untersucht werden und hängt stark von den Workloads ab.

Dass die Ergebnisse in dieser Versuchsreihe alle relativ nahe beieinander liegen, liegt daran, dass der Inter-DC-Scheduler bei zwei DCs pro Aufruf nur ein Ziel-DC wählen kann. Darum muss jede hochgereichte VM zwangsweise in das andere der beiden DCs migriert werden, da eine weitere Ausführung in dem Quell-DC nicht möglich ist. Falls eine Migration in das zweite DC nicht möglich ist, wird die VM pausiert und eine Platzierung in einem DC wird einen Tick später wieder versucht. Die Ergebnisse der Simulationen schwanken nur, weil die VM-Auswahl der einzelnen Strategien unterschiedlich ist. Aussagekräftigere Ergebnisse lassen sich erst ab drei DCs treffen.

11.11 Untersuchung mit drei DCs

Nachdem die Inter-DC-Scheduler im letzten Kapitel nur mit zwei DCs untersucht wurden und dies mangels Entscheidungsalternativen zu sehr ähnlichen Ergebnissen geführt hat, werden die Scheduler in der folgenden Simulationsreihe in einer CSP-Konfiguration mit insgesamt drei DCs untersucht. Dazu wird die Simulationskonfiguration aus dem vorherigen Kapitel so abgeändert, dass die insgesamt 36 Hosts zu gleichen Teilen auf drei DCs verteilt werden. So besitzt jedes der drei DCs zwölf Hosts. Jeder Host verfügt wieder über 48 CPU-Cores mit 2,9 GHz Rechenleistung und 64 GB RAM. Als initiale VM-Verteilstrategie wird wieder die RAM-basierte Ressourcenverteilung eingesetzt. Die SLA-Warnzeitverzögerung wird auf einen Tick eingestellt und in jedem DC wird die MMWF-Strategie als Intra-DC-Scheduler eingesetzt. Zusätzlich wird der proaktive EE-Scheduler in jedem DC genutzt. Es wird wieder der Bitbrains FastStorage Trace simuliert und die Finanzkonfiguration bleibt identisch. Die Ergebnisse werden in Tabelle 11.2 zusammengefasst.

Die Untersuchung der Ergebnisse zeigt ein recht ähnliches Bild im Vergleich zu der Simulationsreihe mit zwei DCs. Alle Inter-DC-Scheduler erreichen eine Marge zwischen 38,1% und 45,3%. Der SDHG-BDA-Scheduler liefert das beste Ergebnis. Gegenüber einer Ausführung in nur einem DC liefert er nur eine geringfügig niedrigere Marge (-0,3 Prozentpunkte) und gegenüber der Ausführung in zwei DCs sank die Marge um 0,8 Prozentpunkte. Dafür ist dieses Ergebnis viel aussagekräftiger, da eine Ausführung in drei DCs aus bereits oben beschriebenen Gründen viel näher an der Realität ist. Gegenüber der Ausführung in nur einem DC wird die Anzahl der Intra-DC-Migrationen um den Faktor 2,5 gesteigert. Die Anzahl der CPU-Brüche steigt von null auf sechs und die Zahl der RAM-Brüche von 139 auf 204 (+47%). Trotz der stark erhöhten Anzahl an Migrationen, können Uptime-Brüche aber weiterhin vermieden werden. Die durch die erhöhte Anzahl der SLA-Strafen gestiegenen Kosten können durch den erfolgreichen Einsatz des EE-Schedulers und die dadurch resultierenden Einsparungen fast wieder ausgeglichen werden.

Tabelle 11.2: Zusammenfassung der Ergebnisse der Inter-DC-Scheduler
für drei DCs inklusive EE-Erweiterung und initialer VM-
Verteilung nach RAM-Ressourcen für den Bitbrains Trace
FastStorage mit 1.250 VMs (Alle Scheduler erzeugten
einen Umsatz von je 150.411,14)

Scheduler	Mig. DC	Mig. CSP	Brüche			Strafen	Kosten	Gewinn	Marge (in %)
			CPU	RAM	UT				
FF	3.160	12	5	224	0	17.362,50	67.244,79	65.803,84	43,7
MML-BDA	2.754	36	2	215	0	16.350,00	66.324,13	67.737,00	45,0
MML-WF	3.448	53	2	357	0	27.000,00	66.150,17	57.260,96	38,1
SDHG-BDA	3.397	43	6	204	0	15.975,00	66.342,53	68.093,60	45,3
SDHG-WF	2.954	57	3	214	0	16.387,50	66.985,41	67.038,22	44,6
SDHL-BDA	3.279	113	3	230	0	17.587,50	66.993,40	65.830,23	43,8
SDHL-WF	3.159	279	4	245	0	18.825,00	66.155,03	65.431,10	43,5
SDLG-BDA	4.298	634	4	234	0	18.000,00	66.936,80	65.474,33	43,5
SDLG-WF	3.490	466	3	216	0	16.537,50	66.835,93	67.037,70	44,6
SDLL-BDA	3.293	34	4	228	0	17.550,00	67.199,99	65.661,14	43,7
SDLL-WF	3.418	180	6	220	0	17.175,00	67.454,86	65.781,27	43,7
SLLG-BDA	2.985	81	2	214	0	16.275,00	67.576,90	66.559,23	44,3
SLLG-WF	3.627	149	3	224	0	17.137,50	66.428,12	66.845,51	44,4
SLLL-BDA	3.905	377	10	246	0	19.575,00	66.294,27	64.541,86	42,9
SLLL-WF	3.004	171	4	219	0	16.875,00	67.434,37	66.101,76	43,9
SDHG-BDA-LB	2.683	116	0	184	0	13.800,00	68.783,68	67.827,45	45,1

Bei der Untersuchung der Inter-DC-Migrationen fällt auf, dass bei
fast allen Schedulern die Anzahl der Migrationen zwischen den DCs im
Vergleich zur Ausführung mit zwei DCs ansteigt. Vor allem die beiden
SDLG-Scheduler haben sehr viele Inter-DC-Migrationen. Der SDLG-
BDA führt 634 Migrationen zwischen den DCs durch und der SDLG-
WF 466. Diese Migrationen dauern länger als Intra-DC-Migrationen
und belasten damit die Uptime-SLOs. Trotz der vielen Migrationen
können aber Uptime-Brüche vermieden werden. Die hohe Anzahl an
Migrationen lässt sich durch die SDLG-Strategie erklären. Sie wählt
global über alle Hosts des gefährdeten DCs VMs zur Migration aus
und überschreibt damit den Vorschlag des SLA-Managers. Weiterhin
werden nur VMs mit einer sehr niedrigen SLA-Gefährdungsstufe
migriert.

Werden die Kosten der Ausführung verglichen, kann beobachtet
werden, dass diejenigen Scheduler mit niedrigen Kosten oft mehr

Migrationen und SLA-Brüche aufweisen. Dies liegt daran, dass der proaktive EE-Scheduler mehr Hosts zur Laufzeit ausschaltet. Somit fehlen in kritischen Situationen wichtige lokale Ressourcen. Dies führt zu höheren Strafen und schlussendlich zu niedrigeren Margen. Die durchschnittliche Last (RAM und CPU) hat sich gegenüber der Ausführung in zwei DCs nur geringfügig verändert. So liegt die RAM-Last bei allen Schedulern durchschnittlich bei ca. 31% und die CPU-Last durchschnittlich bei ca. 25%. Somit können auch hier die Ressourcen wieder gut genutzt werden und durch genügend freie Ressourcen Lastschwankungen abgefangen werden. Die recht gleichmäßige Verteilung über die drei DCs ist wieder auf die initialen VM-Verteilung und die MMWF-Scheduling-Strategie zurückzuführen.

Auch in dieser Versuchsreihe wird wieder untersucht, ob der Einsatz eines Load Balancers das Ergebnis des besten Schedulers auf dieser Ebene noch weiter verbessern kann. Das Ergebnis der Simulation wird ebenfalls in Tabelle 11.2 (letzte Zeile) dargestellt. Es zeigt sich, dass der Einsatz des Load Balancers in der Konfiguration mit drei DCs eine deutliche Verbesserung der technischen Metriken produziert. So kann die Anzahl der CPU-Brüche von sechs auf null gesenkt die Anzahl der RAM-Brüche von 204 auf 184 gesenkt werden. Um dies zu erreichen müssen 73 VMs mehr zwischen den DCs migriert werden. Insgesamt steigt die Anzahl der Inter-DC-Migrationen um 170% auf 116 Migrationen. Dies hat aber keinerlei negative Auswirkungen auf die Anzahl der Uptime-Brüche. Diese werden konstant vermieden. Insgesamt sinkt die Marge zwar gegenüber der Ausführung ohne den LB-Scheduler um 0,2 Prozentpunkte auf 45,1%, dafür wird jedoch das gesamte System stark beruhigt und die Anzahl der SLA-Brüche deutlich gesenkt. Darum sollte der minimale Margenverlust in Kauf genommen werden, vor allem da eine weitere Verbesserung der Ergebnisse bei einer steigenden Anzahl an DCs zu erwarten ist.

11.12 Kreuzvalidierung

Die Ergebnisse der letzten Kapitel sollen wieder durch eine Kreuzvalidierung mit zwei zusätzlichen Traces belegt werden. Dazu werden wieder der Bitbrains RnD Trace und der Materna Trace genutzt. Da beide Traces (jeweils Monat 1) nur über jeweils 500 respektive 520 VMs verfügen, werden die Traces mit den jeweiligen nächsten Monaten (2 und 3) mit Hilfe des SWF-Modifiers erweitert (vgl. Kapitel A.10.6 des Anhangs). Dies bedeutet, dass die VMs nachfolgend alle in einem Monat zusammen simuliert werden. Somit verfügt der RnD Trace insgesamt über 1.500 VMs und der Materna Trace über 1.594 VMs. Dieser Schritt war notwendig, um ausreichend große DCs für die Ausführung der Traces konfigurieren zu können.

Zur Simulation des RnD Traces wurde die Konfiguration aus Kapitel 10.7 übernommen und um zwei weitere, identisch konfigurierte DCs, erweitert. Somit verfügt jedes DC über 25 Hosts, die jeweils mit 64 GB RAM und 48 CPU-Cores mit je 2,9 GHz ausgestattet werden. Die drei DCs zur Simulation des Materna Traces verfügen jeweils über zehn Hosts mit 52 GB RAM und 15 CPU-Cores mit je 2,9 GHz. In allen DCs wurde der MMWF-Scheduler eingesetzt. Zusätzlich wurde in jedem DC der proaktive EE-Scheduler eingesetzt. Als initiale VM-Verteilstrategie wurde wieder die Ressourcen-basierte RAM-Variante eingesetzt. Die SLA-Warnzeitverzögerung wurde in beiden Versuchsreihen auf einen Tick gestellt. Die Finanzkonfigurationen wurden ebenfalls übernommen.

Die Ergebnisse des RnD Traces werden in Tabelle 11.3 zusammengefasst. Die Ergebnisse des Materna Traces werden in Tabelle 11.4 dargestellt.

Es zeigt sich ein ähnliches Bild wie bei der Simulation des FastStorage Traces. Alle Inter-DC-Scheduler liefern recht gute Ergebnisse, wobei kein Scheduler das Ergebnis gegenüber der Ausführung in einem DC verbessern kann. Gleichzeitig verschlechtert auch keiner der Scheduler das Ergebnis drastisch. Hierbei muss natürlich beachtet werden, dass die Ergebnisse nicht direkt vergleichbar sind, da die Traces künstlich erweitert wurden. Bei den Simulationen des RnD Traces schwanken die Margen zwischen 34,1% und 39,4%. Somit verschlechtert sich die Marge im besten Fall beim MML-WF-Scheduler um 0,7 Prozentpunkte gegenüber der Ausführung des einmonatigen RnD Traces in einem DC. Auch das Ergebnis des Materna Traces zeigt ein ähnliches Bild. Die Marge schwankt zwischen 35,7% und 43,5%. Verglichen mit der einmonatigen Ausführung in einem DC ist das im besten Fall beim SDLL-WF-Scheduler ein Verlust von 1,1 Prozentpunkten.

Alle Inter-DC-Scheduler sorgen dafür, dass es ausnahmslos zu mehr CPU- und RAM-Brüchen kommt. Dies gilt für beide Vergleichs-Traces. Dies ergibt sich durch die VM-Verteilung über drei DCs, die dadurch gesunkenen lokalen Ressourcen pro DC und die hinzukommenden Inter-CSP-Migrationen. Bei der Untersuchung der RnD-Ergebnisse lässt sich insbesondere beobachten, dass drei VM-Auswahlstrategien zusätzlich bei den SDLG-, SLLG- und SLLL-Schedulern Uptime-Brüche produzieren. Dies liegt daran, dass sie durch ihre globale Auswahl der zu migrierenden VMs die Auswahl des jeweiligen SLA-Managers überschreiben. Weiterhin migrieren sie zwar VMs mit einer niedrigen SLA-Stufe oder einer niedrigen SLA-Gefährdung, doch werden diese VMs so oft migriert, dass nach einiger Zeit die Uptime-SLOs reißen.

Auch bei diesen beiden Versuchsreihen wird angestrebt, das Ergebnis zu verbessern, indem zusätzlich noch der proaktive LB-Scheduler in jedem DC eingesetzt wird. In beiden Fällen zeigt sich jedoch, dass dies keinen Mehrwert bringt. Der RnD Trace verliert mit dem besten Scheduler (MML-WF) 0,9 Prozentpunkte Marge und der Materna Trace verliert mit dem besten Scheduler (SDLL-WF) sogar 4,8 Prozentpunkte. Dies stellt beides einen spürbaren Gewinnrückgang dar und würde in dieser Form von keinem CSP akzeptiert werden.

Insgesamt lässt sich festhalten, dass alle hier untersuchten Inter-DC-Scheduler gute Ergebnisse liefern und die Simulationsergebnisse des FastStorage Traces validiert werden konnten. Keiner der Scheduler verschlechtert das Endergebnis drastisch oder liefert einen Verlust. Trotzdem lohnt es sich einen passen Scheduler für einen gegebenen Workload zu finden, da die Marge durchaus um 8 Prozentpunkte schwanken kann. Es zeigte sich, dass die Strategie zur Auswahl der zu

Tabelle 11.3: Zusammenfassung der Ergebnisse der Inter-DC-Scheduler für drei DCs inklusive EE-Erweiterung und initialer VM-Verteilung nach RAM-Ressourcen für den Bitbrains Trace RnD (Monate 1-3) mit 1.500 VMs (Alle Scheduler erzeugten einen Umsatz von je 60.806,34)

Scheduler	Mig. DC	Mig. CSP	Brüche			Strafen	Kosten	Gewinn	Marge (in)
			CPU	RAM	UT				
FF	2.006	1	6	59	2	8.374,97	29.470,34	22.961,02	37,8
MML-BDA	1.969	2	5	61	0	8.120,00	29.650,60	23.035,73	37,9
MML-WF	1.860	3	4	55	0	7.240,00	29.612,70	23.953,63	39,4
SDHG-BDA	2.171	7	6	66	0	8.880,00	29.626,44	22.299,89	36,7
SDHG-WF	2.171	7	6	66	0	8.880,00	29.626,44	22.299,89	36,7
SDHL-BDA	1.885	6	5	59	0	7.880,00	29.737,70	23.188,63	38,1
SDHL-WF	1.885	6	5	59	0	7.880,00	29.737,70	23.188,63	38,1
SDLG-BDA	1.975	5	4	64	2	8.654,97	29.236,11	22.915,25	37,7
SDLG-WF	2.142	1	5	60	2	8.334,97	29.553,09	22.918,27	37,7
SDLL-BDA	2.038	18	8	62	0	8.720,00	29.729,45	22.356,88	36,8
SDLL-WF	2.193	18	5	66	0	8.720,00	29.742,91	22.343,42	36,7
SLLG-BDA	1.963	9	5	69	2	9.414,97	29.700,95	21.690,41	35,7
SLLG-WF	2.088	1	5	62	2	8.574,97	29.528,50	22.702,86	37,3
SLLL-BDA	2.211	5	5	65	9	10.107,38	29.989,29	20.709,66	34,1
SLLL-WF	2.210	5	4	63	9	9.707,38	29.613,13	21.485,82	35,3
MML-WF-LB	2.132	18	5	55	0	7.400,00	29.975,40	23.430,93	38,5

migrierenden VMs einen großen Einfluss auf das Endergebnis hat. In allen Versuchsreihen nutzen die besten Scheduler eine lokale Variante.

11.13 Einordnung in die Taxonomie

Nachdem in den vorangegangenen Kapiteln die einzelnen Scheduler auf der Inter-DC-Ebene vorgestellt und untersucht wurden, werden sie im Folgenden anhand der in Kapitel 9.3 vorgestellten Taxonomie klassifiziert. Die Klassifizierung wird in Tabelle 11.5 dargestellt. Dabei werden nur die Eigenschaften aufgezeigt, bei denen sich die Scheduler unterscheiden. Alle hier vorgestellten Scheduler besitzen dabei die folgenden Eigenschaften: global, dynamisch, suboptimal, heuristisch und dynamische Neuzuweisung.

Tabelle 11.4: Zusammenfassung der Ergebnisse der Inter-DC-Scheduler für drei DCs inklusive EE-Erweiterung und initialer VM-Verteilung nach RAM-Ressourcen für den Materna Trace (Monate 1-3) mit 1.594 VMs (Alle Scheduler erzeugten einen Umsatz von je 50.043,26)

Scheduler	Mig. DC	Mig. CSP	Brüche			Strafen	Kosten	Gewinn	Marge (in %)
			CPU	RAM	UT				
FF	663	2	0	59	0	11.800	18.369,70	19.873,55	39,7
MML-BDA	564	12	0	57	0	11.400	18.486,63	20.156,62	40,3
MML-WF	650	5	1	51	0	10.440	18.458,94	21.144,31	42,3
SDHG-BDA	602	22	0	59	0	11.800	18.389,93	19.853,32	39,7
SDHG-WF	625	28	0	57	0	11.400	18.496,35	20.146,90	40,3
SDHL-BDA	448	31	0	50	0	10.000	18.533,24	21.510,01	43,0
SDHL-WF	600	22	1	51	0	10.440	18.659,54	20.943,71	42,0
SDLG-BDA	873	37	1	69	0	14.040	18.115,62	17.887,63	36,0
SDLG-WF	663	2	0	59	0	11.800	18.369,70	19.873,55	40,0
SDLL-BDA	694	99	0	65	0	13.000	18.467,53	18.575,72	37,1
SDLL-WF	478	17	1	47	0	9.640	18.619,44	21.783,81	43,5
SLLG-BDA	648	4	0	60	0	12.000	18.329,34	19.713,91	39,4
SLLG-WF	665	2	0	58	0	11.600	18.353,99	20.089,26	40,4
SLLL-BDA	661	36	0	62	0	12.400	18.513,28	19.129,97	38,2
SLLL-WF	714	63	0	56	0	11.200	18.576,56	20.266,69	40,5
SDLL-WF-LB	673	390	2	58	0	12.080	18.576,04	19.387,21	38,7

11.14 Zusammenfassung

In diesem Abschnitt wurden unterschiedliche Inter-DC-Scheduler vorgestellt und untersucht. Es zeigt sich, dass kein Scheduler ein negatives Ergebnis liefert und für Verluste sorgt. Es zeigt sich aber auch, dass dies vor allem an der guten Arbeit der Scheduler auf der Intra-DC-Ebene liegt. Auf der Inter-DC-Ebene konnte das Ergebnis beim Gewinn sowie bei der Marge der einzelnen Traces in keinem Fall verbessert werden. Im besten Fall liegt die Abweichung bei der Marge nach unten knapp unter einem Prozentpunkt. Da aber der Einsatz nur eines DCs im realen Betrieb so gut wie nie vorkommt und ins Besondere die großen CSPs viele weltweit verteilte DCs einsetzten, sind gute Inter-DC-Scheduler umso wichtiger. Sie sorgen dafür, dass bei einem lokalen Ressourcenengpass eines DCs die VMs bestmöglich ausgeführt werden, ohne die SLAs zu brechen. Die Aufgabe der Inter-

Tabelle 11.5: Tabellarische Klassifizierung der vorgestellten Inter-DC-Scheduler anhand der Taxonomie

Taxonomie	verteilt	nicht verteilt	kooperativ	nicht kooperativ	adaptiv	nicht adaptiv	Lastausgleich	Auktionen	proaktiv	reaktiv	applikationszentriert	ressourcenzentriert
Inter-DC-Ebene												
FirstFit	•	•				•				•	•	
MML-BDA	•	•				•				•	•	
MML-WF	•	•				•				•	•	
SDHG-BDA	•	•				•				•	•	
SDHG-WF	•	•				•				•	•	
SDHL-BDA	•	•				•				•	•	
SDHL-WF	•	•				•				•	•	
SDLG-BDA	•	•				•				•	•	
SDLG-WF	•	•				•				•	•	
SDLL-BDA	•	•				•				•	•	
SDLL-WF	•	•				•				•	•	
SLLG-BDA	•	•				•				•	•	
SLLG-WF	•	•				•				•	•	
SLLL-BDA	•	•				•				•	•	
SLLL-WF	•	•				•				•	•	

DC-Scheduler besteht also darin, trotz verteilter DCs möglichst wenig zusätzliche SLA-Brüche zu produzieren und die Ausführung der VMs auch in verteilten Umgebungen sicherzustellen, ohne den Gewinn zu belasten.

Es zeigt sich weiterhin, dass sich keiner der Scheduler in allen Simulationen als bester herausstellen konnte. Vielmehr hängt das Ergebnis vom individuellen Workload ab, der in den DCs ausgeführt wird. Es kann aber festgehalten werden, dass ein Scheduler basierend auf einer lokalen Strategie zur Auswahl der zu migrierenden VMs genutzt werden sollte. Diese Klasse der Scheduler lieferte fast durchweg bessere Ergebnisse als die globalen Varianten. Dies liegt daran, dass der Scheduler die zu migrierenden VMs direkt auf dem überlasteten Host auswählt und somit das Ressourcenproblem an der Wurzel behandelt. Dahingegen sorgen die globalen Scheduler für zu viel Unruhe und zusätzlichen Migrationen.

Der Einfluss der Strategie zur DC-Auswahl steigt mit der Anzahl der zur Verfügung stehenden DCs, da aus einer größeren Menge an potentiellen Migrationszielen gewählt werden kann. Dabei konnten beide Strategien in Abhängigkeit vom simulierten Workload Trace gute Ergebnisse liefern. Die Berücksichtigung der Gefährdungsstufe bei der BDA-Strategie nutzt dabei Information über die Güte der bisherigen Ausführung in einem DC. Die WF-Strategie nutzt die aktuelle Ressourcenlage. Beides sind valide Ansätze.

Insgesamt kann kein konkreter Scheduler aus der Menge der hier untersuchten für alle Situationen empfohlen werden. Die Güte der Scheduling-Entscheidungen hängt stark von dem gegebenem Workload ab. CSPs sollten unterschiedliche Strategien prüfen und die beste für ihre jeweilige Situation auswählen.

12 Föderations-Scheduling

Nachdem in den letzten beiden Kapiteln unterschiedliche Scheduling-Strate-gien für die CSP-internen Ebenen untersucht wurden, werden in diesem Kapitel Inter-CSP-Scheduler auf der Föderationsebene vorgestellt und untersucht. Im Gegensatz zu den Schedulern auf den ersten beiden Ebenen, die versuchen, die Anzahl der SLA-Brüche möglichst niedrig zu halten, versuchen die Scheduler auf der Föderationsebene, die externen Ausführungskosten für VMs, die aktuell in keinem CSP-internen DC ausgeführt werden können, so gering wie möglich zu halten. Dabei können diese Scheduler, genau wie die Inter-DC-Scheduler, nicht für sich allein untersucht werden. Es sind zum einen zusätzlich Scheduler auf den beiden unteren Ebenen notwendig und zum anderen müssen weitere CSPs in die Simulation integriert werden, da ansonsten kein VM-Austausch zwischen den CSPs untersucht werden kann.

Im Folgenden werden zuerst die Simulationsszenarien vorgestellt. Im Anschluss daran werden die einzelnen Scheduler vorgestellt und untersucht. Die konkrete Implementierung der Scheduling-Algorithmen wird in [98] beschrieben.

12.1 Simulationsszenarien

Im Folgenden werden die Simulationsszenarien beschrieben, die verwendet werden, um die unterschiedlichen Inter-CSP-Scheduler zu untersuchen. Es wäre grundsätzlich möglich, dass in einem Simulationsszenario nicht alle CSPs eine Kooperation eingehen. Im Folgenden werden nur Szenarien betrachtet, bei denen jeder CSP mit jedem anderen in dem gegebenen Szenario kooperiert. Dies sorgt für mehr Entscheidungsmöglichkeiten der Inter-CSP-Scheduler.

© Springer Fachmedien Wiesbaden GmbH, ein Teil von Springer Nature 2018
A. Kohne, *Cloud-Föderationen*,
https://doi.org/10.1007/978-3-658-20973-5_12

Tabelle 12.1: Föderationsszenario mit fünf CSPs

CSP	Workload Trace	# VMs	Intra-DC-Scheduler	Inter-DC-Scheduler
CSP-1	Bitbrains FastStorage	1.250	MMWF + EE + LB	SDHG-BDA
CSP-2	Bitbrains RnD (Monat 1)	500	MMWF + EE	MML-WF
CSP-3	Bitbrains RnD (Monat 2)	500	MMWF + EE	MML-WF
CSP-4	Materna (Monat 1)	520	MMWF + EE	SDLL-WF
CSP-5	Materna (Monat 2)	527	MMWF + EE	SDLL-WF

Im ersten Szenario werden insgesamt fünf CSPs in einer Föderation simuliert. Die Zuordnung der Workload Traces zu den CSPs und ihre jeweiligen Intra-DC- und Inter-DC-Scheduler werden in Tabelle 12.1 dargestellt.

In der ersten Simulationsreihe werden die CSPs identisch zu den Konfigurationen aus den letzten Kapiteln simuliert. Somit erhält jeder CSP drei DCs. Die CSPs 2 und 3 (Bitbrains RnD Monat 1 und 2) sowie 4 und 5 (Materna Monat 1 und 2) werden jeweils gleich konfiguriert, da davon ausgegangen werden kann, dass sie die VMs in den unterschiedlichen Monaten ungefähr gleich verhalten. In den Inter-CSP-SLAs werden die Kosten, welche den Kunden für die Service-Erbringung angeboten werden, übernommen. Somit kostet es für einen föderierten Partner genauso viel eine VM bei einem anderen CSP zu betreiben, wie für einen externen Kunden. Zunächst werden die Ergebnisse aus Sicht von CSP-1 (Bitbrains FastStorage Trace) betrachtet. Somit arbeiten alle anderen CSPs auf der Föderationsebene mit einem festen Inter-CSP-Scheduler (FairFit, s.u.) und CSP-1 wechselt in jeder Simulation seinen Inter-CSP-Scheduler. Bei den Simulationen mit einer auktionsbasierten Scheduling-Strategie müssen alle Föderationsteilnehmer den Auktionsansatz nutzen und eine entsprechende Bietstrategie einsetzten. In Abbildung 12.1 wird das Simulationsszenario der Inter-CSP-Ebene mit fünf CSPs und je drei DCs grafisch dargestellt. Zur Vereinfachung der Grafik werden die Intra-DC-Scheduler in den jeweiligen DCs nicht dargestellt.

In einer zweiten Simulationsreihe werden die CSPs jeweils nur mit einem DC ausgestattet. Dies erlaubt es, sich mehr auf die Auswirkungen

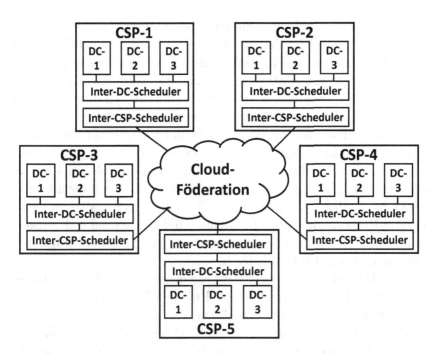

Abbildung 12.1: Grafische Darstellung des Simulationsszenarios der Inter-CSP-Ebene mit fünf CSPs und je drei DCs

der Inter-CSP-Scheduler zu konzentrieren. Außerdem werden die Ressourcenkonfigurationen verändert, um mehr Föderationsmigrationen zu provozieren.

Im dritten Szenario soll untersucht werden, ob es sich für einen CSP lohnt, mehr VMs in die Föderation abzugeben, oder ob es besser und günstiger ist, neue Hosts zu kaufen und zu versuchen, die VMs selbst auszuführen. Dazu wird der CSP mit dem FastStorage Workload untersucht. Er erhält zunächst in zwei Experimenten einen und dann zwei zusätzliche Hosts. Dabei nimmt er nicht an einer Föderation teil, sondern führt alle VMs selbst aus. Danach arbeitet er in der Föderation und erhält wieder einen und zwei Hosts mehr in seinem DC. Die Auswirkungen der zusätzlichen Hosts werden dann entsprechend für die technischen sowie für die finanziellen Metriken ausgewertet.

Im vierten Szenario sollen die vertrauensbasierten Scheduler genauer untersucht werden. Um die Auswirkungen der Scheduler besser beurteilen zu können, wird das Szenario 2 als Ausgangsbasis genommen und angepasst. CSP-1, der wieder den Bitbrains FastStorage Trace ausführt, erhält dabei absichtlich zu wenig Ressourcen, damit er VMs in die Föderation abgeben muss. CSP-4, welcher den Materna Monat 1 Trace ausführt, erhält ebenfalls sehr wenig Ressourcen. Gleichzeit arbeitet er auf der Föderationsebene mit einem „gierigen" (engl. greedy) Scheduler, der unabhängig von der lokalen Ressourcenlage jegliche Anfragen positiv beantwortet. Dies soll dazu führen, dass CSP-1 seine VMs immer zu CSP-4 migriert, dies aber zu vielen Uptime-Brüchen führt, da CSP-4 nicht über ausreichend viel Ressourcen verfügt. Mit Hilfe der vertrauensbasierten Scheduler soll dieses Verhalten erfolgreich vermieden werden.

Abschließend wird versucht die Ergebnisse des FastStorage Traces mit Hilfe der beiden weiteren Traces RnD und Materna (jeweils Monat 1) zu validieren. Dazu wird das gleiche Verfahren angewandt, aber es werden die Ergebnisse aus Sicht der jeweiligen CSPs untersucht.

Nachfolgend werden zunächst die Inter-CSP-Scheduler vorgestellt.

12.2 FirstFit

Der FirstFit-Scheduler (FF) ist der einfachste Scheduler auf der Inter-CSP-Ebene. Werden dem Scheduler vom Inter-DC-Scheduler eine oder mehrere VMs zur Migration in die Föderation übergeben, so durchläuft der Scheduler seine Liste der föderierten Partner. Der erste Partner, der den Service erbringen kann, wird gefragt, ob er die VM ausführen will. Dieser prüft dann anhand seiner Inter-CSP-Strategie, ob die VM angenommen werden kann. Ist das der Fall, wird die VM vom anfragenden CSP zum neuen Ziel-CSP migriert. Der Ziel-CSP platziert die VM dann in einem seiner DCs, erzeugt eine entsprechende SLA und ist ab diesem Zeitpunkt für die Ausführung der VM zuständig. Kann der erste föderierte CSP den Service nicht erbringen, oder will die VM zu diesem Zeitpunkt nicht annehmen, wird der nächste Föderationspartner in der Liste gefragt. Kann so für jede VM ein neuer CSP gefunden werden, beendet sich der Scheduler und die Simulation läuft weiter. Kann kein passender CSP gefunden werden, werden die entsprechenden VMs für einen Simulationstick pausiert. Dies wirkt sich negativ auf die Uptime der VM aus. Im nächsten Simulationsschritt wird zunächst versucht, die pausierten VMs wieder in einem eigenen DC zu platzieren. Ist dies möglich, wird die VM wieder gestartet. Ist dies nicht möglich, versucht der Inter-CSP-Scheduler nach dem beschriebenen Prinzip einen neuen CSP für die Ausführung zu finden.

Der Inter-CSP-Scheduler sucht nicht nur föderierte CSPs zur Ausführung von bedrohten VMs, er beantwortet auch die Anfragen der anderen Inter-CSP-Scheduler. Dazu befragt der Föderations-Scheduler den Inter-DC-Scheduler. Kann dieser für die aktuell angefragte VM ausreichende Ressourcen in einem der internen DCs zur Verfügung stellen, so beantwortet dieser die Anfrage positiv. Die positive Antwort wird dann an den anfragenden CSP weitergegeben. Entscheidet sich dieser, die entsprechende VM zu dem angefragten CSP zu migrieren, wird diese an den neuen CSP übergeben und durch den Inter-DC-Scheulder in einem DCs des CSPs positioniert. Danach wird eine entsprechende SLA erstellt und die Simulation fortgesetzt. Erhält der Föderations-Scheduler eine negative Antwort, so wird diese an den anfragenden CSP weitergeleitet und die Aktion beendet. Der anfragende CSP muss dann einen anderen CSP in der Föderation zur Ausführung der VM finden, oder die VM pausieren.

12.3 FirstFitGreedy

Der FirstFitGreedy-Scheduler (FFG) arbeitet analog zu dem FirstFit-Scheduler. Zusätzlich dazu beantwortet er jedoch jede externe Anfrage zur Ausführung einer VM immer positiv, egal wie die Ressourcenauslastung der DCs aktuell aussieht. Diese Strategie soll die Umsätze maximieren. Es wird aber erwartet, dass es potentiell zu mehr

SLA-Brüchen kommt, da nicht immer ausreichende Ressourcen zur
Ausführung der angenommenen VMs zur Verfügung stehen werden.

12.4 FairFit

Der FairFit-Scheduler (FairF) arbeitet vergleichbar zu dem FF-Scheduler. Im Vergleich zu dem FF-Scheduler wird die Liste der föderierten
CSPs aber im Round Robin Verfahren durchlaufen. Dies soll für eine
gleichmäßigere Verteilung der zu einem externen CSP zu migrierenden
VMs führen und keinen CSP bevorteilen. Bei diesem Scheduler wird
nicht auf die Kosten für eine Föderationsmigration geachtet.

12.5 CheapestFit

Der CheapestFit-Scheduler (CF) soll die Outsourcing-Kosten für den
CSP reduzieren. Dazu versucht er jede zu migrierende VM an den CSP
abzugeben, der für den gegebenen Service laut SLA die günstigsten
Ausführungskosten aufweist. Dazu durchläuft der Scheduler eine Liste,
in der die föderierten CSPs anhand der durch die SLAs zugesicherten
Ausführungskosten aufsteigend sortiert sind. Somit wird zuerst der
günstigste CSP angefragt. Kann oder will der günstigste CSP die VM
nicht annehmen, so wird der Reihe nach die Liste durchlaufen und
so der günstigste CSP gefunden. Zu diesem CSP wird die VM dann
migriert.

12.6 RelianceScope

Der RelianceScope-Scheduler (RS) nutzt den in Kapitel 7.16 beschriebenen Vertrauenswert, um denjenigen CSP zu finden, welcher in der
letzten Zeit die beste Ausführungsquote für die zu ihm migrierten VMs
besitzt. Dazu greift der Scheduler auf die in jedem Simulationstick
aktualisierte Vertrauensliste der föderierten CSPs zu, die bereits so
vorsortiert ist, dass die CSPs anhand ihres jeweiligen Vertrauenswerts
absteigend sortiert sind. Somit ist der erste CSP in der Liste derjenige,

dem am meisten vertraut wird. Wenn der RelianceScope-Scheduler vom Inter-DC-Scheduler aufgerufen wird, so fragt er zuerst den ersten CSP in der Liste, der den geforderten Service erbringen kann. Nimmt dieser die VM an, so wird sie zu dem neuen CSP migriert. Verweigert er die Annahme, so fragt der Scheduler den nächsten CSP in der Liste. Kann auf diese Weise kein neuer CSP gefunden werden, wird die VM wieder pausiert und im nächsten Simulationsschritt versucht, sie neu zu platzieren.

12.7 CheapestReliability

Laut Teng (vgl. [145]) sollte ein Scheduler einen geeigneten Kompromiss oder eine Kombination von unterschiedlichen Algorithmen implementieren, um die gegebene Aufgabe bestmöglich lösen zu können. Darum nutzt der im Folgenden vorgestellte Scheduler eine Kombinationen der bereits vorgestellten Scheduling-Algorithmen, um die Outsourcing-Kosten weiter zu minimieren.

Der CheapestReliability-Scheduler (CR) kombiniert die Suche nach dem günstigsten CSP mit dem Vertrauensfaktor. Dazu greift der Scheduler nach dem Aufruf auf die anhand ihres Vertrauenswerts vorsortierte Liste der föderierten Partner zu. Aus dieser Liste werden dann im zweiten Schritt alle CSPs gestrichen, die einen Vertrauenswert aufweisen, der niedriger eines konfigurierbaren Wertes liegt. Im Folgenden wird hier ein Wert von 70% eingesetzt. Da die Liste anhand des Vertrauenswerts absteigend vorsortiert ist, sind dies die letzten CSPs in der Liste. Im nächsten Schritt wird dann der günstigste der verbleibenden CSPs ausgewählt. Nimmt dieser die zu migrierende VM an, wird sie bei dem neuen CSP platziert. Ansonsten wird die Liste der verbleibenden CSPs weiter durchlaufen. Auf diese Weise wird dafür gesorgt, dass zwar ein günstiger CSP ausgewählt wird, aber diejenigen CSPs, denen kein großes Vertrauen entgegengebracht wird, komplett ausgeschlossen werden.

12.8 Auktions-Scheduler

Im Folgenden werden unterschiedliche Auktions-Scheduler vorgestellt. Sie nutzen alle die in Kapitel 7.15.1 vorgestellte Auktionsplattform von FCS und das Finanzmodell CloudAccount, welches in Kapitel 7.14 vorgestellt wurde. Weiterhin nutzen sie zusätzliche Strategien, um die Outsourcing-Kosten weiter zu minimieren. Wie in Kapitel 7.15.1 beschrieben, gibt es unterschiedliche Bietstrategien, die bestimmen, wie der in einer Auktion angebotene Preis berechnet wird. Die BiddingStrategy2RoundVmVariable hat sich in den Untersuchungen als beste herausgestellt, da die angebotenen Preise dynamisch am aktuellen Ressourcenverbrauch ausgerichtet werden. Darum nutzen in den folgenden Untersuchungen alle CSPs diese Bietstrategie.

12.8.1 2RoundVmCheapestFit

Der auktionsbasierte 2RoundVmCheapestFit-Scheduler (Auktion-CF) nutzt die Auktionsplattform von FCS, um den günstigsten Auktionsteilnehmer zu finden. Dazu wird eine Auktion über zwei Runden durchgeführt, bei der die Auktionseilnehmer ihre Preise dynamisch anpassen können. Nach der zweiten Runde werden die angebotenen Preise aufsteigend sortiert und der CSP mit dem günstigsten Angebot erhält den Zuschlag.

12.8.2 2RoundVmCheapestReliability

Die auktionsbasierte 2RoundVmCheapestReliability-Scheduling-Strategie (Auktion-CR) schließt vor der eigentlichen Auktion einen konfigurierbaren Anteil der CSPs aus, die einen niedrigen Vertrauenswert besitzen. Danach wird mit den restlichen CSPs eine Auktion über zwei Runden durchgeführt und anschließend erhält der günstigste CSP den Zuschlag.

Tabelle 12.2: Zusammenfassung der Simulationsergebnisse mit fünf CSPs und drei DCs pro CSP aus Sicht von CSP-1 (Bitbrains FastStorage Trace mit 1.250 VMs)

Scheduler	Migr. DC	Migr. CSP	Migr. Fed raus	Migr. Fed rein	Brüche CPU	RAM	UT	Umsatz	Strafen	Kosten	Gewinn	Marge (in %)
FF	2.835	103	5	6	2	188	0	151.068,10	14.587,50	68.295,53	68.185,06	45,1
FFG	2.835	103	5	6	2	188	0	151.068,10	14.587,50	68.295,53	68.185,06	45,1
FairF	3.055	95	1	0	1	188	0	150.668,10	14.212,50	67.726,90	68.728,69	45,6
CF	2.835	103	5	6	2	188	0	151.068,10	14.587,50	68.295,53	68.185,06	45,1
RS	2.835	103	5	6	2	188	0	151.068,10	14.587,50	68.295,53	68.185,06	45,1
CR	3.055	95	1	0	1	188	0	150.668,10	14.212,50	67.726,90	68.728,69	45,6
Auktion-CF	2.683	116	0	0	0	184	0	150.411,14	13.800,00	68.783,68	67.827,45	45,1
Auktion-CR	2.683	116	0	0	0	184	0	150.411,14	13.800,00	68.783,68	67.827,45	45,1

12.9 Evaluation Szenario 1

Die Ergebnisse des ersten Föderationsszenarios werden hier nur kurz beschrieben. Dies liegt daran, dass sich herausstellt, dass die einzelnen CSPs so konfiguriert waren, dass sie ihre Workloads sehr gut ausführen konnten. Dies lässt sich dadurch erklären, dass die Konfiguration der Ressourcen und der Scheduler durch die Versuche der letzten Kapitel so optimiert wurden, dass es zu fast keinen Föderationsmigrationen kam. In einigen Fällen bleiben diese Migrationen sogar vollständig aus. In Tabelle 12.2 werden die Simulationsergebnisse zusammengefasst.

Es zeigt sich, dass nur zwei Inter-CSP-Scheduler die bereits guten Ergebnisse auf der CSP-Ebene für den FastStorage Trace in dieser Konfiguration verbessern können. Dies sind der FairF- und der CR-Scheduler. Sie erreichen eine Marge, die knapp (+ 0,3 Prozentpunkte) über der Ausführung ohne die Föderation liegt. Im direkten Vergleich zu der Ausführung ohne die Föderation zeigt sich jedoch, dass trotz der geringen Anzahl an Föderationsmigrationen das System beruhigt werden kann. Dies zeigt sich zum einen an der bei allen Schedulern gesunkenen Anzahl an Intra-DC-Migrationen (teilweise bis zu 500 Migrationen weniger). Zum anderen können die CPU-Brüche und die RAM-Brüche bei allen Simulationen gesenkt werden. Begründet liegt dies darin, dass VMs in die Föderation migriert werden, die lokal sonst zu starken Ressourcenengpässen geführt hätten. Gleichzeitig kommt es aber zu mehr Inter-DC-Migrationen, was dafür sorgt, dass weniger Hosts durch den proaktiven EE-Scheduler ausgeschaltet werden konnten. Dies führt zu erhöhten Kosten, wodurch insgesamt der Gewinn und die Marge sinken.

Einige Scheduler zeigen exakt das gleiche Ergebnis. Dies lässt sich wie folgt erklären: FF und FFG liefern die gleichen Ergebnisse, da beide Strategien exakt gleich arbeiten, außer, dass FFG alle aus der Föderation angeboteten VMs annimmt. Da aber alle CSPs sehr erfolgreich arbeiten, kommt es zu fast keinen Inter-CSP-Migrationen. In diesem Fall erhält CSP-1 nur eine zusätzliche Anfrage von föderierten Partnern. Die übrigen fünf VMs sind eigene, welche aus Ressourcengründen nach der Migration zu CSP-2 wieder zurück migriert werden. Dementsprechend sind alle Ergebnisse gleich. Der CF-Scheduler liefert ebenfalls das gleiche Ergebnis. Dies liegt daran, dass das Szenario so konfiguriert ist, dass CSP-2 der günstigste ist. Somit wählen FF, FFG und CF immer CSP-2 als Ziel-CSP aus. Der RS-Scheduler liefert auch das gleiche Ergebnis. Dies liegt daran, dass zu Beginn der Simulation allen CSPs in der Föderation gleich stark vertraut wird. Zur Laufzeit kommt es aber nur zu so wenigen Migrationen und zu keinen SLA-Brüchen der ausgelagerten VMs, dass sich der Vertrauenswert nicht verändert. Somit wird auch immer der erste CSP (in diesem Fall wieder CSP-2) ausgewählt, da er in der Liste der zu fragenden CSPs an erster Stelle steht. Der FairF-Scheduler liefert das gleiche Ergebnis wie der CR-Scheduler. Auch dies lässt sich erklären. Da der FairF-Scheduler nur eine VM in die Föderation migriert, nutzt er seine Strategie und wählt im ersten Schritt auch CSP-2 als Ziel aus. Da keine weiteren VMs in die Föderation migriert werden und keine externen VMs eingereicht werden, ist das Ergebnis identisch. Abschließend liefern die zwei Auktions-Scheduler ebenfalls die gleichen Ergebnisse. Dies liegt daran, dass sich durch den Auktionsmechanismus und die hohe lokale Auslastung keiner der CSPs auf eine Auktion einlässt und somit keine VMs in die Föderation abgegeben werden können. Gleichzeitig werden aus dem gleichen Grund keine externen VMs angenommen. Somit führt jeder CSP trotz Teilnahme an der Föderation nur seine eigenen VMs aus.

Um das Verhalten der Inter-CSP-Scheduler besser untersuchen zu können, werden sie im nächsten Kapitel in einem zweiten Szenario untersucht.

12.10 Evaluation Szenario 2

Im zweiten Simulationsszenario wurden alle CSPs umkonfiguriert. Jeder CSP erhält nur noch ein DC zur Ausführung der VMs. Dies soll dafür sorgen, dass schneller Ressourcenengpässe erzeugt werden können. Zusätzlich wird ohne den Inter-DC-Scheduler eine Komplexitätsstufe aus den Simulationen genommen. Weiterhin werden keine proaktiven Scheduler mehr eingesetzt, da alle Kostenoptimierungen nur noch durch den Inter-CSP-Scheduler auf der Föderationsebene vorgenommen werden sollen. Der CSP, der den Bitbrains FastStorage Trace ausführt, wird so konfiguriert, dass er zur Laufzeit auf jeden Fall Ressourcenengpässe produzieren wird und somit gezwungen ist, VMs in die Föderation abzugeben. Er erhält dazu anstatt 36 nur noch 28 Hosts (mit je 48 CPU Cores und 64 GB RAM). Die übrigen CSPs werden mit zusätzlichen Ressourcen ausgestattet, sodass sie neben ihren eigenen auch noch weitere VMs ohne Probleme ausführen können. Dazu erhalten sie alle mehr Hosts, als sie eigentlich benötigen würden. Jeder Host ist dabei mit 128 GB RAM und 48 CPU Cores ausgestattet. Als Intra-DC-Scheduler nutzen alle CSPs den MMWF-Scheduler. Als Inter-CSP-Scheduler nutzen alle CSPs (außer CSP-1) den FairF-Scheduler (außer bei der Untersuchung der Auktions-Scheduler). CSP-1 wechselt in jeder Simulation seinen Föderations-Scheduler. Die Finanzkonfigurationen für dieses Szenario befinden sich in Kapitel B.2 des Anhangs. In Tabelle 12.3 werden die Simulationsergebnisse zusammengefasst.

In der ersten Zeile von Tabelle 12.3 werden zunächst die Ergebnisse des ersten CSPs gezeigt, die durch eine Ausführung der VMs ohne eine Föderation entstehen. Somit muss der CSP alle VMs selbst ausführen. Es ist zu erkennen, dass die Anzahl der Migrationen mit 2.499 sehr hoch ist. Außerdem kommt es trotz des MMWF-Schedulers zu 9 CPU-

Tabelle 12.3: Zusammenfassung der Simulationsergebnisse mit fünf CSPs und einem DC pro CSP aus Sicht von CSP-1 (Bitbrains FastStorage Traces mit 1.250 VMs)

Scheduler	Migr. DC	Migr. Fed	Migr. Fed	Brüche			Umsatz	Strafen	Kosten	Gewinn	Marge (in %)
		rein	raus	CPU	RAM	UT					
ohne Föderation	2.499	0	0	9	449	0	150.411,14	34.687,50	58.799,99	56.923,64	37,8
FF	735	0	36	2	143	0	150.531,13	11.025,00	72.256,90	67.249,23	44,7
FFG	735	0	36	2	143	0	150.531,13	11.025,00	72.256,90	67.249,23	44,7
FairF	783	0	38	2	154	0	150.411,14	11.775,00	72.685,77	65.950,36	43,8
CF	734	4	40	2	143	0	152.387,72	11.100,00	73.620,88	67.666,84	44,4
RS	735	0	36	2	143	0	150.531,13	11.025,00	72.256,90	67.249,23	44,7
CR	735	0	36	2	143	0	150.531,13	11.025,00	72.256,90	67.249,23	44,7
Auktion-CF	735	0	36	2	143	0	150.411,13	10.950,00	59.973,33	79.487,80	52,8
Auktion-CR	735	0	36	2	143	0	150.411,13	10.950,00	59.973,33	79.487,80	52,8

und 449 RAM-Brüchen. Dies erklärt sich durch die geringe Zahl an zur Verfügung stehenden Ressourcen. Das Verhalten sorgt dafür, dass es zu sehr hohen Strafzahlungen kommt, die den Gewinn reduzieren. Insgesamt konnte eine Marge von 37,8% erwirtschaftet werden.

Nachfolgend werden die Ergebnisse der Ausführung ohne Föderation mit den Ergebnissen der unterschiedlichen Föderations-Scheduler verglichen. Es lässt sich beobachten, dass sich, genau wie im ersten Szenario, wieder Gruppen von Schedulern bilden, die gleiche Ergebnisse liefern. Die Begründungen hierfür sind identisch zu denen oben, darum wird hier nicht weiter darauf eingegangen. Weiterhin kann bereits an dieser Stelle festgehalten werden, dass alle Scheduler das Ergebnis massiv verbessern. Die Marge kann selbst mit dem schlechtesten der hier untersuchen Scheduler (FairF) um ganze 6 Prozentpunkte gesteigert werden. Im besten Fall (Auktions-Scheduler) kann der Gewinn um 40% gesteigert werden. Somit kann die Marge um 15 Prozentpunkte gesteigert werden. Dies ist ein sehr gutes Ergebnis, das zeigt, dass es sich für einen CSP vorteilhaft ist, sich an einer Föderation zu beteiligen.

Wie zu erwarten, stellt sich heraus, dass der FairF-Scheduler finanziell das schlechteste Ergebnis liefert. Dies liegt daran, dass er im Round Robin-Verfahren die in die Föderation zu migrierenden VMs an die übrigen CSPs verteilt. Hierdurch wird nicht auf die Kosten geachtet, sondern versucht, die Last gleichmäßig über alle CSPs zu verteilen. Dies gelingt dem FairF-Scheduler sehr gut. Er migriert zur Laufzeit insgesamt 38 VMs in die Migration. Diese VMs werden nacheinander von den übrigen CSPs aufgenommen, da sie alle ausreichend viele Ressourcen besitzen. Durch die gleichmäßige Verteilung der VMs über alle CSPs steigt bei keinem der CSPs die durchschnittliche Last übermäßig an und es kommt zu keinen Ressourcenengpässen. Durch die Migration der VMs in die Föderation kann der FairF-Scheduler die Anzahl der intern benötigten Migrationen massiv um 69% auf 783 Migrationen senken. Auch die Anzahl der CPU- und RAM-Brüche kann stark gesenkt werden (CPU-Brüche -78%, RAM-Brüche -66%). Hierdurch sinken die Kosten für die Strafzahlungen massiv. Gleichzeitig steigen natürlich auch die Outsourcing-Kosten, da die in die Föderation migrierten VMs zusätzliche Kosten generieren.

Insgesamt sind die Ersparnisse durch die Reduktion der SLA-Strafen so hoch, dass der Gewinn gegenüber der Ausführung ohne die Föderation um 16% gesteigert werden kann. Dies erhöht die Marge auf sehr gute 43,8%.

Die FF-, FFG-, und RS- und CR-Scheduler liefern in dieser Simulationsreihe die gleichen Ergebnisse. Die Scheduler migrieren alle insgesamt 36 VMs in die Föderation. Dadurch werden intern wieder ausreichend Ressourcen frei, um die übrigen VMs sehr viel besser auszuführen. Dies zeigt sich in der stark gesunkenen Anzahl an Intra-DC-Migrationen und den gesunkenen CPU- und RAM-Brüchen. Hierdurch sinken die SLA-Strafzahlungen und es kann ein sehr guter Gewinn und eine sehr gute Marge von 44,7% erwirtschaftet werden.

Der CF-Scheduler weist zwar eine niedrigere Marge als die bisherigen Scheduler auf, arbeitet aber trotzdem besser. Dies liegt daran, dass er zum einen immer den günstigsten CSP in der Föderation auswählt. Dies sorgt für günstige Outsourcing-Kosten. Gleichzeit lassen die in die Föderation migrierten VMs lokal genug freie Ressourcen, um vier externe VMs auszuführen. Hierdurch wird mehr Umsatz generiert. Genau wie die bisher beschriebenen Scheduler, kann der CF-Scheduler im Vergleich zur Ausführung ohne Föderation die SLA-Strafen massiv senken. Insgesamt erzielt er von den bisher ausgewerteten Schedulern sogar den meisten Gewinn. Damit ist er bisher der erfolgreichste Scheduler auf der Föderationsebene.

Die zwei Auktions-Scheduler liefern ebenfalls wieder das gleiche Ergebnis. Dies liegt wieder daran, dass alle CSPs in der Föderation ausreichend viele Ressourcen besitzen und es deshalb zu keinen Brüchen kommt. So kann bei allen drei Strategien immer der günstigste Föderationspartner ausgewählt werden. Da alle Föderationspartner ausreichend viele freie Ressourcen haben, bieten sie die Ausführung der von CSP-1 in die Föderation gegebenen VMs alle sehr günstig an. Dies liegt an der variablen Bietstrategie, die dafür sorgt, dass bei vielen freien Ressourcen die Ausführung externer VMs stark vergünstigt wird, um zusätzlichen Umsatz zu erzielen und die lokalen Ressourcen auszulasten. Eine genaue Analyse zeigt, dass die drei Auktions-Scheduler genau die gleichen 36 VMs in die Föderation verschieben, wie die meisten der anderen Scheduler auch. Dadurch wird das gesamte System wieder stark beruhigt, da die Anzahl der Intra-DC-Migrationen stark gesenkt werden kann. Durch die freigewordenen Ressourcen sinken auch die CPU- und RAM-Brüche. Da die Outsourcing-Kosten (die in der Tabelle gemeinsam mit den lokalen Betriebskosten als Gesamtkosten ausgegeben werden) durch die Auktionen gegenüber den übrigen Inter-CSP-Schedulern massiv gesenkt werden können, ergibt sich bei gleichbleibendem Umsatz eine stark gestiegene Marge von 52,8%.

12.11 Evaluation Szenario 3

In diesem Szenario soll überprüft werden, ob es für einen CSP günstiger ist, lokal neue Hosts zu beschaffen, oder mehr VMs in die Föderation abzugeben. Dazu werden zwei Simulationsreihen durchgeführt. In der ersten Reihe wird wieder CSP-1 aus dem letzten Szenario untersucht. Im Gegensatz zu der Konfiguration aus Szenario 2 erhält er in der ersten Simulation einen Host mehr und in der zweiten Simulation zwei Hosts mehr. In dieser Simulationsreihe nimmt er nicht an der Födera-

Tabelle 12.4: Zusammenfassung der Ergebnisse zur Untersuchung des Kaufs zusätzlicher Hosts

# Hosts	Migr. DC	Migr. Fed rein	Migr. Fed raus	Brüche CPU	RAM	UT	Strafen	Kosten	Gewinn	Marge (in %)
		rein	raus	CPU	RAM	UT				
				Ohne Föderation						
28 Hosts	2.499	0	0	9	449	0	34.687,50	58.799,99	56.923,64	37,8
29 Hosts	1.803	0	0	5	353	0	27.037,50	60.900,00	62.473,63	41,5
30 Hosts	1.526	0	0	5	298	0	22.912,50	63.000,00	64.498,64	42,9
				Mit Föderation						
28 Hosts	783	0	38	2	154	0	11.775,00	72.685,77	65.950,36	43,8
29 Hosts	728	1	29	0	163	0	12.225,00	72.669,33	65.516,79	43,6
30 Hosts	742	0	23	0	163	0	12.225,00	73.122,41	65.063,72	43,3

tion teil, sondern führt alle VMs im eigenen DC aus. In der zweiten Simulationsreihe werden ebenfalls zwei Simulationen durchgeführt, bei denen der CSP wieder je einen und zwei zusätzliche Hosts erhält jedoch nimmt er dies Mal an einer Föderation Teil. Diese Föderation ist identisch zu der Föderation in Szenario 2 konfiguriert. Jeder zusätzliche Host kostet den CSP 2.250. Die Ergebnisse der Simulationen werden in Tabelle 12.4 zusammengefasst.

Es zeigt sich, dass sich die Ergebnisse in der ersten Simulationsreihe mit jedem hinzugefügten Host verbessern. Dies war zu erwarten, da alle VMs nur lokal ausgeführt werden und nicht in eine Föderation gegeben werden können, wenn sie einen Ressourcenengpass erzeugen. Darum sinken die SLA-Brüche bei jedem zusätzlichen Host. Dadurch sinken auch die SLA-Strafzahlungen und der Gewinn steigt. Gleichzeitig steigen aber auch die Kosten, da jeder zusätzliche Host Geld kostet. Durch die Hinzunahme von einem zusätzlichen Host konnte so die Marge von 37,8% auf 41,5% gesteigert werden. Bei der Hinzunahme von zwei zusätzlichen Hosts konnte die Marge sogar auf 42,9% gesteigert werden.

Die Ergebnisse der zweiten Simulationsreihe zeigen ein genau umgekehrtes Ergebnis. Mit jedem hinzugefügten Host sinkt die Marge. Obwohl durch die zusätzlichen Hosts die Anzahl der Intra-DC-Migrationen gesenkt werden kann, steigen die RAM-Brüche von 154 auf 163. Dies liegt daran, dass der MMWF-Scheduler auf Grund der erhöhten lokalen Ressourcen zuerst versucht die Ressourcenengpässe lokal zu lösen, bevor er die VMs in die Föderation migriert. Dies zeigt sich an der sinkenden Anzahl an Föderationsmigrationen. Dadurch steigen die Strafkosten. Zusätzlich steigen die Kosten weiter an, da die zusätzlichen Hosts auch Kosten verursachen.

Es zeigt sich also ein eindeutiges Bild: Für einen gegebenen CSP ist es finanziell sinnvoller VMs in die Föderation abzugeben, als zusätzlich weitere Hosts für seine DCs zu kaufen. Ebenfalls belegen die Ergebnisse nochmal, dass es sich für einen CSP auf jeden Fall lohnt an einer Föderation teilzunehmen. Dies lässt sich beim Vergleich der Gewinne und Margen der beiden Simulationsreihen erkennen. Selbst mit zwei zusätzlichen Hosts kann der CSP lokal nicht soviel Gewinn und Marge erzielen, wie bei der Teilnahme an einer Föderation.

12.12 Evaluation Szenario 4

Die vertrauensbasierten Scheduler konnten in den bisher untersuchten Szenarien keine nennenswerten Verbesserungen liefern. Dies liegt darin begründet, dass es sich bei den Szenarien um sehr ausgeglichene Konfigurationen handelte, die nur einen CSP mit Ressourcenengpässen berücksichtigten. Im Folgenden wird darum eine Föderationskonfiguration genutzt, die ein sehr starkes Ungleichgewicht der CSP-Konfigurationen aufweist und so absichtlich zu vielen unnötigen VM-Migrationen und SLA-Brüchen führen soll. CSP-1 erhält ein DC mit nur 24 Hosts mit je 48 CPU Cores und 64 GB RAM. Der CSP führt wieder den Bitbrains FastStorage Trace mit 1.250 VMs aus. CSP-4, der den Materna Monat 1 Trace ausführt erhält ebenfalls ein DC und zu wenig Ressourcen. Er erhält nur 13 Hosts mit jeweils zwölf CPU Cores und 36 GB RAM. Zusätzlich nutzt der CSP auf der Inter-CSP-Ebene einen Greedy-Scheduler, der jegliche VMs immer annimmt, auch, wenn lokal keine freien Ressourcen mehr zur Verfügung stehen. Damit CSP-4 der günstigste Anbieter für CSP-1 ist, werden die Kosten in dem SLA zwischen den beiden CSPs massiv

Tabelle 12.5: Zusammenfassung der Simulationsergebnisse der vertrauensbasierten Scheduler

Scheduler	Migr. DC	Migr. Fed rein	Migr. Fed raus	Brüche CPU	Brüche RAM	Brüche Uptime	Umsatz	Strafen	Kosten	Gewinn	Marge in %
CF	5.545	2.276	2.263	16	960	2.420	152.114,29	128.930,24	50.400,07	-27.216,02	-17,9
RS	3.706	1.338	1.352	17	644	1.302	145.674,70	77.458,19	61.125,75	7.090,73	4,9
CR	1.703	307	334	5	328	262	141.325,47	31.528,04	64.193,63	45.603,80	32,3
Auktion-CR	1.185	18	51	4	209	0	137.147,84	16.875,00	67.545,15	70.229,78	51,2

gesenkt. Somit wählt CSP-1 bei allen Scheduling-Strategien, die den günstigsten CSP als Migrationsziel auswählen, stets CSP-4 aus. Die übrigen drei CSPs erhalten ausreichend viele Hosts, um zum einen ihre eigenen VMs erfolgreich ausführen zu können und zum anderen auch noch weitere VMs ohne Probleme ausführen zu können. Die übrigen CSPs arbeiten auf der Inter-CSP-Ebene mit dem RS-Scheduler. Die Finanzkonfiguration für dieses Szenario wird in Kapitel B.5 des Anhangs aufgeführt.

Insgesamt wird erwartet, dass das gierige und damit unfaire Verhalten des CSPs-4 dazu führt, dass CSP-1 bei Nutzung einer CF-Strategie auf der Inter-CSP-Ebene viele unnötige Migrationen produzieren wird, die im Endeffekt zu sehr hohen SLA-Strafen führen. Der Einsatz der vertrauensbasierten Scheduler soll diesem Effekt entgegenwirken. Die Simulationsergebnisse werden in Tabelle 12.5 zusammengefasst.

In der ersten Simulation arbeitet CSP-1 auf der Inter-CSP-Ebene mit dem CF-Scheduler. Dieser wählt immer den günstigsten CSP als Migrationsziel aus. Da CSP-4 die VM-Ausführung sehr günstig anbietet und außerdem bei jeder Anfrage positiv antwortet, migriert CSP-1 sehr viele VMs zu CSP-4. Da CSP-4 aber lokal über viel zu wenig Ressourcen verfügt, werden die meisten VMs sehr schnell wieder zurückmigriert. Dies lässt sich an der sehr hohen Anzahl an Migrationen in die Föderation und aus der Föderation erkennen (rein: 2.276 Migrationen, raus: 2.263 Migrationen). Weiterhin lässt sich feststellen, dass CSP-1 sogar 13 VMs mehr hereinbekommt, als er abgibt. Dies liegt daran, dass CSP-4 wegen seiner geringen Ressourcen ebenfalls VMs auslagern muss. Diese werden in Teilen auch von CSP-

1 angenommen, da er zu den jeweiligen Zeitpunkten ausreichend freie Ressourcen besaß. Neben den vielen RAM- und CPU-Brüchen führt dieses Verhalten zu 2.420 Uptime-Brüchen. Hierdurch steigen die Strafzahlungen so stark an, dass allein die Strafen den Umsatz fast übersteigen. Nach Abzug der Kosten, erwirtschaftet CSP-1 einen Verlust und eine Marge von -17,9%. Das Ergebnis belegt die Erwartung an das Szenario.

In der nächsten Simulation nutzt CSP-1 den RS-Scheduler auf der Inter-CSP-Ebene. Dieser wählt den vertrauenswürdigsten CSP als Migrationsziel aus. Die Ergebnisse zeigen, dass dieser Ansatz die Anzahl der überflüssigen Migrationen fast halbieren kann. Dadurch beruhigt sich auch das lokale DC. Dies wirkt sich positiv auf die SLOs aus. Die Anzahl der CPU-Brüche bleibt im Vergleich zur ersten Simulation mit einem zusätzlichen Bruch fast konstant. Die Anzahl der RAM-Brüche konnte dahingegen um ca. 33% gesenkt werden. Auch die Uptime-Brüche konnten massiv um fast die Hälfte gesenkt werden. Dies reduziert die Strafkosten um fast 40%. Die Kosten steigen im Gegensatz zur ersten Simulation um 21% an. Dies liegt daran, dass die zu föderierten Partnern migrierten VMs dort länger ausgeführt werden und nicht alle aus Ressourcenmangel sofort wieder zurückmigriert werden. Insgesamt kann der Scheduler einen leichten Gewinn von 7.090,73 bei einer Marge von 4,9% erwirtschaften. Das Ergebnis zeigt, dass der vertrauensbasierte Scheduler CSP-4 immer wieder das Vertrauen entzieht und VMs zu den anderen CSPs in der Föderation migriert. Da das Vertrauen aber über die Zeit wieder ansteigt, kommt es immer noch zu sehr vielen unnötigen Migrationen. Dies liegt daran, dass der Scheduler das gierige Verhalten von CSP-4 nicht erkennt.

Der CR-Scheduler wählt zum einen unter den vertrauenswürdigsten CSPs in der Föderation den günstigsten aus und erkennt zum anderen gierige CSPs. Hierfür misst der Scheduler die Zeitspanne, die die zu einem föderierten Partner migrierten VMs bei diesem CSP erfolgreich ausgeführt werden, bevor sie wieder zurückmigriert werden. Migriert ein CSP in schneller Reihenfolge VMs nach sehr kurzer Zeit wieder zurück, so wird der Vertrauenswert dieses CSPs drastisch reduziert, da ein gieriges Verhalten erkannt wurde. Es dauert dementsprechend im Verlauf der Simulation länger, bis solch einem CSP wieder vertraut wird. Die Simulationsergebnisse zeigen, dass diese Strategie sehr erfolgreich arbeitet. Im Vergleich zu dem vertrauensbasierten RS-Scheduler konnte die Anzahl unnötiger Föderationsmigrationen drastisch um über zwei Drittel gesenkt werden. Zusätzlich übersteigt in diesem Fall die Anzahl der in die Föderation abgegebenen VMs die Anzahl der wieder hereingekommenen VMs. Dies zeigt, dass das gierige Verhalten von CSP-4 erfolgreich erkannt wird und die VMs an die übrigen CSPs in der Föderation abgegeben werden. Somit beruhigt sich das lokale DC, was sich an der um 54% gesunkenen Anzahl an Intra-DC-Migrationen erkennen lässt. Dies hat direkte Auswirkungen auf die SLAs. So können die CPU-Brüche um zwei Drittel, die RAM-Brüche um ca. die Hälfte und die teuren Uptime-Brüche sogar um 80% gesenkt werden. Somit werden die Strafzahlungen massiv um über die Hälfe reduziert. Insgesamt kann ein sehr gutes Ergebnis mit einer Marge von 32,3% erzielt werden.

In der letzten Simulation wird abschließen versucht, mit Hilfe des vertrauensbasierten Auktion-CR-Schedulers das Ergebnis noch weiter zu verbessern. Es zeigt sich, dass der eingesetzte auktionsbasierte CR-Scheduler bei allen Metriken eine deutliche Verbesserung erzielt. Der Scheduler gibt zwar nur 51 VMs in die Föderation ab, erhält dafür aber auch nur 18 VMs wieder zurück. Somit kann die Anzahl der überflüssigen Migrationen massiv gesenkt werden. Durch die erfolgreiche Erkennung des gierigen Verhaltens von CSP-4 kann auch die Anzahl der SLA-Brüche stark reduziert werden. Dies liegt daran, dass die meisten VMs über das Auktionsverfahren an die übrigen CSPs abgegeben werden, da CSP-4 hier meist mangels Vertrauen nicht berücksichtigt wird. Zusätzlich können die übrigen CSPs mit Hilfe der variablen Bietstrategie günstige Ausführungspreise anbieten, da sie im Gegensatz zu CSP-4 über ausreichend freie Ressourcen verfügen. Somit werden die in die Föderation migrierten VMs in den meisten Fällen nicht wieder zurückmigriert, da die CSPs über ausreichend Ressourcen verfügen. Dies führt dazu, dass CSP-1 lokal über genug Ressourcen verfügt, um seine eigenen VMs SLA-konform auszuführen. So können, neben einer Reduktion der CPU- und RAM-Brüche, die Uptime-Brüche komplett vermieden werden. Dies sorgt für sehr viel geringere SLA-Strafkosten. Sie können im Vergleich zum CR-Scheduler fast halbiert werden. Der Gewinn steigt daher stark an und sorgt mit einer Marge von 51,2% für ein sehr gutes Finanzergebnis.

Die Simulationen haben gezeigt, dass sich mit Hilfe von vertrauens-basierten Schedulern, unfaire und gierige CSPs erkennen und unnötige Migrationen, die zu teuren Uptime-Brüchen führen, stark reduzieren lassen. Insgesamt lieferte die Kombination aus vertrauensbasiertem und auktionsbasiertem Scheduling das beste Ergebnis. Dies liegt zum einen an der Vermeidung unnötiger Föderationsmigrationen und zum anderen an der kostensenkenden Eigenschaft der Auktionen.

12.13 Kreuzvalidierung

Nachdem in den vorherigen Kapitel unterschiedliche Inter-CSP-Scheduler mit Hilfe des Bitbrains FastStorage Traces untersucht wurden, wird im Folgenden versucht, die Ergebnisse unter zur Hilfenahme der beiden Traces Bitbrains RnD und Materna (jeweils Monat 1) zu validieren. Dazu wird die Konfiguration aus Szenario 2 genutzt. Dieses Mal wird aber CSP-1 (Bitbrains FastStorage Trace) mit ausreichend lokalen Ressourcen versorgt und der CSP-2 (Bitbrains RnD Monat 1) erhält weniger Ressourcen. Konkret erhält er nur 15 Hosts. Das gleiche Prinzip wird dann in einer zweiten Simulationsreihe angewandt, um den Materna Trace bei CSP-4 zu untersuchen. Hier erhält der CSP-4 nur zehn Hosts. Die Finanzkonfiguration ist ebenfalls identisch zu Szenario 2. In Tabelle 12.6 werden die Simulationsergebnisse des RnD Traces zusammengefasst und in Tabelle 12.7 werden die Ergebnisse des Materna Traces zusammengefasst.

Es zeigt sich, dass die Inter-CSP-Scheduler in der ersten Simulationsreihe mit dem Bitbrains RnD Trace sehr ähnliche Ergebnisse zeigen. Verglichen mit der Ausführung der VMs ohne Föderation (Zeile eins von Tabelle 12.6) schneiden alle Scheduler sehr viel besser ab und das

Tabelle 12.6: Zusammenfassung der Simulationsergebnisse mit fünf CSPs und einem DC pro CSP aus Sicht des CSPs mit dem Bitbrains RnD Traces (Monat 1) mit 500 VMs (Bei allen Simulationen wurde ein Umsatz von 60.806,34 erzielt)

Scheduler	Migr. DC	Migr. Fed	Migr. Fed	Brüche			Strafen	Kosten	Gewinn	Marge (in %)
		rein	raus	CPU	RAM	UT				
ohne Föderation	1.132	0	0	30	116	0	18.720	17.499,99	24.586,34	40,4
FF	343	0	15	2	48	0	6.080	20.866,12	33.860,21	55,7
FFG	343	0	15	2	48	0	6.080	20.866,12	33.860,21	55,7
FairF	404	0	16	2	49	0	6.200	21.270,01	33.336,31	54,8
CF	343	0	15	2	48	0	6.080	20.883,57	33.842,76	55,7
RS	343	0	15	2	48	0	6.080	20.866,12	33.860,21	55,7
CR	343	0	15	2	48	0	6.080	20.866,12	33.860,21	55,7
Auktion-CF	343	0	15	2	48	0	6.080	17.804,70	36.921,62	60,7
Auktion-CR	343	0	15	2	48	0	6.080	17.804,70	36.921,62	60,7

finanzielle Ergebnis des CSPs kann deutlich gesteigert werden. Es können die Intra-DC-Migrationen durch die Teilnahme an der Föderation im Durchschnitt um 70% gesenkt werden. Hierdurch und durch die eingesparten Ressourcen, die durch die in die Föderation abgegebenen VMs frei werden, kann das System beruhigt werden. Die CPU-Brüche werden um 93% und die RAM-Brüche um 59% gesenkt. Hierdurch können die SLA-Strafkosten massiv um ca. zwei Drittel gesenkt werden. Da aus der Föderation zur Laufzeit keine weiteren VMs zu dem CSP migriert werden, wird kein zusätzlicher Umsatz generiert. Insgesamt führt dies bei allen Schedulern zu einem gesteigerten Gewinn und einer gesteigerten Marge. Auch in dieser Versuchsreihe zeigen manche Scheduler wieder das gleiche Verhalten. Dies hat ebenfalls die gleichen Gründe, die bereits beschrieben wurden (vgl. Kapitel 12.9). Auch das Verhältnis der unterschiedlichen Ergebnisse untereinander ist identisch zu dem des CSP-1 im zweiten Szenario. Die zwei Auktions-Scheduler zeigen wieder das beste Ergebnis. Dies liegt daran, dass sie die Kosten für das externe Ausführen der VMs stark reduzieren können. Sie können den Gewinn und die Marge je um ca. 20% steigern.

Auch die Ergebnisse der letzten Simulationsreihe zeigen das erwartete Ergebnis. Hier verbessert die Teilnahme an der Föderation ebenfalls alle technischen wie auch die finanziellen Metriken. Im Ver-

Tabelle 12.7: Zusammenfassung der Simulationsergebnisse mit fünf CSPs und einem DC pro CSP aus Sicht des CSPs mit dem Materna Traces (Monat 1) mit 520 VMs (Bei allen Simulationen wurde ein Umsatz von 95.591,66 erzielt)

Scheduler	Migr. DC	Migr. Fed rein	Migr. Fed raus	Brüche CPU	RAM	UT	Strafen	Kosten	Gewinn	Marge
ohne Föderation	9.493	0	0	1	570	0	68.640	10.500,00	16.451,65	17,2
FF	3.831	0	10	0	333	0	39.960	11.458,86	44.172,79	46,2
FFG	3.831	0	10	0	333	0	39.960	11.458,86	44.172,79	46,2
FairF	3.523	0	9	0	318	0	38.160	11.407,88	46.023,76	48,1
CF	3.831	0	10	0	333	0	39.960	11.438,30	44.193,35	46,2
RS	3.831	0	10	0	333	0	39.960	11.458,86	44.172,79	46,2
CR	3.831	0	10	0	333	0	39.960	11.458,86	44.172,79	46,2
Auktion-CF	3.831	0	10	0	333	0	39.960	10.584,50	45.047,15	47,1
Auktion-CR	3.831	0	10	0	333	0	39.960	10.596,21	45.035,44	47,1

gleich zu einer Ausführung ohne Föderation (Zeile eins von Tabelle 12.7) können alle Scheduler die Ergebnisse stark verbessern. So kann die Anzahl der Intra-DC-Migrationen fast um zwei Drittel gesenkt werden. Auch die Anzahl der RAM-Brüche kann fast halbiert werden. Somit können bei allen Simulationen die Strafkosten stark reduziert werden. Insgesamt kann das finanzielle Ergebnis durch die Teilnahme an der Föderation stark verbessert werden. So kann die Marge mit den Auktions-Schedulern um 174% gesteigert werden. Auch bei dieser Simulationsreihe zeigen sich wieder die vorher erklärten Gruppen von Schedulern, die ein identisches Ergebnis liefern.

Abschließend kann festgehalten werden, dass die Ergebnisse beider Simulationsreihen die bisherigen Ergebnisse validieren. Somit kann, auf die hier durchgeführten Experimente bezogen, davon ausgegangen werden, dass die Ergebnisse korrekt sind. Wie bereits auch bei den Ergebnissen der anderen beiden Ebenen gilt auch hier wieder, dass die Ergebnisse nur für den hier untersuchten Bereich gelten. Sie liefern einen guten Anhaltspunkt für CSPs, um festzustellen, welche Arten von Schedulern auf der Föderationsebene zur Gewinnoptimierung erfolgreich eingesetzt werden können.

12.14 Häufige VM-Migrationen

VMs, die über einen längeren Zeitraum eine hohe Ressourcenlast produzieren, können dafür sorgen, dass die übrigen VMs auf dem Host nicht ausreichend mit Ressourcen versorgt werden können. Dies führt dazu, dass der lokale Intra-DC-Scheduler durch den SLA-Manager aufgerufen wird, um das Ressourcenproblem zu lösen. Sucht der Scheduler anhand seiner jeweiligen Strategie genau die VM mit der höchsten aktuellen Last aus, wird das Problem oft auf dem Quell-Host gelöst. Da die VM aber weiterhin einen hohen Ressourcenanspruch an den neuen Host stellt, kann es passieren, dass der neue Ausführungs-Host zeitnah wieder in einen Ressourcenengpass läuft. Hierdurch wird der Scheduler erneut aufgerufen. Jetzt kann es dazu kommen, dass wieder die gleiche VM ausgewählt wird, da sie immer noch die höchste Last auf dem Host produziert. Der Host, auf dem die VM vorher ausgeführt wurde, kann zusätzlich anhand der jeweiligen Scheduler-Strategie wieder als der bestmöglicher Ziel-Host ausgewählt werden. Dies ist durchaus möglich, da der Host durch das Wegmigrieren genau dieser VM möglicherweise zur Zeit wieder die meisten freien Ressourcen in dem DC zur Verfügung hat. Jetzt kann es dazu kommen, dass die VM in jedem Simulationsschritt auf dem Ausführungs-Host einen Ressourcenengpass auslöst und durch den Scheduler permanent zwischen den immer gleichen Hosts hin und her migriert wird. Dieser Effekt wird auch als „Ping-Pong-Efffekt" bezeichnet. Hierdurch steigt die Anzahl der Migrationen deutlich. Dies sorgt für ein unruhiges System und führt im Endeffekt zu gebrochenen Uptime-SLOs.

Der Ping-Pong-Effekt kann nicht nur auf der DC-Ebene auftreten. Es ist durchaus denkbar, dass dieser Effekt auch zwischen zwei DCs oder sogar in einer Föderation zwischen zwei CSPs auftritt. Um dieses Phänomen zu untersuchen, wurde in FCS im ersten Schritt ein Ping-Pong-Zähler eingebaut, der im Falle einer Migration überprüft, ob diese VM in einem der letzten Simulationsschritte migriert wurde. Im zweiten Schritt wurden alle Scheduler auf der DC-Ebene um eine Strategie zur Vermeidung des Ping-Pong-Effekts erweitert. Hierzu wird bei der Auswahl der zu migrierenden VM durch den

Scheduler anhand des Ping-Pong-Zählers überprüft, ob die VM in einem der letzten Simulationsschritte bereits migriert wurde. Wie weit die letzte Migration dabei in der Vergangenheit liegen darf, kann für jeden Scheduler individuell konfiguriert werden. Wurde die ausgewählte VM innerhalb des vorgegebenen Zeitraums bereits migriert, überspringt der Scheduler diese VM in seiner Entscheidung und wählt eine oder mehrere andere VMs zur Migration aus. Jeder vermiedene Ping-Pong-Fall wird dabei protokolliert und im End-Log ausgegeben. Durch die Vermeidung des Effekts soll das System auf allen Ebenen beruhigt und unnötige SLA-Strafen und somit Kosten vermieden werden.

Im Laufe der hier beschriebenen Simulationen konnte der beschriebene Effekt auf keiner der drei Ebenen mit den untersuchten Workload Traces und Schedulern beobachtet werden. Dies zeigt, dass alle hier untersuchten Scheduler sehr performant arbeiten und durch die Beachtung der aktuellen Ressourcenlast auf dem Quell- und Ziel-Host, der Ping-Pong-Effekt ohne eine entsprechende Strategieerweiterung vermieden werden konnte.

Um den Effekt trotzdem zu provozieren, wurde auf der ersten Ebene eine Simulation durchgeführt, bei der zur Ausführung des Traces viel zu wenig Ressourcen zur Verfügung standen. Die Ergebnisse, welche hier nicht weiter aufgeführt werden, da sie in keinster Weise eine reale DC-Konfiguration widerspiegeln, zeigten, dass es zu einer geringen Anzahl von Ping-Pong-Fällen kam. Dies lag daran, dass für den Scheduler nur eine sehr geringe Anzahl an Ziel-Hosts zur Verfügung standen. Da die zu migrierenden VMs oft genau diejenigen waren, die aktuell die größte Last produzierten, mussten durch die Ping-Pong-Vermeidung viele VMs anstelle der einen migriert werden. Dies lag daran, dass so viele VMs von dem gefährdeten Host migriert werden mussten, bis die ausgelastete VM wieder ausreichend mit Ressourcen versorgt werden konnte. Dies beunruhigte das System zusätzlich und gefährdete viel mehr VMs, als wenn der negative Effekt nicht behandelt worden wäre.

Da sich der Effekt aber in allen hier gezeigten Ergebnissen nicht negativ auswirkte, wurde die Ping-Pong-Vermeidung in den hier untersuchten Schedulern nie aktiviert. Der Grund für das Ausbleiben des Effekts liegt darin, dass trotz einer künstlichen Ressourcenverknappung in den gezeigten Untersuchungen alle CSPs ihre VMs mit Hilfe der jeweiligen Scheduler auf den drei Ebenen sehr gut verwalten konnten. Außerdem sinkt das Risiko für den Ping-Pong-Effekt mit jeder Entscheidungsebene, die ein Scheduler nutzen kann. Dies liegt darin begründet, dass jede Ebene in föderierten Cloud-Umgebungen zusätzliche Migrationsziele zur Verfügung stellt. Hierdurch können die Scheduler die zu migrierenden VMs auf einer größeren Zahl an Ziel-Hosts verteilen. Somit sinkt die Gefahr eine gegebene VM permanent zwischen den genau gleichen Hosts hin und her zu migrieren.

Reale CSPs sollten in ihren DCs trotz des Ausbleibens des Ping-Pong-Effekts in den vorliegenden Untersuchungen überwachen, ob dieser Effekt bei ihnen auftritt. Ist dies der Fall, sollten entweder mehr Hosts angeschafft werden, um den Schedulern mehr Migrationsziele zur Verfügung zu stellen, oder sie sollten sich an einer Föderation beteiligen, da dies die Gefahr für das Auftreten des negativen Effekts nahezu ausschließt.

12.15 Grafische Simulationsauswertung mit Gephi

In Abbildung 12.2 werden die VM-Migrationen einer Simulation mit fünf CSPs mit jeweils einem DC dargestellt (Szenario 2). Die Grafik wurde anhand der Daten, die aus dem Migrations-Log erstellt wurden, mit Hilfe von Gephi erstellt. Es lässt sich erkennen, dass die meisten Migrationen zwischen den Hosts des ersten CSPs stattfinden (CSP_0). Dies ist der CSP, der den FastStorage Trace von Bitbrains mit 1.250 VMs ausführt und absichtlich zu wenig lokale Ressourcen erhalten hat. Somit entstehen zur Laufzeit sehr viele Intra-DC-Migrationen. Dies lässt sich an dem Cluster der großen Kreise in der Mitte mit den vielen Verbindungen erkennen (Zum Beispiel: CSP_0>8>29 oder CSP_0>8>25). Jeder Kreis in der Mitte steht für einen Host des

CSPs und jede Kante in dem Graph steht für Migrationen zwischen den jeweiligen Hosts. Die Kanten sind gerichtet und ihre Stärke gibt Auskunft über die Anzahl der Migrationen zwischen den Hosts. Je größer ein Kreis dargestellt wird, desto mehr Migrationen weist er auf (eingehend und ausgehend). Die kleineren Kreise außen stellen Hosts der föderierten Partner-CSPs dar (CSPs 1 bis 4), die VMs von CSP_0 aufnehmen, welche er intern nicht mehr ausführen kann. Da alle anderen CSPs in der Föderation mit ausreichend vielen Ressourcen ausgestattet wurden, finden fast keine Migrationen zwischen den Hosts der übrigen CSPs statt. Sonst würden sich entsprechend weitere Cluster bilden.

Die grafische Darstellung der Migrationen erlaubt einen tieferen Einblick in die Migrationsprozesse innerhalb der einzelnen CSPs und zwischen einander. In Kombination mit den konkreten Metriken aus den jeweiligen Log-Dateien lassen sich tiefe Einblicke in das Ausführungsverhalten der VMs innerhalb der einzelnen CSPs gewinnen. Dies zusammen erlaubt es, die Güte der jeweils untersuchten Scheduler auf allen drei Ebenen zu bewerten und zu optimieren.

12.16 Einordnung in die Taxonomie

Nachdem in den vorangegangenen Kapiteln die einzelnen Scheduler auf der Inter-CSP-Ebene vorgestellt und untersucht wurden, werden sie im Folgenden anhand der in Kapitel 9.3 vorgestellten Taxonomie klassifiziert. Die Klassifizierung wird in Tabelle 12.8 dargestellt. Dabei werden nur die Eigenschaften aufgezeigt, bei denen sich die Scheduler unterscheiden. Alle hier vorgestellten Scheduler besitzen dabei die folgenden Eigenschaften: global, dynamisch, suboptimal, heuristisch und dynamische Neuzuweisung.

12.17 Zusammenfassung

Die Ergebnisse der hier vorgestellten Untersuchungen haben eindeutig gezeigt, dass es sich technisch wie auch vor allem finanziell positiv für

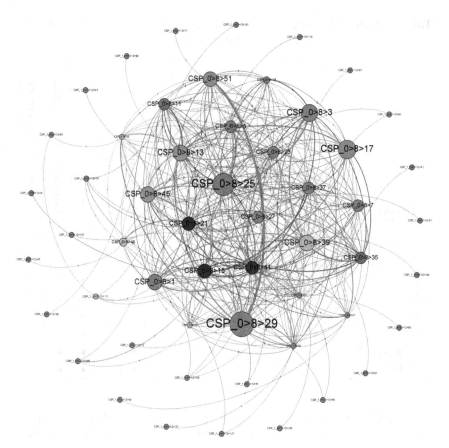

Abbildung 12.2: Grafische Auswertung der VM-Migrationen einer Föderationssimulation mit Gephi

Tabelle 12.8: Tabellarische Klassifizierung der vorgestellten Inter-CSP-Scheduler anhand der Taxonomie

Taxonomie	verteilt	nicht verteilt	kooperativ	nicht kooperativ	adaptiv	nicht adaptiv	Lastausgleich	Auktionen	proaktiv	reaktiv	applikationszentriert	ressourcenzentriert
Inter-CSP-Ebene												
FirstFit	•		•			•				•	•	
FirstFitGreedy	•		•			•				•	•	
FairFit	•		•			•				•	•	
CheapestFit	•		•			•				•	•	
RelianceScope	•		•	•						•	•	
CR	•		•			•				•	•	
Auktion-CF	•		•	•				•		•	•	
Auktion-CR	•		•	•				•		•	•	

einen CSP auswirkt, wenn er an einer Cloud-Föderation teilnimmt. Das lokale System kann beruhigt und die Anzahl der CSP-internen Migrationen stark verringert werden. Weiterhin kann die Anzahl der SLA-Brüche gesenkt werden. Dies wirkt sich positiv auf die Strafzahlungen aus, die ebenfalls stark reduziert werden können. Es konnte sogar gezeigt werden, dass es für einen CSP kostengünstiger ist, weitere VMs in eine Föderation zu migrieren, als lokal neue Hosts zu kaufen. In Abbildung 12.3 werden die Finanzergebnisse der drei untersuchten Traces grafisch zusammengefasst. Es lässt sich erkennen, dass alle CSPs von der Teilnahme an einer Föderation stark profitieren. Im Vergleich zur Trace-Ausführung ohne Föderationsteilnahme konnten alle CSPs in der Föderation ihre SLA-Strafen drastisch senken und den Gewinn stark steigern. Es zeigt sich weiterhin, dass durch das

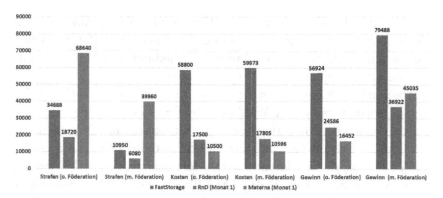

Abbildung 12.3: Vergleich der CSP-Finanzergebnisse (gerundet) mit und ohne Föderationsteilnahme

Ausführen der in die Föderation migrierten VMs die Kosten leicht steigen. Diese Steigerung ist aber zu vernachlässigen, da somit weitere SLA-Strafen vermieden werden konnten.

Insgesamt zeigt sich, dass die Teilnahme an einer Föderation in jedem Fall positive Auswirkungen hat. Selbst wenn ein CSP ausreichend viele lokale Ressourcen besitzt und alle VMs erfolgreich ausführen kann, kann die Teilnahme an einer Föderation eine weitere Einnahmequelle darstellen, da über diesen Weg weitere VMs föderierter Partner ausgeführt werden können. Dies führt zu einem höheren Umsatz und im Endeffekt zu einem höheren Gewinn.

Weiterhin zeigt sich, dass es bereits ausreicht, einen sehr geringen Prozentsatz an eigenen VMs in eine Föderation zu migrieren, um das eigene System zu stabilisieren, Ressourcenengpässe auszugleichen und dadurch im Endeffekt den Gewinn zu steigern. Im Fall des Bitbrains FastStorage Traces wurden durchschnittlich 37 der 1.250 VMs pro Simulation in die Föderation migriert. Dies entspricht ca. 3% der VMs. Bei dem Bitbrains RnD Trace waren es 15 von 500 VM (3%) und bei dem Materna Trace zehn von 520 (2%).

Finanziell liefern die hier getesteten Auktions-Scheduler das beste Ergebnis. Durch die Auktionierung der zu migrierenden VMs konnten die Ausführungskosten bei einem föderierten Partner optimiert werden.

Dies wirkt sich sehr positiv auf die Gesamtkosten und somit auf den Gewinn und die Marge aus. Sollten die föderierten Partner keine Auktion unterstützten, so sollte eine Scheduling-Variante gewählt werden, die den günstigsten Preis bevorzugt.

Abschließend konnte gezeigt werden, dass die Berücksichtigung des Vertrauensfaktors bei der Wahl des Ziel-CSPs einen großen Einfluss auf die Anzahl der Migrationen und die Strafkosten hat. Vor allem die erfolgreiche Erkennung von gierigen CSPs stellte sich als ein großer Vorteil heraus, da hierdurch unnötige Migrationen vermieden werden konnten, die zu teuren Uptime-Strafen führen würden. Insgesamt konnte mit dem auktionsbasierten CR-Scheduler das beste Ergebnis erzielt werden, da er zusätzlich zur der Vermeidung von Föderationsmigrationen zu einem gierigen CSP auch noch die Outsourcing-Kosten senkt.

Es wird vermutet, dass der Einsatz des Vertrauensfaktors in der Realität ebenfalls positive Ergebnisse zeigen könnte, da in realen Föderationen eine viel größere Dynamik herrscht. Es werden zur Laufzeit bei allen CSPs weitere VMs gestartet und gestoppt. Dies kann spontan zu starken Veränderungen in der Ressourcenlage der einzelnen CSPs führen. Erst dann zeigt sich, welcher CSP verlässlich mit seinen Ressourcen umgeht. Die in dieser Arbeit genutzten Traces gaben diese Dynamik nicht her. Möglicherweise wird es zukünftig weitere Traces geben, die solche Untersuchungen möglich machen. Das Simulations-Framework ist für solche Traces bereits jetzt ausgelegt, sodass bei Verfügbarkeit neuer Traces diese sofort untersucht werden können. Insgesamt sollten reale CSPs laufend in geeigneter Weise die Verlässlichkeit ihrer Partner bewerten und diesen Faktor in ihre Migrationsentscheidungen mit einfließen lassen.

13 Zusammenfassung

In dieser Arbeit wurde das Konzept von Cloud-Föderationen ausführlich vorgestellt. Dabei bilden SLAs die Grundlage der Zusammenarbeit zwischen Kunden und CSPs und zwischen den CSPs einer Föderation. Kunden betreiben bei den CSPs virtuelle Maschinen, auf denen sie ihre jeweiligen Services ausführen. Bei Überlastsituationen können die CSPs die VMs innerhalb eines Data Centers von einem Host zu einem anderen migrieren, um die VMs wieder mit ausreichenden Ressourcen zu versorgen. Kann das Ressourcenproblem lokal nicht gelöst werden, so kann die VM in ein anderes DC des CSPs oder zu einem föderierten Partner migriert werden. Die Software-basierten Entscheidungsinstanzen, die über den Ausführungsort der VMs und ihre Migrationen in und zwischen den DCs sowie zwischen den CSPs entscheiden, werden als VM-Scheduler bezeichnet.

Um das Verhalten von VMs in föderierten Cloud-Umgebungen untersuchen zu können, wurde in dieser Arbeit ein Modell für das SLA-basiertes VM-Scheduling vorgestellt. Darin wurde zum einen die initiale Platzierung einer neuen VM in einem DC beschrieben, zum anderen der Ablauf einer SLA-basierten VM-Migration zur Ausführungszeit. Damit zusätzlich auch die finanziellen Auswirkungen für einen CSP untersucht werden können, wurde in dieser Arbeit mit CloudAccount ein entsprechendes Finanzmodell für Cloud-Föderationen vorgestellt.

Untersuchungen von Föderations-Schedulern in realen Cloud-Umgebungen sind sehr komplex und teuer, darum wurden die Untersuchungen mit Hilfe von Simulationen durchgeführt. Da es bisher noch kein umfangreiches Simulations-Framework für SLA-basierte Cloud-Föderationen gab, wurde in dieser Arbeit FCS vorgestellt. Das flexible und umfangreiche Framework basiert dabei auf CloudSim und ergänzt

© Springer Fachmedien Wiesbaden GmbH, ein Teil von Springer Nature 2018
A. Kohne, *Cloud-Föderationen*,
https://doi.org/10.1007/978-3-658-20973-5_13

es an vielen Stellen maßgeblich. Das Framework, sowie die für die realitätsnahe Untersuchung eingesetzten Cloud-Workload-Traces, wurden bereits für wissenschaftliche Zwecke veröffentlicht.

Bei der Entwicklung von FCS wurde von Anfang an darauf geachtet, dass das System performant arbeitet. Es konnte gezeigt werden, dass der Simulator auch bei sehr komplexen Föderationssimulationen ressourcenschonend und in annehmbarer Zeit arbeitet. An dieser Stelle sei aber auch erwähnt, dass das System inzwischen sehr umfangreich geworden und an vielen Stellen konfigurierbar ist. Dies bietet zum einen sehr gute Möglichkeiten tief in das System einzugreifen und die Simulationen individuell zu parametrisieren. Zum anderen ist dies aber auch sehr aufwändig und stellt Personen, die sich neu in das Framework einarbeiten wollen, vor eine Herausforderung. Hier sollte das System zukünftig vereinfacht werden. Dazu könnten an geeigneten Stellen Standardwerte angeboten werden, die einen schnelleren Einstieg und erste Ergebnisse bieten.

Mit Hilfe von FCS wurden im weiteren Verlauf der Arbeit unterschiedliche VM-Scheduler auf drei Ebenen (Intra-DC-, Inter-DC- und Inter-CSP-Ebene) untersucht. Dabei konnten nicht alle VM-Scheduler für Cloud-Föderationen untersucht werden, da es viele unterschiedliche Scheduler mit unterschiedlichen Zielen gibt. Es wurde aber eine Auswahl getroffen, die eine möglichst große Bandbreite an Scheduling-Strategien abdeckt. Dazu wurden unter anderem ein Load Balancer, ein energieeffizienter Scheduler, auktionsbasierte Scheduler und vertrauensbasierte Scheduler untersucht. Das Simulations-Framework FCS ist dabei so entwickelt worden, dass es die Grundlage für weitere Untersuchungen an zusätzlichen Schedulern bildet.

Mit Hilfe des FCS-Frameworks und den Simulationen mit realen Workload Traces wurde herausgefunden, dass es sich für einen CSP auf jeden Fall lohnt, an einer Cloud-Föderation teilzunehmen. Zum einen konnte die Ressourcensituation in lokalen DCs bei Überlastsituationen durch gezielte VM-Migrationen zu föderierten Partnern beruhigt werden und damit die Strafzahlungen für SLA-Brüche reduziert werden. Zum anderen konnte durch das Ausführen von VMs die von föderierten Partnern zu dem CSP migriert wurden, eine zusätzliche Einnahmequelle genutzt werden. Dies führte zu höherem Umsatz, gesunkenen Kosten und damit zu einem gestiegenen Gewinn. Weiterhin konnte gezeigt werden, dass es sich für einen CSP nicht lohnt, SLA-Brüche durch den Zukauf weiter Server zu vermeiden. Die durch die zusätzlichen Server erzeugten Kosten überstiegen in allen Untersuchungen die Kosten, die durch Herausgabe von stark beanspruchten VMs an föderierte Partner generiert wurden.

Insgesamt konnte gezeigt werden, dass eine möglichst optimale Ausführung der VMs auf der DC-Ebene (Ebene 1) den größten Einfluss auf die Anzahl der VM-Migrationen, der SLA-Brüche und auf die Kosten- und Gewinnstrukturen hat, da auf dieser Ebene die direkte Zuordnung der VMs zu den Ressourcen stattfindet und Ressourcenengpässe zeitnah zu SLA-Brüchen führen können. Dazu zeigte sich, dass Scheduler, die bei der Auswahl der zu migrierenden VMs und der Auswahl der neuen Hosts die aktuelle Ressourcenlage der Server berücksichtigen, die besten Ergebnisse erzielten, da hierdurch direkt auf die Ressourcenanforderungen der VMs reagiert werden konnte. Es wurde zusätzlich gezeigt, dass die initiale Verteilung der VMs auf die zur Verfügung stehenden Hosts eine große Auswirkung auf die zur Ausführungszeit benötigten Migrationen hat, da die VMs auf Hosts platziert werden konnten, die ihnen ausreichend freie Ressourcen zur Ausführung zu Verfügung stellen konnten. Weiterhin konnten durch eine ressourcenabhängige Verteilung der VMs die Anzahl der SLA-Brüche gesenkt werden und im Endeffekt Kosten eingespart werden. Es wurde simulativ gezeigt, dass es sich für einen CSP lohnt, Hosts zur VM-Ausführung zu nutzten, die möglichst viele Ressourcen (RAM und CPU) besitzen. Gleichzeitig muss beachtet werden, dass bei einem potentiellen Host-Ausfall genügend freie Ressourcen zur Verfügung stehen, um die ausgefallenen VMs schnell wieder betreiben zu können. Zusätzlich wurde gezeigt, dass Cloud-Scheduler in Ressourcenengpässen schnell eingreifen sollten, da Cloud Workloads sehr sprunghafte Ressourcenlasten aufweisen. Lange Wartezeiten führten zu erhöhten SLA-Strafen und somit zu erhöhten Kosten und zu unzufriedenen Kunden.

VM-Scheduler auf der CSP-Ebene (Ebene 2) konnten ausgleichend zwischen den unterschiedlichen DCs eines CSPs eingesetzt werden. Ihr Einsatz konnte den Gewinn zwar nicht weiter steigern, doch durch eine gezielte VM- und DC-Auswahl konnte die Anzahl der Migrationen zwischen den DCs zur Laufzeit minimiert und dadurch die Anzahl der SLA-Brüche und im Endeffekt die Kosten niedrig gehalten werden. Dies ist eine wichtige Aussage, da alle realen CSPs allein schon aus Hochverfügbarkeitsgründen mindestens zwei, meist jedoch mehrere DCs (potentiell weltweit verteilt) betreiben. Es zeigte sich, dass Scheduling-Strategien, die lokal auf einem überlasteten Host nach zu migrierenden VMs suchten und diese auf Hosts eines anderen DCs des selben CSPs migrierten, die eine sehr geringe Auslastung aufwiesen, die besten Ergebnisse lieferten.

Weiterhin konnte gezeigt werden, dass die Föderations-Scheduler (Ebene 3) einen massiven Einfluss auf die Kosten und Gewinne eines CSPs haben können. Es stellte sich heraus, dass es die wichtigste Aufgabe der Inter-CSP-Scheduler ist, für jede VM, die bei einem föderierten Partner ausgeführt werden soll, denjenigen CSP in der Föderation zu wählen, der die VM am günstigsten ausführen kann. Dabei sollte immer auch berücksichtigt werden, wie erfolgreich dieser Partner die eigenen VMs in der Vergangenheit ausgeführt hat, da SLA-Brüche bei föderierten Partnern vermieden werden sollen. Hier kann die Berücksichtigung eines Vertrauensfaktors bei den Migrationsentscheidungen einen großen Vorteil bringen. Die größten Kosteneinsparungen konnten mit Hilfe der auktionsbasierten Scheduler erzielt werden. Sie sorgten zum einen dafür, dass die Ressourcen der föderierten Partner alle relativ gleichmäßig ausgelastet wurden und senkten die Ausführungskosten für den CSP.

Abschließend kann an dieser Stelle gesagt werden, dass das Konzept der Cloud-Föderationen ein sehr lohnendes und zukunftsweisendes ist, mit dem sich alle CSPs auseinander setzen sollten. Es bietet viele Möglichkeiten, die lokalen Systeme besser auszulasten, Ressourcenengpässe zu vermeiden und im Endeffekt Kosten zu senken und den Gewinn zu steigern. Erste Umsetzungen in der Wirtschaft zeigen, dass dieses

Konzept tragfähig ist und auch große CSPs sich für Föderationen öffnen.

14 Ausblick

In dieser Arbeit wurden die theoretischen Grundlagen für eine SLA-basierte Zusammenarbeit von CSPs in Cloud Föderationen sowie unterschiedliche VM-Scheduling-Strategien für CSPs vorgestellt und untersucht. Die Ergebnisse können zukünftig beim Aufbau von realen Cloud-Föderationen genutzt werden, um zum einen die SLAs besser abzusichern und zum anderen den Gewinn der CSPs zu steigern. Dazu könnten die hier vorgestellten Scheduler beispielsweise in OpenStack implementiert werden. Erste Implementierungen von Cloud-Föderationen in OpenStack wurden bereits von del Castillo et al. in [35] vorgestellt.

Im Rahmen dieser Arbeit wurden unterschiedliche Föderationsszenarien mit Hilfe von FCS untersucht. Ein Aspekt, welcher in der Realität eine große Rolle spielt, wurde dabei wissentlich ausgelassen. Bei realen CSPs kann es zu Ausfällen von VMs, Hosts oder ganzer DCs kommen. Um gegen Ausfälle auf all diesen Ebenen gewappnet zu sein, müssen die CSPs entsprechend vorsorgen und sogenannte Desaster Recovery und Hochverfügbarkeitslösungen implementieren. Diese Maßnahmen sorgen im Fall eines Hardware- oder Software-Ausfalls dafür, dass die entsprechenden Services schnell wieder zur Verfügung gestellt werden können. Um solche Maßnahmen für Cloud-Föderationen zu untersuchen, könnte FCS zukünftig um entsprechende probabilistische Fehlermodelle und neue Algorithmen erweitert werden, die die jeweiligen Fehlerfälle und entsprechende Lösungsansätze simulierbar machen.

Weiterhin werden zukünftig vCSPs eine immer größere Rolle bei der Vermittlung von Cloud-Services spielen, da Nutzer nicht mehr mit einzelnen CSPs verhandeln möchten, sondern über einen zentralen Broker auf die Ressourcen und Services von vielen CSPs zugreifen wollen. Dabei müssen diese vCSPs dynamisch auf die Anforderungen der Kunden eingehen können. Um die Auswirkungen von vCSPs auf den Cloud-Markt als Ganzes und auf die SLA-, Preis- und Kostenstrukturen im Einzelnen untersuchen zu können, kann zukünftig das hier vorgestellte FCS als Grundlage dienen. Das Framework bietet alle Funktionalitäten, um die Integration von vCSPs in existierende Cloud-Föderationen tiefgreifend zu untersuchen.

Zusätzlich zu den bisher in dieser Arbeit vorgestellten Einsatzgebieten von FCS könnte das Framework zukünftig auch als Echtzeit-Expertensystem an reale Cloud-Umgebungen angebunden werden. Dazu müssten reale Log-Daten eines CSPs in Echtzeit als Eingabewerte des Frameworks genutzt werden. In dem Framework müssten weiterhin die reale DC- und Host-Umgebung sowie die Kostenstrukturen eines CSPs konfiguriert werden. Das System könnte dann zur Laufzeit anhand unterschiedlicher Scheduling- und SLA-Strategien Migrationsvorschläge an die Systemadministratoren liefern und direkt die Auswirkungen auf die jeweils betroffenen SLAs und die dadurch entstehenden Kosten oder Einsparungen berichten.

Ebenfalls könnten Analysen des Systemverhaltens unter der Berücksichtigung von dynamischen Workloads durchgeführt werden. Hierzu müssten dann zur Simulationslaufzeit weitere VMs durch Kunden gestartet und gestoppt werden. Dies wurde in dieser Arbeit nicht berücksichtigt. Das Framework unterstützt diese Funktionalität bereits. Die Traces müssten dann entweder so unterteilt werden, dass ein Teil der VMs direkt zu Beginn der Simulation und der Rest zur Laufzeit nach und nach gestartet wird oder es müssten hybride Traces eingesetzt werden, die um weitere (synthetisch erzeugte) VMs ergänzt wurden.

Zusätzlich zu den in dieser Arbeit untersuchten Ressourcen könnten auch noch weitere Parameter wie zum Beispiel Netzwerk- und Festplattendurchsätze analysiert werden. Das Framework bietet dazu bereits einige Möglichkeiten, die in dieser Arbeit nicht weiter eingesetzt wurden. So wäre es denkbar, die reale Festplattengröße der VMs bei den Migrationen zu berücksichtigen. Hierzu könnte dann auch das Netzwerk zwischen den Hosts eines DCs, zwischen den DCs eines CSPs und den CSPs in einer Föderation mit simuliert werden. Die Dauer der Migrationen könnte dann als Funktion der Festplattengröße und der verfügbaren Netzwerkbandbreite berechnet werden. So ließen sich Scheduling-Entscheidungen zum Beispiel auch noch nach DC-Standorten und den jeweiligen Latenzen zwischen den DCs untersuchen und optimieren. Dazu könnten die unterschiedlichen DCs zum Beispiel unterschiedlichen Ländern oder Kontinenten zugewiesen werden.

Literaturverzeichnis

[1] AGOSTINHO, Lucio ; FELICIANO, Guilherme ; OLIVI, Leonardo ; CARDOZO, Eleri ; GUIMARAES, Eliane: A bio-inspired approach to provisioning of virtual resources in federated clouds. In: *Dependable, Autonomic and Secure Computing (DASC), 2011 IEEE Ninth International Conference on* IEEE (Veranst.), 2011, S. 598–604

[2] AMAZON: *Preise der Amazon Web Services.* Jun 2017. – URL https://aws.amazon.com/de/ec2/pricing/

[3] AMAZON: *Amazon Elastic Compute Cloud (EC2) – Cloud Server.* 2017. – URL https://aws.amazon.com/de/ec2/

[4] ANDERSON, Charles: Docker. In: *IEEE Software* 32 (2015), Nr. 3

[5] ANDRIEUX, Alain ; CZAJKOWSKI, Karl ; DAN, Asit ; KEAHEY, Kate ; LUDWIG, Heiko ; NAKATA, Toshiyuki ; PRUYNE, Jim ; ROFRANO, John ; TUECKE, Steve ; XU, Ming: Web services agreement specification (WS-Agreement). In: *Open Grid Forum* Bd. 128, 2007, S. 216

[6] ANISETTI, Marco ; ARDAGNA, Claudio A. ; BONATTI, Piero A. ; DAMIANI, Ernesto ; FAELLA, Marco ; GALDI, Clemente ; SAURO, Luigi: e-Auctions for multi-cloud service provisioning. In: *Services Computing (SCC), 2014 IEEE International Conference on* IEEE (Veranst.), 2014, S. 35–42

[7] ASSUNCAO, Marcos D. de ; COSTANZO, Alexandre di ; BUYYA, Rajkumar: Evaluating the Cost-benefit of Using Cloud Computing to Extend the Capacity of Clusters. In: *Proceedings*

© Springer Fachmedien Wiesbaden GmbH, ein Teil von Springer Nature 2018
A. Kohne, *Cloud-Föderationen,*
https://doi.org/10.1007/978-3-658-20973-5

of the 18th ACM International Symposium on High Performance Distributed Computing. New York, NY, USA : ACM, 2009 (HPDC '09), S. 141–150. – URL http://doi.acm.org/ 10.1145/1551609.1551635. – ISBN 978-1-60558-587-1

[8] BAHGA, Arshdeep ; MADISETTI, Vijay K. u.a.: Synthetic workload generation for cloud computing applications. In: *Journal of Software Engineering and Applications* 4 (2011), Nr. 07, S. 396

[9] BALZTER, Sebastian: *Rechenzentrum im Eis - Facebook friert gerne.* Dezember 2012. – URL http://www.faz.net/aktuell/ wirtschaft/netzwirtschaft/der-facebook-boersengang/ rechenzentrum-im-eis-facebook-friert-gerne-11986825. html

[10] BASET, Salman A.: Cloud SLAs: present and future. In: *ACM SIGOPS Operating Systems Review* 46 (2012), Nr. 2, S. 57–66

[11] BASTIAN, Mathieu ; HEYMANN, Sebastien ; JACOMY, Mathieu u.a.: Gephi: an open source software for exploring and manipulating networks. In: *ICWSM* 8 (2009), S. 361–362

[12] BELOGLAZOV, Anton ; ABAWAJY, Jemal ; BUYYA, Rajkumar: Energy-aware Resource Allocation Heuristics for Efficient Management of Data Centers for Cloud Computing. In: *Future Gener. Comput. Syst.* 28 (2012), Mai, Nr. 5, S. 755–768. – URL http://dx.doi.org/10.1016/j.future.2011.04.017. – ISSN 0167-739X

[13] BELOGLAZOV, Anton ; BUYYA, Rajkumar: Optimal online deterministic algorithms and adaptive heuristics for energy and performance efficient dynamic consolidation of virtual machines in Cloud data centers. In: *Concurrency and Computation: Practice and Experience* 24 (2012), Nr. 13, S. 1397–1420. – URL http://dx.doi.org/10.1002/cpe.1867. – ISSN 1532-0634

[14] BERGER, T.G.: *Service-Level-Agreements: Konzeption und Management von Service-Level-Agreements für IT-Dienstleistungen.* VDM, Müller, 2007. – ISBN 9783836410212

[15] BERMBACH, David ; KURZE, Tobias ; TAI, Stefan: Cloud federation: Effects of federated compute resources on quality of service and cost. In: *Cloud Engineering (IC2E), 2013 IEEE International Conference on* IEEE (Veranst.), 2013, S. 31–37

[16] BINDER, Kurt: Schwerpunkt-Computersimulationen. In: *Physik Journal* 3 (2004), Nr. 5, S. 25–32

[17] BITKOM: *Markt für Cloud Computing wächst ungebrochen.* 2014. – URL http://www.bitkom.org/de/presse/81149_80724.aspx

[18] BOETTIGER, Carl: An introduction to Docker for reproducible research. In: *ACM SIGOPS Operating Systems Review* 49 (2015), Nr. 1, S. 71–79

[19] BONOMI, Flavio ; MILITO, Rodolfo ; ZHU, Jiang ; ADDEPALLI, Sateesh: Fog computing and its role in the internet of things. In: *Proceedings of the first edition of the MCC workshop on Mobile cloud computing* ACM (Veranst.), 2012, S. 13–16

[20] BORGETTO, Damien ; MAURER, Michael ; DA-COSTA, Georges ; PIERSON, Jean-Marc ; BRANDIC, Ivona: Energy-efficient and sla-aware management of iaas clouds. In: *Proceedings of the 3rd International Conference on Future Energy Systems: Where Energy, Computing and Communication Meet*, 2012, S. 25

[21] BOSSCHE, Ruben Van den ; VANMECHELEN, Kurt ; BROECKHOVE, Jan: Cost-optimal scheduling in hybrid iaas clouds for deadline constrained workloads. In: *Cloud Computing (CLOUD), 2010 IEEE 3rd International Conference on* IEEE (Veranst.), 2010, S. 228–235

[22] BOTE-LORENZO, Miguel L. ; DIMITRIADIS, Yannis A. ; GÓMEZ-SÁNCHEZ, Eduardo: Grid characteristics and uses: a grid definition. In: *Grid Computing* Springer (Veranst.), 2004, S. 291–298

[23] BRABENDER, Stephan ; FINK, Robin ; FÖLLING, Alexander ; KAPS, Sebastian ; KOHNE, Andreas ; KUSBER, Christian ; OGAI, Dietmar ; STASZKIEWICZ, Paul ; TOLMATCEV, Oleg ; ÜLGER, Nurettin u. a.: *Peerbasierte Computational Grids*, Universität Dortmund, Projektgruppe 505 - Endbericht, 2007

[24] BRANDIC, Ivona ; VENUGOPAL, Srikumar ; MATTESS, Michael ; BUYYA, Rajkumar: Towards a meta-negotiation architecture for SLA-Aware grid services. In: *Workshop on Service-Oriented Engineering and Optimizations* Citeseer (Veranst.), 2008, S. 17–20

[25] BRINKMANN, André ; FIEHE, Christoph ; LITVINA, Anna ; LÜCK, Ingo ; NAGEL, Lars ; NARAYANAN, Krishnaprasad ; OSTERMAIR, Florian ; THRONICKE, Wolfgang: Scalable Monitoring System for Clouds. In: *UCC*, 2013, S. 351–356

[26] BUX, Marc ; LESER, Ulf: Dynamiccloudsim: Simulating heterogeneity in computational clouds. In: *Proceedings of the 2nd acm sigmod workshop on scalable workflow execution engines and technologies* ACM (Veranst.), 2013, S. 1

[27] BUYYA, Rajkumar ; MURSHED, Manzur: Gridsim: A toolkit for the modeling and simulation of distributed resource management and scheduling for grid computing. In: *Concurrency and computation: practice and experience* 14 (2002), Nr. 13-15, S. 1175–1220

[28] BUYYA, Rajkumar ; RANJAN, Rajiv ; CALHEIROS, Rodrigo: Intercloud: Utility-oriented federation of cloud computing environments for scaling of application services. In: *Algorithms and architectures for parallel processing* (2010), S. 13–31

[29] BUYYA, Rajkumar ; RANJAN, Rajiv ; CALHEIROS, Rodrigo N.: Modeling and simulation of scalable Cloud computing environments and the CloudSim toolkit: Challenges and opportunities. In: *High Performance Computing & Simulation, 2009. HPCS'09. International Conference on* IEEE (Veranst.), 2009, S. 1–11

[30] BUYYA, Rajkumar ; YEO, Chee S. ; VENUGOPAL, Srikumar ; BROBERG, James ; BRANDIC, Ivona: Cloud Computing and Emerging IT Platforms: Vision, Hype, and Reality for Delivering Computing As the 5th Utility. In: *Future Gener. Comput. Syst.* 25 (2009), Juni, Nr. 6, S. 599–616. – URL http://dx.doi.org/10.1016/j.future.2008.12.001. – ISSN 0167-739X

[31] CALHEIROS, Rodrigo N. ; RANJAN, Rajiv ; BELOGLAZOV, Anton ; DE ROSE, César AF ; BUYYA, Rajkumar: CloudSim: a toolkit for modeling and simulation of cloud computing environments and evaluation of resource provisioning algorithms. In: *Software: Practice and Experience* 41 (2011), Nr. 1, S. 23–50

[32] CALHEIROS, Rodrigo N. ; TOOSI, Adel N. ; VECCHIOLA, Christian ; BUYYA, Rajkumar: A coordinator for scaling elastic applications across multiple clouds. In: *Future Generation Computer Systems* 28 (2012), Nr. 8, S. 1350–1362

[33] CALZAROSSA, Maria ; SERAZZI, Giuseppe: Workload characterization: a survey. In: *Proceedings of the IEEE* 81 (1993), Nr. 8, S. 1136–1150

[34] CASAVANT, Thomas L. ; KUHL, Jon G.: A taxonomy of scheduling in general-purpose distributed computing systems. In: *IEEE Transactions on software engineering* 14 (1988), Nr. 2, S. 141–154

[35] CASTILLO, Juan Angel L. del ; MALLICHAN, Kate ; AL-HAZMI, Yahya: Openstack federation in experimentation multi-cloud testbeds. In: *Cloud Computing Technology and Science (CloudCom), 2013 IEEE 5th International Conference on* Bd. 2 IEEE (Veranst.), 2013, S. 51–56

[36] CELESTI, Antonio ; TUSA, Francesco ; VILLARI, Massimo ; PU-
      LIAFITO, Antonio: How to enhance cloud architectures to enable
      cross-federation. In: *2010 IEEE 3rd international conference on
      cloud computing* IEEE (Veranst.), 2010, S. 337–345

[37] CHANG, Chi-Chung ; LAI, Kuan-Chou ; YANG, Chao-Tung:
      Auction-based resource provisioning with sla consideration on
      multi-cloud systems. In: *Computer Software and Applications
      Conference Workshops (COMPSACW), 2013 IEEE 37th Annual*
      IEEE (Veranst.), 2013, S. 445–450

[38] CHEN, Weiwei ; DEELMAN, Ewa: Workflowsim: A toolkit for
      simulating scientific workflows in distributed environments. In:
      *E-Science (e-Science), 2012 IEEE 8th International Conference
      on* IEEE (Veranst.), 2012, S. 1–8

[39] CHING, Adrian ; SACKS, Lionel ; MCKEE, Paul: SLA manage-
      ment and resource modelling for grid computing. In: *London
      Communications Symposium (LCS 2003), London, UK*, 2003

[40] CISCO SYSTEMS, Inc.: *Managing the Real Cost of On-Demand
      Enterprise Cloud Services with Chargeback Models.* 2010.
      –   https://www.techdata.com/content/tdcloud/files/
      cisco/Cloud_Services_Chargeback_Models_White_Paper.
      pdf

[41] CLARK, Christopher ; FRASER, Keir ; HAND, Steven ; HAN-
      SEN, Jacob G. ; JUL, Eric ; LIMPACH, Christian ; PRATT, Ian ;
      WARFIELD, Andrew: Live migration of virtual machines. In:
      *Proceedings of the 2nd conference on Symposium on Networked
      Systems Design & Implementation-Volume 2* USENIX Associa-
      tion (Veranst.), 2005, S. 273–286

[42] CLOUD2SIM: *Projektseite und Repository von Cloud2Sim.*
      Juni 2017. –   URL http://sourceforge.net/projects/
      cloud2sim/

[43] CLOUDMIG-XPRESS: *Projektseite und Repository von Cloud-MIG Xpress.* Juni 2017. – URL http://sourceforge.net/projects/cloudmigxpress/

[44] CLOUDREPORTS: *Projektseite und Repository von CloudReports.* Juni 2017. – URL https://github.com/thiagotts/CloudReports

[45] LABORATORY, CLOUDS: *The Cloud Computing and Distributed Systems (CLOUDS) Laboratory, University of Melbourne.* Juni 2017. – URL http://www.cloudbus.org/cloudsim/

[46] CLOUDSIMAUTOMATION: *Projektseite und Repository von CloudSim Automation.* Juni 2017. – URL https://github.com/manoelcampos/CloudSimAutomation

[47] COMUZZI, Marco ; KOTSOKALIS, Constantinos ; RATHFELDER, Christoph ; THEILMANN, Wolfgang ; WINKLER, Ulrich ; ZACCO, Gabriele: A framework for multi-level SLA management. In: *Service-Oriented Computing. ICSOC/ServiceWave 2009 Workshops* Springer (Veranst.), 2010, S. 187–196

[48] DEVI, R. K. ; SUJAN, S.: A Survey on Application of Cloudsim Toolkit in Cloud Computing. In: *International Journal of Innovative Research in Science, Engineering and Technology* 3 (2014)

[49] DI, Sheng ; KONDO, Derrick ; CIRNE, Walfredo: Characterization and comparison of cloud versus grid workloads. In: *2012 IEEE International Conference on Cluster Computing* IEEE (Veranst.), 2012, S. 230–238

[50] DONG, Fangpeng ; AKL, Selim G.: Scheduling algorithms for grid computing: State of the art and open problems / School of Computing, Queen's University, Kingston, Ontario. 2006. – Forschungsbericht

[51] DYNAMICCLOUDSIM: *Projektseite und Repository von Dynamic CloudSim.* Juni 2017. – URL https://code.google.com/p/dynamiccloudsim/

[52] EBRAHIMI, Khosrow ; JONES, Gerard F. ; FLEISCHER, Amy S.: A review of data center cooling technology, operating conditions and the corresponding low-grade waste heat recovery opportunities. In: *Renewable and Sustainable Energy Reviews* 31 (2014), S. 622–638

[53] EDMONDS, Andy ; METSCH, Thijs ; PAPASPYROU, Alexander ; RICHARDSON, Alexis: Toward an open cloud standard. In: *IEEE Internet Computing* 16 (2012), Nr. 4, S. 15–25

[54] ERNEMANN, Carsten ; SONG, Baiyi ; YAHYAPOUR, Ramin: Scaling of workload traces. In: *Workshop on Job Scheduling Strategies for Parallel Processing* Springer (Veranst.), 2003, S. 166–182

[55] FARD, Hamid M. ; PRODAN, Radu ; FAHRINGER, Thomas: A truthful dynamic workflow scheduling mechanism for commercial multicloud environments. In: *IEEE Transactions on Parallel and Distributed systems* 24 (2013), Nr. 6, S. 1203–1212

[56] FEITELSON, Dror G.: *Workload modeling for computer systems performance evaluation.* Cambridge University Press, 2015

[57] FENN, Michael ; MURPHY, Michael A. ; MARTIN, Jim ; GOASGUEN, Sebastien: An evaluation of KVM for use in cloud computing. In: *Proc. 2nd International Conference on the Virtual Computing Initiative, RTP, NC, USA,* 2008

[58] FIEHE, Christoph ; LITVINA, Anna ; TONN, Jakob ; WU, Jie ; SCHEEL, Michael ; BRINKMANN, Andre ; NAGEL, Lars ; NARAYANAN, Krishnaprasad ; ZOTH, Carsten ; GOLTZ, Hans-Joachim ; UNGER, Steffen ; THRONICKE, Wolfgang ; PURSCHE, Fabian: Building a Medical Research Cloud in the EASI-CLOUDS Project. In: *6th International Workshop on Science Gateways (IWSG),* June 2014, S. 36–41

[59] FILHO, Manoel C S. ; RODRIGUES, Joel José PC: Human Readable Scenario Specification for Automated Creation of Simulations on CloudSim. In: *Internet of Vehicles–Technologies and Services: First International Conference, IOV 2014, Beijing, China, September 1-3, 2014, Proceedings* Bd. 8662 Springer (Veranst.), 2014, S. 345

[60] FORUM, Global Inter-Cloud T.: Functional Requirements for Inter-Cloud Computing. In: *Global Inter-Cloud Technology Forum, GICTF White Paper*, 2010

[61] FOSTER, Ian ; ZHAO, Yong ; RAICU, Ioan ; LU, Shiyong: Cloud computing and grid computing 360-degree compared. In: *Grid Computing Environments Workshop, 2008. GCE'08* Ieee (Veranst.), 2008, S. 1–10

[62] FREY, Soren ; HASSELBRING, Wilhelm: An Extensible Architecture for Detecting Violations of a Cloud Environment's Constraints during Legacy Software System Migration. In: *Software Maintenance and Reengineering (CSMR), 2011 15th European Conference on* IEEE (Veranst.), 2011, S. 269–278

[63] FREY, Sören ; HASSELBRING, Wilhelm ; SCHNOOR, Benjamin: Automatic conformance checking for migrating software systems to cloud infrastructures and platforms. In: *Journal of Software: Evolution and Process* 25 (2013), Nr. 10, S. 1089–1115

[64] GAEDEKE, Julian: *Verbesserte Lastverteilungsstrategien für föderierte Cloud-Umgebungen durch clusteranalystische Untersuchung von realen Workload-Traces*, TU Dortmund, Masterarbeit, 2016

[65] GALÁN, Fermín ; SAMPAIO, Americo ; RODERO-MERINO, Luis ; LOY, Irit ; GIL, Victor ; VAQUERO, Luis M.: Service Specification in Cloud Environments Based on Extensions to Open Standards. In: *Proceedings of the Fourth International ICST Conference on COMmunication System softWAre and middlewaRE*. New York,

NY, USA : ACM, 2009 (COMSWARE '09), S. 19:1–19:12. – URL http://doi.acm.org/10.1145/1621890.1621915. – ISBN 978-1-60558-353-2

[66] GAREY, M.R ; GRAHAM, R.L ; JOHNSON, D.S ; YAO, Andrew Chi-Chih: Resource constrained scheduling as generalized bin packing. In: *Journal of Combinatorial Theory, Series A* 21 (1976), Nr. 3, S. 257 – 298. – URL http://www.sciencedirect.com/science/article/pii/0097316576900017. – ISSN 0097-3165

[67] GARTNER: *Gartner Hype Cycle 2015*. http://blogs.gartner.com/smarterwithgartner/files/2015/10/EmergingTech_Graphic.png. Juli 2015

[68] GEPHI: *Projektseite von Gephi*. Juni 2017. – URL https://gephi.org/

[69] GOIRI, I. ; GUITART, J. ; TORRES, J.: Characterizing Cloud Federation for Enhancing Providers' Profit. In: *Cloud Computing (CLOUD), 2010 IEEE 3rd International Conference on*, July 2010, S. 123–130

[70] GOOGLE: *Google cluster-usage traces*. Juni 2017. – URL http://code.google.com/p/googleclusterdata

[71] GREENBERG, Albert ; HAMILTON, James ; MALTZ, David A. ; PATEL, Parveen: The cost of a cloud: research problems in data center networks. In: *ACM SIGCOMM computer communication review* 39 (2008), Nr. 1, S. 68–73

[72] GROZEV, Nikolay ; BUYYA, Rajkumar: Inter-Cloud architectures and application brokering: taxonomy and survey. In: *Software: Practice and Experience* 44 (2014), Nr. 3, S. 369–390

[73] GUPTA, Harshit ; DASTJERDI, Amir V. ; GHOSH, Soumya K. ; BUYYA, Rajkumar: iFogSim: A Toolkit for Modeling and Simulation of Resource Management Techniques in Internet of

Things, Edge and Fog Computing Environments. In: *arXiv preprint arXiv:1606.02007* (2016)

[74] HASSELMEYER, Peer ; MERSCH, Henning ; KOLLER, Bastian ; QUYEN, HN ; SCHUBERT, Lutz ; WIEDER, Philipp: Implementing an SLA negotiation framework. In: *Proceedings of the eChallenges Conference (e-2007)* Bd. 4, 2007, S. 154–161

[75] HILES, Andrew: *Complete Guide to It Service Level Agreements.* New York, NY, USA : Elsevier Science Inc., 1991. – ISBN 1856170632

[76] HOWELL, Fred ; MCNAB, Ross: SimJava: A discrete event simulation library for java. In: *Simulation Series* 30 (1998), S. 51–56

[77] HSU, Chih-Hao ; LIAO, Yun-Wei ; KUO, Chien-Pang: Disassembling SLAs for follow-up processes in an SOA system. In: *Computer and Information Technology, 2008. ICCIT 2008. 11th International Conference on*, Dec 2008, S. 37–42

[78] ITEA 3: *EASI-CLOUDS - Extendable Architecture and Service Infrastructure for Cloud-Aware Software.* https://itea3.org/project/easi-clouds.html. 2015. – Online; Zugriff Juni 2017

[79] JERRY, Banks: *Discrete-event system simulation.* Pearson Education India, 1984

[80] JOHNSON, David S.: Fast Algorithms for Bin Packing. In: *J. Comput. Syst. Sci.* 8 (1974), Juni, Nr. 3, S. 272–314. – URL http://dx.doi.org/10.1016/S0022-0000(74)80026-7. – ISSN 0022-0000

[81] JRAD, Foued ; TAO, Jie ; STREIT, Achim: Simulation-based Evaluation of an Intercloud Service Broker. In: *CLOUD COMPUTING 2012, The Third International Conference on Cloud Computing, GRIDs, and Virtualization*, 2012, S. 140–145

[82] JRAD, Foued ; TAO, Jie ; STREIT, Achim: *SLA Based Service Brokering in Intercloud Environments.* 2012

[83] KATHIRAVELU, Pradeeban ; VEIGA, Luis: An adaptive distributed simulator for cloud and mapreduce algorithms and architectures. In: *Utility and Cloud Computing (UCC), 2014 IEEE/ACM 7th International Conference on* IEEE (Veranst.), 2014, S. 79–88

[84] KEAHEY, Katarzyna ; TSUGAWA, Mauricio ; MATSUNAGA, Andrea ; FORTES, Jose: Sky computing. In: *IEEE Internet Computing* 13 (2009), Nr. 5, S. 43–51

[85] KELLY, Kevin: A cloudbook for the cloud. In: *Luettu* 24 (2007), Nr. 2012, S. 30

[86] KERTÉSZ, Attila ; KECSKEMETI, Gabor ; ORIOL, Marc ; KOTCAUER, Péter ; ACS, Sandor ; RODRÍGUEZ, Marc ; MERCE, O ; MAROSI, A C. ; MARCO, Jordi ; FRANCH, Xavier: Enhancing federated cloud management with an integrated service monitoring approach. In: *Journal of grid computing* 11 (2013), Nr. 4, S. 699–720

[87] KLIAZOVICH, Dzmitry ; BOUVRY, Pascal ; KHAN, Samee U.: GreenCloud: a packet-level simulator of energy-aware cloud computing data centers. In: *The Journal of Supercomputing* 62 (2012), Nr. 3, S. 1263–1283

[88] KOHNE, Andreas: Modell für ein SLA-basiertes VM-Scheduling in föderierten Cloud-Umgebungen. In: *GI-Jahrestagung*, 2013, S. 3047–3061

[89] KOHNE, Andreas: *Business Development - Kundenorientierte Geschäftsfeldentwicklung für erfolgreiche Unternehmen.* Springer, 2016

[90] KOHNE, Andreas: *Projektseite von FederatedCloudSim, TU Dortmund, Informatik, LS 12, ESS.* http:

//ess.cs.uni-dortmund.de/DE/Research/Projects/
FederatedCloudSim/index.html. Februar 2017

[91] KOHNE, Andreas ; KRÜGER, Marcel ; PFAHLBERG, Marco ;
NAGEL, Lars ; SPINCZYK, Olaf: Financial Evaluation of SLA-
based VM Scheduling Strategies for Cloud Federations. In:
*Proceedings of the 4rd Workshop on CrossCloud Infrastructures
& Platforms.* New York, NY, USA : ACM, 2017 (CrossCloud
'17)

[92] KOHNE, Andreas ; PASTERNAK, Damian ; NAGEL, Lars ; SPIN-
CZYK, Olaf: Evaluation of SLA-based Decision Strategies for
VM Scheduling in Cloud Data Centers. In: *Proceedings of
the 3rd Workshop on CrossCloud Infrastructures & Platforms.*
New York, NY, USA : ACM, 2016 (CrossCloud '16), S. 6:1–
6:5. – URL http://doi.acm.org/10.1145/2904111.2904113.
– ISBN 978-1-4503-4294-0

[93] KOHNE, Andreas ; RINGLEB, Sonja ; YÜCEL, Cengizhan: *Bring
Your Own Device, Einsatz von privaten Endgeräten im beruflichen Umfeld - Chancen, Risiken und Möglichkeiten.* Springer,
2015

[94] KOHNE, Andreas ; SPINCZYK, Olaf: Model for SLA-Based VM
Scheduling in Federated Cloud Environments. In: *Jounal of
Integrated Design & Process Science* 18 (2014), Nr. 1, S. 39–52

[95] KOHNE, Andreas ; SPOHR, Marc ; NAGEL, Lars ; SPINCZYK,
Olaf: FederatedCloudSim: A SLA-aware Federated Cloud Si-
mulation Framework. In: *Proceedings of the 2Nd International
Workshop on CrossCloud Systems,* ACM, 2014 (CCB '14), S. 3:1–
3:5. – URL http://doi.acm.org/10.1145/2676662.2676674.
– ISBN 978-1-4503-3233-0

[96] KOHNE, Andreas ; WINTER, Dr. Kai-Uwe ; KOSLOWSKI, Ludger ; PÖLER, Ulrich ; DELLBRÜGGE, Stefan ; KLEINMANNS,

Philipp ; ELSCHNER, Helmut: *Die IT-Fabrik: Der Weg zum automatisierten IT-Betrieb.* Springer, 2016

[97] KREUTZER, Wolfgang ; HOPKINS, Jane ; VAN MIERLO, Marcel: SimJAVA—a framework for modeling queueing networks in Java. In: *Proceedings of the 29th conference on Winter simulation* IEEE Computer Society (Veranst.), 1997, S. 483–488

[98] KRÜGER, Marcel: *Realisierung und Evaluation von Scheduling-Verfahren für föderierte Cloud-Umgebungen*, TU Dortmund, Masterarbeit, 2016

[99] KURZE, Tobias ; KLEMS, Markus ; BERMBACH, David ; LENK, Alexander ; TAI, Stefan ; KUNZE, Marcel: Cloud federation. In: *CLOUD COMPUTING* 2011 (2011), S. 32–38

[100] LAW, Averill M. ; KELTON, W D. ; KELTON, W D.: *Simulation modeling and analysis.* Bd. 2. McGraw-Hill New York, 1991

[101] LIU, Yanbing ; GONG, Bo ; XING, Congcong ; JIAN, Yi: A Virtual Machine Migration Strategy Based on Time Series Workload Prediction Using Cloud Model. In: *Mathematical Problems in Engineering* 2014 (2014)

[102] LUDWIG, Heiko ; KELLER, Alexander ; DAN, Asit ; KING, Richard P. ; FRANCK, Richard: Web service level agreement (WSLA) language specification. In: *IBM Corporation* (2003), S. 815–824

[103] MACÍAS, Mario ; GUITART, Jordi: A genetic model for pricing in cloud computing markets. In: *Proceedings of the 2011 ACM Symposium on Applied Computing* ACM (Veranst.), 2011, S. 113–118

[104] MATROS, Raimund ; STUTE, Philipp ; ZUYDTWYCK, Nicolaus Heereman von ; EYMANN, Torsten: Make-or-Buy im Cloud-Computing: Ein entscheidungsorientiertes Modell für den Bezug

von Amazon Web Services / Bayreuther Arbeitspapiere zur Wirtschaftsinformatik. 2009. – Forschungsbericht

[105] MELL, Peter ; GRANCE, Tim: The NIST definition of cloud computing. In: *NIST 2011* (2011)

[106] MESNIER, Mike ; GANGER, Gregory R. ; RIEDEL, Erik: Object-based Storage. Communications Magazine, 41 (8): 84–90. In: *IEEE, August*, 2003

[107] METSCH, Thijs ; EDMONDS, Andy u. a.: Open cloud computing interface-infrastructure. In: *Standards Track, no. GFD-R in The Open Grid Forum Document Series, Open Cloud Computing Interface (OCCI) Working Group, Muncie (IN)*, 2010

[108] MICROSOFT: *Getting Started with Windows Azure: Part 2, What are Cloud Services?* 2013. – https://blogs.technet.microsoft.com/xdot509/2013/07/24/getting-started-with-windows-azure-part-2-/what-are-cloud-services/

[109] MORENO, Ismael S. ; GARRAGHAN, Peter ; TOWNEND, Paul ; XU, Jie: An approach for characterizing workloads in Google cloud to derive realistic resource utilization models. In: *Service Oriented System Engineering (SOSE), 2013 IEEE 7th International Symposium on* IEEE (Veranst.), 2013, S. 49–60

[110] MUTHUSAMY, Vinod ; JACOBSEN, Hans-Arno: BPM in Cloud Architectures: Business Process Management with SLAs and Events. In: HULL, Richard (Hrsg.) ; MENDLING, Jan (Hrsg.) ; TAI, Stefan (Hrsg.): *Business Process Management* Bd. 6336. Springer Berlin Heidelberg, 2010, S. 5–10. – URL http://dx.doi.org/10.1007/978-3-642-15618-2_2. – ISBN 978-3-642-15617-5

[111] MUTHUSAMY, Vinod ; JACOBSEN, Hans-Arno ; CHAU, Tony ; CHAN, Allen ; COULTHARD, Phil: SLA-driven Business Process

Management in SOA. In: *Proceedings of the 2009 Conference of the Center for Advanced Studies on Collaborative Research.* Riverton, NJ, USA : IBM Corp., 2009 (CASCON '09), S. 86–100. – URL http://dx.doi.org/10.1145/1723028.1723040

[112] NÚÑEZ, Alberto ; VÁZQUEZ-POLETTI, Jose L. ; CAMINERO, Agustin C. ; CASTAÑÉ, Gabriel G. ; CARRETERO, Jesus ; LLORENTE, Ignacio M.: iCanCloud: A flexible and scalable cloud infrastructure simulator. In: *Journal of Grid Computing* 10 (2012), Nr. 1, S. 185–209

[113] NURMI, Daniel ; WOLSKI, Rich ; GRZEGORCZYK, Chris ; OBERTELLI, Graziano ; SOMAN, Sunil ; YOUSEFF, Lamia ; ZAGORODNOV, Dmitrii: The eucalyptus open-source cloud-computing system. In: *Cluster Computing and the Grid, 2009. CCGRID'09. 9th IEEE/ACM International Symposium on* IEEE (Veranst.), 2009, S. 124–131

[114] PWA: *Parallel Workloads Archive.* Dezember 2005. – URL http://www.cs.huji.ac.il/labs/parallel/workload/

[115] PARAMESWARAN, AV ; CHADDHA, Asheesh: Cloud interoperability and standardization. In: *SETlabs briefings* 7 (2009), Nr. 7, S. 19–26

[116] PASTERNAK, Damian: *Implementierung und Evaluation von Scheduling-Strategien in FederatedCloudSim,* TU Dortmund, Bachelorarbeit, 2015

[117] PATEL, Pankesh ; RANABAHU, Ajith H. ; SHETH, Amit P.: Service level agreement in cloud computing. (2009)

[118] PAWLUK, Przemyslaw ; SIMMONS, Bradley ; SMIT, Michael ; LITOIU, Marin ; MANKOVSKI, Serge: Introducing STRATOS: A Cloud Broker Service. In: *IEEE CLOUD* 12 (2012), S. 891–898

[119] PETCU, Dana: Multi-Cloud: expectations and current approaches. In: *Proceedings of the 2013 international workshop on*

Multi-cloud applications and federated clouds ACM (Veranst.), 2013, S. 1–6

[120] PETCU, Dana ; CRĂCIUN, Ciprian ; NEAGUL, Marian ; PANICA, Silviu ; DI MARTINO, Beniamino ; VENTICINQUE, Salvatore ; RAK, Massimiliano ; AVERSA, Rocco: Architecturing a sky computing platform. In: *European Conference on a Service-Based Internet* Springer (Veranst.), 2010, S. 1–13

[121] PETER HEIDKAMP: *Cloud-Monitor 2015, Cloud-Computing in Deutschland – Status quo und Perspektiven, https://www.bitkom.org/Publikationen/2015/Studien/Cloud-Monitor-2015/Cloud-Monitor-2015-KPMG-Bitkom-Research.pdf.* 2016. – Online; Zugriff Juni 2017

[122] RACKSPACE: *Rackspace.* Juni 2017. – URL https://rackspace.com/cloud

[123] REALCLOUDSIM: *Projektseite und Repository von RealCloud-Sim.* Juni 2017. – URL http://sourceforge.net/projects/realcloudsim

[124] REISS, Charles ; TUMANOV, Alexey ; GANGER, Gregory R. ; KATZ, Randy H. ; KOZUCH, Michael A.: Heterogeneity and dynamicity of clouds at scale: Google trace analysis. In: *Proceedings of the Third ACM Symposium on Cloud Computing* ACM (Veranst.), 2012, S. 7

[125] REISS, Charles ; WILKES, John ; HELLERSTEIN, Joseph L.: Obfuscatory obscanturism: making workload traces of commercially-sensitive systems safe to release. In: *Network Operations and Management Symposium (NOMS), 2012 IEEE* IEEE (Veranst.), 2012, S. 1279–1286

[126] RESEARCH, Crisp: *Der Cloud Markt 2015: Die Zeiten der Hungerspiele sind vorüber, https://www.crisp-research.com/der-cloud-markt-2015-die-zeiten-der-hungerspiele-sind-voruber/.* Dezember 2015

[127] RIGHTSCALE: *RightScale 2016, STATE OF THE CLOUD RE-PORT, Hybrid Cloud Adoption Ramps as Cloud Users and Cloud Providers Mature.* http://assets.rightscale.com/uploads/pdfs/RightScale-2016-State-of-the-Cloud-Report.pdf. 2016. – Online; Zugriff Juni, 2017

[128] SÁ, Thiago T. ; CALHEIROS, Rodrigo N. ; GOMES, Danielo G.: CloudReports: An Extensible Simulation Tool for Energy-Aware Cloud Computing Environments. In: *Cloud Computing.* Springer, 2014, S. 127–142

[129] SAKELLARI, Georgia ; LOUKAS, George: A survey of mathematical models, simulation approaches and testbeds used for research in cloud computing. In: *Simulation Modelling Practice and Theory* 39 (2013), S. 92–103

[130] SAMIMI, Parnia ; TEIMOURI, Youness ; MUKHTAR, Muriati: A combinatorial double auction resource allocation model in cloud computing. In: *Information Sciences* (2014)

[131] SAWAL, Achim: *Serverkühlung - Google eröffnet Rechenzentrum im kalten Hamina.* November 2011. – URL https://www.golem.de/1109/86376.html

[132] SEGAL, Ben ; ROBERTSON, Les ; GAGLIARDI, Fabrizio ; CARMINATI, Federico ; CERN, G: Grid computing: The European data grid project. In: *IEEE Nuclear Science Symposium and Medical Imaging Conference* Bd. 1, 2000

[133] SEKHAR, Jyothi ; JEBA, Getzi ; DURGA, S: A Survey on Energy Efficient Server Consolidation Through VM Live Migration. In: *International Journal of Advances in Engineering & Technology,* (2012). – ISSN 2231-1963

[134] SHEN, Siqi ; BEEK, V van ; IOSUP, A: Statistical Characterization of Business-Critical Workloads Hosted in Cloud Datacenters. In: *15th IEEE/ACM International Symposium on Cluster, Cloud and Grid Computing (CCGrid),* May 2015, S. 465–474

[135] SIMPLEWORKFLOW: *SimpleWorkflow Archiv*. Juni 2017. – URL http://www.cloudbus.org/cloudsim/simpleworkflow.tgz

[136] SMITH, Jim ; NAIR, Ravi: *Virtual machines: versatile platforms for systems and processes*. Elsevier, 2005

[137] SOLTESZ, Stephen ; PÖTZL, Herbert ; FIUCZYNSKI, Marc E. ; BAVIER, Andy ; PETERSON, Larry: Container-based operating system virtualization: a scalable, high-performance alternative to hypervisors. In: *ACM SIGOPS Operating Systems Review* Bd. 41 ACM (Veranst.), 2007, S. 275–287

[138] SOTIRIADIS, Stelios ; BESSIS, Nik ; ANJUM, Ashiq ; BUYYA, Rajkumar: An inter-cloud meta-scheduling (icms) simulation framework: Architecture and evaluation. (2015)

[139] SPOHR, Marc: *Ein Simulations-Framework für SLA-basierte föderierte Cloud-Umgebungen*, TU Dortmund, Diplomarbeit, 2015

[140] STEINHAUSEN, Detlef: *Simulationstechniken*. Oldenbourg, 1994

[141] STOJMENOVIC, Ivan ; WEN, Sheng: The fog computing paradigm: Scenarios and security issues. In: *Computer Science and Information Systems (FedCSIS), 2014 Federated Conference on* IEEE (Veranst.), 2014, S. 1–8

[142] STOLFO, Salvatore J. ; SALEM, Malek B. ; KEROMYTIS, Angelos D.: Fog computing: Mitigating insider data theft attacks in the cloud. In: *Security and Privacy Workshops (SPW), 2012 IEEE Symposium on* IEEE (Veranst.), 2012, S. 125–128

[143] TANENBAUM, Andrew S. ; BOS, Herbert: *Modern operating systems*. Prentice Hall Press, 2014

[144] TECKELMANN, Ralf ; REICH, Christoph ; SULISTIO, Anthony: Mapping of cloud standards to the taxonomy of interoperability

in IaaS. In: *Cloud Computing Technology and Science (Cloud-Com), 2011 IEEE Third International Conference on* IEEE (Veranst.), 2011, S. 522–526

[145] TENG, Fei: *Management des donnees et ordonnancement des taches sur architectures distribuees*, Eole Centrale Paris, Dissertation, 2011

[146] BITBRAINS: *The Grid Workloads Archive.* Juni 2017. – URL http://gwa.ewi.tudelft.nl/datasets/gwa-t-12-bitbrains

[147] MATERNA: *The Grid Workloads Archive.* Juni 2017. – URL http://gwa.ewi.tudelft.nl/datasets/gwa-t-13-materna

[148] GWA: *The Grid Workloads Archive.* Juni 2017. – URL http://gwa.ewi.tudelft.nl/

[149] SWF: *The Standard Workload Format.* Februar 2006. – URL http://www.cs.huji.ac.il/labs/parallel/workload/swf.html

[150] TILAK, Sujit ; PATIL, Dipti: A Survey of Various Scheduling Algorithms in Cloud Environment. In: *International Journal of Engineering Inventions* 1 (2012), Nr. 2, S. 36–39. – ISSN 2278-7461

[151] TOIVONEN, Juhani ; HÄTÖNEN, Seppo: ITEA 2 Project 10014 EASI-CLOUDS-Extended Architecture and Service Infrastructure for Cloud-Aware Software.

[152] TOOSI, Adel N. ; CALHEIROS, Rodrigo N. ; BUYYA, Rajkumar: Interconnected cloud computing environments: Challenges, taxonomy, and survey. In: *ACM Computing Surveys (CSUR)* 47 (2014), Nr. 1, S. 7

[153] TOOSI, Adel N. ; CALHEIROS, Rodrigo N. ; THULASIRAM, Ruppa K. ; BUYYA, Rajkumar: Resource provisioning policies to

increase IaaS provider's profit in a federated cloud environment. In: *High Performance Computing and Communications (HPCC), 2011 IEEE 13th International Conference on* IEEE (Veranst.), 2011, S. 279–287

[154] TYURIN, N.: *Aufbau und Zusammenhang der drei Service Level Management Vertragstypen SLA, OLA, UC.* Igel Verlag, 2015. – ISBN 9783954852543

[155] VAQUERO, Luis M. ; RODERO-MERINO, Luis: Finding your way in the fog: Towards a comprehensive definition of fog computing. In: *ACM SIGCOMM Computer Communication Review* 44 (2014), Nr. 5, S. 27–32

[156] VERSICK, Daniel ; TAVANGARIAN, Djamshid: Reducing energy consumption by load aggregation with an optimized dynamic live migration of virtual machines. In: *P2P, Parallel, Grid, Cloud and Internet Computing (3PGCIC), 2010 International Conference on* IEEE (Veranst.), 2010, S. 164–170

[157] VILLEGAS, David ; BOBROFF, Norman ; RODERO, Ivan ; DELGADO, Javier ; LIU, Yanbin ; DEVARAKONDA, Aditya ; FONG, Liana ; SADJADI, S M. ; PARASHAR, Manish: Cloud federation in a layered service model. In: *Journal of Computer and System Sciences* 78 (2012), Nr. 5, S. 1330–1344

[158] VMWARE: *VMware VMotion, Live Migration for Virtual Machines Without Service Interruption.* https://www.vmware.com/files/pdf/VMware-VMotion-DS-EN.pdf. 2009. – Online; Zugriff Juni 2017

[159] VMWARE: *VMware Cloud on AWS: VMware Will Deliver SDDC Technologies on AWS.* https://www.vmware.com/cloud-services/vmware-cloud-aws.html. 2017. – Online; Zugriff Juni 2017

[160] VMWARE: *VMware ESX.* Juni 2017. – URL https://www.vmware.com/de/products/esxi-and-esx.html

[161] WICKREMASINGHE, Bhathiya ; CALHEIROS, Rodrigo N. ; BUY-
YA, Rajkumar: Cloudanalyst: A cloudsim-based visual modeller
for analysing cloud computing environments and applications.
In: *2010 24th IEEE International Conference on Advanced In-
formation Networking and Applications* IEEE (Veranst.), 2010,
S. 446–452

[162] WIEDER, Philipp ; BUTLER, Joe M. ; THEILMANN, Wolfgang ;
YAHYAPOUR, Ramin: *Service level agreements for cloud computing*. Springer Science & Business Media, 2011

[163] WOLFSTETTER, Elmar: Auktionen und Ausschreibungen. In:
*Humboldt-Universität zu Berlin, Wirtschaftswissenschaftliche
Fakultät* (1998)

[164] WORKFLOWSIM: *Projektseite und Repository von WorkflowSim.*
Juni 2017. – URL https://github.com/WorkflowSim/

[165] WU, Jie ; NARAYANAN, Krishnaprasad ; NAGEL, Lars ; FIEHE,
Christoph ; LITVINA, Anna ; TONN, Jakob ; ZOTH, Carsten ;
GOLTZ, Hans-Joachim ; UNGER, Steffen ; PURSCHE, Fabian ;
SCHEEL, Michael ; BRINKMANN, André ; THRONICKE, Wolfgang:
Building a Medical Research Cloud in the EASI-CLOUDS Pro-
ject. In: *Concurrency and Computation: Practice and Experience*
27 (2015), Nr. 16, S. 4465–4477

[166] WU, Linlin ; BUYYA, Rajkumar: Service Level Agreement (SLA)
in utility computing systems. In: *IGI Global* (2012)

[167] WU, Linlin ; GARG, Saurabh K. ; BUYYA, Rajkumar ; CHEN,
Chao ; VERSTEEG, Steve: Automated SLA negotiation framework for cloud computing. In: *Cluster, Cloud and Grid Computing (CCGrid), 2013 13th IEEE/ACM International Symposium
on* IEEE (Veranst.), 2013, S. 235–244

[168] WYLD, David C.: *Moving to the cloud: An introduction to
cloud computing in government*. IBM Center for the Business
of Government, 2009

[169] YANGUI, Sami ; MARSHALL, Iain-James ; LAISNE, Jean-Pierre ; TATA, Samir: CompatibleOne: The open source cloud broker. In: *Journal of Grid Computing* 12 (2014), Nr. 1, S. 93–109

[170] ZAHN, Annja: *Elektronisches Handeln mit Rechenleistung.* Wissner, 1999

[171] ZEIGLER, Bernard P. ; PRAEHOFER, Herbert ; KIM, Tag G.: *Theory of modeling and simulation: integrating discrete event and continuous complex dynamic systems.* Academic press, 2000

[172] ZHAO, Wei ; PENG, Yong ; XIE, Feng ; DAI, Zhonghua: Modeling and simulation of cloud computing: A review. In: *Cloud Computing Congress (APCloudCC), 2012 IEEE Asia Pacific*, Nov 2012, S. 20–24

[173] ZHOU, Ao ; WANG, Shangguang ; SUN, Qibo ; ZOU, Hua ; YANG, Fangchun: Ftcloudsim: A simulation tool for cloud service reliability enhancement mechanisms. In: *Proceedings Demo & Poster Track of ACM/IFIP/USENIX International Middleware Conference* ACM (Veranst.), 2013, S. 2

A Anhang I: Weiterführende Informationen

In den folgenden Kapiteln werden vertiefende Informationen zu den in dieser Arbeit vorgestellten Themen geliefert. Sie dienen einem tieferen Verständnis der jeweiligen Aspekte.

A.1 Virtualisierung

Die Software, die eine Virtualisierung der physischen Host-Ressourcen ermöglicht, wird Hypervisor genannt. Es gibt unterschiedliche Arten von Hypervisoren, die mit unterschiedlichen Technologien eine Virtualisierung der zugrunde liegenden Hardware durchführen. Grundsätzlich wird zwischen zwei Arten von Hypervisoren unterschieden (vgl. [136]). Im Folgenden werden die beiden Hypervisor-Arten kurz vorgestellt. In Abbildung A.1 wird der jeweilige Aufbau der beiden Typen grafisch dargestellt. Dabei werden die VMs, welche auf den jeweiligen Hypervisoren laufen, als Quadrate dargestellt, in denen die jeweiligen Betriebssysteme laufen.

1. *Typ 1 Hypervisor:* Diese Hypervisor-Klasse wird direkt als Betriebssystem auf der Hardware installiert. Es wird auch von *native* oder *bare-metal* Virtualisierung gesprochen. In diesem Fall bringt der Hypervisor alle Treiber mit, die zur Kommunikation und Steuerung der zugrunde liegenden Hardware benötigt werden. Dies ist zum einen ein Vorteil, da durch die direkte Steuerung der Hardware nur ein relativ geringer zusätzlicher Ressourcenverbrauch (engl. Overhead) für die Virtualisierung entsteht. Zum anderen kann dies auch ein Nachteil sein, da alle Treiber in den Hypervisor integriert

© Springer Fachmedien Wiesbaden GmbH, ein Teil von Springer Nature 2018
A. Kohne, *Cloud-Föderationen*,
https://doi.org/10.1007/978-3-658-20973-5

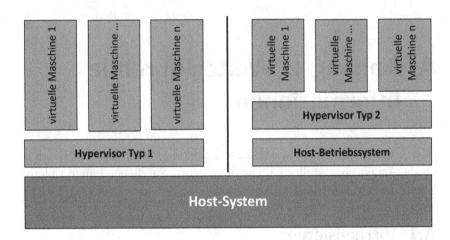

Abbildung A.1: Grafische Darstellung von Hypervisor Typ 1 und Typ 2 (in Anlehnung an Abbildung 1 aus [57])

werden müssen. Dies steigert die Komplexität des Programms. Die VMs setzen direkt auf den Hypervisor auf und werden durch ihn verwaltet.

2. **Typ 2 Hypervisor** Diese Hypervisor-Klasse setzt auf ein bereits installiertes Betriebssystem (engl. Host System) auf (zum Beispiel Windows oder Linux). Der Hypervisor wird als Applikation auf dem Betriebssystem installiert und nutzt die vorhandenen Treiber für die Kommunikation und Steuerung der zugrunde liegenden Hardware. Dies ist zum einen ein Vorteil, da keine eigenen Treiber im Hypervisor benötigt werden. Dies senkt die Komplexität des Hypervisors. Zum anderen steigt aber der Overhead für die Virtualisierung, da zusätzlich zum Hypervisor immer noch ein vollwertiges Host-Betriebssystem ausgeführt werden muss.

In dieser Arbeit werden ausschließlich Typ 1 Hypervisoren betrachtet, da sie die Grundlage für Cloud-DCs bilden.

Eine der wichtigsten Funktionalitäten der modernen Hypervisoren ist die sogenannte Live-Migration von VMs. Dabei können ganze

VMs zur Laufzeit zwischen unterschiedlichen Host-Systemen migriert werden. Bei diesem Vorgang wird zunächst eine zweite Instanz der zu migrierenden VM auf dem Ziel-Host gestartet. Hierfür muss entweder die VM auf einem zentral erreichbaren Speicher (SAN oder NAS) liegen, oder auf den lokalen Festplatten der beiden Servern (Quell- und Ziel-Host) vorhanden sein. Nach dem Start wird über einen mehrstufigen Prozess der aktive RAM-Inhalt der aktiven VM über das Netzwerk auf den zweiten Host übertragen. Die sich in der Zwischenzeit ändernden Speicherseiten werden dabei geloggt. Dann wird die aktive VM kurz angehalten, um die letzten Speicherseiten zu übertragen. Danach wird unter anderem noch die Internet Protocol (IP)-Adresse umgezogen, damit die VM auf dem neuen Host auch wieder erreichbar ist. Im letzten Schritt wird die neue VM komplett aktiv geschaltet und die alte VM wird deaktiviert (vgl. [41] und [158]). Inzwischen können solche Migrationen auch über lange Strecken und zwischen verschiedenen DCs durchgeführt werden. Dies dauert aber entsprechend länger, da die kompletten VMs über das Internet kopiert werden müssen. Es ist wichtig zu beachten, dass eine Live-Migration von VMs nur zwischen Hosts mit dem gleichen Hypervisor funktioniert.

A.2 Service-Arten

Insgesamt gibt es neun technische Ebenen, die bei dem Betrieb eines IT-Services beachtet werden müssen. Nachfolgend werden diese Ebenen kurz vorgestellt. Dabei beginnt die Beschreibung bei den Infrastruktur-Basisdien-sten und endet bei den konkreten Applikationen:

1. *Netzwerk:* Auf dieser Ebene werden alle Netzwerkdienste und -verbin-dungen zur Verfügung gestellt. Dies sind zum Beispiel Verbindungen zwischen unterschiedlichen Applikationen, Verbindungen zu Datenbanken, die Verbindung zum Internet und möglicherweise besonders verschlüsselte Netzwerktunnel (zum Beispiel ein

Virtual Private Network (VPN)), die direkt beim Kunden terminiert werden können.

2. **Speicher:** Auf dieser Ebene wird der zentrale Speicher (zum Beispiel Storage Area Network (SAN) oder Network Attached Storage (NAS)) zur Verfügung gestellt. In diesem Speicher können dann zum Beispiel die VMs und konkrete Daten abgelegt werden. Auch die Sicherung der Daten (engl. Backup) wird auf dieser Ebene zur Verfügung gestellt.

3. **Server:** Auf dieser Ebene werden die physischen Server betrieben. Hierbei geht es vor allem um den technischen Betrieb und die Behebung von technischen Störungen der Hardware. Auf diesen Servern können dann entweder konkrete Betriebssysteme oder ein Hypervisor installiert werden.

4. **Virtualisierung:** Auf dieser Ebene werden die Hypersioren betrieben, die die Basis für den Betrieb der VMs darstellen.

5. **Betriebssystem:** Auf dieser Ebene werden die konkreten Betriebssysteme betrieben, die entweder direkt auf den Servern installiert werden, oder in einer VM laufen.

6. **Middleware:** Auf dieser Ebene wird die Middleware betrieben, die benötigt wird, um technische Unterschiede verschiedenster Systeme zu standardisieren und deren Funktionalitäten über einheitliche Schnittstellen für höherwertige Applikationen zur Verfügung zu stellen.

7. **Laufzeitumgebung:** Auf dieser Ebene werden spezielle Laufzeitumgebungen (engl. Runtime Environment (RTE)) zur Verfügung gestellt und betrieben, die zur Ausführung der Applikationen benötigt werden. Beispiele sind unter anderem Java und .Net.

8. **Daten:** Auf dieser Ebene werden spezielle Datendienste zur Verfügung gestellt. Dies reicht von der reinen Speicherung der unterschiedlichen Daten in klassischen Dateisystemen, über die Sicherung

und Wiederherstellung (engl. Backup und Restore) der Daten bis hin zum speziell im Cloud-Umfeld oft genutzten Object Storage. Dabei werden die Daten nicht in hierarchischen Dateisystemen abgelegt, sondern als Objekte behandelt, die gemeinsam mit einer eindeutigen Nummer und weiteren Meta-Daten abgelegt werden. Dies hat viele Vorteile bei der verteilten Bearbeitung von Daten (vgl. [106]).

9. **Applikation:** Auf dieser Ebene werden die Applikationen zur Verfügung gestellt und betrieben. Dabei reicht die Spannbreite von klassischen Datenbanken über Webserver bis hin zu Webshops und vielem mehr.

A.3 Service Level Agreements

Neben den SLAs sind im ITSM zwei weitere Vertragstypen beschrieben:

1. **OLA:** Ein Operational Level Agreement (OLA) ist ein Vertrag, der innerhalb eines Dienstanbieters die Bereitstellung von unterschiedlichen (Teil-) Diensten regelt, die durch unterschiedliche Abteilungen zur Verfügung gestellt werden. Somit wird für die Kunden die interne Erbringung der (Teil-) Dienste für die Diensterbringung abgesichert.

2. **UC:** Ein Underpinning Contract (UC) ist ein Vertrag, den ein Diensterbringer mit Drittfirmen abschließt. Über solche Verträge werden externe Leistungen abgesichert, welche der Diensterbringer für den Betrieb der Kundenlösungen benötigt. Im Grunde sind diese Verträge auch wieder SLAs. Sie werden nur nicht zwischen Kunde und Dienstleister sondern zwischen zwei oder mehreren Dienstleistern geschlossen.

A.4 Scheduling

Grundsätzlich wird zwischen zwei Klassen von Schedulern unterschieden:

1. **Nicht preemptiv:** Ein nicht preemptiver Scheduler vergibt die zu verwaltenden Ressourcen anhand der jeweiligen Strategie und verändert die aktive Ressourcenbelegung zur Laufzeit nicht mehr. Im Bereich eines Job Schedulers bedeutet dies, dass ein gestarteter Prozess nur dann beendet wird, wenn er in einen Fehler läuft oder der Prozess komplett abgearbeitet wurde. Weitere Prozesse müssen warten, bis die Ressourcen freigegeben werden. Der Scheduler ändert nur die Sortierung der wartenden Jobs.

2. **Preemptiv:** Ein preemptiver Scheduler kann die Ressourcenzuteilung zur Laufzeit anpassen. Dazu kann er einen aktiven Prozess (kurzzeitig) unterbrechen und einem höherprioren Prozess Zugriff auf die gewünschten Ressourcen gewähren. Somit kann der Scheduler zu jeder Zeit die Ressourcenverteilung anpassen.

Im Folgenden werden einige Arten von Schedulern kurz vorgestellt:

1. **Prozess-Scheduler:** Dieser Scheduler sorgt dafür, dass alle aktiven Prozesse eines Systems Rechenzeit auf der CPU erhalten.

2. **Hypervisor-Scheduler:** Dieser Scheduler sorgt dafür, dass die physischen Ressourcen (CPU, RAM, Netzwerk und Festplatte) eines Hosts gleichmäßig allen auf diesem System aktiven VMs zur Verfügung gestellt werden.

3. **Job-Scheduler:** Dieser Scheduler sorgt dafür, dass alle in ein System eingereichten (Batch-) Jobs nach ihren jeweiligen Vorgaben abgearbeitet werden.

4. **VM-Scheduler:** Dieser Scheduler sorgt dafür, dass die VMs innerhalb eines gegebenen DCs auf die zur Verfügung stehenden physischen Hosts verteilt werden. In diesem Bereich gibt es preemptive

und nicht preemptive Scheduler. Nicht preemptive VM-Scheduler setzten die Live-Migration ein, um die VMs innerhalb eines DCs umzusortieren. Über lange Strecken, zwischen entfernten DCs oder zwischen CSPs ist eine VM-Migration grundsätzlich möglich. Oft muss aber die VM für die Übertragung pausiert werden. Dies ist mit einem preemptiven Scheduling gleichzusetzen.

A.5 Simulationsarten

Im Folgenden werden die grundlegenden Simulationsarten vorgestellt (vgl. [79] und [140]):

- **Statische Simulation:** Hier werden Systeme zu einem gegebenen Zeitpunkt untersucht. Das heißt, dass Zeit keine Rolle spielt.

- **Dynamische Simulation:** Bei dieser Art von Simulationen verändert sich das System über die Zeit. Mit Hilfe solcher Simulationen lassen sich zum Beispiel komplexe Prozesse untersuchen.

- **Deterministische Simulation:** Die Eingabevariablen sind bei diesen Simulationen fest definiert und ergeben nach der Simulation ein gegebenes Set an Ausgaben. Diese Art von Simulation erzeugt zu einem gegebenen Eingabeset stets das gleiche Ausgabeset.

- **Stochastische Simulation:** Bei dieser Art von Simulation, auch Monte-Carlo-Simulation genannt, können einige oder alle Eingabevariablen zufällig belegt werden. Hierdurch ergibt sich bei jedem Simulationsdurchgang ein anderes Set an Ausgabedaten.

- **Kontinuierliche Simulation:** Bei dieser Simulation werden meist physikalische Systeme beschrieben, deren Zustandsvariablen sich über einen gegebenen Zeitraum kontinuierlich verändern.

- **Diskrete Simulation:** Bei dieser Art von Simulation verändert sich das gesamte System und seine Variablen nur zu ganz konkreten Zeitpunkten während der Laufzeit. Diese Zeitpunkte werden zur

Simulationszeit Schritt für Schritt abgearbeitet. Zu einem gegebenen Zeitpunkt können unterschiedliche Ereignisse abgearbeitet werden, die den Zustand des Systems verändern. Zusätzlich können durch Ereignisse weitere Ereignisse erzeugt werden, die zum selben oder zu einem späteren Zeitpunkt der Simulation abgearbeitet werden. Die so auflaufenden Ereignisse werden in einer Warteschlange verwaltet, zeitlich sortiert und dann abgearbeitet.

A.6 CloudSim-Erweiterungen

Im Folgenden werden einige Erweiterungen des CloudSim Frameworks vorgestellt. Die hier beschriebenen Erweiterungen wurden während der Entwicklung von FCS veröffentlicht. Sie decken aber immer nur Teilaspekte der in dieser Arbeit vorgestellten Anforderungen an ein Simulations-Framework für SLA-basierte Cloud-Föderationen ab.

- **ifogSim:** Die Erweiterung von Gupta et al. wird in [73] vorgestellt. Das Team nutzt das iFogSim zur Untersuchung von Internet of Things (IoT) und Fog-Computing Infrastrukturen. Fog Computing soll dabei der nächste Evolutionsschritt nach dem Cloud Computing sein, bei dem in einer benutzernahen Zwischenschicht vor der eigentlichen Cloud bereits wichtige (Vor-) Berechnungen durchgeführt wurden. Ziel des Fog Computings, welches seinen Namen durch die Marketing-Abteilung von Cisco erhalten hat, ist es, den Flaschenhals der (mobilen) Datennetze zu umgehen und wichtige Daten näher an die Endverbraucher zu bringen (vgl. [19, 141, 142, 155]). Dies könnte zum Beispiel im Bereich IoT wichtig werden, da immer mehr Geräte immer mehr Daten produzieren werden. Bei iFogSim wird großer Wert auf das Ressourcenmanagement, die Latenzzeit von Nachrichten zwischen Cloud-Services und IoT-Geräten, die Netzüberlastung, den Energieverbrauch und die Kosten gelegt.

- **CloudSimEx:** Dieses Projekt entwickelt nützliche Erweiterungen, die später in das Basis-Framework mit aufgenommen werden sollen. Einige Ergänzungen sind zum Beispiel:

- Modellierung von Web-Sessions
- Bessere Logging-Werkzeuge
- Werkzeuge zur Erstellung von CSV-Dateien zur statistischen Analyse
- Automatische ID Erzeugung
- Werkzeuge zur parallelen Durchführung von mehreren Simulationen gleichzeitig
- Map-Reduce-Simulationen

- **CloudSim Automation:** Dieses Projekt ergänzt CloudSim um menschenlesbare Konfigurationsdateien. Dies erleichtert die schnelle Erstellung von komplexen Simulationsszenarien und erleichtert zusätzlich den Einstieg in die Cloud-Simulation mit CloudSim (vgl. [46, 59]).

- **WorkflowSim:** Chen et al. haben WorkflowSim entwickelt (vgl. [38, 164]). Sie erweitern CloudSim um die Ausführung von komplexen Workflows. Dabei wird ein Workload-Parser genutzt, der reale Trace-Daten verarbeiten kann. Es werden weiterhin Fehler und Verzögerungen in einem mehrschichtigen Modell unterstützt. Zusätzlich liefert das System bereits fertige Workflow-Scheduling-Algorithmen mit.

- **Simple Workflow:** Hierbei handelt es sich ebenfalls um eine Erweiterung, die es erlaubt, Workflows in CloudSim zu simulieren. Die Implementierung ist aber nicht so umfangreich und konfigurierbar wie die WorkflowSim-Erweiterung (vgl. [135]).

- **Cloud2Sim:** Diese Erweiterung erlaubt das gleichzeitige Ausführen mehrerer CloudSim-Instanzen auf verschiedenen Rechnern. Die verschiedenen Instanzen können dabei über ein Hazelcast In-Memory-Cluster VMs und Cloudlets untereinander austauschen. Weiterhin wurde das System um ein dezentrales Monitoring erweitert, welches auf einem weiteren Rechner ausgeführt werden kann (vgl. [42, 83]).

- **DynamicCloudSim:** Bux et al. haben mit DynamicCloudSim eine Erweiterung von CloudSim entwickelt, die Modelle für die heterogene Konfiguration der Performance von DC-Ressourcen, Unsicherheit und dynamische Veränderungen in der VM-Ausführung und oft-migrierende VMs zur Verfügung stellt (vgl. [26, 51]).

- **RealCloudSim:** Mit dieser Erweiterung ergänzen Agostinho et al. CloudSim um eine grafische Oberfläche zur Konfiguration der Simulationen. Weiterhin können Netzwerktopologien im BRITE-Format eingelesen und verarbeitet werden. Zusätzlich haben sie einen eigenen Scheduler entwickelt, der Entscheidungen auf Basis von genetischen Algorithmen, gemischter Integer-Programmierung mit Lingo und Netzwerksimulationen auf Basis von Network Simulator 2 (NS2) erlaubt. Ebenfalls ist ein umfangreiches Logging implementiert worden (vgl. [1, 123]).

- **CloudReports:** Sa et al. haben mit CloudReports eine grafische Benutzeroberfläche für CloudSim ergänzt. Weiterhin haben sie ausführliche Reports und ein Plug-In-System entwickelt, das eine einfache Erweiterung des Frameworks erlaubt (vgl. [44, 128]).

- **CloudAuction:** CloudAuction erweitert CloudSim um die Möglichkeit, auf Basis der zur Verfügung stehenden freien CPU-Ressourcen Auktionen unter verschiedenen DCs durchzuführen (vgl. [130]).

- **CloudMIG Xpress:** Frey et al. haben mit CloudMIG Express eine Erweiterung für CloudSim entwickelt, die es erlaubt, die Workload-Migration von lokalen DCs in SaaS- oder PaaS-Clouds zu analysieren. Dabei können sie vorhandene, Java-basierte Modelle automatisch in CloudSim-Simulationen übersetzen und die zu erwartenden Kosten und SLA-Auswirkungen simulieren (vgl. [43, 62, 63]).

- **CloudAnalyst:** Die Erweiterung CloudAnalyst wurde (genau wie CloudSim) an der Universität von Melbourne entwickelt. Das Framework dient dazu, die Auswirkungen von verteilten DCs auf die Benutzerzufriedenheit bei der Bereitstellung von Seiten aus einer weltweit genutzten Social-Media-Anwendung unter verschiedenen Lastsituationen zu untersuchen. (vgl. [161]).

- **FTCloudSim:** Zhou et al. haben mit FTCloudSim (FT = Fault Tolerance) das Basis-Framework um die Möglichkeit erweitert, verschiedene Cloud-Szenarien und die jeweiligen Scheduler auf ihre Zuverlässigkeit hin zu untersuchen. Dazu können unterschiedliche Fehlermodelle integriert und untersucht werden (vgl. [173]).

A.7 Untersuchung von Finanzen im Cloud-Umfeld

Im Folgenden werden ausgesuchte Forschungsergebnisse aus dem Cloud-Bereich vorgestellt, die unter anderem auch finanzielle Aspekte mit betrachtet haben.

De Assuncao et al. untersuchen in [7] ein Szenario, in dem CSPs lokale virtualisierte Cluster betreiben und zusätzlich auch eine Remote-IaaS-Lösung integriert ist. Sie haben sechs Scheduling-Strategien getestet und verglichen sie bezogen auf Reaktionszeiten und Kosten mit Hilfe von GridSim. Die Autoren geben dazu Formeln für die Berechnung der durchschnittlichen Antwortzeit und Leistungskosten an. Obwohl sie Job-Fristen und Strafzahlungen für den Anbieter in Betracht ziehen, wenn die Fristen gebrochen werden, berücksichtigen sie keine anderen SLAs.

Solche hybrid Clouds sind auch im Fokus von Van den Bossche et al. in [21]. Sie analysieren ebenfalls lokales und Remote-Scheduling unter Berücksichtigung von Job-Deadlines. Dafür nutzen sie lineare Programmierung, um annähernd Kosten-optimale Schedulings zu berechnen. Sie konnten zeigen, dass mit Hilfe des vorgeschlagenen Ansatzes und einem sehr einfachen Kostenmodell annähernd kostenoptimale Schedulings berechnet werden können. Es stellte sich heraus, dass das Lösen der linearen Funktionen im Hybrid-Fall sehr rechenintensiv geworden wäre, was es für den realen Einsatz daher unbrauchbar macht. Stattdessen schlagen sie für diesen Fall einfache Heuristiken vor.

Macias et al. untersuchen in [103] variable Preisstrategien für CSPs, die mit anderen Anbietern konkurrieren müssen. Sie schlagen ein Preismodell vor, dass aus einem genetischen Algorithmus unter Verwendung willkürlicher Parameter wie beispielsweise Nachfrage, Systemauslastung, Tageszeit und der Menge an Ressourcen besteht. Ein solcher Algorithmus kann in kompetitiven Umgebungen einschließlich der Broker und Verbände nützlich sein. Sie konnten simulativ zeigen, dass ihr dynamischer Preisfindungsansatz den zu erzielenden Preis pro Service gegenüber einem statischen Preismodell nahezu verdoppeln konnte. Das genutzte Finanzmodell arbeitet dabei ausschließlich mit dem Preis für die Service-Ausführung und berücksichtigt keine Kosten oder SLA-Strafen.

Schließlich gibt es auch Publikationen in diesem Bereich, die speziell Cloud-Föderationen adressieren. Goiri et al. [69] stellen Funktionen vor, um die aktuelle Kapazität, Ressourcenlast, Kosten und Einnahmen zu berechnen. Diese Werte können dann genutzt werden, um zu entscheiden, ob ein Workload lokal ausgeführt, oder ausgelagert werden soll. Weiterhin kann anhand der Daten entschieden werden, ob Workloads von föderierten Partnern lokal ausgeführt werden sollen. Zur Bewertung ihrer Funktionen nutzen sie Simulationen mit realen Daten. Das Modell beinhaltet ausschließlich einen Preis pro VM und die internen Kosten, die bei der Ausführung der VMs entstehen. Es berücksichtigt keine SLAs oder SLA-Strafen.

Toosi et al. betrachten in [153] ähnliche Performance-Metriken (Gewinn, Umsatz, Kosten, Nutzung und abgelehnte VMs) und Teststrategien für IaaS-Anbieter, die Teil einer Föderation sind. Die Scheduler können zwischen Insourcing, Outsourcing und dem Ablehnen von VMs entscheiden. Zusätzlich können sie auch zwischen Spot-VMs (können bei Bedarf durch den Betreiber zu Gunsten von teureren VMs angehalten werden) und rentableren On-Demand-VMs unterscheiden. Die Autoren konnten zeigen, dass die Teilnahme an einer Cloud-Föderation die Umsätze steigern kann, da nicht genutzte Ressourcen für externe VMs eingesetzt werden können. Das für die Untersuchung eingesetzte

Finanzmodell arbeitet wieder ausschließlich mit den Ausführungskosten und dem Preis pro ausgeführtem Service. Somit werden auch hier keine SLAs und keine Strafen berücksichtigt. Die meisten dieser Publikationen betrachten keine SLAs, oder konzentrieren sich nur auf bestimmte QoS-Parameter, während für allgemeine Untersuchungen ein vielseitigeres Modell benötigt wird, welches alle gängigen Cloud-Architekturen abdeckt und jegliche Art von SLAs berücksichtigen sollte.

A.8 CloudAccount Implementierung

Für die Integration von CloudAccount in FederatedCloudSim wurde eine neue Accounting- (Buchhaltungs-) Klasse implementiert (vgl. [98]). Wenn zur Simulationslaufzeit ein neuer CSP instanziiert wird, erhält er ein Accounting-Objekt mit Datenstrukturen, die alle Informationen über Umsatz, Kosten und SLA-Strafen für jede aktive VM enthält. Das Accounting-Objekt behält auch den Überblick, welche VMs für Remote-Ausführung zu einem föderierten CSP übertragen wurden. Die wichtigste Methode der Accounting-Klasse ist „Update", die am Ende eines jeden Simulationsschrittes aufgerufen wird. Sie berechnet die aktuellen Finanzdaten und aktualisiert die internen Datenstrukturen entsprechend. In der Standardkonfiguration geschieht dies alle fünf Minuten (Simulationszeit), aber die Frequenz kann in der Konfigurationsdatei geändert werden.

Weiterhin kann jeder CSP seine eigene Accounting-Strategie verwenden. Zu diesem Zweck wird eine abstrakte Klasse „AccountingStrategy" eingesetzt, von der jede konkrete Strategie-Klasse erben muss. Welche Strategie ein CSP verwendet, kann in der XML-Konfigurationsdatei der jeweiligen Simulation eingestellt werden. Diese Datei wird beim Start der Simulation verarbeitet und es wird ein entsprechendes Simulationsszenario aufgebaut.

Da die Konfiguration so einfach und flexibel wie möglich sein sollte, während sie maximal viele Ergebnisse und Metriken liefert, können alle Finanzdaten über die zentrale Config.xml bereitgestellt werden.

Alle Daten lassen sich als einfache Schlüssel-Werte-Paare (Key-Value-Pairs) konfigurieren. Um SLAs mit unterschiedlichen Kosten- und Straf-Strukturen zwischen Kunden und CSPs und zwischen den verschiedenen CSPs in einer Föderation abbilden zu können, müssen zwei Sätze von Variablen konfiguriert werden. Der erste Satz enthält pro CSP folgende Daten:

- die anfänglichen VM-Ausführungskosten pro Ressource (RAM, CPU)

- die anfänglichen SLA-Strafkosten (für den ersten SLA-Bruch und laufende Brüche) pro Ressource (RAM, CPU)

- die anfänglichen SLA-Strafkosten (für den ersten SLA-Bruch und laufende Brüche) der VM-Uptime

- einen Kostenfaktor für den SLA-Typ (Bronze, Silber und Gold)

Der zweite Variablensatz enthält die gleichen Daten, aber diesmal für die Inter-CSP-SLAs. Die resultierenden Faktoren werden dann zur Laufzeit mit den Basiskosten für jede VM multipliziert. Die Basiskosten für die Ausführung, Ressourcen und Strafen werden ebenfalls in der Config.xml definiert. Auf diese Weise kann jeder CSP seine eigenen Kostenstrukturen haben. Damit kann für eine einfache Verwendung die XML-Datei mit einer Standardkonfiguration genutzt werden. Bei Bedarf kann sie so angepasst werden, dass sie den jeweiligen Anforderungen entspricht. Zur Laufzeit werden zunächst alle Datenstrukturen gefüllt und dann über die Update-Methode aktualisiert.

Nachdem die Simulation beendet ist, wird ein eigenes Finanz-Log erstellt. Das Log ist dabei in zwei Teile gegliedert:

1. Der erste Teil gibt einen Überblick über die föderationsweiten Kennzahlen wie Gesamtumsatz, Gewinn und Strafen. Diese Informationen werden für jeden SLA-Typ (Bronze, Silber und Gold) und Service-Typ aufgeschlüsselt, um zu zeigen, welche Dienste und SLAs die profitabelsten waren und welche den größten Verlust erzeugten.

2. Der zweite Teil der Log-Datei liefert eine umfassende Auflistung aller relevanten Finanzdaten pro CSP. Dazu werden die Metriken für jeden CSP separat ausgewiesen.

Diese Daten können dann verwendet werden, um die Leistung der verschiedenen CSPs und deren Scheduling-Strategien zu vergleichen. Zusätzlich zu den Standard-Metriken, wie Umsatz, Gewinn und Strafen, werden auch die Kosten für die Remote-Ausführung von VMs bei föderierten CSPs aufgezeigt. Weiterhin werden die Einnahmen, die durch das Ausführen von VMs föderierter CSPs in eigenen DCs entstehen, im Detail dargestellt. Alle Daten werden bis auf den Service- und SLA-Typ heruntergebrochen. Das Accounting-Log wird in einer separaten Datei abgelegt, die die Standard-Protokolldatei ergänzt, welche alle technisch relevanten Simulationsmetriken auflistet. Zusammen liefern diese beiden Dateien einfach zu verstehende Metriken, die verwendet werden können, um alle Arten von Entscheidungsstrategien zu optimieren. Egal, ob es sich um eine SLA-Strategie, um Strategien für die drei VM-Scheduling-Ebenen (Intra-DC, Inter-DC und Inter-CSP), oder um ein Finanzstrategie eines gegebenen CSPs handelt.

A.9 Auktionen

Wolfstetter schreibt in [163], dass Auktionen Mechanismen sind, die konkurrierende Gebote vergleichen und anhand des Preises die Zuteilung der zu versteigernden Güter ermitteln. Dabei ist es wichtig zu beachten, dass für jede Auktion feste Regeln gelten müssen, die im Vorfeld allen Beteiligten bekannt gegeben werden müssen. Ansonsten würde es sich um eine informelle Verhandlung handeln. Bei diesen Regeln kann es sich um die Form der Preisfindung, Regeln für den Ablauf, Zulassungskriterien und weitere Einschränkungen handeln. Insgesamt gibt es zwei Arten von Auktionen:

1. *Auktionen mit offenen Geboten:* Bei diesen Auktionen können alle Bieter zu jeder Zeit die aktuellen Gebote der Konkurrenten einsehen.

2. **Auktionen mit verdeckten Geboten:** Bei dieser Art der Auktionen können die Bieter die Gebote der Konkurrenten nicht einsehen.

Im Folgenden werden die vier wichtigsten Auktionsformen (zwei offene und zwei verdeckte) kurz vorgestellt (vgl. [163]):

1. **Englische Auktion:** Hierbei handelt es sich um die klassische Auktion. Sie ist offen und in jeder Runde nimmt der Bieterpreis zu. Am Ende gewinnt der Teilnehmer, der den höchsten Preis abgegeben hat.

2. **Holländische Auktion:** Diese Auktionsform wird ebenfalls offen durchgeführt. Im Vergleich zur englischen Auktion sinkt aber der Bieterpreis in jeder Runde. Darum wird sie auch als Rückwärtsauktion bezeichnet. Es gewinnt der Teilnehmer, der zuerst den aktuellen Preis zusagt. Diese Auktionsvariante setzt die Bieter stark unter Druck. Dies sorgt dafür, dass die Ware oft schon zu einem sehr frühen Zeitpunkt verkauft wird.

3. **Höchstpreis-Auktion:** Bei dieser Auktion handelt es sich um eine verdeckte Variante. Es ist möglich mehrere Bietrunden durchzuführen. Den Zuschlag erhält nach Abschluss der letzten Runde der Höchstbietende.

4. **Zweitpreisauktion:** Diese Auktionsform wird auch als Vickrey-Auktion bezeichnet. Sie wird ebenfalls verdeckt durchgeführt und ähnelt der Höchstpreisvariante. Wichtig ist, dass der Gewinner nach dem Zuschlag nur das zweithöchste Gebot bezahlen muss.

Im Folgenden werden einige Arbeiten aus dem Bereich der Cloud-Auk-tionen vorgestellt und ihre Ansätze von denen in dieser Arbeit vorgestellten abgegrenzt.

Fard et al. stellen in [55] ein Preismodell und einen wahrheitsgemäßen (engl. truthful) Mechanismus für das Scheduling einzelner Tasks unter Berücksichtigung von zwei Zielen vor: monetäre Kosten und Fertigstellungszeit. Sie sagen, dass gierige CSPs ihren Umsatz steigern wollen und daher anderen CSPs falsche Informationen über ihre lokalen Ressourcen zur Verfügung stellen könnten. Sie vergleichen die Ergebnisse ihrer neuen Rückwärtsauktions-Scheduler (holländische Auktionen) mit zwei evolutionären Algorithmen mit mehreren Zielen. Unter Verwendung realer und synthetischer Workflow Traces konnten sie zeigen, dass ihre Algorithmen kleinere Fertigstellungszeiten bieten und Geld für den Benutzer sparen. In ihrer Auswertung verwenden sie GridSim für die Simulation. Im Vergleich zu den in dieser Arbeit vorgestellten Untersuchungen haben Fard et al. nur ein sehr einfaches Finanzmodell verwendet und berücksichtigen keine SLAs. Ihre Ergebnisse basieren auf Workflow Traces, die im Bereich Cloud Computing weniger interessant sind, da sich Cloud Workloads stark von klassischen Grid Workloads unterscheiden (vgl. Kapitel 8.1). Darüber hinaus nehmen sie an, dass zumindest einige Informationen über die Ressourcen der einzelnen CSPs zentral zur Verfügung gestellt werden. In dieser Arbeit werden nur verteilte Scheduling-Algorithmen berücksichtigt, die ohne jegliche Informationen über die Ressourcen der föderierten CSPs arbeiten. Dies stellt einen realistischeren Ansatz dar.

Chang et al. stellen in [37] einen auf Auktionen basierenden Algorithmus vor, der SLAs für die Bereitstellung von Job-Ressourcen in Multi-Cloud-Umgebungen unterstützt. In ihrer Arbeit bewerten sie die Produktionsdauer (eng. makespan) und den Preis für einen bestimmten Job. Sie nehmen Bearbeitungsfristen (engl. deadlines) für alle Jobs in der Cloud an und zeigen ein Kostenmodell, das dem in dieser Arbeit vorgestellten Modell ähnelt, aber nicht so flexibel ist. Ihr Auktionsalgorithmus ist sehr einfach, aber die Ergebnisse zeigen, dass sie den Umsatz der CSPs erhöhen konnten. Zur Bewertung ihres Algorithmus verwenden sie eine echte Openstack-Umgebung mit sieben physischen Servern. Dies ist ein großer Unterschied zu dem simulativen Ansatz dieser Arbeit.

Anisetti et al. beschreiben in [6] Auktionen für die Bereitstellung von Multi-Cloud-Diensten. Sie evaluieren einen Service-Auswahlprozess, der auf Matching- und Ranking-Algorithmen basiert, sowie einen E-Auction-Mecha-nismus. In ihrer Arbeit wollen Kunden den billigsten und vertrauenswürdigsten CSP in einer Multi-Cloud finden, bei dem sie ihre Workloads ausführen können. Im Vergleich zu dieser Arbeit haben Anisetti et al. keine Cloud-Föderationen betrachtet, in denen CSPs VMs austauschen können. Hier ist der Kunde derjenige, der die Auktion mit den CSPs beginnt.

Eine Analyse weiterer Veröffentlichungen zeigte, dass viele Forschungen rund um das Thema auktionsbasiertes Scheduling sehr stark Gridlastig sind und oft Batch Jos mit Deadlines behandelt werden. Das eigentliche VM-Scheduling steht nie wirklich im Fokus, sondern eher der Finanzaspekt. Weiterhin werden nicht immer SLAs berücksichtigt und nie echte Cloud-Traces eingesetzt. Zusätzlich werden nie CSPs mit mehr als einem DC berücksichtigt und oft nur zwischen einem Kunden und mehreren CSPs auktioniert. Cloud-Föderationen spielten bisher keine Rolle. Deshalb wird in den bisherigen Untersuchungen nur ein einfaches, einstufiges Scheduling (Intra-DC-Scheduling) berücksichtigt. Dabei werden meist sehr einfache Scheduling-Algorithmen wie First Come First Served oder Round Robin eingesetzt, da der Fokus meist auf dem Auktionsprozess liegt.

A.10 Zusätzliche Werkzeuge für FCS

In den folgenden Kapiteln werden die zusätzlichen Werkzeuge für die Arbeit mit FCS im Einzelnen vorgestellt.

A.10.1 FCS Configurator

Der FCS Configurator stellt den Einstiegspunkt in die Simulation dar. Er erstellt das gesamte Simulationsszenario. Dazu verarbeitet er die beiden zentralen Konfigurationsdateien, die für jede Simulation angelegt und entsprechend angepasst werden müssen. Dies ist zum einen die Config.xml, zum anderen die Properties-Datei (vgl. Kapitel 7.3).

Mit diesen Informationen erstellt der FCS Configurator nacheinander alle benötigten Simulationsobjekte, wie zum Beispiel die CSPs mit ihren DCs und Hosts, die Scheduling-Strategien und die SLA-Manager mit ihren jeweiligen Strategien und konfiguriert sie mit den jeweiligen Parametern. Im Anschluss daran befüllt der Configurator die Ereignis-Warteschlange (engl. Event-Queue) mit den initialen Events. Dies beginnt mit dem initialen Scheduling, welches die VMs nach einer vorgegebenen Strategie (vgl. Kapitel 7.8) initial auf die Hosts eines gegebenen DCs verteilt. Danach werden in einem Abstand von je fünf simulierten Minuten neue Ereignisse in die Warteschlange eingefügt, die die jeweiligen SLA-Manager der einzelnen CSPs aufrufen und die Überprüfung der aktiven SLAs aktivieren. Weiterhin wird als vorletztes Element ein spezielles Ereignis in die Liste eingefügt, welches den finalen Logging-Prozess startet, der dann die Daten aus dem Monitoring aggregiert und in die jeweiligen Log-Dateien herausschreibt (vgl. Kapitel 7.17). Als letztes wird ein weiteres Spezialereignis in die Warteschlange eingefügt. Dabei handelt es sich um das Abbruch-Ereignis, welches die Simulation beendet. Dies ist notwendig, da CloudSim im Normalfall eine Simulation erst für beendet erklärt, wenn alle Workloads in allen VMs terminieren. Da dies in FCS unter Benutzung der realen Workload-Traces nicht der Fall ist, musste dieser Weg gewählt werden.

Nachdem die Ereigniswarteschlange mit den initialen Ereignissen gefüllt wurde, ruft der Configurator den Workloadparser auf, der die konfigurierten Workload Traces, die in dem gegebenen Simulationsszenario verarbeitet werden sollen, einliest. Die Daten werden dazu in spezielle Datenstrukturen im Hauptspeicher geladen. Dies reduziert die Simulationszeit um ein Vielfaches gegenüber dem wiederholten, zeilenweisen Einlesen der einzelnen Trace-Dateien.

Nachdem durch den FCS Configurator das gesamte Simulationsszenario aufgebaut und konfiguriert wurde, übergibt er die Ausführung an das eigentliche Simulations-Framework. Dazu ruft er die Methode „CloudSim.start()" des Basis-Frameworks auf. Ab hier läuft die eigentliche Simulation.

Im Anhang werden in Kapitel B.6 eine beispielhafte Config.xml- und eine Properties-Datei aufgeführt.

A.10.2 TraceShortener

Der TraceShortener wird im Vorfeld zu den jeweiligen Simulationen eingesetzt. Er kann die originalen Trace-Daten des ESX-Servers einlesen und verarbeiten (vgl. Kapitel 8). Um die Simulationszeit zu reduzieren, werden während der Simulation nicht die originalen Traces verwendet, sondern stark gekürzte Versionen. In den gekürzten Traces werden alle nicht simulierten Werte herausgefiltert und überflüssige Zeichen entfernt. Dies reduziert auch die Größe der später zu verarbeitenden Daten drastisch. Da im Rahmen dieser Arbeit ausschließlich die RAM und CPU Werte für die Simulation benötigt werden, werden die restlichen Daten verworfen. Der TraceShortener kann leicht so angepasst werden, dass zum Beispiel auch Netzwerk- oder Festplattendurchsätze mit übernommen werden.

Der TraceShortener muss für jeden Trace nur einmal angewendet werden. Danach liegen die gekürzten Daten in einem Ordner vor und können dann für beliebige Simulationen eingebunden werden.

A.10.3 TraceWorkloadGenerator

Der TraceWorkloadGenerator wird ebenfalls im Vorfeld der eigentlichen Simulationen einmalig für jeden Workload Trace aufgerufen. Er generiert anhand der einzelnen Trace-Daten eine SWF-Datei, die pro zu simulierender VM eine Zeile generiert, in der die jeweils angeforderten Ressourcen sowie die SLA-Klasse, die Service-Nummer und eine eindeutige Benutzernummer (engl. User-ID) hinterlegt wird. Die erzeugte SWF-Datei folgt dabei dem SWF-Standard für Workload Traces (vgl. [149]).

Die SLA-Klasse für eine gegebene VM wird nach dem Zufallsprinzip vergeben. Es lässt sich die Verteilung der SLA-Klassen jeweils in Prozent angeben (zum Beispiel: 50% Bronze-SLAs, 30% Silber-SLAs und 20% Gold-SLAs). Diese Werte können beliebig konfiguriert werden. Je nach Simulationsanforderung.

Im Anhang wird in Kapitel B.4 ein Ausschnitt aus einer SWF-Datei gezeigt.

A.10.4 Workloadparser

Der Workloadparser wird vor dem Beginn der eigentlichen Simulation durch den FCS Configurator aufgerufen. Er liest aus der Konfigurationsdatei die zu verarbeitenden Workloads aus. Dies geschieht, indem der Workloadparser die im Vorfeld erzeugte SWF-Datei verarbeitet. Dabei erzeugt der Parser für jeden Eintrag in der SWF-Datei einen Service Request, welcher an den jeweils konfigurierten CSP weitergereicht wird. Diese Service-Requests werden dann von den CSPs verarbeitet und die jeweiligen VMs erzeugt.

Nachdem die gesamte SWF-Datei verarbeitet wurde und somit alle initialen Service Requests erzeugt wurden, übergibt der Workloadparser die Kontrolle zur weiteren Konfiguration der Simulationsumgebung wieder an den FCS Configurator.

A.10.5 WorkloadFormatter

Der WorkloadFormatter kann im Vorfeld einer Simulation eingesetzt werden, um die mit dem TraceShortener vereinfachten Traces in das Namensformat umzuwandeln, welches von dem Framework verarbeitet werden kann. Dafür müssen die einzelnen Trace-Dateien durchgehend von 1 bis n (n = Anzahl der insgesamt in der Simulation verwendeten Trace-Daten) benannt werden. Weiterhin können die Trace-Daten in einem nächsten Schritt nach dem Zufallsprinzip durchgemischt werden. Hierdurch lässt sich die Reihenfolge in der die Traces initial gemessen wurden verändern. Zusätzlich kann aus dem Formatter heraus direkt der TraceWorkloadGenerator aufgerufen werden, um für die erzeugten Trace-Daten direkt die SLA-Klassen zu vergeben und eine passende SWF-Datei zu erstellen.

Die so erstellten Trace- und SWF-Daten werden abschließend in einem konfigurierbaren Zielverzeichnis abgelegt und können dann direkt vom FCS in Simulationen verarbeitet werden.

Der WorkloadTraceFormatter kann weiterhin mehrere unterschiedliche Traces zu einem neuen Gesamt-Trace zusammenführen. Somit lässt sich die Anzahl der VMs in einem Trace erhöhen.

A.10.6 SWF-Modifier

Der SWF-Modifier wird dazu eingesetzt, bereits im Vorfeld erzeugte SWF-Dateien zu konkatenieren. Dies wird dann wichtig, wenn Workload-Konfigu-rationen der Ebenen 1 und 2 (jeweils nur ein CSP) ebenfalls für die Ebene 3 (mehrere CSPs) eingesetzt werden sollen. Würde für diesen Fall eine neue SWF-Datei erzeugt, so würden die SLA-Klassen der VMs voneinander abweichen, da diese bei der Erstellung der SWF-Datei zufällig verteilt werden. Das Vorgehen würde zwar zu korrekten Ergebnissen führen, diese wären aber nicht untereinander vergleichbar.

Um vergleichbare Ergebnisse zu erzielen, nutzt der SWF-Modifier die fertigen SWF-Dateien (der Ebenen 1 und 2 mit jeweils einem CSP) und kopiert sie so hintereinander, dass die VMs durchgehend nummeriert werden und den jeweiligen CSPs zugewiesen werden. Dabei wird für jeden zu simulierenden CSP eine eigene SWF-Datei benötigt. Die so erzeugte SWF-Datei kann dann wieder durch den FCS Configurator verarbeitet werden.

B Anhang II: FCS-Konfiguration und Log-Dateien

In diesem Teil des Anhangs werden die wichtigsten Konfigurations- und Log-Dateien von FederatedCloudSim vorgestellt. Dazu werden zunächst die Finanzkonfigurationen der durchgeführten Simulationen zusammengefasst. Weiterhin werden die genutzten Trace-Dateien vorgestellt und mit dem Aufbau eines Grid Workload Traces verglichen. Danach werden die in dieser Arbeit genutzten Traces auf grundlegende Metriken hin untersucht. Nachfolgend werden die Konfigurationsdateien für FCS im Einzelnen anhand von Beispielen vorgestellt. Abschließend werden die wichtigsten Log-Datein mit Beispielen vorgestellt.

B.1 Finanzielle Konfiguration

Die Konfiguration der finanziellen Simulationsparameter geschieht in FCS über Werte, die während der initialen Konfiguration des Frameworks einmalig durch den Configurator aus der Config.xml ausgelesen werden. Die Werte werden entweder als Faktor angeben, der zu Simulationslaufzeit mit einem Basiswert, welcher für alle CSPs gilt, multipliziert wird, oder als fester Wert, welcher pro CSP gesetzt wird. Auf diese Art werden für jeden CSP die Kosten für die VM-Ausführung gesetzt. Konkret werden die Kosten für die Nutzung der CPU- und RAM-Ressourcen gesetzt, genauso wie ein zusätzlicher Faktor, der die unterschiedlichen Kosten der einzelnen SLA-Stufen (Bronze, Silber und Gold) darstellen. Weiterhin werden die Strafkosten für die einzelnen SLO-Werte (RAM, CPU und Uptime) gesetzt. Dabei wird nochmal zwischen den Kosten für einen initialen SLA-Bruch und den

© Springer Fachmedien Wiesbaden GmbH, ein Teil von Springer Nature 2018
A. Kohne, *Cloud-Föderationen*,
https://doi.org/10.1007/978-3-658-20973-5

Tabelle B.1: Tabellarische Zusammenfassung der finanziellen Parameter für die Simulation der Intra-DC-Scheduler und den Bitbrains Fast Storage Trace

Finanzparameter	Wert
CPU Factor	0,001
RAM Factor	0,0005
Sla Factor Gold	4
Sla Factor Silver	2
Sla Factor Bronze	1
Initial Downtime Penalty Gold	187,5
Initial Downtime Penalty Silver	150
Initial Downtime Penalty Bronze	112,5
Continuing Downtime Penalty Gold	1,5
Continuing Downtime Penalty Silver	1,25
Continuing Downtime Penalty Bronze	0,75
Cpu Broken Factor	112,5
Ram Broken Factor	75
Uptime Broken Factor	300
Providers Enterprise Cost per Host	2.250

Kosten für einen fortwährenden SLA-Bruch unterschieden. Abschließend werden noch die Betriebskosten für die in den DCs eingesetzten Server konfiguriert. In Tabelle B.1 werden die Finanzparameter für die Simulationen der Scheduler auf der Intra-DC-Ebene für den Bitbrains FastStorage Trace zusammengefasst.

B.1.1 Simulationen weiterer Workloads

Nachfolgend werden die beiden Finanzkonfigurationen der DCs für die Kreuzvalidierung der Intra-DC-Scheduler auf der ersten Ebene dargestellt. In Tabelle B.2 werden dazu die finanziellen Parameter für den Bitbrains RnD Trace (Monat 1) mit 500 VMs zusammengefasst. In Tabelle B.3 werden die Parameter für den Materna Trace (Monat 1) mit 520 VMs dargestellt.

Tabelle B.2: Zusammenfassung der finanziellen Simulationsparameter für den Bitbrains RnD Trace (Monat 1) mit 500 VMs

Finanzparameter	Wert
CPU Factor	0,0012
RAM Factor	0,0005
Sla Factor Gold	4,5
Sla Factor Silver	2,5
Sla Factor Bronze	1,0
Initial Downtime Penalty Gold	160
Initial Downtime Penalty Silver	120
Initial Downtime Penalty Bronze	80
Continuing Downtime Penalty Gold	1,6
Continuing Downtime Penalty Silver	1,2
Continuing Downtime Penalty Bronze	0,8
Cpu Broken Factor	160
Ram Broken Factor	120
Uptime Broken Factor	300
Providers Enterprise Cost per Host	1.875

Die Parameter werden im vorhergehenden Kapitel im Einzelnen vorgestellt (vgl. Kapitel B.1)

B.2 Finanzkonfiguration für Szenario 2

In Tabelle B.4 wird die finanzielle Konfiguration der Simulationen für das Szenario 2 der Inter-CSP-Ebene zusammengefasst.

B.3 Finanzkonfiguration für Szenario 4

In Tabelle B.5 wird die finanzielle Konfiguration der Simulationen für das Szenario 4 der Inter-CSP-Ebene zusammengefasst.

Tabelle B.3: Zusammenfassung der finanziellen Simulationsparameter für den Materna Trace (Monat 1) mit 520 VMs

Finanzparameter	Wert
CPU Factor	0,0006
RAM Factor	0,0005
Sla Factor Gold	4,5
Sla Factor Silver	2,5
Sla Factor Bronze	1,0
Initial Downtime Penalty Gold	160
Initial Downtime Penalty Silver	120
Initial Downtime Penalty Bronze	80
Continuing Downtime Penalty Gold	1,6
Continuing Downtime Penalty Silver	1,2
Continuing Downtime Penalty Bronze	0,8
Cpu Broken Factor	240
Ram Broken Factor	200
Uptime Broken Factor	300
Providers Enterprise Cost per Host	1.125

B.4 Trace Files

Im Folgenden wird ein Auszug aus dem Grid Workload Trace „KTH-SP2-1996-0" gezeigt. Dazu werden zuerst die wichtigsten Felder der entsprechenden Datei (im SWF-Format) vorgestellt. Der Trace-Auszug wird in Abbildung B.1 dargestellt. Jeder Eintrag ist gleichbedeutend mit einem Grid-Job.

1. *usr:* Benutzername

2. *cac:* Buchhaltungsgruppe

3. *jid:* Job-ID mit eingebettetem Datum und Uhrzeit der Einreichung

4. *req:* angeforderte Knoten, die möglicherweise gewünschte Typen, z.B. 72T8W

Tabelle B.4: Zusammenfassung der finanziellen Simulationsparameter für das Föderationsszenario 2 mit fünf CSPs

Finanzparameter	Wert				
	CSP-1	CSP-2	CSP-3	CSP-4	CSP-5
CPU Factor	0,0010	0,0012	0,0012	0,0006	0,0006
RAM Factor	0,0005	0,0005	0,0005	0,0005	0,0005
Sla Factor Gold	4	4,5	4,5	4,5	4,5
Sla Factor Silver	2	2,5	2,5	2,5	2,5
Sla Factor Bronze	1	1	1	1	1
Initial Downtime Penalty Gold	187,5	160,0	160,0	160,0	160,0
Initial Downtime Penalty Silver	150,0	120,0	120,0	120,0	120,0
Initial Downtime Penalty Bronze	112,5	80,0	80,0	80,0	80,0
Continuing Downtime Penalty Gold	1,5	1,6	1,6	1,6	1,6
Continuing Downtime Penalty Silver	1,125	1,2	1,2	1,2	1,2
Continuing Downtime Penalty Bronze	0,75	0,8	0,8	0,8	0,8
Cpu Broken Factor	112,5	160,0	160,0	240,0	240,0
Ram Broken Factor	75	120	120	200	200
Uptime Broken Factor	300	300	300	300	300
Providers Enterprise Cost per Host	2.250	1.875	1.875	1.125	1.125

Tabelle B.5: Zusammenfassung der finanziellen Simulationsparameter für das Föderationsszenario 4 mit fünf CSPs

Finanzparameter	Wert				
	CSP-1	CSP-2	CSP-3	CSP-4	CSP-5
CPU Factor	0,0012	0,0012	0,0006	0,0006	0,0006
RAM Factor	0,0005	0,0005	0,0005	0,0005	0,0005
Sla Factor Gold	4,5	4,5	4,5	4,5	4,5
Sla Factor Silver	2,5	2,5	2,5	2,5	2,5
Sla Factor Bronze	1	1	1	1	1
Initial Downtime Penalty Gold	160	160	160	160	160
Initial Downtime Penalty Silver	120	120	120	120	120
Initial Downtime Penalty Bronze	80	80	80	80	80
Continuing Downtime Penalty Gold	1,6	1,6	1,6	1,6	1,6
Continuing Downtime Penalty Silver	1,2	1,2	1,2	1,2	1,2
Continuing Downtime Penalty Bronze	0,8	0,8	0,8	0,8	0,8
Cpu Broken Factor	160	160	240	240	240
Ram Broken Factor	120	120	200	200	200
Uptime Broken Factor	300	300	300	300	300
Providers Enterprise Cost per Host	1.250	1.875	1.125	1.125	1.125

5. **tstart:** Datum und Uhrzeit, zu der alle Knoten verfügbar waren

6. **tstop:** Datum und Uhrzeit der Rückgabe des letzten Knotens (Aufträge können einzelne Knoten deallokieren)

7. **npe:** Gesamtzahl der CPUs (sollte der Summe der verschiedenen Typen von req entsprechen)

8. **treq:** benötigte Wandzeit (wird von EASY zum Backfilling verwendet)

9. **uwall:** verwendete Wandzeit (erste Knotendeallokation abzüglich letzter Knotenzuweisung)

10. **reqcpu:** angeforderte CPU-Zeit (npe x treq)

11. **ucpu:** verwendete CPU-Zeit (die Summe, wie lange jedes PE zugewiesen wurde)

12. **twait:** Unterschied zwischen dem Job-Start und dem Zeitpunkt wenn der Job in die FIFO-Warteschlange eingereiht wurde

13. **status:** Jobs, die vom System automatisch freigegeben wurden, z. B. weil sie ihre angeforderte Zeit überschritten haben, werden durch äutorel"markiert. Aufträge, die normal beendet werden, haben in diesem Bereich keinen Eintrag

Weiterhin wird exemplarisch eine Trace-Datei aus dem Materna-Datensatz vorgestellt. Die Tabelle B.2 stellt einen Auszug der gespeicherten Daten eines Servers über den Zeitraum von einer Stunde dar. Dabei wurde jeweils alle fünf Minuten ein Eintrag generiert, der den durchschnittlichen Ressourcenverbrauch der aufgeführten Ressourcen über die letzten fünf Minuten abbildet. Nachfolgend werden zunächst die einzelnen Felder der Trace-Datei vorgestellt.

1. Timestamp

2. CPU cores

1	2	3	4	5	6	7	8	9	10	11	12	13	14	15	16	17	18
15	599850	192180	3477	4	-1	-1	4	53940	-1	1	12	12	-1	-1	-1	-1	-1
16	600022	11940	2488	25	-1	-1	25	3600	-1	1	13	13	-1	-1	-1	-1	-1
17	600476	364560	215337	5	-1	-1	5	215400	-1	0	14	14	-1	-1	-1	-1	-1
18	600836	32100	35373	17	-1	-1	17	36000	-1	1	15	15	-1	-1	-1	-1	-1
19	603930	8100	29	8	-1	-1	8	2400	-1	1	16	16	-1	-1	-1	-1	-1
20	605396	0	16	1	-1	-1	1	60	-1	1	17	17	-1	-1	-1	-1	-1
21	605397	240	13	1	-1	-1	1	60	-1	0	17	17	-1	-1	-1	-1	-1
22	605398	120	14	1	-1	-1	1	60	-1	0	17	17	-1	-1	-1	-1	-1
23	605440	0	23	2	-1	-1	2	60	-1	0	17	17	-1	-1	-1	-1	-1
24	607341	4740	24	4	-1	-1	4	60	-1	0	18	18	-1	-1	-1	-1	-1

Abbildung B.1: Auszug aus Grid Trace KTH-SP2-1996-0 (vgl. [114])

3. CPU capacity provisioned [MHZ]

4. CPU usage [MHZ]

5. CPU usage [%]

6. Memory capacity provisioned [KB]

7. Memory usage [KB]

8. Memory usage [%]

9. Disk read throughput [KB/s]

10. Disk write throughput [KB/s]

11. Disk size [GB]

12. Network received throughput [KB/s]

13. Network transmitted throughput [KB/s]

	1	2	3	4	5	6	7	8	9	10	11	12	13
05.11.2015 00:00	2	0	156	3,4	4194304	1050673	25,05	0	14	54	12	45
05.11.2015 00:05	2	0	150	3,3	4194304	1095552	26,12	0	17	54	2	13
05.11.2015 00:10	2	0	158	3,5	4194304	1025507	24,45	0	15	54	12	45
05.11.2015 00:15	2	0	156	3,4	4194304	992372	23,66	0	16	54	3	12
05.11.2015 00:20	2	0	159	3,5	4194304	1129107	26,92	0	15	54	13	46
05.11.2015 00:25	2	0	152	3,3	4194304	1092616	26,05	0	15	54	2	11
05.11.2015 00:30	2	0	149	3,3	4194304	958398	22,85	0	13	54	2	11
05.11.2015 00:35	2	0	160	3,5	4194304	1187827	28,32	0	72	54	2	53
05.11.2015 00:40	2	0	156	3,4	4194304	1101005	26,25	0	14	54	12	45
05.11.2015 00:45	2	0	148	3,2	4194304	1115265	26,59	0	15	54	2	11

Abbildung B.2: Auszug aus Materna Cloud Trace (vgl. [147])

B.5 Trace-Analyse

Im Folgenden werden die wichtigsten Rahmendaten der in dieser Arbeit genutzten Workload Traces genauer vorgestellt. Die Daten wurden mit Hilfe eines Skripts berechnet, welches alle Workload-Daten eines Traces untersucht und die folgenden Metriken ausgibt. Zuerst werden die einzelnen Metriken vorgestellt. Danach werden die Ergebnisse jedes einzelnen Traces zusammengefasst.

- **CPU values:** Hier werden die relevanten CPU-Daten zusammengefasst

  - **# of total Cores provisioned:** Die Anzahl der insgesamt in diesem Trace zur Verfügung gestellten CPU-Cores. Hierbei ist es wichtig zu beachten, dass die reale DC-Umgebung in der der Trace aufgezeichnet wurde höchstwahrscheinlich über mehr CPU-Ressourcen verfügte. Diese Werte sind aber nicht öffentlich.

  - **# max Cores provisioned to one VM in this trace:** Die Zahl gibt die maximal zugewiesenen Cores einer VM an. Dieser Wert ist bei der Erstellung der Simulationskonfigurationen wichtig, da für die Ausführung des jeweiligen Traces mindestens ein Host in einem DC des CSPs existieren muss, der eine entsprechende Core-Anzahl aufweist.

– *minTotalCPU:* Dieser Wert gibt die minimale CPU-Last, die während der Gesamtlaufzeit in der Summe über alle VMs zu einem Zeitpunkt gemessen wurde, in GHz an. Der Wert wird ebenfalls als Prozentwert der insgesamt zur Verfügung stehenden Rechenkapazität ausgegeben.

– *maxTotalCPU:* Dies ist der durchschnittliche CPU-Last-Wert über alle VMs in GHz und in Prozent der gesamten Rechenkapazität.

– *avgTotalCPU:* Dies ist der maximale CPU-Last-Wert über alle VMs zu einem konkreten Zeitraum in GHz und in Prozent der gesamten Rechenkapazität.

• **RAM values:** Hier werden die relevanten RAM-Daten zusammengefasst

– **Total provisioned RAM:** Die insgesamte Menge an Hauptspeicher, die in diesem Trace insgesamt zur Verfügung gestellt wurde. Hierbei ist es wichtig zu beachten, dass die reale DC-Umgebung in der der Trace aufgezeichnet wurde höchstwahrscheinlich über mehr RAM-Ressourcen verfügte. Diese Werte sind aber nicht öffentlich.

– **Max RAM provisioned to one VM in this trace:** Dieser Wert gibt die maximale Menge an RAM in GB an, die eine einzelne VM in diesem Trace initial per SLA reserviert hat.

– **Max RAM provisioned to one VM in this trace:** Dieser Wert gibt die maximale Menge an RAM in GB an, die eine einzelne VM in diesem Trace real genutzt hat. Dieser Wert ist wichtig für die Simulationskonfigurationen, da mindestens ein Host mit entsprechenden RAM-Ressourcen in einem DC des CSPs vorhanden sein muss, um die VM erfolgreich ausführen zu können.

- *minTotalRAM:* Dieser Wert gibt die minimale RAM-Last, die während der Gesamtlaufzeit in der Summe über alle VMs zu einem Zeitpunkt gemessen wurde, in MB und GB an. Der Wert wird ebenfalls als Prozentwert der insgesamt zur Verfügung stehenden RAM-Kapazität ausgegeben.

- *maxTotalRAM:* Dies ist der durchschnittliche RAM-Last-Wert über alle VMs in MB, GB und in Prozent der gesamten Rechenkapazität.

- *avgTotalRAM:* Dies ist der maximale RAM-Last-Wert über alle VMs zu einem konkreten Zeitraum in MB, GB und in Prozent der gesamten RAM-Kapazität.

- **Trace-File-Count:** Hier wird die Anzahl der in diesem Trace gemessenen VMs ausgegeben.

Trace Info Bitbrains - Fast Storage:

- **CPU values:**

  - **# of total Cores provisioned (2,6 GHz each):** 3652 (9495.2 GHz)

  - **# max Cores provisioned to one VM in this trace (2,6 GHz each):** 32

  - *minTotalCPU:* (136 GHz) / 1 % of max GHz

  - *maxTotalCPU:* 3038025 MHz (3038 GHz)) / 32 % of max GHz

  - *avgTotalCPU:* 550556 MHz (551 GHz) / 6 % of max GHz

- **RAM values:**

  - **Total provisioned RAM:** 11653 GB

  - **Max RAM provisioned to one VM in this trace:** 511 GB

  - **Max RAM provisioned to one VM in this trace:** 384 GB

  - *minTotalRAM:* 90836 MB (89 GB) / 1 % of max RAM

– *maxTotalRAM:* 1952551 MB (1907 GB) / 16% of max RAM

– *avgTotalRAM:* 256677 MB (251 GB) / 2% of max RAM

- *Trace-File-Count:* 1250

Trace Info Bitbrains - RnD - Monat 1:

- *CPU values:*

  – *# of total Cores provisioned (2,6 GHz each):* 1226 (max: 3187.6 GHz)

  – *# max Cores provisioned to one VM in this trace (2,6 GHz each):* 32

  – *minTotalCPU:* 55842 MHz (56 GHz) / 2 % of max GHz

  – *maxTotalCPU:* 1020325 MHz (1020 GHz)) / 32 % of max GHz

  – *avgTotalCPU:* 109957 MHz (110 GHz) / 3 % of max GHz

- *RAM values:*

  – *Total provisioned RAM:* 3890 GB

  – *Max RAM provisioned to one VM in this trace:* 511 GB

  – *Max RAM used by one VM in this trace:* 37 GB

  – *minTotalRAM:* 56734 MB (55 GB) / 1 % of max RAM

  – *maxTotalRAM:* 638818 MB (624 GB) / 16 % of max RAM

  – *avgTotalRAM:* 75930 MB (74 GB) / 2 % of max RAM

- *Trace-File-Count:* 500

Trace Info Bitbrains - RnD - Monat 2:

- **CPU values:**

  – **# of total Cores provisioned (2,6 GHz each):** 1417 (max: 3684.2 GHz)

  – **# max Cores provisioned to one VM in this trace (2,6 GHz each):** 32

  – *minTotalCPU:* 59556 MHz (60 GHz) / 2 % of max GHz

  – *maxTotalCPU:* 1068293 MHz (1068 GHz)) / 29 % of max GHz

  – *avgTotalCPU:* 168455 MHz (168 GHz) / 5 % of max GHz

- **RAM values:**

  – **Total provisioned RAM:** 4265 GB

  – **Max RAM provisioned to one VM in this trace:** 511 GB

  – **Max RAM used by one VM in this trace:** 37 GB

  – *minTotalRAM:* 42742 MB (42 GB) / 1 % of max RAM

  – *maxTotalRAM:* 634308 MB (619 GB) / 15 % of max RAM

  – *avgTotalRAM:* 90123 MB (88 GB) / 2 % of max RAM

- *Trace-File-Count:* 500

Trace Info Bitbrains - RnD - Monat 3:

- **CPU values:**

  – **# of total Cores provisioned (2,6 GHz each):** 1440 (max: 3744 GHz)

  – **# max Cores provisioned to one VM in this trace (2,6 GHz each):** 32

- *minTotalCPU:*59805 MHz (60 GHz) / 2 % of max GHz
- *maxTotalCPU:* 1085222 MHz (1085 GHz)) / 29 % of max GHzGHz
- *avgTotalCPU:* 158197 MHz (158 GHz) / 4 % of max GHz

• *RAM values:*

  - *Total provisioned RAM:* 4244 GB
  - *Max RAM provisioned to one VM in this trace:* 511 GB
  - *Max RAM used by one VM in this trace:* 48 GB
  - *minTotalRAM:* 39059 MB (38 GB) / 1 % of max RAM
  - *maxTotalRAM:* 830610 MB (811 GB) / 19 % of max RAM
  - *avgTotalRAM:* 101149 MB (99 GB) / 2 % of max RAM

• *Trace-File-Count:* 500

Trace Info Materna - Monat 1:

• *CPU values:*

  - *# of total Cores provisioned (2,6 GHz each):* 1295 (max: 3367 GHz)
  - *# max Cores provisioned to one VM in this trace (2,6 GHz each):* 8
  - *minTotalCPU:* 52011 MHz (52 GHz) / 2 % of max GHz
  - *maxTotalCPU:* 179363 MHz (179 GHz)) / 5 % of max GHz
  - *avgTotalCPU:* 127636 MHz (128 GHz) / 4 % of max GHz

• *RAM values:*

  - *Total provisioned RAM:* 4107 GB

- *Max RAM provisioned to one VM in this trace:* 128 GB
- *Max RAM used by one VM in this trace:* 19 GB
- *minTotalRAM:* 104994 MB (103 GB) / 3 % of max RAM
- *maxTotalRAM:* 508511 MB (497 GB) / 12 % of max RAM
- *avgTotalRAM:* 337552 MB (330 GB) / 8 % of max RAM

- *Trace-File-Count:* 520

Trace Info Materna - Monat 2:

- *CPU values:*
  - *# of total Cores provisioned (2,6 GHz each):* 1348 (max: 3504.8 GHz)
  - *# max Cores provisioned to one VM in this trace (2,6 GHz each):* 8
  - *minTotalCPU:* 66170 MHz (66 GHz) / 2 % of max GHz
  - *maxTotalCPU:* 189431 MHz (189 GHz)) / 5 % of max GHz
  - *avgTotalCPU:* 136182 MHz (136 GHz) / 4 % of max GHz

- *RAM values:*
  - *Total provisioned RAM:* 4311 GB
  - *Max RAM provisioned to one VM in this trace:* 128 GB
  - *Max RAM used by one VM in this trace:* 36 GB
  - *minTotalRAM:* 116864 MB (114 GB) / 3 % of max RAM
  - *maxTotalRAM:* 540789 MB (528 GB) / 12 % of max RAM
  - *avgTotalRAM:* 344272 MB (336 GB) / 8 % of max RAM

- *Trace-File-Count:* 527

Trace Info Materna - Monat 3:

- *CPU values:*

  - *# of total Cores provisioned (2,6 GHz each):* 1435 (max: 3731 GHz)
  - *# max Cores provisioned to one VM in this trace (2,6 GHz each):* 8
  - *minTotalCPU:* 41929 MHz (42 GHz) / 1 % of max GHz
  - *maxTotalCPU:* 188426 MHz (188 GHz)) / 5 % of max GHz
  - *avgTotalCPU:* 133453 MHz (133 GHz) / 4 % of max GHz

- *RAM values:*

  - *Total provisioned RAM:* 4641 GB
  - *Max RAM provisioned to one VM in this trace:* 128 GB
  - *Max RAM used by one VM in this trace:* 23 GB
  - *minTotalRAM:* 96841 MB (95 GB) / 2 % of max RAM
  - *maxTotalRAM:* 564639 MB (551 GB) / 12 % of max RAM
  - *avgTotalRAM:* 354357 MB (346 GB) / 7 % of max RAM

- *Trace-File-Count:* 547

B.6 Simulationskonfiguration

Zum Starten einer Simulation in FederatedCloudSim werden mehrere Dateien benötigt, die durch den FCS-Configurator zu Beginn verarbeitet werden. Dazu zählen die XML-Konfiguration, die Properties-Datei und die SWF-Datei. In den folgenden Kapiteln werden diese Dateien anhand von Beispielen vorgestellt.

B.6.1 XML-Konfiguration

Im Folgenden wird der Inhalt einer XML-Konfigurationsdatei für eine Simulation mit einem CSP und einen DC mit zehn Hosts gezeigt. Zuerst wird über die Datei die Konfiguration der einzelnen DCs mit ihren Hosts und den jeweiligen Ressourcen definiert. Danach werden die CSPs mit den jeweiligen DCs, der SLA-Manager und die VM-Scheduler für die drei Ebenen konfiguriert. Optional können noch die proaktiven Scheduler EE und LB konfiguriert werden. Als letztes werden noch die Finanzparameter für die Berechnung der Umsätze, Strafen und Betriebskosten definiert.

```
<?xml version="1.0" encoding="UTF-8"?>
<cloud xmlns:xsi="http://www.w3.org/2001/XMLSchema-
instance"
xsi:noNamespaceSchemaLocation="cloudConfig.xsd">
<templates>
<datacenterTemplate id="cspId0-dc0"
bandwidth="1000000000">
<datacenterCharacteristics arch="x86" os="Linux"
vmm="Xen" timeZone="1.0" cost="3.0" costMem="0.05"
costStor="0.1"
costBw="0.1" />
<storageDevices>
<hdStorage name="hdd1" capacity="300" />
<hdStorage capacity="500" />
<hdStorage capacity="500" />
<sanStorage name="san" capacity="1000" bandwidth=
"100" latency="0.1" />
</storageDevices>
<hosts>
<host hostTemplateId="hostTemplate40core"></host>
<host hostTemplateId="hostTemplate40core"></host>
<host hostTemplateId="hostTemplate40core"></host>
<host hostTemplateId="hostTemplate40core"></host>
<host hostTemplateId="hostTemplate40core"></host>
```

```
<host  hostTemplateId=" hostTemplate40core "></host>
<host  hostTemplateId=" hostTemplate40core "></host>
<host  hostTemplateId=" hostTemplate40core "></host>
<host  hostTemplateId=" hostTemplate40core "></host>
<host  hostTemplateId=" hostTemplate40core "></host>
</hosts>
</datacenterTemplate>
<hostTemplate  id=" hostTemplate40core "
ramprovisioner=" com. materna . federatedcloudsim .
provisioners . FederatedRamProvisionerOvercommitment "
vmScheduler=" org . cloudbus . cloudsim .
VmSchedulerTimeSharedOverSubscription ">
<pes>
<pe></pe>
<pe></pe>
<pe></pe>
<pe></pe>
<pe></pe>
<pe></pe>
<pe></pe>
<pe></pe>
</pes>
<mips>2900</mips>
<ram>65536</ram>
<storage>2000000000</storage>
<bandwidth>1000000000</bandwidth>
</hostTemplate>
</templates>
<services>
<service  id=" serviceId0 "  name=" Test−Service␣0 ">
<description>Service  0</description>
</service>
<service  id=" serviceId1 "  name=" Test−Service␣1 ">
<description>Service  1</description>
</service>
```

```xml
</services>
<sla>
<param paramName="uptimeThresholdGold">0.999f
</param>
<param paramName="uptimeThresholdSilver">0.96f
</param>
<param paramName="uptimeThresholdBronze">0.9f
</param>
<param paramName="migrationTimeDC">5</param>
<param paramName="migrationTimeCSP">10</param>
<param paramName="migrationTimeFed">20</param>
</sla>
<csps>
<csp id$="cspId0" name="CSP_0"$>
<providedServices>
<providedService serviceId="serviceId0" />
<providedService serviceId="serviceId1" />
</providedServices>
<resources>
<datacenter datacenterTemplateId="cspId0-dc0">
<allocPolicy>
<name>com.materna.federatedcloudsim.
scheduling.datacenter.
FederatedVmAllocationPolicyMMWF</name>
</allocPolicy>
</datacenter>
</resources>
<components>
<cloudBroker>
<strategy auctionbased="false">
<name>com.materna.federatedcloudsim.
scheduling.federation.
CloudBrokerStrategyFirstFit</name>
</strategy>
<!--
```

```
<consolidationStrategy>
<name>com.materna.federatedcloudsim.consolidation.
ConsolidationStrategyEnergyEfficiency</name>
</consolidationStrategy>
<consolidationStrategy>
<name>com.materna.federatedcloudsim.consolidation.
ConsolidationStrategy
LoadBalancingGlobalModified</name>
</consolidationStrategy>
-->
</cloudBroker>
<dcBroker>
<strategy>
<name>com.materna.federatedcloudsim.scheduling.csp.
FederatedDatacenterBrokerStrategyFirstFit</name>
</strategy>
</dcBroker>
<slaManager>
<strategy>
<name>com.materna.federatedcloudsim.federation.
sla.SlaManagerStrategySimpleUT</name>
<param paramName="ramPercTh">0.8f</param>
<param paramName="ramDangerPercTh">0.9f</param>
<param paramName="cpuPercTh">0.8f</param>
<param paramName="cpuDangerPercTh">0.9f</param>
<param paramName="thLatency">1</param>
</strategy>
</slaManager>
</components>
<accountingFactors>
<enterpriseCosts fixCost="1125"/>
<ressourceFactors cpuCostFactor="0.001"
ramCostFactor="0.0005" />
<slaFactors resourceSlaFactorGold="4"
resourceSlaFactorSilver="2"
```

```
resourceSlaFactorBronze="1" />
<penaltyFactors downtimeFactor="300"
brokenCpuFactor="112.5"
brokenRamFactor="75"
initialDowntimePenaltyGold="187.5"
initialDowntimePenaltySilver="150"
initialDowntimePenaltyBronze="112.5"
continuingDowntimePenaltyGold="1.5"
continuingDowntimePenaltySilver="1.125"
continuingDowntimePenaltyBronze="0.75"
/>
</accountingFactors>
</csp>
</csps>
<cspSlas>
</cspSlas>
</cloud>
```

B.6.2 Properties

Im Folgenden wird der Inhalt einer Properties-Datei gezeigt. Darin
werden die grundlegenden Einstellungen für den Simulator vorgenommen. Zum Beispiel werden das Logging konfiguriert, die Pfade zu der
XML-Datei, der SWF-Datei und den Traces eingestellt, die initiale
VM-Verteilung festgelegt und die Simulationsdauer konfiguriert.

   ## to ENABLE property use case-INsensitive values: 1, true, on,
enable, enabled
   ## to DISABLE property use case-INsensitive values: 0, false, off,
disable, disabled

   ##config-Name
   configName 1CSP-1DC-FastStorage
   ##### enable log messages (default) #####

log on

enable logfiles (default)
logfile on

enable scheduling logfile
logfile .MIGRATION_LOG off

logfile .ENDLOG_VM_SUM on

logfile .ACCOUNT_LOG on

logfile .ENERGY_LOG off

logfile .CSV_LOG on

Logfile directory
logDir logs/

#####
cloud-configuration
#####

cloudConfig conf/1CSP1DCfst.xml

#####
Workload properties
#####

workload type [random | saved | pwa]
workload.type pwa

PWA workload filename
workload.pwa.filename tracefolder/fastStorage.swf

processor threshold
\# (if \#requestedProcs > this threshold -> split job if turned on,
else use only procThreshold as number of requestedProcs) #####
workload.pwa.procThreshold 8

enable/disable split large jobs
\# (if no of requested procs > procThreshold) #####
workload.pwa.splitJobs off

pwa workload Folder
workload.utilization.foldername workloads/

pwa utilization size (number of ticks)
workload.utilization.size 8064
\## -> 28 days

\###
\#### Initial allocation
\###
\#initialAllocation slaBased
initialAllocation roundRobin
\#initialAllocation fcfs

\###
\#### PingPong: prevention: on/off; threshold: number of tics
>= 1
\###
pingPong.prevention off
pingPong.Threshold 1

\###
\#### overcommitment value (if FederatedRamProvisionerOver-
commitment or FederatedPeProvisionerOvercommitment is used)
\###
overcommitment.ram 12

overcommitment.pe 20

#simulation.endtime 604750
-> 7 Days
#simulation.endtime 1209500
-> 14 Days
#simulation.endtime 1814400
-> 21 Days
#simulation.endtime 2419000
simulation.endtime 2419200
-> 28 Days
##simulation.endtime 7499000
-> 90 Days
#simulation.endtime 15000
-> testrun

B.6.3 SWF

In Tabelle B.6 wird ein Auszug aus einer SWF-Datei gezeigt. Die
Datei folgt der Vorgabe für den Aufbau einer standardisierten SWF-
Datei. Für die Simulation werden aber nicht alle Felder benötigt. Diese
werden einfach mit einer „0" oder einer „-1" aufgefüllt. Einige Werte
werden auch doppelt ausgegeben. Diese werden in FederatedCloudSim
aber nur einmal ausgelesen. Jeder Eintrag entspricht zur Simulationslaufzeit einer VM. Im Folgenden werden die wichtigsten Felder
beschrieben.

Im ersten Feld wird jeder Eintrag eindeutig durchnummeriert. Im
fünften Feld wird die Anzahl der CPU-Kerne definiert. Im siebten
Feld wird die Größe des Hauptspeichers in Kilobytes angegeben. In
Feld Nummer elf wird die SLA-Klasse der VM angegeben (1 = Bronze,
2 = Silber, 3 = Gold). In Feld Nummer 13 wird die Service-Nummer
angegeben, welche den gewünschten Service in der VM bezeichnet.
Alle weiteren Felder werden in FederatedCloudSim nicht benötigt.

Tabelle B.6: Auszug aus einer SWF-Datei

1	0	0	0	4	0	67108864	4	0	67108864	2	0	1	1	-1	1	-1	-1
2	0	0	0	4	0	15728640	4	0	15728640	2	0	1	1	-1	1	-1	-1
3	0	0	0	2	0	8388608	2	0	8388608	3	0	1	1	-1	1	-1	-1
4	0	0	0	4	0	15728640	4	0	15728640	3	0	1	1	-1	1	-1	-1
5	0	0	0	4	0	15728640	4	0	15728640	2	0	1	1	-1	1	-1	-1

B.7 Das End-Log

Im Folgenden wird ein Auszug aus einem EndLog gezeigt. Es beinhaltet alle relevanten technischen Metriken, die zur Simulationslaufzeit durch das Monitoring erhoben werden. Das Log stammt von einer Simulation mit drei CSPs. Im Folgenden werden die einzelnen Metriken gezeigt. Obwohl in dem Experiment drei CSPs simuliert wurden, wird hier aus Darstellungsgründen nur das Gesamtergebnis und die Daten für den ersten CSP gezeigt. Der Aufbau der Log-Datei für die übrigen beiden CSPs ist identisch.

##Simulation-Log
##

Config-Name,e2-fst-3DCs-SDHG-BDA
Timestamp,10.05.2016 04:01:45
Simulation-Runtime (min),23:16
Events handled: 93578
UptimeThGold,0.999
UptimeThSilver,0.96
UptimeThBronze,0.9
MigrationTimeDC,5
MigrationTimeCSP,10
MigrationTimeFED,20
Simulation-Config,C:/FastStorage/5DCs-fst.xml
PingPong-Activated,Off
PingPong-Threshold,1
Initial-Allocation,roundRobin

OcValue,12

##
##Federation-Statistics
##

Sum-Datacenter,5
Sum-Hosts,149
Sum-VMs,2270
Sum-MigrationsDC,2946
Sum-MigrationsCsp,84
Sum-MigrationsFed,115
Sla-Warning-Calls-Count,2112
Sla-Normal-Cpu-Warning-HostCount,937
Sla-Danger-Cpu-Warning-HostCount,251
Sla-Normal-Ram-Warning-HostCount,614
Sla-Danger-Ram-Warning-HostCount,742
Consolidation-Calls-Sum,36542
Broken-CPU-Count (Total/#VM,Gold,Silver,Bronze),
48/40,21/16,12/11,15/13
Broken-RAM-Count (Total/#VM,Gold,Silver,Bronze),
794/144,182/50,258/45,354/49
Broken-CPU-Count (Total/Vm,Gold,Silver,Bronze),
48/40,21/16,12/11,15/13
Broken-RAM-Count (Total/Vm,Gold,Silver,Bronze),
794/188,182/63,258/62,354/63
Broken-Downtime-Count,343
Broken-Downtime-VM-Count (Total,Gold,Silver,Bronze),
50,50,0,0
Broken-Downtime-Count - Own-VMs (Total/Vm,Gold,Silver,Bronze),
343/50,343/50,0/0,0/0
Total CPU Capacity (GHz),14044
Total RAM Capacity (GB),8860

##

##CSP: CSP-1-fSt
##

VmAllocationPolicy,DC-8:FederatedVmAllocationPolicyMMWF,
DC-9:FederatedVmAllocationPolicyMMWF,
DC-10:FederatedVmAllocationPolicyMMWF
DatacenterBrokerStrategy,
FederatedDatacenterBrokerStrategySlaDangerHighGlobal
BestDangerAverage
CloudBrokerStrategy,CloudBrokerStrategyFirstFit
ConsolidationStrategies,ConsolidationStrategyEnergyEfficiency-240
SlaManagerStrategy,SlaManagerStrategySimpleUT1
SlaManagerStrategy-Threshold-Ram,0.8
SlaManagerStrategy-DangerThreshold-Ram,0.9
SlaManagerStrategy-Threshold-CPU,0.8
SlaManagerStrategy-DangerThreshold-CPU,0.9
DC-Sum,2
Host-Sum,60
Own-VM-Sum,1250
Foreign-VM-Sum,3
Intra-Dc-Migrations (Total, Dcs..),2406, DC-7:2019, DC-8:387
Intra-Csp-Migrations,77
Incoming-Migrations,3
Outgoing-Migrations,81
Sla-Warning-Calls-Count,1675, DC-7: 1221, DC-8: 454
Sla-Normal-Cpu-Warning-HostCount,811, DC-7: 772, DC-8: 39
Sla-Danger-Cpu-Warning-HostCount,221, DC-7: 216, DC-8: 5
Sla-Normal-Ram-Warning-HostCount,410, DC-7: 312, DC-8: 98
Sla-Danger-Ram-Warning-HostCount,630, DC-7: 429, DC-8: 201
Consolidation-Calls-Sum,13202, DC-7: 6601, DC-8: 6601
Broken-CPU-Count (TotalVm,Gold,Silver,Bronze),
44/36,18/13,12/11,14/12
Broken-RAM-Count (Total/Vm,Gold,Silver,Bronze),
738/154,167/53,237/49,334/52

#Broken-CPU-Count (TotalVM,Gold,Silver,Bronze) DC-Level
Broken-CPU-Count DC-7,
44/36,18/13,12/11,14/12
Broken-CPU-Count DC-8,
0/0,0/0,0/0,0/0

#Broken-RAM-Count (Total/Vm,Gold,Silver,Bronze) DC-Level
Broken-RAM-Count DC-7,
419/117,84/39,102/37,233/41
Broken-RAM-Count DC-8,
319/37,83/14,135/12,101/11

Broken-Downtime-Count - Own-VMs (Total/Vm,Gold,Silver,Bronze),
343/50,343/50,0/0,0/0
#RAM/CPU Values (CSP, DC-x, ...)
Total RAM Capacity (GB),CSP: 2304,
DC-8: 768, DC-9: 768, DC-10: 768
Total CPU Capacity (GHz),CSP: 4894,
DC-8: 1631, DC-9: 1631, DC-10: 1631
Mean Loads RAM (GB) ,CSP: 677,
DC-8: 244, DC-9: 217, DC-10: 216
Mean Loads CPU (GHz),CSP: 1147,
DC-8: 401, DC-9: 367, DC-10: 379
Mean Loads RAM (%),CSP: 88,
DC-8: 32, DC-9: 28, DC-10: 28
Mean Loads CPU (%),CSP: 71,
DC-8: 25, DC-9: 23, DC-10: 23
Max Loads Ram (GB),CSP: 1798,
DC-8: 615, DC-9: 631, DC-10: 563
Max Loads CPU (GHz),CSP: 2.407,1308,
DC-8: 844,0849, DC-9: 843,7323, DC-10: 784,6372
Max Loads Ram (%),CSP: 78,
DC-8: 80, DC-9: 82, DC-10: 73
Max Loads CPU (%),CSP: 49,

DC-8: 52, DC-9: 52, DC-10: 48

B.8 Das Accounting-Log

Im Folgenden wird ein beispielhaftes Accounting-Log gezeigt. Es beinhaltet alle relevanten finanziellen Metriken, die zur Simulationslaufzeit und im Nachgang erhoben werden. Das Log stammt von einer Simulation mit drei CSPs. Aus Gründen der Übersichtlichkeit werden nur die Föderationsmetriken (im oberen Teil) und die Metriken des ersten CSPs gezeigt.

```
## Accounting Protocol
##

##
## Federation Accounting Results
##
```

Total Federation Revenue, 85157.39
Total Federation Penalty, 27825.29
Total Federation Cost, 18936.21
Total Federation Profit, 38395.88
Federation Revenue from execution, 65155.9
Federation Penalty from execution, 26896.37
Federation Profit from execution, 38259.52
Total Federation Revenue from outsourcing, 20001.49
Total Federation Cost from outsourcing, 18936.21
Total Federation Penalty from outsourcing, 928.91
Plain Federation Profit from outsourcing, 136.36
Additional Revenue from outsourcing clearance, 0.0
Additional Costs from outsourcing clearance, 714.44
Total Profit from outsourcing, -578.08
Sum Executed VMs, 2270

Sum VMs of Service Requests (#, % of executed), 2270, 100.0
Sum VMs of Federation Requests (#, % of executed), 101, 0.0
Sum of outsourced VMs (#, % of executed, % of Service Requests), 80, 0.0, 0.0
Total Revenue of Service Requests (total, % of Total Revenue), 66935.63, 78.0
Plain Revenue of Service Requests (total, % of Total Revenue), 66935.63, 78.0
Revenue of Federation Requests (total, % of Revenue), 18221.76, 21.39
Revenue of outsourced VMs (total, % of Revenue), 20001.49, 23.48
Plain Revenue of outsourced VMs, 20001.49
Additional Revenue of outsourced VMs (total, of execution, of penalty), 0.0, 0.0, 0.0
Penalty of Service Requests (total, % of Penalty), 15147.78, 54.43
Penalty of Federation Requests (total, % of Penalty), 12677.5, 45.56
Penalty of outsourced VMs (total, % of Penalty), 928.91, 3.33
Downtime Penalty (total, % of Penalty), 11940.54, 42.91
Downtime Penalty (of SR, of FR, of Out, % of SR, % of FR, % of Out), 1392.79, 10547.75, 555.71, 11.66, 88.33, 4.65
Broken Cpu Penalty (total, % of Penalty), 2880.0, 10.35
Broken Cpu Penalty (of SR, of FR, of Out, % of SR, % of FR, % of Out), 2700.0, 180.0, 1320.0, 93.75, 6.25, 45.83
Broken Ram Penalty (total, % of Penalty), 11910.0, 42.8
Broken Ram Penalty(of SR, of FR, of Out, % of SR, % of FR, % of Out), 11070.0, 840.0, 2940.0, 92.94, 7.05, 24.68
Total Outsourcing Cost, 18936.21
Plain Outsourcing Cost (total, % of Outsourcing Cost), 18221.77, 96.22
Additional Outsourcing Cost (total, of execution, of penalty), 714.44, 714.44, 0.0
Plain Profit of Service Requests, 32578.89
Total Profit of Service Requests (total, % of Profit), 33293.34, 86.71
Profit of Federation Requests (total, % of Profit), 5544.26, 14.43
Plain Profit of Outsourcing, 136.36

Total Profit of Outsourcing (total, % of Profit), -578.08, -1.5
****

```
##
## CSP: CSP-1-fSt
## Factors for computing
##
```

CPU Factor, 0.002
RAM Factor, 0.0003
Sla Factor Gold, 2.0
Sla Factor Silver, 1.5
Sla Factor Bronze, 1.0
Initial Downtime Penalty Gold, 20.0
Initial Downtime Penalty Silver, 15.0
Initial Downtime Penalty Bronze, 10.0
Continuing Downtime Penalty Gold, 0.2
Continuing Downtime Penalty Silver, 0.15
Continuing Downtime Penalty Bronze, 0.1
Cpu Broken Factor, 60.0
Ram Broken Factor, 15.0
Federation Penalty Factor, 8.0

```
##
## CSP: CSP-1-fSt Accounting Results
##
```

Total Revenue, 47531.78
Total Penalty, 15087.78
Total Cost, 18936.21
Total Profit, 13507.77
Revenue from execution, 27530.29
Penalty from execution, 14158.88
Profit from execution, 13371.41
Total Revenue from outsourcing, 20001.49

Total Cost from outsourcing, 18936.21
Total Penalty from outsourcing, 928.91
Plain Profit from outsourcing, 136.36
Additional Revenue from outsourcing clearance, 0.0
Additional Cost from outsourcing clearance, 714.44
Total Profit from outsourcing, -578.08
Sum Executed VMs, 1250
Sum VMs of Service Requests (#, % of executed), 1250, 100.0
Sum VMs of Federation Requests (#, % of executed), 0, 0.0
Sum of outsourced VMs (#, % of executed, % of Service Requests), 80, 0.0, 0.0
Total Revenue of Service Requests (total, % of Total Revenue), 47531.78, 100.0
Plain Revenue of Service Requests (total, % of Total Revenue), 47531.78, 100.0
Revenue of Federation Requests (total, % of Revenue), 0.0, 0.0
Total Revenue of outsourced VMs (total, % of Revenue, % of Service Requests), 20001.49, 42.08, 42.08
Plain Revenue of outsourced VMs, 20001.49
Additional Revenue of outsourced VMs (total, of execution, of penalty), 0.0, 0.0, 0.0
Penalty of Service Requests (total, % of Penalty), 15087.78, 100.0
Penalty of Federation Requests (total, % of Penalty), 0.0, 0.0
Penalty of outsourced VMs (total, % of Penalty, % of Service Requests), 928.91, 6.15, 6.15
Downtime Penalty (total, % of Penalty), 1392.79, 9.23
Downtime Penalty (of SR, of FR, of Out, % of SR, % of FR, % of Out), 1392.79, 0.0, 555.71, 100.0, 0.0, 39.89
Broken Cpu Penalty (total, % of Penalty), 2640.0, 17.49
Broken Cpu Penalty (of SR, of FR, of Out, % of SR, % of FR, % of Out), 2640.0, 0.0, 1320.0, 100.0, 0.0, 50.0
Broken Ram Penalty (total, % of Penalty), 11070.0, 73.37
Broken Ram Penalty (of SR, of FR, of Out, % of SR, % of FR, % of Out), 11070.0, 0.0, 2940.0, 100.0, 0.0, 26.55
Total Outsourcing Cost, 18936.21

Plain Outsourcing Cost (total, % of Outsourcing Cost), 18221.77, 96.22

Additional Outsourcing Cost (total, of execution, of penalty), 714.44, 714.44, 0.0

Plain Profit of Service Requests, 13507.77

Total Profit of Service Requests (total, % of Profit), 12793.32, 94.71

Profit of Federation Requests (total, % of Profit), 0.0, 0.0

Plain Profit of Outsourcing, 136.36

Total Profit of Outsourcing (total, % of Profit, % of Service Requests), -578.08, -4.27, -4.51

Number of Recalled Requests, 0

Number of Standard Federated Requests, 0

Number of Auctioned Federated Requests, 0

B.9 Das Migrations-Log

Im Folgenden wird in Tabelle B.7 ein Ausschnitt aus einem Migrations-Log gezeigt. Bei den Werten handelt es sich um:

- **Count:** Hier wird jede Migration eindeutig nummeriert.

- **Time:** Dies ist der Zeitpunkt der Migration (in Simulationszeit).

- **VM-ID:** Dies ist die eindeutige Identifikationsnummer der migrierten VM.

- **src-Csp:** Die ist die eindeutige Identifikation des Quell-CSPs bei dem die VM initial ausgeführt wurde.

- **src-DcId:** Dies ist die eindeutige Identifikation des Quell-DCs in dem die VM initial ausgeführt wurde.

- **scr-HostId:** Dies ist die eindeutige Identifikation des Quell-Hosts auf dem die VM initial ausgeführt wurde.

Tabelle B.7: Ausschnitt aus einem Migrations-Log

Count	Time	VM-ID	src-Csp	src-DcId	src-HostId	dest-Csp	dest-DcId	dest-HostId	Sla-Level
1	600.0	148	CSP_0	8	9	CSP_0	8	5	3
2	600.0	1159	CSP_0	9	9	CSP_0	9	3	3
3	600.0	1173	CSP_0	10	5	CSP_0	10	11	3
4	600.0	697	CSP_0	10	7	CSP_0	10	11	3
5	900.0	999	CSP_0	8	1	CSP_0	8	7	3
6	900.0	1079	CSP_0	8	1	CSP_0	8	3	3
7	900.0	55	CSP_0	8	9	CSP_0	8	3	2
8	900.0	1128	CSP_0	8	11	CSP_0	8	3	3
9	900.0	1159	CSP_0	9	3	CSP_0	9	1	3
10	900.0	906	CSP_0	9	3	CSP_0	9	1	2

- **dest-Csp:** Dies ist die eindeutige Identifikation des Ziel-CSPs bei dem die VM zukünftig ausgeführt wird.

- **dest-DcId:** Dies ist die eindeutige Identifikation des Ziel-DCs bei dem die VM zukünftig ausgeführt wird.

- **dest-HostId:** Dies ist die eindeutige Identifikation des Ziel-Hosts bei dem die VM zukünftig ausgeführt wird.

- **Sla-Level:** Dies ist die SLA-Klasse der zu migrierenden VM (Bronze, Silber, Gold).

Diese Ergebnisse werden am Ende der Simulation so umgewandelt, dass sie als Eingabedaten für die grafische Mirgationsauswertung mit dem Programm Gephi eingesetzt werden können. Dafür müssen die Daten in einen Graph mit Knoten und Kanten überführt werden. Dabei wird für jeden Host in der simulierten Konfiguration ein eindeutiger Knoten erzeugt und in der „Nodes-Datei" gespeichert. Anschließend wird für jede Migration eine gerichtete Kante zwischen zwei Knoten erzeugt und in der „Edges-Datei" gespeichert. Gerichtete Kanten, die den selben Quell- und Ziel-Host haben, werden in einem zweiten Schritt gezählt und dann verschmolzen. Sodass nur noch eine gerichtete Kante überbleibt. Diese Kanten erhält dann ein Gewicht (engl. weight), welches die Anzahl der Migrationen zwischen genau diesen zwei Hosts darstellt. Im Folgenden wird jeweils ein Auszug aus einer Nodes- und einer Edges-Datei gezeigt. Hosts werden in der Schreibweise DC-ID >Host-ID dargestellt, da es innerhalb unterschiedlicher

Tabelle B.8: Auszug aus einer Gephi-Nodes-Datei mit den ersten fünf Hosts

Id	Label
8>1	CSP_0>8>1
8>3	CSP_0>8>3
8>5	CSP_0>8>5
8>7	CSP_0>8>7
8>9	CSP_0>8>9

Tabelle B.9: Auszug aus einer Gephi-Edges-Datei mit den ersten fünf Migrationsverbindungen

Source	Target	Label	Weight
9>5	27>25	1	1
9>5	21>35	1	1
28>15	27>15	7	7
10>7	9>7	1	1
8>7	8>11	28	28

DCs Hosts mit der gleichen ID gibt, die DC-ID aber stets eindeutig ist.

Index

© Springer Fachmedien Wiesbaden GmbH, ein Teil von Springer Nature 2018
A. Kohne, *Cloud-Föderationen*,
https://doi.org/10.1007/978-3-658-20973-5

C Eigene Veröffentlichungen

Die vorliegende Arbeit ist auf Basis gemeinsamer Forschungsarbeiten und Veröffentlichungen entstanden, an denen der Autor maßgeblich beteiligt war. Alle im Folgenden genannten Veröffentlichungen werden ebenfalls an entsprechender Stelle im Text angeführt.

1. Andreas Kohne. Modell für ein SLA-basiertes VM-Scheduling in föderierten Cloud-Umgebungen. In GI-Jahrestagung, Seiten 3047 - 3061, 2013 (vgl. [88])

2. Andreas Kohne and Olaf Spinczyk. Model for SLA-Based VM Scheduling in Federated Cloud Environments. Journal of Integrated Design & Process Science, 18(1):39 - 52, 2014 (vgl. [94])

3. Andreas Kohne, Marc Spohr, Lars Nagel, and Olaf Spinczyk. FederatedCloudSim: A SLA-aware Federated Cloud Simulation Framework. In Proceedings of the 2nd International Workshop on CrossCloud Systems, CCB '14, pages 3:1 - 3:5, Bordeaux, France, 2014. ACM (vgl. [95])

4. Andreas Kohne, Damian Pasternak, Lars Nagel, and Olaf Spinczyk. Evaluation of SLA-based Decision Strategies for VM Scheduling in Cloud Data Centers. In Proceedings of the 3rd Workshop on CrossCloud Infrastructures & Platforms, CrossCloud 2016, London, United Kingdom, April 2016 (vgl. [92])

© Springer Fachmedien Wiesbaden GmbH, ein Teil von Springer Nature 2018
A. Kohne, *Cloud-Föderationen*,
https://doi.org/10.1007/978-3-658-20973-5

5. Andreas Kohne, Marcel Krüger, Marco Pfahlberg, Lars Nagel and Olaf Spinczyk. Financial Evaluation of SLA-based VM Scheduling Strategies for Cloud Federations. In Proceedings of the 4th Workshop on CrossCloud Infrastructures & Platforms, CrossCloud 2017, Belgrade, Serbia, April 2017 (vgl. [91])

Zusätzlich zu dieser Veröffentlichung wurde ein entsprechendes Poster auf der Konferenz präsentiert.

Weiterhin hat der Autor dieser Arbeit während der Promotionszeit als (Ko-) Autor folgende Fachbücher veröffentlicht:

1. Andreas Kohne, Sonja Ringleb, and Cengizhan Yücel. Bring Your Own Device, Einsatz von privaten Endgeräten im beruflichen Umfeld - Chancen, Risiken und Möglichkeiten. Springer Vieweg, 2015 (vgl. [93])

2. Andreas Kohne. Business Development - Kundenorientierte Geschäftsfeldentwicklung für erfolgreiche Unternehmen. Springer Vieweg, 2016 (vgl. [89])

3. Andreas Kohne, Dr. Kai-Uwe Winter, Ludger Koslowski, Ulrich Pöler, Stefan Dellbrügge, Philipp Kleinmanns, Helmut Elschner. Die IT-Fabrik: Der Weg zum automatisierten IT-Betrieb. Springer Vieweg, 2016 (vgl. [96])

Weiteres wissenschaftliches Engagement:

Mitarbeit im Programmkomitee des Workshops: „Arbeitsplatz der Zukunft" bei der Jahrestagung der Gesellschaft für Informatik (GI) 2016 in Klagenfurt. Bei der Veranstaltung hat der Autor zusätzlich die Keynote mit dem Titel „Arbeitsplatz der Zukunft - Vision und Realität" gehalten.

Mitarbeit im Programmkomitee des Workshops: „Arbeitsplatz der Zukunft" bei der Jahrestagung der Gesellschaft für Informatik (GI) 2017 in Chemnitz.

Printed in the United States
By Bookmasters